Life Cycle

ライフサイクルからよむ障害者の心理と支援

田中農夫男
木村 進
編著

福村出版

まえがき

障害は、人生のすべての時期にわたっております。誕生から死までの、一生の過程をライフサイクルといいますが、今回、わたしたちは、その観点から、障害者のもつ心理とその支援を考えてみようと思いました。

ライフサイクルには、それぞれの段階があって、それぞれを専門とする人たちに分かれています。小児科があって、一方で老年科があるようなものです。ライフサイクルは、たとえば、乳幼年期（保育期）、少年期（学校教育期）、青年期（高等教育期・就職期）、壮年期（職業期）、老年期などに分けられたりします。それぞれの段階や時期をライフステージともいったりします。それぞれに従事している人たちがおり、それぞれについて研究している人がおります。そういう人たちの知識をもちよってみました。

従来、発達心理学というのがあって、人間が誕生して成長し、発達しつづけ、青年や成年になるまでをあつかっていましたが、今日では、生涯発達心理学といって、老年期までをあつかうようになりました。すなわち、生涯発達心理とは、誕生から、身心のおとろえる最後までをとりあつかうのですから、ライフサイクルということと同じになります。

以上は、人間のたどる過程（成長する過程だけではなく、老年期など、一生において体力など、おとろえていく過程も含みます。経験をつみ重ねるという意味では、最後までプラスの方向とみることができます）からみたものですが、障害という種類からもみてみなければなりません。障害といっても広いのです。医学に内科、外科、整形外科、眼科、耳鼻科、精神科などがありますように、障害もいくつかの領域に分かれて、それぞれの専門ができあがってきました。

最初は、ごく限られた大学に盲（視覚障害）と聾（聴覚障害）だけの講義がおかれていましたが、教育や福祉や研究が進むにつれて、いろいろな障害領域に目がむけられてきました。それに応じて、多くの大学に、また、専門学校も含めて、いろいろな学科や専門講義がおかれるようになりました。研究も進み、新しい専門領域ができてきました。それゆえ、本書のようなものは、それぞれの専門の方の協力が必要です。幸いなことに、それぞれの領域の方から、担当を受けてもらっています。むずかしい専門のことではありますが、できるだけわかりやすいように、解説をしてもらっております。少しでも、障害者がうける心理学的な側面を知っていただければ幸せだと思っております。

本書は、各ページに、活字を下げた（小さくした）下欄を設けて、脚注など自由に使えるようにしています。本文中の専門用語を説明したり、重要事項について解説を加えたりしております。また、主要人物（たとえばヘレン・ケラーとか）についても紹介をしています。引用した研究物も紹介されます。必要に応じて原語も加えられます。さらに、本文と関連することを、本文以上に説明掲載したりします。本文とつきあわせて読んでいただくと、いっそう理解が深くなると思います。それらに関する見出し語は、本文中でも下欄でも、ゴシック体として目につきやすいようにしています。

それから、特別に、『支援知識シリーズ』と『ケースシリーズ』を設けております。

『支援知識シリーズ』では、メガネ、補聴器、人工内耳、聴力改善手術、車いすなど、専門の医学者から、原稿をおよせいただきました。その道の権威者でもあります。介護・福祉関係の国家資格などについても、学校経営にあたっている方（校長）から、しくみなどを説明してもらいました。これらは類をみない貴重な知識になると思います。

『ケースシリーズ』では、長い間、障害児・者に接してきた現場の人から、事例をとりあげてもらい、社会人になるまでの、なるべく長い間の経過を述べてもらいました。いずれも経験豊富な、現場の指導的立場にある人たちです。実際の例が、印象に残ると思います。

こうして、ライフサイクルからみる障害者の心理と支援ができあがりました。

障害をもつということは、よぎない不自由さのなかで生きなければならないということです。そうした人たちを理解するのに、本書が役立てれば幸せです。だれでも、なりうるかもしれません。一般の方々も手にとってご覧いただければ幸いです。これから障害者に接する人や現に接している人、大学、専門学校などで、障害者のことを学んでいく人たちの、テキスト、参考書、資料として役立てていただくことを願っております。

各章の執筆に協力いただいた大学の方々、支援知識シリーズに専門的な知識をおよせいただいた方々、ケースシリーズに実際例を紹介していただいた方々、本書の発行にご尽力くださった福村出版の方々に、深くお礼を申しあげます。

二〇〇九年一月一日

田中　農夫男

目次

第Ⅱ部　障害者への支援

第Ⅲ部　障害者の生涯発達

▼序章1　障害者の心への接近

1　新しい呼び方、用語の移り変わり

高齢者のなかには、日常の記憶や判断がつかない状態になる人がいる。痴呆といわれていたものであるが、現在では、**認知症**と呼ばれるようになった。痴呆には「愚か」という意味がふくまれていて、痴呆という診断名がついたり、痴呆と呼ばれたりすると、軽蔑された感じや不快な感じが残るからであった。そこで、厚生労働省で検討されたのが認知症ということばである。

同じように、長年、使われてきた精神分裂病も、精神全体が分裂しているようで、本人にも告げにくいとし、社会的にも偏見視されがちで、本人や家族にも苦悩をあたえる。人格が否定されるように受けとられてはいけないというので、**統合失調症**と呼ぶようになった。思考、考えている場合にまとまり（統合）がなくなる状態をいっている。

精神薄弱ということばも、一九九九（平成一一）年に知的障害という用語にかわった。戦後の憲法や教育基本法ができたときには、精神薄弱（者）という用語をもちいていたが、かつては「低能」などといわれたこともあって、いいイメージが受けられないということで、知恵遅れということばが使われたり、**精神遅滞**という用語が用いられたりしていた。そこで、法律上でも検討され、知的障害ということばに、あらためられたわけである。当初は、精神薄弱を三段階に分けて白痴、痴愚、魯鈍といったこともあった。これらの用語も、今日から

認知症（Dementia, Demenz）二〇〇四年、厚生労働省の用語検討会によってまとめられ、介護分野において使われた。二〇〇七年までには各医学界も「認知症」に改めた。アルツハイマー病が原因で認知症になるのがもっとも多く、約半数にのぼる。認知症患者は約一五〇万人、今後も増加していくだろうと推定されている。

統合失調症（Schizophrenia）一九三七年より精神分裂病と呼んできたが、二〇〇二年日本精神神経学会で「統合失調症」という名称に変更した。

精神遅滞（Mental retardation）医学では、発達障害の段階を医学的に説明するのに必要なので、この用語も使われている。

みれば、使われない方がいいわけで、今では軽度、中度、重度となって、それぞれに対応されている。一九四七（昭和二二）年の法律以来使われてきた特殊教育も、二〇〇六年に、特別支援教育という名称にあらためられた。従来の障害にかかわらず学習障害や高機能自閉症、注意欠陥多動性障害など、広く個々人に対応をすることとなった。「個々への支援」は、介護などでも、生活支援などといって、支援ということばが使われている。

六五歳以上を高齢者といっている（六五歳以上七四歳を前期高齢者、七五歳以上を後期高齢者とする場合もある）。高齢化社会というのは、六五歳以上の人が、人口の七パーセントから一三パーセントを占めるのをいい、一四パーセントから二〇パーセントを高齢社会、二一パーセント以上を超高齢社会という。二〇〇五（平成一七）年では二〇パーセントであったので、高齢社会にはいっている。一〇年後には、団塊世代の人が高齢期にはいるため二七パーセントになるとされ、超高齢社会になる。さらに五〇年後には四〇パーセントになると予想されている。さて、高齢者を「老人」と呼ぶ場合がある。たとえば、介護福祉士や社会福祉士養成の大学や短大・専門学校には「老人福祉論」や「老人・障害者心理」などの科目が置かれなければならないことになっている。必修の科目である。また、「老人ホーム」とか、「老人保健」などにも「老人」のことばが使われている。「老人」は、このように公的にも用いられており、まちがいではない。しかし、今や、高齢者人口が多くなって、長寿社会で健康な人も多くいる。そんな人たちは「老人」といわれると、あまりいい感じがしないようである。公的に、一般的にいわれている分には抵抗感も少ないようであるが、個人的にいわれると「耄碌《もうろく》」したとか「老《お》いぼれた」とかいう、古い時代の呼称や印象を連想したり、人間は若くありたいと思っているから、違和感があったり、気持ちに合わなかったりするようである。

特別支援教育（Special support education あるいは Special needs education）早期発見のための連携、早期個別指導も含まれる。

学習障害（LD：Learning Disability）

高機能自閉症（High function autism）知的障害がともなわない自閉症。

支援　支援は、国によっては、学習能力の高い子どもにも与えられる場合もあるが、わが国では、そういう子どもは、自ら学んで行く能力があるだろうと思われるし、ハンディのある子に、教育の機会均等という立場から、個々に応じた支援をしていこうとしている。

法律による改正　用語など法律による改正は、一般よりおそくなることが多い。社会の合意がなければならないからであり、改正後に

それならば、どのような用語がいいのか、今後の課題であるが、本書では、幼年、少年、青年、壮年にあわせて老年ということばを使用することにした。「老人」は個人を指し、「老年」は、そのころの人という年代を指している。医学部でも老年内科とか老年科という診療科がもうけられたりしている。また、老齢（化）研究所ともいうべき所を「加齢研究所」ともいったりする。

一九八〇年代から、報道関係の自主規制によって「めくら」「つんぼ」「びっこ」「かたわ」などといった、かつての差別的な、軽蔑的なことばは使用されないようになった。俳優菅原文太がコマーシャルで「発展途上人」といっていたことがあった。「発展途上国」からとったことばであろう。「発展途上国」や「発展途上人」は、かつては「未開国」とか「未開人」とかいった時代があった。これなども、そのような国や民族の人を見下げた蔑視的ないい方であったという反省にたっている。

2　どんな障害があるか、障害の分類と特徴

第六感ということばがある。人間の感覚をこえているという意味である。人間の感覚は、その第六感をのぞくわけだから五つの感覚があるということになる。目、耳、鼻、舌、皮膚で外の世界を感じとっているわけで、それぞれを視覚、聴覚、**嗅覚**、**味覚**、**触覚**といっている。嗅覚はするどい人もいれば、にぶい人もいる。嗅覚がにぶくても嗅覚障害者とはいわない。ふだん生きていくには支障がないからである。味覚も味にすぐれた人がおり、他方では、まったく反対の人もいる。味ににぶくても、それを味覚障害者とはいわない。多少の味わいには欠けていても、食べていくことには支障がないからである。触覚に鈍感な人がいても触

も、支障がない現状がなければならないからである。たとえば、一九二三（大正一二）年、盲学校と聾唖学校だけが設置義務になったのは、それまでに、すべての都道府県で実質的に学校が設けられていたからである。法によって、にわかに設置しなければならないところはなかったからである。養護学校の設置義務がしかれなかったのは、そのころ設置されているところはなかったからであった。

ことば　ことばには、意味があると同時にイメージがともなう。たとえば、便所は、汚いとか、臭いというイメージがともなうので、丁寧語として「御不浄」とか「はばかり」とか「（お）トイレ」とかという。さらに「（お）手洗い（所）」ともいう。また、「化粧室」ともいうことがある。外国でも、トイレはどこか、ということを、手を洗うところはどこですか、といった

覚障害者とはいわない。右の手に感覚がなければ左手でさわることができる。

さて、視覚と聴覚であるが、そこに障害があるとみえなかったり、聞こえなかったりして、生活にきわめて支障をきたす。みえないと、文字を読むことができないし、新聞に目を通すこともできなくなる。人の顔も周囲の状況もわからない。聞こえないと、人の話が聞きとれないので、会話ができなくなるし、環境には必ずある、物の音がはいってこない。したがって情況がつかめない。そこで特別に視覚障害者、聴覚障害者として扱い、どんな世界におかれて、どんな不自由さがあるのかを考えるのである。手足に障害があると、歩くことができなくなる、物を扱うことができなくなる。手足（四肢）は胴体（躯幹《くかん》）とくっついて連動しているので、それ全体をふくめて肢体不自由といっている。われわれは手足を動かして日常の生活をしているのだが、それができなくなるので運動障害ともいう。からだのうえで残されている部分といえば、最後に内臓関係がある。内臓に障害がある場合、病気でからだが弱っていることを病弱といい、現には病気がなくても全体的にからだの抵抗力が弱っていることを虚弱といっている。病弱・虚弱は学校段階で使われるが、成人段階では内部障害といっている。いずれにせよ、健康に障害があるので配慮がいる。

以上は、からだのうえに障害の原因がある場合であるが、次に、知的面や精神面のうえからみた問題がある。知的発達が遅れ、言語能力がひくかったり、社会への適応がむずかしかったりする場合を知的障害という。思考障害ともいわれる、先に述べた統合失調症と、気分障害ともいわれる躁うつ病は精神障害とよばれている。教育上では、先にも述べたように、特殊教育から特別支援教育にあらためられたが、そのさい**文部科学省**は、**発達障害**として自閉症、学習障害、**注意欠陥多動性障害**などをあげている。自閉症は、ある特定のものに固執

りする。ある教授がアメリカでレストルームという標示をみて、休憩所かと思って行ったらトイレだったという。人は、このようにいいイメージを探し、暮らしを明るくしようとしている。

嗅覚、味覚、触覚の異常　異常がいちじるしい場合には（たとえば亜鉛不足による味覚障害など）、医学的な治療が行われることがある。

文部科学省による発達障害　発達障害者支援法（平成一六年）

発達障害　発達期間中に何らかの原因によって中枢神経系の障害が生じて、発達が遅れてしまうもの。

注意欠陥多動性障害　（ADHD : attention deficit/hyperactivity disorder）

して対人関係に障害があるものをいい、学習障害は、全般的には知的遅れはないが、読み、書き、計算（その特定部分）において遅れを示すもの、注意欠陥多動性障害は、注意散漫で、落ち着きがなく、じっとしていられないものをいっている。発声器官や知能には異状がないが、心理的原因によって、ことばを発しない緘黙《かんもく》のようなものは、情緒障害としている。最後に、言語障害であるが、ことばが一般の人に伝わらない場合をいうが、これには、無喉頭患者や発声にかかわる器官（声帯、舌、唇など）に障害があるものと、発達の遅れや情緒の障害などによるものとがある。それゆえ、身体的面と精神的面の両方に原因がまたがっている。

さて、障害の特徴をいくつか、カークの図表で端的にみておくことにしよう。図序―1は聴覚障害の例、図序―2は視覚障害の例、図序―3は肢体不自由の例、図序―4は言語障害の例、図序―5は知的障害の例のプロフィールであるが、聴覚障害は話しことば、それに関連して言語全般、読みの類に、いちじるしく障害を与えている。視覚障害は運動、社会成熟、読みなどに影響をし、肢体不自由は運動領域に、言語障害は話しことばと言語の領域に、知的障害は知的面、ことば、言語面、算数面に、影響を与えていることがみられよう。同じ一〇歳の人を比較したものであるが、障害ごとの様子がちがうことが、よみとれよう。

3　心理的な特徴と配慮

一般に、生まれた時点で障害があったという場合は、それ以前に何かの原因があったと推定されて、これを**先天性**としている。これに対して、生まれてから病気にかかって障害が残った場合を**後天性**といっている。しかし、心理学的には記憶が現在に残っているかどうか

先天性と後天性の記憶　コロレンコは、先天性と後天性の二人に会ったことをもとにして、「盲音楽師」という小説を書いている。後天性の盲人は、母親の姿をおぼえていてよく夢にみると話す。すると、先天性の盲人は、一度でいいからそんな夢をみたいものだとうらやましがる場面を書いている。武者小路実篤の「その妹」でも、戦争で失明した（後天性）画家が美しい場面を夢にみるが、それが描けないのが残念だという場面がある。

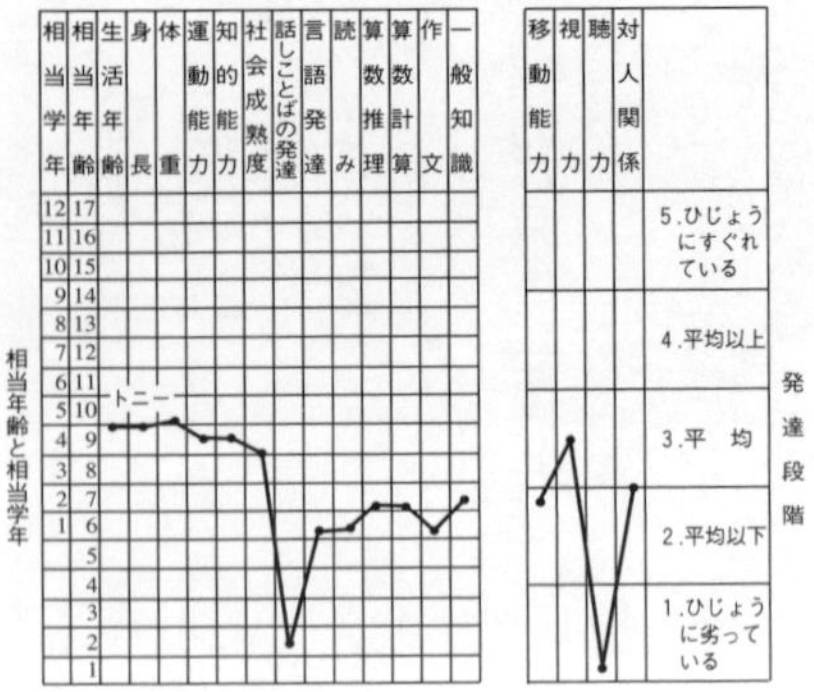

図序－1　聴覚障害例のプロフィール

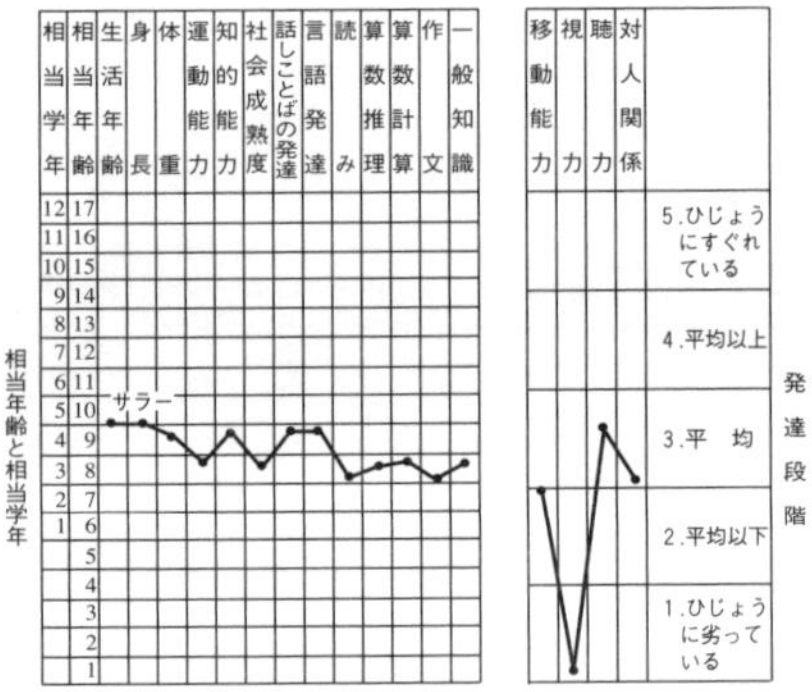

図序－2　視覚障害例のプロフィール

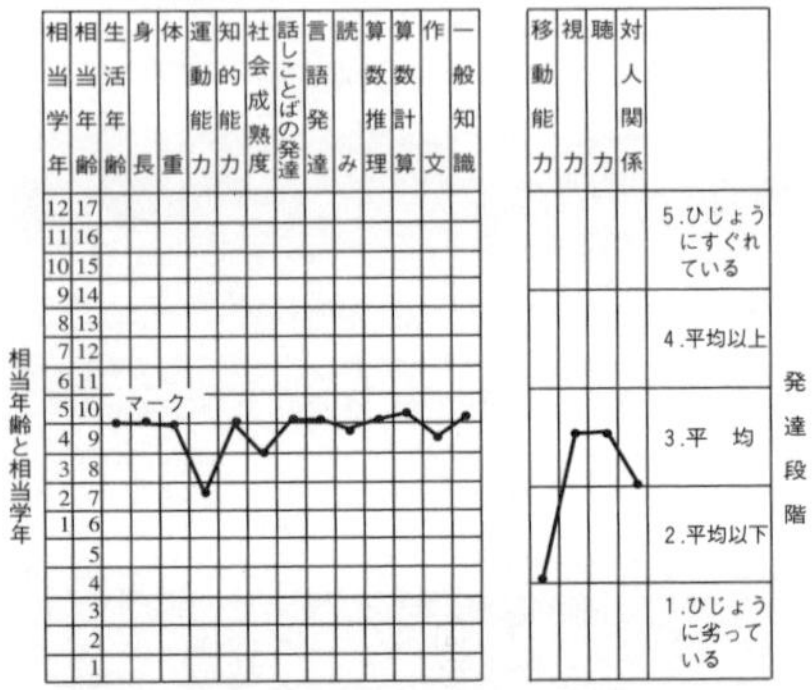

図序－3　肢体不自由例のプロフィール

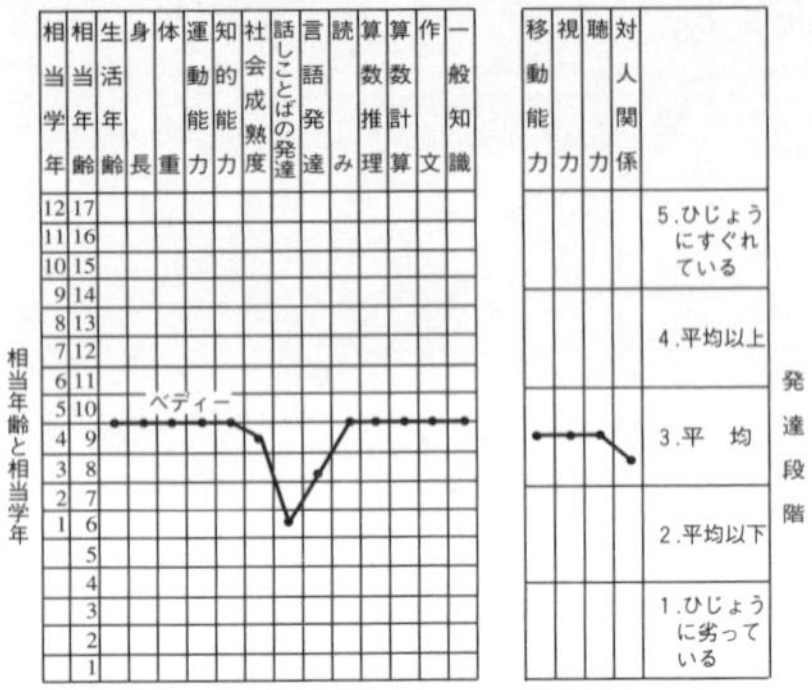

図序－4　言語障害例のプロフィール

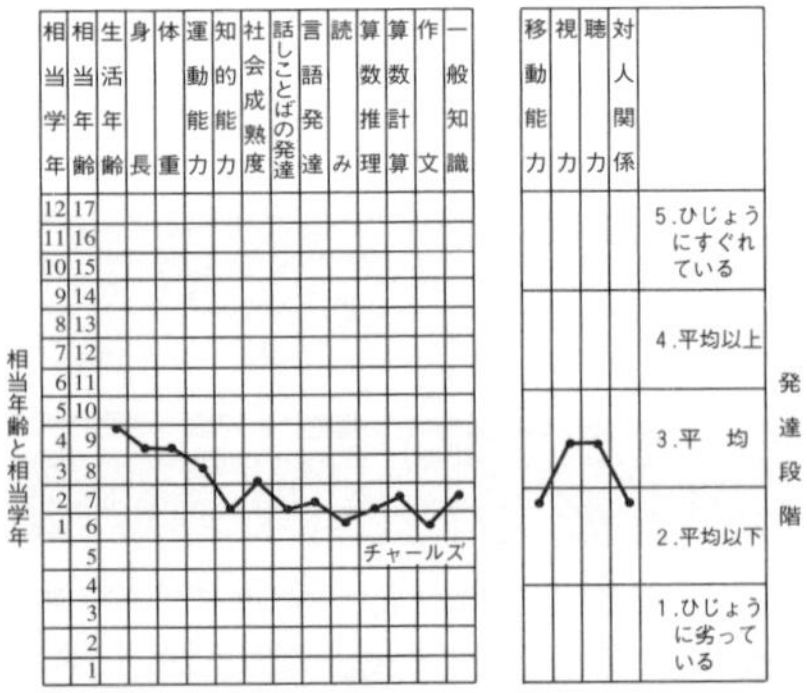

図序－5　知的障害例のプロフィール

で分ける。たとえば、四歳ぐらいで失明した人は、それ以前まではみえていたわけであるから、色とか景色とかはおぼえていそうであるが、実際はおぼえていない。講義でいつも学生に、思い出せるもっとも幼いときのことを聞いてみると、きわめて断片的だが、だいたい四歳前後のことである。

成人してから失明したひとりは、かつて出稼ぎに行っていたときの、東京銀座のネオンが色とりどりに、ついたり、消えたりしていた光景が忘れられないという。また、遠洋漁業で、太陽が海に沈む真っ赤な水平線上の景色が、いつまでも記憶に鮮明に残っていた中途失明者もいた。聴覚を失った例でも、図2―1（四五頁）のように、早い時期に聞こえなくなるほど、ことばの獲得が得られなくなっている。五歳のとき流行性耳下腺にかかって、とつぜん聞こえなくなった人の例では、発音が不明瞭になり、単語も思い出せなくなったという。他方、一五歳で高熱で聞こえなくなった人は、発音はくずれず明瞭であったし、内容も正確であった（聞こえなくなった例については永渕正昭の報告、成人失明の例は筆者による）。生まれてから四歳前後までの障害は後天性であるが、このように経験が記憶に残っていないのだから、みたことがない、聞いたことがない先天性と同じことになる。他の障害についても同じで、実質的に先天性と考えて接していいことになる。

ある仕事をみるとき心理学は二つの方法を発見した。ひとつは、**時間制限法**といって、きまった時間内に、どれだけ多くのことができるかをみるものである。試験とか仕事とかは、たいてい、これにあてはまる。もうひとつは、時間に関係なく、いくら時間がかかってもよく、どれぐらいのことができるかをみるものである。これを**作業制限法**という。質が高いとか、中身がどうか、ということをみるのである。全国の盲学校生徒に、この二つの方法で国

時間制限法（タイムリミット）（time limit）

作業制限法（ワークリミット）（work limit）

語などのテストをしてみた研究がある（佐藤泰正による）。時間制限の方法によると、普通学校の生徒よりかなり成績が低かった。だが、作業制限法によると同じくらいになった。前者の方法では時間に制限があったので、点字の読み書きに時間がかったのである。それは手話でも口話でも、手が不自由な場合でも同じことである。スピードや量を問うのは、障害者や高齢者にはむいていない。時間にとらわれないと、ある種の仕事はできるものである。

不安や不快さをとりのぞいてやることも、また必要である。みえなくても聞こえなくても、幼い段階でも、慣れない広い空間に、ひとりでおかれるのは、きわめて不安である。「ここで待っていなさい」といわれても、不安であるから移動してしまう。電柱など物的につかまっていられるようなものを示してやった方がいい。便器が冷たいと不快で、幼ない子どもは行きたがらない。高すぎても足が浮くので不安のもとになる（台を工夫してやる）。和式で腰を下ろせない高齢者には、洋式のようなものを工夫してやる。はしのもち方が普通でなくても、食べるということは楽しい場面であるので、許容した方がいい。

訓練やリハビリは、不自由さをなくしたり、失った機能を回復させたりするものであるが、つらさだけが心に残ってしまってはいけない。人間がもっている**リズム感覚**や音楽的要素をとりいれるとか、**遊び**的な楽しさをとりいれる工夫も必要になってくる。生きなければならない、克服しなければならないという自覚も、つらさを克服して訓練やリハビリに、いそしむことになろう。

ベッドにいる高齢者などに新聞を読んであげたりするのは、安らぎをあたえる。読んであげること、すなわち**朗読**には、いくつかの要領がある。まず、活字をみて読む人は、活字をみていない人にとっては速くなりがちである。聞いただけでもわかるようにゆっくりと読ん

リズム感覚　時計や雨だれの音は、それ自身リズムをもっていないが、人間が聞くと二拍子とか三拍子に聞こえる。黒沢隆朝の「楽典」（一九四七年）によると、太鼓をたたいていると、二拍子とか三拍子とかになってしまうという。リズム感覚は人間が元来もっているものである。

遊び　遊びは労働とか仕事の反対語である。労働や仕事は、ある目標に向かって努力しなければならない。それだけに、つらさもともなう。反対に、遊びは、それ自体、目標がなく、遊び自体が楽しいのである。遊びのもつ楽しい要素をとりいれると、つらさも和らぎ、効果が上がるとされている。

朗読　カッコ内を「カッコ……」とかといってしまうと、聞いている方は、みていないのだから意味がわからない。一対一で読んであげるのを対面朗読という。

であげなければならない。カッコ内などは、ポーズをおいて声の調子を低めにして読むとか、「つまり」「すなわち」などと置き換えて読むことである。

録音にする場合は録音朗読という。アナウンサーなどは、十分間に原稿用紙六、七枚の速さである。これは、かなりゆっくりで、聞き手にわかるように読んでいるのである。

4　施設や支援

交通バリアフリー法では、駅には二〇一〇年度までにエスカレーター、エレベーターを設置しなければならないとしている。はじめは一日五〇〇〇人を越える利用客の駅となっていたが、二〇〇六年の新法では、すべての駅に備えることとなっている。エレベーターには音声による案内もつけられている。これらは公共の施設やホテルなどにも、つけられるようになった。障害者や高齢者を配慮した設備であったが、どんな人にも便利なものになった。

トイレも身障者や高齢者には深刻な問題である。普通、和式では、腰を下ろせないのである。せめて、洋式トイレの設置はどうしても必要である。二〇〇六年の国土交通省令では、多数の者が利用するトイレには、高齢者や障害者が利用できるものを設けることとなっている。これはホテル、船、飛行機、新幹線などにも適用されている。

トイレの例　北海道阿寒湖の近くにオンネトーという小さな湖がある。四季折々、一日の中でも光の当たり具合によって、湖面に映る光景が変わる所である。その奥に公衆トイレがある。山奥だから、和式かと思いきや、和洋折衷式、一段高い畳に、椅子に座るように腰をおろすと、そこに便器の穴があいている。用便をすると、下の土の上に落ちる。水がないから、水洗になっていない。だが、用便を終えてボタンを押すと、土が動きだし、落ちた便が土に拡散されて消え、新しい土が現れて次の用便に備えられるようになっている。

交差点の信号にも、音の信号がなるようになった。自治体によって異なるが、東西、南北、それぞれ異なった音楽や音信号がつかわれている。福島市や奈良市などでは、バスや市電停留所に、今、バスや市電がどこの停留所あたりを通っているかが、バスや市電の経路標示板でわかるようになっており、かつ、音声でも知らせてくれる。これなども、もともとは視覚障害者や聴覚障害者を対象に考えられたものであったが、今では一般の人にとっても、非常に便利なものである。

高齢障害者については、**介護**保険制度によって支援がなされている。日常生活がなんとかできる状態が、要支援1、2で、予防訓練（歩行や生活リハビリなどの訓練）が受けられる。家庭内の生活で外出できない状態（ハウスバンド）が要介護1、2で、介護タクシーが利用できる。要介護2から、ベッドの利用も多くなるので、ベッドを借りることができる（車椅子も同じである）。家庭内でも何らかの介助が必要な状態が要介護3、4で、車椅子も介助となる。ベッド上だけの生活状態（ベッドバンド）が要介護5で、すべてにおいて介助がいる。

施設の利用や入所は要介護1から可能になっている。高齢障害者用のベッドは、借りることができる。レンタルの方が、姿勢を自動的に起こしてくれたり、また、状態にあわせてベッドの種類もかえてもらえるので便利である。寝返りにも介助が必要であるが、近ごろ自動的に寝返りもできるベットも開発されている。

ケアマネジャーの在宅ケアプランによって、IADL（ADL支援）も受けられるようになっている。食事とか歩行とか、日常生活の基本動作はADLであるが、それができない状態に援助するのである。たとえば、食べること（ADL）はできるが、食事がつくれない場合には、それをかわって作ってもらえることである。

過疎化で高齢者だけが住んでいる。人口が集中した都会でも、核家族化になって、家族ができる介護には限界がある。デンマークに始まったボランティア介護は、公的なものとしてとりあげられ、その支援活動は、欧米に波及し、わが国でも、福祉支援の輪が拡がってきたのである。

介護認定　介護の認定を受けるには、市町村の訪問調査員がきて、健康状態、ADL、IADL、排泄、食事、行動障害など一四項目、約一二〇細目にわたって調べる。それをコンピュータが第一次判定をする。医師、看護師、ケアマネジャーなど専門家による認定審査会は、それをもとに、家族に介護してくれる人がいるか等を検討して、要支援1、要支援2（軽度）要介護1、要介護2、要介護3、要介護4、要介護5（重度）の程度を認定する。

▼序章2　障害の意味を考える

「障害」あるいは「障害児」ということばは、教育、医学、福祉、心理学などの諸分野で広く使用されている。また、「心身障害児・者」という表現が使われる場合も多い。また、障害という表記の「害」という文字が、内包する意味に配慮して「障がい」という表記が使われることも多く目にするようになった。

一九七五年の国連による「障害者の権利宣言」、一九七九年の「国際障害者年」に始まる「国連・障害者の十年（完全参加と平等）」、そして、一九九三年からの「アジア太平洋障害者の十年」などを経て、「二〇世紀最後の四半世紀は、障害を捉える視点を個人の次元から大きく広げ、社会の問題として捉え始めた」（斎藤、二〇〇八）。

一九六九年にカークは、「知的・身体的・社会的な面で平均値にある普通の子ども・大人からはずれていて、その能力を最大限に発達させるためには、学校での教育をいろいろ変えたり、あるいは特別の教育を必要とするような範囲にある人たち」という定義を発表した。これは一般に「統計基準」による定義と呼ばれるが、障害児に関する定義というよりは、「例外児」についての定義である。さらに水谷徹は、「心身の機能に持続的な障害があり、そのために特別な配慮が必要な児童」と定義している。これは、「生活基準」による定義といわれる。これらはいずれも、教育場面を意識した定義であり、「個人」を前提とした考え方になっている。

例外児　英語ではexceptional children。

このようなことを踏まえて、まず、二〇〇一年WHO「ICF」を中心に、障害の意味について考えてみよう。

1 WHOの見解から

WHO（世界保健機関）は、一九七九年の「世界障害者年」の翌年（一九八〇）に、「国際障害分類」（ICIDH）を発表し、そのなかで、障害を考える際の三つの側面を、「**機能障害**」（心身レベルの障害）、「**能力障害**」（活動レベルの障害）、「**社会的不利**」（社会生活レベルの障害）として示した。機能障害とは、心理的、生理的または解剖的な構造または機能の何らかの喪失または異常であると説明され、能力障害とは、人間として正常とみなされる方法や範囲で活動していく能力の（機能障害に起因する）何らかの制限や欠如、さらに、社会的不利とは、機能障害や能力障害の結果として、その個人に生じた不利益のなかで、その個人にとって（年齢、性別、社会文化的因子からみて）正常な役割を果たすことが制限されたり妨げられたりすることであるとされている。

この考え方は、「社会的不利」として、社会的視点を含めて障害を考えている点が画期的であると評価されるが、同時に、疾患または変調を前提として障害を考えている点で「医学的モデル」であるという批判があり、また、個人における制約に主眼を置き過ぎており、社会的不備が障害者をうむという面をもっと徹底すべきである、という意見も多く寄せられた。

このような批判・意見を踏まえて国際障害分類は、二〇〇一年のWHO総会で改正され、「国際生活機能分類」（ICF）となった。この分類では、障害ということばを使わず「健康状態」とし、「心身機能・構造」「活動」「参加」という三つの次元から成ると説明される。

ICF International Classification of Functioning, Disability and Health.

ICIDH International Classification of Impairments, Disabilities and Handicaps.

機能障害 英語では Impairment。

能力障害 英語では Disability。

社会的不利 英語では Handicap。

そして、心身機能・構造の否定的側面としての「機能障害」、活動の否定的側面としての「**活動制限**」、参加の否定的側面としての「**参加制約**」としてとらえられている。

一九八〇年の分類は、医学的・生物学的な次元で論じられており、障害者を生活者としてとらえていないという批判にこたえた形の改訂であるが、障害の概念を否定的にとらえるものではなく、人間の活動に共通の肯定的な概念で統一したうえで、その活動に支障をきたす状態を障害として概念づけたものである。このことにより、障害の有無にかかわらず、一人の人間として抱える問題として「障害」がとらえられ、また、障害を考えるときに一方向的にではなく、双方向的にとらえることが強調され、人間と環境の相互作用モデルが採用されたことにより、生活者としての障害者をとりまく背景的要因（環境因子）の重要性が強調されるようになったのである。こうした背景には、**ノーマライゼーション**の概念の普及や障害者の権利宣言、機会均等化の採択など「障害者観」の時代的変化が反映されているといわれている。別の見方をすれば、障害という概念を社会的文脈のなかでとらえようとする傾向が、より強まってきたといえるであろう。

障害ということの定義を考えるときに、忘れてはならないのが、上田敏の「体験としての障害」という考え方である。つまり、障害者自身が自分の障害をどのように受け止めているかという主観の次元から、障害というものをとらえようとしているのである。（「障がい」と表示することが、障害者の側のニーズであるとすれば、この「体験としての障害」の考え方が反映されているのかもしれない。本来は「障碍」と表記されるのが正しいらしい）

活動制限　英語ではActivity Limitation。

参加制約　英語ではParticipation Restriction。

ノーマライゼーション　アメリカのヴォルフェンベルガーは「少なくとも平均的な生活状態を可能にするために、また障害者の行動をできるだけ豊かにしたり、高めたり、また支持したりするために、文化的に通常となっている諸手段を利用すること」と定義している。

2　発達心理学の見地から

生涯発達という視点からすれば、人間は、一生涯発達し続ける存在であるということになるが、子ども時代は、とくに発達（上昇的変化）がめざましい時期であるととらえることができる。そして、発達は経験の積み重ねによってもたらされる。こういうことを土台にして、障害のもつ意味を考えてみたい。

発達心理学の視点からみると、「障害」ということばには、二重の意味が含まれていると考えられる。それは「行動の障害」と「発達の障害」である。まず、「行動の障害」とは、「○○ができないとか、○○をすることが困難である」ということを意味している。上記のＷＨＯの「活動制限」に当たる。この行動の障害は、大人（障害者）でも、子ども（障害児）でも共通にもつものである。しかし、発達がめざましい子どもにとっては、行動の障害をもつということは、それだけ「経験」に制約があるということを意味することになる。経験の積み重ねによって発達が進行していくことを考えると、その制約は、発達に対してマイナスの影響をもつという結果になる可能性がある。そのため、発達が順調に進んでいかなかったり、何らかのゆがみを生じるという意味で「発達の障害」を生じることになる。以上のことから、発達の障害は行動の障害から派生してくることになるので、「二つの意味」ではなくて「二重の意味」なのである。

大ざっぱにいえば、行動の障害へのアプローチは、医療機関や専門機関の担当であり、育児、保育、教育等の役割は、発達の障害をいかにして小さくするかということにあると考えていいだろう。そのためには、基本的には、「障害をもたない子ども」と「障害をもつ子ども」を区別して、障害児を特別な存在としてとらえるのではなく、通常の環境（働きかけ）

では、発達がうまく進んでいかない子どもと考えること、いい換えれば、共通の発達する存在としてとらえ、その発達を実現するためには、何らかの工夫が必要な子どもというように、環境的視点から障害児を考えるということが必要であると思われる。

3 まとめ

一九八一年に決議された「障害者に関する世界行動計画」では、「障害者は、その社会の他の異なったニーズをもつ特別な集団と考えるべきではなく、その通常のニーズを満たすのに特別な困難をもつ市民と考えられるべきである」と述べられている。文部科学省が、これまでの「特殊教育」というとらえ方から「**特別支援教育**」というとらえ方に変更したのも、このような考え方の反映であるととらえることができる。つまり、特別な教育的ニーズを充足させる支援という役割を明確にしたといえるのである。

特別支援教育 19章参照のこと。

とはいうものの、現実の世界には、まだまだ「障害」というものに対する誤解、偏見、差別が存在していることも事実である。障害をもつ・もたないに関わらず、子どもに対する発達支援の体制が十分に整っているともいえない。「障害」ということをどのように考えるかは、育児・保育・教育の「原点」として、重要な意味をもっているということをあらためて考えてみたい。

第Ⅰ部
障害者の心理

1章　視覚障害者の心理

1節　視覚障害と生活

1　さわってわかる

目に障害があってみえなくなると、離れたところからみるようなことができないから、近づいて直接さわらなければならない。さわるということは、どういうことか。ワープロ用紙の真ん中に針で小さな穴をあけて、お面のようにして、そこから外界をのぞいてみる。黒板いっぱいに大きく書いた図1―1は、目でみると、すぐに円に線が交差していることがわかるが、小さな針穴からのぞくと、それが何であるか、わからない。図に近づいて一部分ずつ、頭を動かしてたどっていることがわかる。さわる場合もこれと同じことで、部分部分をたどっていく。時間をつないでいくので継時的という。一方、**正眼者**はみた瞬間にわかるから、瞬時的なのである。針穴からたどっていくと、やがて円に線が交差しているという全体がわかってくる。部分から全体へと把握していくのが、触覚の特徴で、瞬時的に全体を把握している視覚とはそこのところがちがっている。触覚は時間がかかるが、能動的であるともいえる。その点、視覚では、多くのものは自動的に目にはいってくる（そのなかで何かをとりだし、何かに注目をしている場合には、やはり能動的な心のはたらきをしていることになる）。

触覚は皮膚上にあるから、からだのどこにもあることになる。それならば、どこがもっと

視覚障害、正眼者、墨字
視覚障害は視力でいうと、メガネやコンタクトレンズをかけ、両方の目でみた場合（これを両眼矯正視力という）、およそ〇・三未満の状態をいうが、身体障害者手帳（身体障害者障害程度等級法）では、
一級　両眼矯正視力〇・〇一以下
二級　同じく〇・〇二から〇・〇四以下
三級　同じく〇・〇五から〇・〇八以下
四級　同じく〇・〇九から〇・一二以下
五級　同じく〇・一三から〇・二以下
六級　同じく〇・二を越える程度のもの
となっている。
それでは普通にみえる場合は何というのか、昔は、盲人に対して「目明き」といったが、今日では、「正眼者」あるいは「晴眼者」ということばを使っている。どちらも同じ意味で、どちらを使用してもよいが、同

も鋭敏で有効なのか。針に糸を通すことは、日常もっともこまかい作業で、老眼や視力が低くなると、なかなかできない。目がみえない人が、針穴に糸を通したという古い記録（ディデロ、一七四九）があったので、それを参考に筆者は訓練をしてみた。穴が大きめの針と細目の釣り糸テグスを用意する。テグスの下に糸を結わえ、テグスの先端を、舌の上に置いて針の穴に通すのである。訓練には、かなりの日時がかかったが、相当の確率で通せるようになった。表1―1のように、舌の尖端はもっとも触覚が鋭敏であるからである。だが、舌は、唾液でぬるぬるしているし、非衛生的であるから、ふだん使うことはない。舌の次には、表のように手指であることがわかる。こまかい点字も鋭敏な指先で区別するのである。指の次に敏感なのは唇《くちびる》、目のみえない人は、点字の恋文を唇で読むことがある。でも、唇も非衛生的で、ふだんは触察には使わない。点字の点頂と点頂の間は約二ミリぐらい、指で読むのにはもっともよい間隔になっている（図1―2参照）。

さわるときには、指をあまり押しつけてはいけない。皮膚の下には痛点があって、それを刺激してはいけないからである。軽くさわって、すべりをよくする。さわるといっても、ただ、さわっただけでは、それが何であるかは、わからない。なでるように、手を動かして初めて、そのものが何だかわかる。このように、手を動かすことを触運動といっている。触運動は速すぎてもいけないし、おそすぎてもいけない。ものがわかるように、上手にさわらなければならない（だいたい、毎秒一五センチぐらいの速さが適当である）。

2　聞いて生活する

視力がなくなったり、低くなったりすると、周囲の状況がみえない。だが、耳で周囲の情

じ本や論文のなかで、両方を交ぜて使用してはいけない。読者に混乱を与えるからであり、どちらかひとつに定めて使うことである。さて、点字が出てきたので、普通の文字は何とよぶべきか、比較的早い時代から、それには「墨字」という用語が使われてきた。

ディデロ著、吉村道夫・加藤美雄訳『盲人書簡』岩波書店、一九四九年。ル・ピュイゾー地方の盲人を訪ねると、針に糸を通すのをみたと報告されている。また、数学・物理学者で生来見えなかったニコラス・サウンダーソン教授の数計算の方法などが紹介されている。

ドニス・ディデロ（一七一三―一七八四）は、経験主義哲学の元祖的存在で、それゆえに、ディデロ死後一六五年後にわが国に翻訳され、さらに二七年後、平岡昇訳で『盲人に関する手紙』

（法政大学出版局、一九七六年）として出版されている。世界で、はじめて盲人（障害者）を、学問の上でとりあげた人であり、また、最初の本である。

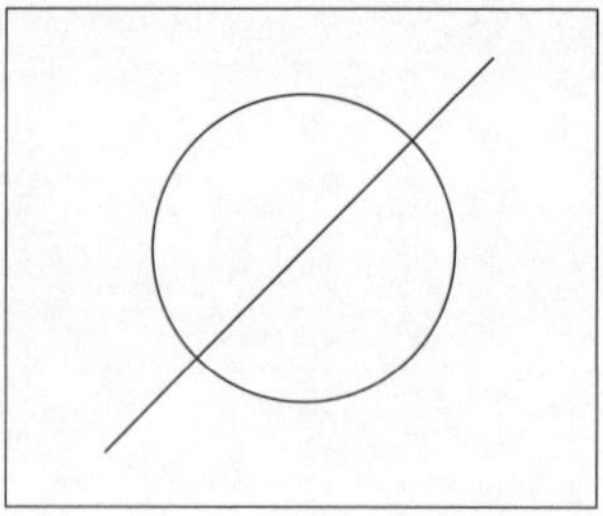

図１－１　針穴からのぞく図

表１－１　皮膚における空間閾（Weber, E. H., 大脇義一『心理学概論』1948年）

皮膚の部位	空間閾の値
舌の先端	1㎜
指頭（手掌面）	2
唇の赤色縁辺	5
手指の第二節の掌面、第三節の背面	7
頬、足趾の拇指の先端掌面	9
手指第一節の背面、足の拇指の中足部	16
顎骨の後部の皮膚、額	23
手背	31
膝頭およびその付近	36
腰部および下腿	40
足背、項部（頸部）、肛門上辺、胸の下部	54
背中の正中部、上腕および大腿中部	63

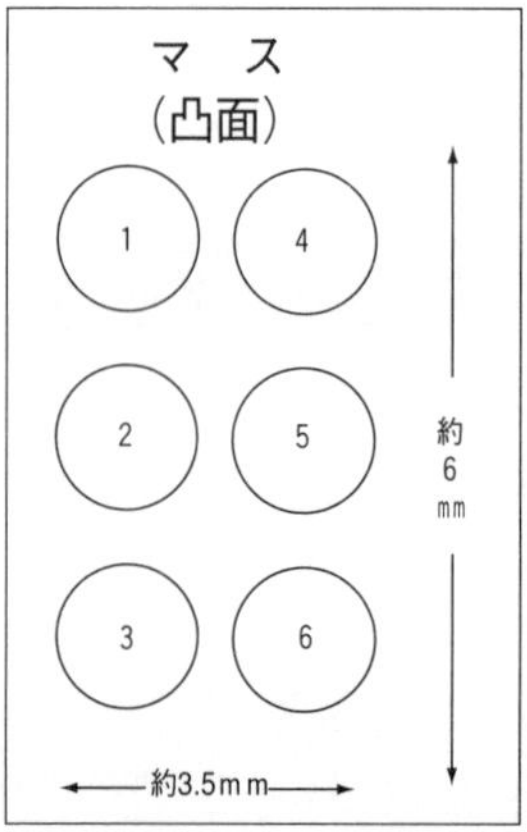

図１－２　点の名称

況をキャッチしている。車や電車など、移動する音で情況を把握する。人の声などでも、周囲のにぎやかさや閑散さがわかる。人がはいってきたことも、足音でわかる。知っている人の足音や歩調はわかるが、それ以外の人の場合には、誰々がはいってきましたよ、と補助的におしえてあげるのが親切である。食堂にはいる。周囲の人が話しながら食べたり、スプーンで食べものをすくったり、茶碗をおいたりする音で、情況を把握する。食べものがくる。何がきたかみえないので、長手《ながて》盆《ぼん》のなかを説明してやる。左下に飯碗、右隣に汁椀、その真ん中上にお魚、右端に野菜とかいってあげると、そのつどさわってたしかめる。

周囲のものを、コツコツと叩いてみよう。黒板でも、机でも、窓でも、本でも、紙でも軽く叩いてみる。必ずそれなりの音がする。木製の机だとか、紙製の本だとか、薄い新聞紙だとか、大きい紙とか小さい紙だとか、ガラス製の窓だとか、コンクリート製の壁だとか、スチール製のドアだとか、布製のカーテンだとかがわかる。それらが大きいものであるか、小さいものであるか、どの辺にあるかもわかる。何でも叩いて確かめているわけではないが、生活のなかで、だれかがさわったり、偶然に聞こえたりする音で、周囲の物を知るのである。

　黒板などで、「ここと、ここを足すと、こうなる」などと指さして、式などを説明してしまうとみえないのだから、意味が通じない。確認の意味もかねて、数字など、一つひとつを口に出していうことが必要である。「ここ」「これ」「そこ」「それ」「あそこ」などの代名詞は使わないで、直接に「そのもの」、あるいは「そのこと」を声に出していくのである。そうすると、相手もまた、直接に「そのもの」をいうようになる。こうした口頭のやりとりのなかで、式を考え、文を組み立てていくのである。音や声はその場で消えてしまうものであるが、その場その場でおぼえてしまう（直接記憶がいい）人がいる。われわれは電話番号を聞いたりすると、手帳にメモを取ったりするが、それもせずに直接おぼえてしまったりする。しばらく会っていなかった人でも、最初の声で誰であるかがすぐにわかったり、その声で体調や今日の表情をよみとったりする。こうした能力は、音や声に注意をはらっている日常の習慣からきている。

　目のみえない学生と同室の正眼学生が、おどろいたように報告しにきたことがある。朗読テープを二倍の速さで聞いているという。普通の場合、倍速で聞くということはない。たとえ聞いたとしても、何をいっているのか、内容はわからない。そこで、筆者は、正眼学生と

分かち書き（点字の文法）

文に区切りをいれて読みやすくすることを分かち書きという。点字文法ともいわれたりする。

ことばに切れ目をいれるのであるが、もっとも分かりやすい方法は「――ね」をいれてみる。「ね」をいれて区切れるところで分けると、大体は分かち書きになっている。

（例）「静かに（ね）しなさい（ね）」

（例）「彼は（ね）私に（ね）この（ね）リンゴを（ね）持って（ね）きてくたの（ね）」

（例1）（墨字文）「静かになさい」（点字文）「シズカニ□シナサイ」（英語文）「Be □ silent.」

（例2）（墨字文）「書いて下さい」（点字文）「カイテ□クダサイ」（英語文）「Write □ me.」

（例3）（墨字文）「ねえ、私に教えてよ」（点字文）「ネエ□ワタシニ□オシエテヨ」（英語文）「Please □ teach(tell) □ me.」

目のみえない学生に、同時に、二倍速テープを聞きとらせる実験をしたことがある。一般学生はほとんど聞きとれず、せいぜい「しかし」とか「そして」とかいう接続詞の類をやっと聞きとれるだけであった。しかし、目のみえない学生は、その内容をほとんど正確に点字ノートに報告していた。オープンテープの時代であったが、ピンチローラやキャップスタンに工夫をこらして、倍速にして使っていたようである。今では、二倍速でも聞きとれるテープレコーダーも開発されているが（ことばとことばの間のポーズを機械的にとばしてしまうと約二分の一になってしまう）、目のみえない人の聴取にヒントを得たのではないかと思われる（市販の針通し器にも、目のみえない人の針通しにヒントを得たのではないかと思われるところがある）。

2節　点字と歩行

1　さわって読む

目がみえないと文字（墨字《すみじ》）が読めない。これは生活上きわめて不自由なことである。幸いなことに、長い年月をへて、さわって読む点字というものが発明された。図1―2のように、六個の点が基本になっている。裏から打たれて浮き上がった表面（凸面）の図である。この六点の組み合わせで、すべての文字が作られたのである。それは歴史上、画期的なものであった。普通の文字（墨字）を浮き上がらせて（凸字にして）、さわる文字にしはじめたのは一七八四年ころであった。しかし、読む文字をさわらせるようにしても、効率のよいものではなかった。その後も、さわりやすいようにと、たとえば図1―3のように（このほかに

（例4）（墨字文）「彼は私にこのリンゴを持ってきてくれた」（点字文）「カレワ□ワタクシニ□コノ□リンゴヲ□モッテ□キテクレタ」（英語文）「He□has□brought□me□these□apples.」

もし、スペースがないと、次のようになって読めない。（点字文）「カレワワタクシニコノリンゴヲモッテキテクレタ」（英語文）「Hehasbroughtmetheseapples.」

当道座、検校、琵琶、箏曲、三味線、民謡、鍼灸、江差追分、津軽三味線など

「当道（わが学ぶべき道、職人の）座」とは、平曲（琵琶）、箏曲（琴）、三味線音楽などを職業とする歴史的な盲人の団体で、日本音楽や大衆文化に大きな貢献をしてきた。中世鎌倉時代より、時の幕府の公認や保護を受け、その時代の格式と品位をもっていた。座

も多くのものがあった）、墨字の形を簡略化して変形させていった。しかし、それは、あくまでも視覚文字を基本にしていたので、触覚の文字にはなりえなかったのだった。かくして一八五四年、ブレイュの発明した六点文字が公式に採用される。ワープロ用紙にでも、｜、□、＞、」を浮き上がらせ、一方、同じ大きさで、点からなる⠃、⠛、⠖、⠓を作ってさわってみる。後者の方がはるかに、わかりやすいことが体験できる。ブレイュが創った点字は視覚文字からの完全な飛躍であったし、触覚に適する文字であった。

六点の組み合わせは六三通り、日本語の音は五〇で、点字では図1―4のようになる。アルファベットは外字符号をつけて二六文字になる。数符記号をつけて〇から九、そうして数は何桁でも書くことができる。こうして点字はすべてを書き表すことができた。

点字は音標文字であらわすから、アルファベットで綴る英語などの表記と似ている。たとえば、普通文の「私は一人の少女である」は、点字文では「ワタクシワ□ヒトリノ□ショウジョデ□アル□」（□はスペース）となる。英文も「I□am□a□girl□」となり、単語と単語の間にスペースをおいている。もし普通文のようにスペースがないとすれば、点字文は「ワタクシワヒトリノショウジョデアル」と書かれ、読みにくくなる。英文も「Iamagirl」となり、意味不明となる。日本文は表意文字（漢字）と仮名（音標文字）を用いているから、続けて書いても意味がとれる。一方、点字は音標文字、英語はアルファベットだけなので、単語と単語の間にスペースを置いて文章としなければならない。この、スペースを置いて書くことを**分かち書き**という。

点字も英文のように横書きである。左右両指で軽くさわって、すべらすようにして読んでいく。右指が本来の読みをつかさどり、左指はそれを追認し、ときには訂正をしたりしてい

には位があり、検校はその最高位にあって、大名屋敷に出入りできるほどの特権が与えられたり、扶持されている者もいた。著名な人物も輩出している。邦音楽の中にありながら、塙保己一総検校は学者として膨大な本をあらわし、杉山和一検校は管鍼術を打ち立て、将軍綱吉の侍医にもなっている。それより先、当道座を打ち立てた明石覚一検校は琵琶の名手、検校八橋城談は箏曲を修める。後に生田幾一検校によって生田流、山田斗養一検校によって山田流になった。石村検校によっては三味線が作られ、大衆芸能としてひろがっていく。ところで、座には、官位制度（官）があって、四官（検校、別当、勾当、座頭）（四官の上に聡検校）、一六階、七三刻の階級があった。座頭になるためには、四両が必要で、四両といえば四石、大金で、とてもそれが支払えない人たちがいて、民衆芸能の底辺で

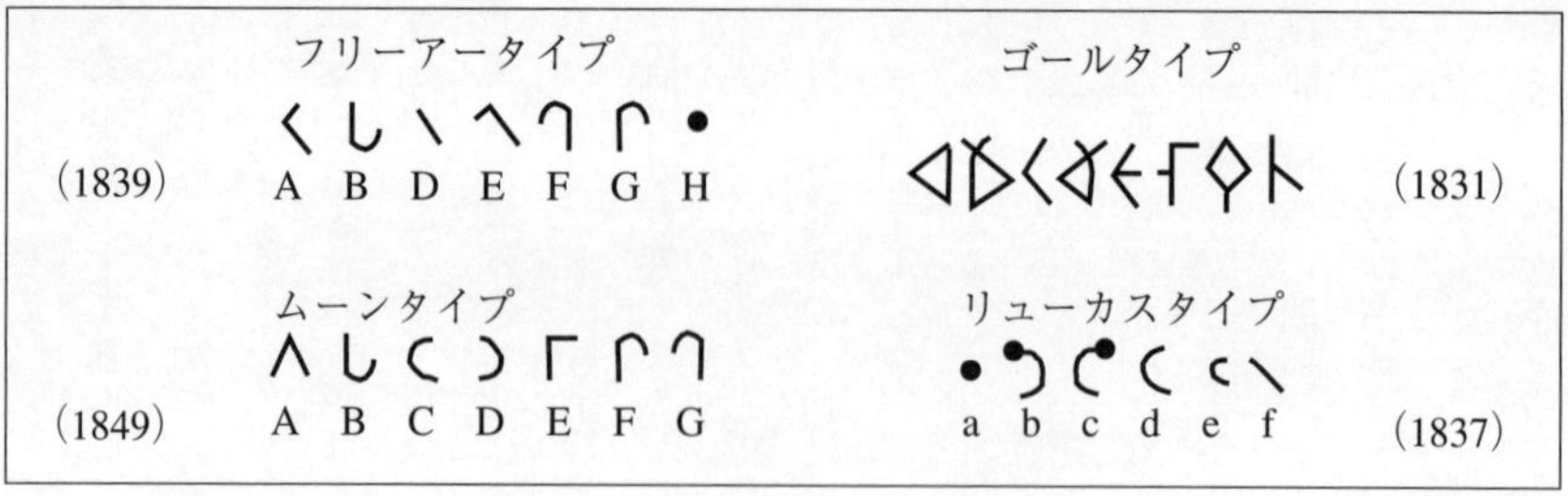

図1－3　浮き上がらせた記号文字

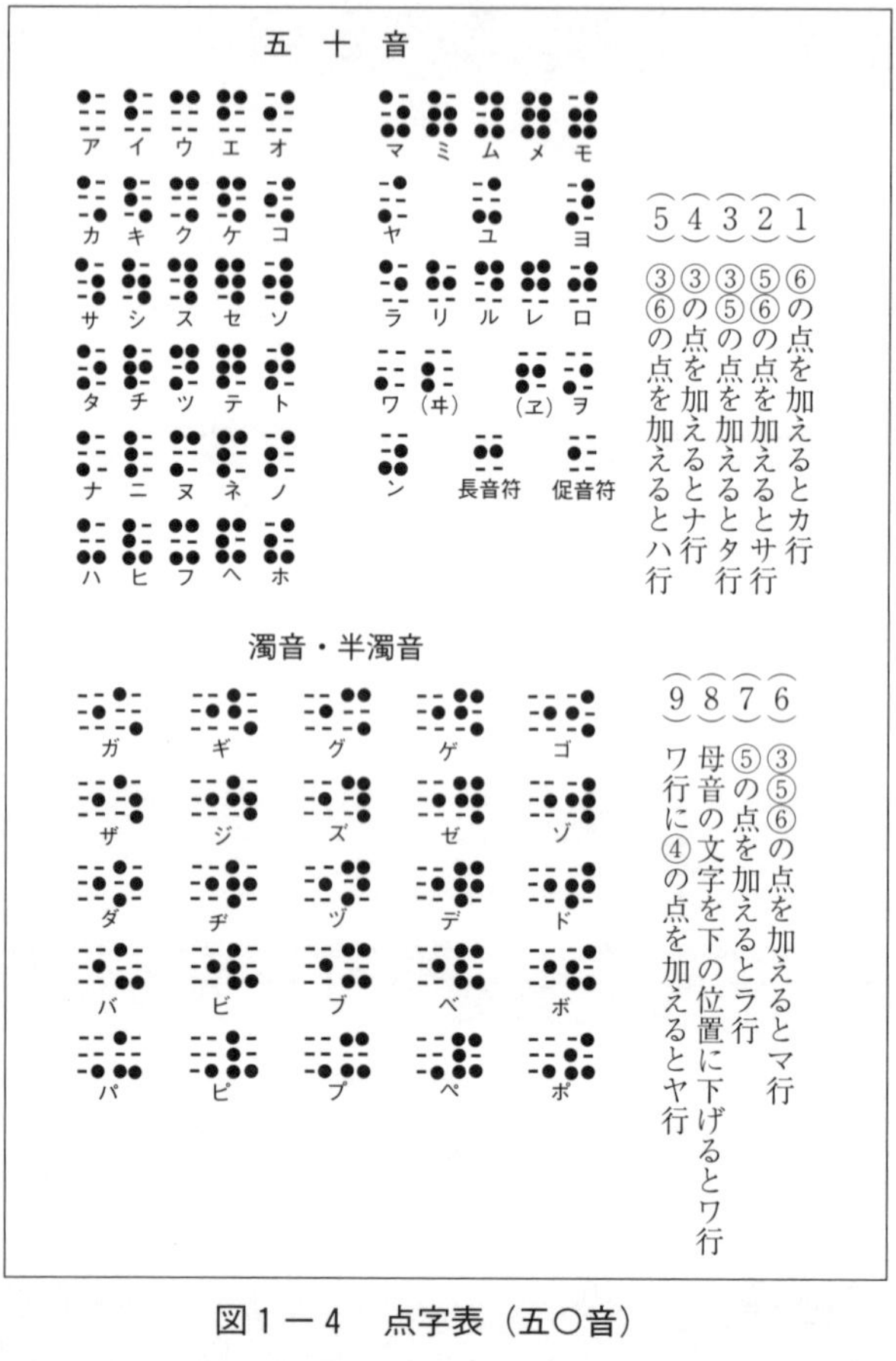

図1－4　点字表（五〇音）

く。右指が行末を読んでいるときには、左指は次行の初めを読んで文意をつなげている。目で読む場合は、眼球を停留させて数個の文字を読みとり、次の文字に眼球をうつして停留し、また数個の文字を読み、これを繰りかえして読んでいく。これに対し、点字読みは、指を動かしてさわっていくこと（触運動）によってのみ読んでいる。このように、目読みは眼球を止めたときに読み、点字読みは手を動かしているときに読んでいるのが特徴である。

2　耳による情報や手足で感ずる情報で歩く

みえないと歩行も不自由になる。雑踏のなか、障害物をさけてとおる目のみえない人がいる。勘によるものなのか、実験した人がいる（スーパーら）。大学の体育館に衝立《ついたて》をおき、目隠しした正眼者と目のみえない人を、それにむかって歩かせてみた。正眼者は衝立に衝突ばかりしていたが、歩行にすぐれている目のみえない人は、一回も衝突しなかった。それはどうしてなのか、次に、衝立に向かう通路に、やわらかいじゅうたんを敷き、革靴を脱いで靴下だけで歩かせてみた。その状態では、目のみえない人も衝立に衝突ばかりするようになった。足音で周囲に反響する音が聞こえなくなったからであった。このように目のみえない人は、耳による音を頼りに歩いていたのだった。

筆者は講義のなかで、学生に目を閉じてもらって、ひとつの体験をしてもらう。本でもいいし、板でもいい。それを、左右どちらかの耳に近づけてみる。近づけた側は右か左かを聞いてみる。ほとんどの場合が正解である。これは、耳に近づけた場合、空気音や周囲音が微妙に変化したからである。われわれも、このような体験をしてみると、目のみえない人が、耳によって状況把握をしていることが、よく理解できる。目のみえない学生と街を歩いたこ

生きていたようである。新潟県の「謙良節」、「松坂」を唄ったといわれる松崎謙良なる人も、座や検校などの系譜や出身とされる新発田市の資料をあさっても、どうしても見当たらない人物である。同じく佐之市も「江差追分」の始祖といわれて江差では碑も建てられ、あがめられている。が、やはり、正確には把握できない存在であった。佐之市は南部から渡ったと伝えられる。江差のことばと南部のことばは、ほとんど同じであるといえる。南部は、昔から餓死風ともいわれる山背風が吹いて、凶作がつづいた。そのため、領土を広め、本州では一番広い。現在の八戸一面（青森県）や鹿角一面（秋田県）もかっては南部に属していた。周辺の藩よりも、際立って百姓一揆が多く起きている。そんな飢饉の時代に、江差はニシン漁でわき、江戸にもない景気といわれた。そこで、南部の

とがあった。周囲の様子を知らせようとして、いろいろなことを話しかけて歩いた。そうすると、学生は、立ち止まったりする。そのとき気がついたことは、目のみえない人は周囲の変化や音に注意を集中している、あまり多くを語りかけたので、躊躇《ちゅうちょ》してしまったのであった。必要な情報は伝えなければならないが、耳による注意集中をじゃまをしてはいけなかったのである。

みえない人は白杖《はくじょう》をもって歩く。手の延長として、あるいは手の一部分として地面の状況を把握していく。段差、階段、側溝、坂、舗装や砂利道、電柱や塀、建物の壁、曲がり角など、白状の先端から伝わってくる変化によって把握している。最近は、点字ブロックが敷かれているところが多くなった（支援知識シリーズ6を参照）。路面に敷かれている点字ブロックを靴をはいた足の裏で感じ取って歩行をすすめる。その他、嗅覚では八百屋の匂い、花屋、パン屋、魚屋などの匂いも、状況把握に役立っている。また、温覚としては太陽の熱で方向を感じとったりする。

3節　どんな職業についてきたか

古い時代の目のみえない人たちは、自活できるような職業はもてなかった。一七八三年、アウィーがひとりを相手に、世界はじめての盲人教育をした（世界はじめての障害者教育であった）。その目のみえない人はル・スーア（一七歳）で、サン・ジャーマイン・ド・プレー教会の前で物乞いをしていた。わが国でも同じで、人通りのある寺院や神社の前に立たざるをえなかったようである。それが慈悲のある仏教とむすびつき、救済や配慮をうけて、琵琶《びわ》

人は多く江差にわたった。ある機会に佐之市もわたったと思われる。悲しみを越えた、あきらめも、はかなさも越えた、佐之市の唄が江差追分となった。元治元年（明治三年前）のお寺の過去帳には、「座頭・寿之市」と書かれている。この人が、佐之市だろうと推測されている。「寿」を「ス」と読み、東北弁だから「ス（寿）」が「サ（佐）」になったのだろうと推測されている。だが、東北弁では「ス」が「サ」にはならない。スシ（寿司）はスス、チル（散る）はツル（南東北）（シがス、チがツ）になり、カズ（数）はカジ、ジツニ（実に）はジチニ（北東北）（ズがジ、ツがチ）になるが、「ス」が「サ」になる例はない。そこで、「寿之市」は「ヒサノイチ」と呼ぶのだった、「ヒ」は摩擦音で聞こえにくく「サ」にアクセントがおかれて「サノイチ」になったのではないか。検校

が目のみえない人の手にわたる。琵琶は仏教音楽に使われたのだが、お経の息つぎの間にいれる間奏楽器としても使われたようである。その間奏楽器をならす手伝いをしたのだろう。奈良時代に大陸からはいってきたものだが、平安期には、盲人が平曲《へいきょく》を演奏する楽器となる。その琵琶は隆盛して、琵琶法師の団体、当道座《とうどうざ》ができる。当道は時の幕府の庇護をうけ、座には階級ができ、そのもっとも高い地位にあるのが検校《けんぎょう》である。旦那場《だんなば》（琵琶を演奏する場所）を求めて歩き、自らの職業とする。戦国の頃、石村検校によって三味線《しゃみせん》が創られ（沖縄の蛇皮線《じゃびせん》をもとにしている）、三味線音楽はより大衆的なものになっていく。民謡では、江戸のころから唄われたという『謙良節《けんりょうぶし》』『松坂』などの松崎謙良、『江差追分』の佐之市《さのいち》、津軽三味線の始祖、仁太坊《にたぼう》などがいた。一方、江戸の初め、八橋検校《やつはしけんぎょう》によって箏曲《そうきょく》が創られる。生田流の生田検校は八橋門下の北島検校から教わり、山田流は、生田検校─長谷富検校─山田医師─山田流の山田検校に伝わる。八橋流から約六〇年後に生田流、約一六〇年後に山田流が生まれている。江戸、安永期から明治にいたるまで刊行されつづけた群書類従《ぐんしょるいじゅう》（膨大なわが国の古書を取りあつめ、書きしるした正編五三〇巻ほか六六七冊、続編一一五〇巻一一八五冊、続々編一六冊）を編纂した国学の塙保己一《はなわほきいち》（検校）という学者も出現している。延宝の頃、杉山検校によってあんま・鍼《はり》・灸《きゅう》が目のみえない人の職業として広められる（ときには三味線をひき、ときにはあんまをする。その場合、三味線が表芸、あんまが裏芸とよばれたりした。その反対、あんまが表芸《おもてげい》、三味線が裏芸《うらげい》のこともあった）。これは、明治期から今日まで盲学校の理療科にひきつがれ、視覚障害者専業の職種となってきた。

　現在の視覚障害者は、従来のあんま・鍼・灸だけではなく、新しい職業につきたいと思っている。聴覚を利用した職業、西洋音楽や西洋楽器、直接記憶能力を生かした職（たとえば

のたくさんの人名にあたると、「寿（いずれもヒサと読む）」という字のつく人がたくさんいた。同一人物なら、「佐（サ）之市」は「寿（ヒサ）之市」だったのだろう。なお、検校には「城方」（八橋城談のように名前に「城」のつく人の系列）と「一方」（塙保己一のように名前に「一」のつく人の系列）とがある。「一方」の方が多くの検校を輩出しているから、検校になれない人は「一」の代わりに「市」をつけたようである。「佐（サ）之市」の「市」もそれであろう。南部を出るときには、少なくとも座頭ではなかったと思われる。好景気の江差の人となって稼いだのだろう。（以上は筆者の調査研究した見解による。）

津軽三味線の仁太坊（本名仁太郎）は、安政四年（明治より一一年前）岩木川の渡し場、守小屋に生まれた。ゴゼの母は産後に他界、八歳疱瘡で失明、十一歳渡し

電話交換手、相談係の会社員や公務員など）、触覚を生かした物創り、ワープロやパソコンはかなわぬものと思われていたが、今では音声化もして、パソコンを介した専門の領域に進出することもできる。大学にも進み、独自の領域で学問をすすめることもできる。また、拡大鏡が開発されて、視力が低い人の読字作業に貢献し、それによって視覚作業にも参加できるようになってきた。視覚障害者に、美しいと思ったことについて書いてもらった調査（筆者）によると、まったくみえない人では、心地よく耳に聞こえたこと、触った感触がいいもの、匂いがいいものがあげられ、これに対し、視力の低い人があげたのは、みたときの美しさが、ほとんどであった（中途失明者もこれと同じであった）。視力が低くても、視覚に頼っているのが、弱視者の特徴であるから、低視力を補う開発が必要であり、また、それを利用する生活や作業に慣れればいい。

目がみえないと、触覚や聴覚そのものが鋭敏になるのだろうと考えて、ヘレン・ケラーなどの触覚を測ってみた学者がいた。しかし、触覚そのものは正眼者とはなんら変わるところはなかった。人間より、はるかに視力がいいのは鳥類、人間の感じとれない超音波で生きているのはコウモリ（視覚は退化しみえない）、温覚でネズミなどを追うのは蛇（視力はきわめて低い）、嗅覚にすぐれているのは犬、それぞれの種によって感覚器官の感じとる世界がちがうのである。ヘレン・ケラーでも、感覚器官の鋭敏さは人間世界の範囲にあったのであり、感覚器そのものではなく、聴覚や触覚を通して、ものを判断し、それに対処していく習慣や能力が身についているのであった。触覚や聴覚、それに温覚、嗅覚、味覚、距離感覚など、さらには視力が残っていれば、どんなに低くてもそれを用いて、暮らしに習熟していくこと、作業をすすめていくことが必要だということになる。

守の父は水死、母の残した三味線で門つけをする。木賃宿で聞いた義太夫の太棹三味線にひかれて、それを手にし、改良を重ねて、低音の底なりのする三味線に改良して、高音志向から低音志向へ、「弾く」から「打つ」、「叩く」奏法へと変え、音は「うなり」となった。弟子が増え、弟子がまた弟子を育てて「ナ（おまえ流）の三味線」を弾かせていった。「叩き系三味線」と「音澄み系三味線」に分かれて普及する。三橋美智也氏は仁太坊の孫弟子、高橋竹山氏は音澄み系の四代目にあたる。「風雪流れ旅」（星野哲郎詞・船村徹曲・北島三郎歌）は、竹山氏の門つけ、ひとり旅を歌ったものである。

このような人たちは、民衆芸能の底辺に生きた人たちの例であろう。

2章　聴覚障害者の心理

1節　聴覚の障害と生活

1　みることと聞くこと

われわれは普段、みると同時に聞き、聞くと同時にみている。みること（視覚）も聞くこと（聴覚）も、周囲の情況をいちはやく察知するのに役立っている。

聴覚に障害があって聞こえないと、みえることだけを頼りに判断しなければならない。音にあまり関係がないような景色ならば、青葉になったとか、紅葉したとか、みてわかるから、季節を感じたり、鑑賞したりすることもできる。だが、救急車がきたとする。急を知らせる音をならしてくるが、聞こえないのだから、わからない。まして、どちらの方向からきて、どちらの方向にむかうのか、知りようがない。救急車がくると、何か目の前にあるものが、点滅する装置でも工夫してやらなければならない。

ある実験の**被験者**になったことがある。広い空間で三〇メートル先にだされた白色円板をみる。その後、目かくしして、そこの場所に歩いていく。次に、目かくしした状態で、三〇メートル先のある地点からならされたブザー音を聞いて　その地点に歩いていく。目標を目で定めてから歩いていった方が、その場所に近いところまで行きつける。ブザーを耳で聞いてから歩いていくと、どうしても目的地点から離れたところに行ってしまう。目で定める方

視覚と聴覚　黒い三角形をみたとする。黒（色）をみたのか、三角（形）を見たのか、普段は、その両方をみている。みることと聞くことも、それと同じで両方で状況把握をしているのである。

被験者　心理学で、ある実験をするには、たいていの場合、人間を対象とする。そこで、実験に協力してもらう人が必要になる。実験に協力して実験される人になることを被験者という。被験者は、たんに実験されるだけではなく、実験されているときに感じたこと（これを内省といっている）を、実験者に報告してあげると、もっともいい実験や研究になる。角田和一・宮川知彰・寺田晃「盲人の方向弁別に関する一実験的考察」、盲心理研究第二巻、一九五九年の被験者となった。

が、耳で定めるよりも正確であったわけである。このように、方向を定めるのには視覚の方が聴覚よりも正確である。音は空間に拡散してしまうからである。その点、視覚は近いところはもちろん、離れたところでも、そのものを定めることができる。

顔は覚えているが、名前が思い出せないということは、老年になると、よくあることである。四〇代ころから、その傾向はあらわれてくるという。テレビには映像入力と音声入力の部分がある。音声入力がはいっていないと、映像は映っていても音声が聞こえない。顔は視覚による記憶であり、名前は音声による記憶である。名前を思い出せないのは、音声入力がつながっていないのと似ている。顔はわかるというのは、視覚による記憶が優位になっているということになる。聴覚障害者が目を使って生活していくのは、視覚の正確さを用いていることになる。

視覚や聴覚は、外界のものが自動的に目や耳にはいってくる。目はつぶって、外からはいってくるものをみないようにすることができるが、耳はふさぐことができない。しかし、そのすべてを聞いているわけでもない。ビヤーホールが流行《はや》った時代がある。夕方、客がいっぱいで、その話し声が騒音となって耳をふさぎたくなるほどであった。だが、自分たちも話しをしているうちに、あんなに騒音だった周囲の声が遠ざかったかのように気にならなくなる。自分たちの声が高くなったからだろう、アルコールのせいだろう、と、簡単にしりぞけるわけにはいかない。群衆の人声はバックに退き、自分たちの話し声が前面にでてきたのである。これは目をあけた状態でも起きている現象で、みているもの（たとえば文字）を図（図がら）といい、目にはいっているが、気づかないもの（文字と文字の間の白い部分）は地（素地）といっている。このように、すべてに注意をしているのではなく、選択をしてい

反応速度による視覚と聴覚

筆者は講義で学生に、老年の反応時間というものを知ってもらうため、落下棒の下端に手をおかせて、落ちるとみるや直ぐに握らせることをしている。落下棒の下端から握ったところまでの距離を、その人の反応時間とする。その場合、目でみた方が、耳で聞いた場合より、いつでも速い。やはり、目で定めた方が速いのである。

るわけである。この何かに注目しているのが心のはたらきということになる。

2 聾唖と難聴

聴覚障害のなかで、まったく聞こえない状態を、長いあいだ『聾（唖）』といってきた。『ろうあ』あるいは『ろう唖』とも書く。

『聾』は、当初（一九四六年〔昭和二一〕）、当用漢字にはいっていなかった。それゆえ『ろう唖』と、ひらがなで書くようになった。その後（一九七三年〔昭和四八〕）『聾』は当用漢字のなかに加えられることになった。そこで『聾（唖）』が復活したのであるが、『ろう（あ）』の方がわかりやすいというので、そのまま『ろう（あ）』を使っていることも多い。学校も『聾学校』と書くところもあれば『ろう学校』とするところもある。

『唖』についてであるが、『唖』はいえないことである。ことばというものを聞いたことがないのだから、その結果として、当然いえないことになる。したがって、『聾』と称するだけでいいという考え方になっている。『聾』というだけで暗に『唖』をともなっているということを意味している。しかし、もうひとつの考え方がある。人間は、食べる器官や発声器官を使ってことばをいっている。その意味では、食べる器官、発声器官には障害がないのだから、訓練や発声教育法によっては、なんらかの、ことばはいえるようになるだろう。したがって『唖』は特別用いなくてもいいという考え方である。

まったく聞こえない場合には、音が聞こえないから音感覚がないかといえば、そうではない。太鼓をうつと振動が伝わって、それがわかる。序章（二〇頁）でリズム感覚について述べた。時計や雨だれの音が聞こえないからといって、リズム感覚がないわけではない。リズ

「盲ろうあ児施設」 児童福祉法に定められている「盲ろうあ児施設」も仮名書きになっている。この場合、盲と聾唖をあわせもつ二重障害のことではない。「盲児の施設」と「ろうあ児の施設」ということである。

環境音、人声音とデシベル

深夜の郊外
　ささやき声
　　二〇デシベル以下
静かな事務所
　静かな会話
　　三〇から四〇デシベル
　普通の会話
　　四〇から五〇デシベル
静かな車の中
　六〇デシベル
騒がしい事務所
　大声の会話
　七〇デシベル
せみの声
　八〇デシベル
叫び声
　九〇デシベル
電車の通るガード下
　三十センチの近くの叫び声

ム感覚は心臓の鼓動とも関係しているし、太鼓や振動にもリズムがある。

聴力が残っている場合は難聴といわれる。軽度（二〇―四〇デシベル程度）、中等度（四〇―六〇デシベル程度）、高度（六〇―八〇デシベル程度）、それ以上はほとんど聞こえない聾と分類されているが、残っている聴力で、どんな形ででも、少しででもことばを聞くことは、音声言語を知るうえで、音声言語を発するうえで有益なものとなる。聴能訓練や補聴器利用の指導は、そうした立場にたっている。**老年性難聴**になると、話のなかでキーワードになるようなことばも聞きとれず、会話にならないことがある。早合点したり、まちがって解釈したり、都合いいように解したり、くどくなったりして、会話関係やコミュニケーション関係がうまくいかなくなったりする。人間関係にも影響したり、人間性も変わったりすることがある。

人は生まれると高度の弱視や難聴のような状態から始まって、老眼、老年性難聴、あるいはこれに近い状態になってしまうのだから、視覚障害や聴覚障害は特殊な場合のことだと思ってはいけないと**松本金壽**はいっている。

2節　聴覚障害者とことば

1　九歳レベルの壁

われわれは、ことばによって意味を理解している。ところが、聞こえないと、ことばがはいってこない。一九二八年に**アメリカ聾学校調査**という本がでた。聾者について多方面の内容がのっているが、一九三二年（昭和七）丸山良二がわが国に紹介している。その一部分を

一〇〇デシベル
車の警笛
一一〇デシベル
ジェット機の騒音
三十センチの近くのサイレン
一二〇デシベル
（二〇〇二年、文部省「就学指導」より）

身体障害者障害程度（身体障害者手帳）
二級　両耳の聴力それぞれ一〇〇デシベル以上
三級　両耳の聴力それぞれ九〇デシベル以上
四級　両耳の聴力八〇デシベル以上
六級　両耳の聴力七〇デシベル以上
一級、五級はなし

老年性難聴　支援知識シリーズ1、2、3参照。

松本金壽「人間的資質から見た盲児と聾児」住宏平・松本金壽『聴覚欠陥児』明治図書、一九六六年。

表2—1として紹介すると、耳が聞こえていた年数が長くても短くても、知能指数にはかかわりないけれども、学力には影響を与えていた。耳が聞こえていた年数が長いほど成績がよかったのである。すなわち、幼いうちに失聴した人ほど、学力という点からみると、影響を大きくうけている。これは、聴力によって、ことばを知り、単語を知り、文脈を知り、意味を知り、知識をえていることを意味しており、年齢がいかない日の失聴ほど（ことばを聞く期間が短いほど）、ことば、単語、文脈、意味、知識などが獲得されにくいことを示している。これはカークの図2—1によっても、端的に示されている。

アメリカ聾学校調査　一九二四年から二五年にかけてデイ、フスフェルト、ピントナーの三氏が調査した報告によっている。丸山良二「聾児の心理」『岩波講座・教育科学』第五冊、岩波書店、一九三二年。

表2—1　丸山良二（1932）

聾となった年齢	人　員	智能の指数	学力の指数
不　明	201	48.4	45.5
誕生時	1129	50	48.8
0—12月	222	49.7	47.8
1年	254	50.5	48.1
2	201	49.6	50
3	104	51.2	51.9
4	75	52.7	56.3
5	74	55.1	61.2
6	42	51.6	63.6
7	43	51.5	62.6
8	33	53.1	63.3
9	17	56.0	71
10	17	56.0	68
11	6	53.0	68
12	4	53	67
13	1	50	70
計	2423	50.3	49.8

本表における被験者は12歳ないし15歳の児童である。

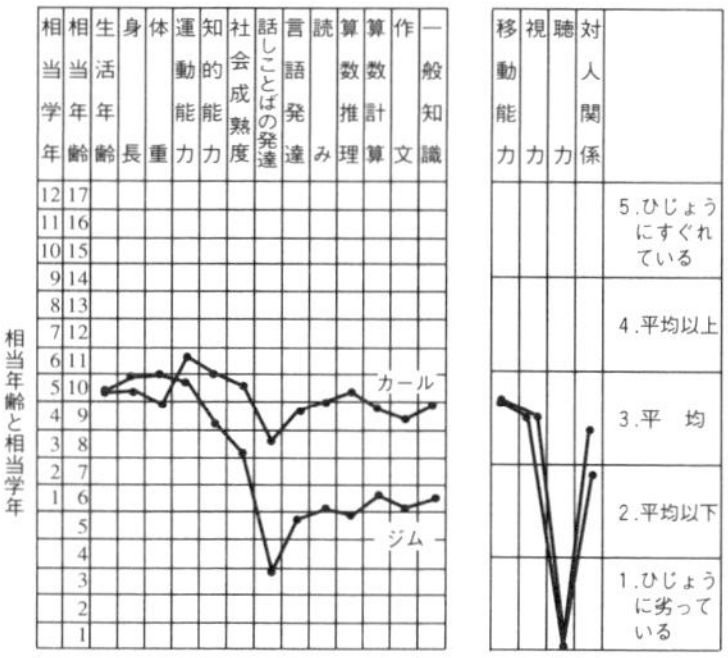

図2—1　2人のろう児のプロフィール（正常聴力をもって生まれた者、ろうとして生まれた者）

ことばは耳からはいってくる。しかも、絶えず多くのことばがはいる。音声であるから瞬時に消えてしまうものだが、その場その場で、意味をくみとり、記憶していくものである。そのなかで語彙だとか文だとか文意（文法もふくむ）だとかをおぼえていく。聞こえないと、その語彙や文意、文法、助詞のようなものを身につけるのには、壁のようなものがあるといわれている。小学校三年生ぐらいの段階でとどまってしまう傾向を九歳レベルの壁といっている。表2—2（アメリカ聾学校調査）の説明によれば、聾児一二歳は聴児（健聴児）八歳より低く、聾児一三歳は聴児八歳とほぼ同じ、聾児一四歳は聴児九歳より低く、聾児一五歳は聴児九歳と同じくらいであった。九歳レベルの壁といわれるのは、このようなことによる。

語彙量についてみると、表2—3のように、ふつう九歳ごろになると、ことばが急速にふえて、一万語ぐらいになる。以後、次第にふえて中学校を終えるころまでには四万語ぐらいになる。聞こえないと、語彙量が不足して、文意理解がひろがりにくい。このようなことから、複雑な構文や文意が理解しにくくなる。抽象的なことも理解しにくくなる。

2 コミュニケーションへの努力

ヘレン・ケラーといえば、世界的にもよく知られている。一歳六カ月で、熱病のため、視覚、聴覚を完全に失ったが、ことばをおぼえ、会話をし、大学をでて学士（後に博士）の称号を得て、盲者聾者福祉のため、世界各国を訪ね、障害者をはげましつづけ、講演をした。わが国にも、数回（一九三八年（昭和一三）が初回）訪れ、一九五五（昭和三〇）年、勲三等瑞宝章をおくられている。みえない、聞こえないのに、どのようにして、ことばを学び、文字をおぼえていったか、それを述べるにあたっては、もうひとり、あげなければならない人

ヘレン・ケラー　一九世紀の偉人にはナポレオンとヘレン・ケラーがでた、ナポレオンは武力で世界を征服しようとして失敗したが、ヘレンは三重苦（盲・聾・唖）を背負いながら、心の栄誉を勝ち得た、と、アメリカの小説家マーク・トウェーンがいった。ヘレン・ケラーは一八八〇（明治一三）年アメリカに生まれる。サリバンの教育を受け、ライト・フューマソン学校（Wright Humason School）で発音および読唇（唇を触って読む）を訓練し、ケンブリッジ女学校に入学、一九〇四（明治三七）年、二四歳でハーバード大学女子部ラドクリフ大学を卒業、一九三一（昭和六）年テンプル大学から人道博士、一九三二（昭和七）年クラスゴー大学から法学博士を受けた。一九三三（昭和八）年超教派キリスト教伝導機関、ジョン・ミルトン協会の第二代会長となる。アメリカ

表２－２　丸山良二（1932）

	聾児の学力の点			聴児の学力の点		
年齢	人員	平均	標準偏差	人員	平均	標準偏差
12	547	15.8	14.8	1361	55	20.1
13	608	19.2	16.3	1295	62	20.2
14	678	22.8	18.0	1120	64	18.1
15	590	27.4	19.7	700	65	21.0

聴児（表右）＝健聴児

表２－３　語彙増加表（矢田部、1956）

年齢	語数	増加率（男）	増加率（女）
6	5,661	(5,874)	(5,448)
7	6,700	18.7	21.6
8	7,971	17.5	16.5
9	10,276	25.4	27.1
10	13,878	31.0	36.5
11	19,326	35.0	42.9
12	25,668	33.0	39.9
13	31,240	24.8	22.9
14	36,229	19.3	15.1
15	40,462	14.8	11.2
16	43,919	11.2	6.9
17	46,440	8.7	4.0
18	47,829	4.9	2.3
19	48,267	1.8	0.6
20	48,336	0.4	0.1

ヘレン・ケラーとサリバン（写真）
十三歳のときの会話（AP Images 提供）

盲人協会（ＡＦＢ）の資金を集める。一九六四（昭和三九）年八四歳で、アメリカの最高勲章「自由のメダル」を受賞、一九六八（昭和四三）年八八歳でコネチカット州の自宅で逝去する。著書には、「わたしの生涯（The Story of my life）」（一九〇二）、「濁流―その後の私（Midstream）」（一九二九）、「楽観主義」（Optimism）」、「私の住む世界（The World I live in）」、「私の宗教」、「先生」、開かれた扉」など、十数冊がある。

がいる。同じく、幼いとき（二歳一カ月）失明、失聴したローラ・ブリッジマンという人である。ヘレン・ケラーはおぼえているが、ローラ・ブリッジマンは知らないという人が多いが、ヘレンへの指導を開始する五五年前に、じつは、ローラへの指導がおこなわれていたのである。アメリカ障害者教育や福祉・更生施設の開始者であったサミュエル・G・ハウ（医学者）という人によっておこなわれたのであるが、その方法が、ハウの創設した学校の卒業生である**サリバン**に受けつがれているのである。ローラもヘレンも、二歳前後に高熱で失明・失聴、地主で中産階級の裕福な家庭環境にあり、知能的にもすぐれていたことなどが比較的似ていた（表2―4）。ものには名前がある、それを実物と文字（ローラは線文字、ヘレンは指文字）を結びつけて知らしめ、ついには文字一つひとつをおぼえさせていった。つづいて、線文字と指文字（ローラの場合）、指文字と点字（ヘレンの場合）を対応させていく。わが国の**梅津八三**たちは、**堀江貞尚**の発見したシゲコとタダオに、実物と点字を結びつけ、つづいて点字に指文字を対応させていった。ローラの場合は、まだ点字がアメリカに導入されていない時代で、墨字を浮き上がらせた線文字だったので、点字のようには能率はあがらなかった。ヘレンほどに世に知られていないのは、そのためであるが、図2―2のように、たどたどしい墨字で、天国のこと、神のことを書いている。聞こえず、みえず、いえず、およそ人間的なコミュニケーションが不可能なことだったのに、それに成功したのは奇跡だと、当時の知識人によっておどろかれたのであった。**アンドレ・ジイド**や**チャールズ・ディケンズ**の本のなかでも、ローラのことがとりあげられているのは、そのためである。

ローラやケラーは、家庭環境にもめぐまれ、知的にも、すでにものの概念ができていたところがあった。しかし、それを表現する方法を知らなかったわけである。そこで、ハウやサ

アン・サリバン　自身弱視で、アイルランドから移民した貧しい家に生まれた。一〇歳のとき、救貧院に入れられ、悲惨な時代をおくる。一四歳のときハウの創設したパーキンス訓盲院（後のパーキンス盲学校・最初はハウの自宅で六歳から二〇歳の六人の目、耳の不自由な人を入れて教育した）に入学、一八八六年卒業と同時に当時の校長アナグノス（ハウの後任）より、ヘレンの家庭教師を推薦される。世界で初めて、不可能と思われていた三重苦（盲・聾・唖）の指導をローラ・ブリッジマンについて実施したハウの記録や報告書から学び、翌一八八七年からヘレンへの指導を開始する。その後も、ヘレンのそばを離れることはなく、ヘレンの女学校、大学、講演など、手で綴って補助し、講義などはタイプライターで整理してあげた。献身的に、生涯、ヘレンに付き添った人である。映画「奇

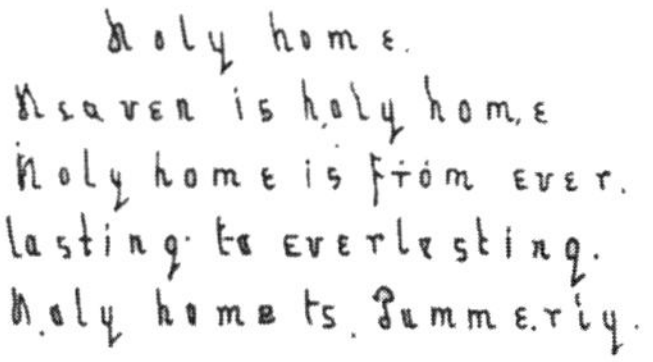

Lamsom, M. S ; Ltfe and education of
Laura Dewey Bridgman, 1895.

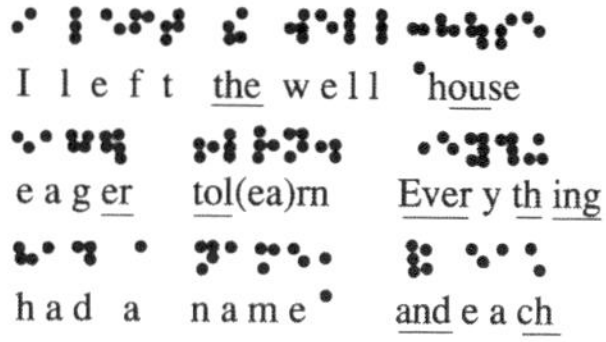
I left the well house
eager tol(ea)rn Ever y th ing
had a name and e a ch

Keller, H.; The story of my life, 1902.

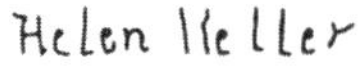

ヘレン・ケラーのサイン

墨字のサインだが、ローラ・ブリッジマンの文字にも似ている。それは、ハウによって教えられたのが、ひきつがれているのかもしれない。

図２－２　ローラ・ブリッジマンの文（左）とヘレン・ケラーの文（右）

表２－４　ローラ・ブリッジマンとヘレン・ケラー

名前	Laura Dewey Bridgman	Helen Adams Keller
生没年	1829～1889	1880～1968
出身	ニューハンプシャー州ハノーバー（北部）	アラバマ州タスカンビア（南部）
家族	両親と２人の姉と弟、農場を経営	両親と２人の兄と１人の妹、地主
病気	２歳１カ月、猩紅熱（この時２人の姉死亡）	１歳８カ月、熱病（脳髄と胃）
障害	視覚・聴覚を完全に失う	視覚・聴覚を完全に失う
指導者	Samuel G. Howe（1801～1876）	Anne M. Sullivan（1866～1936）
指導者の職業	パーキンス訓盲院（後に盲学校となる）校長	パーキンス訓盲院卒業後、ケラーの家庭教師専任となる
指導開始年	1832年、７歳10カ月	1887年、６歳９カ月
指導経過	実物にボストン式凸線字を対応させる 凸線字のアルファベットで単語を作らせる 金属活字で単語を組ませる 指文字を教える 鉛筆書きを教える	実物に指文字を対応させる 点字を指文字と対応させる 点字の単語を読ませる 点字で文章を作らせる

表２－５　シゲコとタダオ

名　前	シゲコ	タダオ
出　年	1943	1944
出　身	神奈川県	山梨県
病　気	生後、１年３カ月で肺炎、はしかで高熱	生後２年９カ月で原因不明の熱病
障　害	視覚、聴覚を失う	視覚、聴覚を失う
発見者	堀江貞尚	堀江貞尚
指導者	梅津八三ほか	梅津八三ほか
入　学	1951	1950
学　校	山梨県立盲学校	山梨県立盲学校
指導経過	ものには形があることをおしえる ものの上下左右の概念をおしえる 実物と実物の名前を書いた点字カードを合わせる 点字文字、ひとつひとつをおぼえる 点字と指文字をむすびつける 発音の練習をさせる 指文字と点字で教科を学ぶ（体育におけるボール投げ、数学における方程式） 魚釣り、上京、買い物などの経験をする	（左に同じ）

跡の人」は、ヘレン・ケラーの著「わたしの生涯」をもとにして製作されている。映画には、サリバンのみじめな救貧院時代のことも、さし入れられている。

アンドレ・ジイド（André Gide）「狭き門」などで有名、フランスの作家でノーベル賞受賞者。五〇歳のときの作品「田園交響楽」のなかで、ひとりの牧師が臨終の老婆のそばにいた、ものをいえない、盲目の少女に出合う。少女は、聾唖の老婆のもとにいたからいえなかったのであった。ローラのことを引き合いに出して、その情報を得て教育をし、開眼手術をさせて少女はみえるようになる。しかし、少女は、ひきとって育ててくれた牧師と、その息子との間の愛にはさまれて自殺してしまう。ローラのことにふれているのは、当時の注目を反映している。

リバンが、その概念に文字（指文字や点字）をむすびつけてくれたわけである。ところが、シゲコ、タダオの場合は、きわめて貧しい境遇にあって、自由にものを探索する機会もなかった。そこで、梅津たちは、ものにさわらせる機会をつくって、ものの形や用途などの概念をおしえることから始めている。その後に、文字とのむすびつけがなされるのである。指文字というのは図2―3のようなものである。M、N、V、Wは指の形が似ていてすぐわかる。Cは方向をかえると似ており、Yは手指全体が似ている。そのほかも、ふつうの文字のどこかが似た形になっている。この指文字は、右手で形づくって相手の左手にさわって交信する。図は、さわる面からみたものである。

　梅津八三たちが使った指文字も、これを基本に用いている。図2―4のように、母音を指文字のA、I、U、E、Oからもってきて、カ列以下の子音は、ローマ字方式に、それに該当する子音をもってきて、A、I、U、E、Oとむすびつけている。たとえば、カキクケコは、KにA、I、U、E、Oを加えて、KA、KI、KU、KE、KOというようにつづった。

　ところで、この指文字は触覚文字で、盲聾者用につくられたものであるが、目でみてもわかるところがあるので、目がみえる聾者用にも転用されていった。図2―5は、わが国の聾者用の指文字である。みる面からあらわしたものであるが、目でわかるような形に改良されている。たとえば、「ア」は、触覚文字Aを用いたが、日ではっきりとみえるように親指を立ててる。図2―6は、筆者が必要にせまられて弱視・聾者用に考案したものであるが（ケースシリーズ6参照）、普通文字になぞらえないで、点字方式に一定の規則性をもたせてつくったものである。普通文字から形取る方が、一般にもわかりやすいのであるが、点字と同様に、普通とはちがった文字に慣れなければならないところに難点があった。

チャールズ・ディケンズ（Charles Dickens）　イギリスの小説家で「クリスマス・キャロル」などで有名。一八四二年にアメリカ旅行中、パーキンス盲学校を訪問、ローラのことについて知り、それを「アメリカ紀行」（一八四二年）に記している。

梅津八三　当時、東京大学教授（心理学）。シゲコ、タダオへのコミュニケーション指導は、八ミリフィルムにも残されていて「人間開発」という記録映画になっている。梅津八三たちというのは、当時の、梅津教授のもとにいた東大の人たち（中島昭美ほか）、三上鷹磨山梨盲学校長、担任の志村太喜弥教諭などのことをいう。

堀江貞尚　京都大学卒業後、聾唖学校につとめる。山梨県立盲唖学校の校長をしているときに、シゲコ、タダオがいることをみいだし、

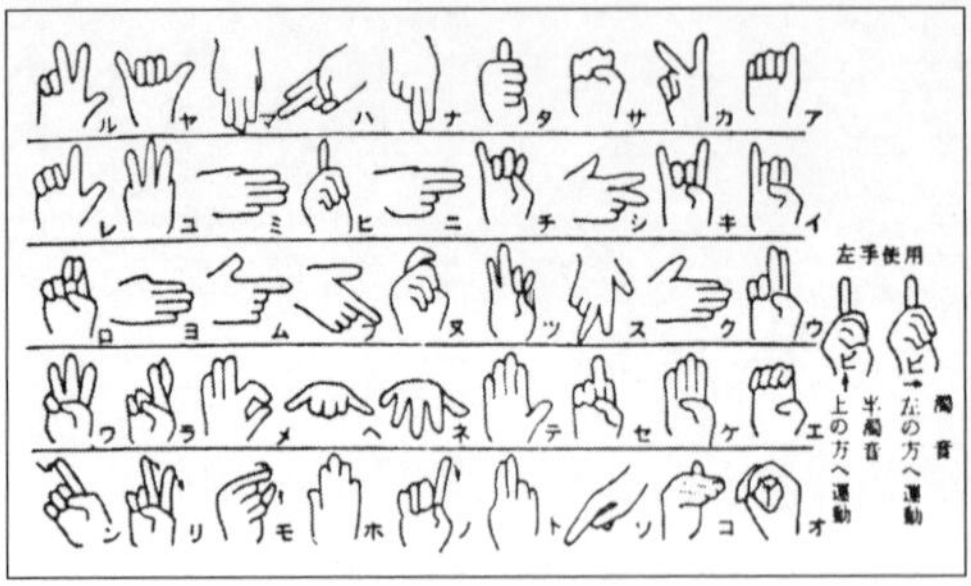

図２－５　わが国の聾者用の指文字（五十音）（全日本聾唖連盟、1969）

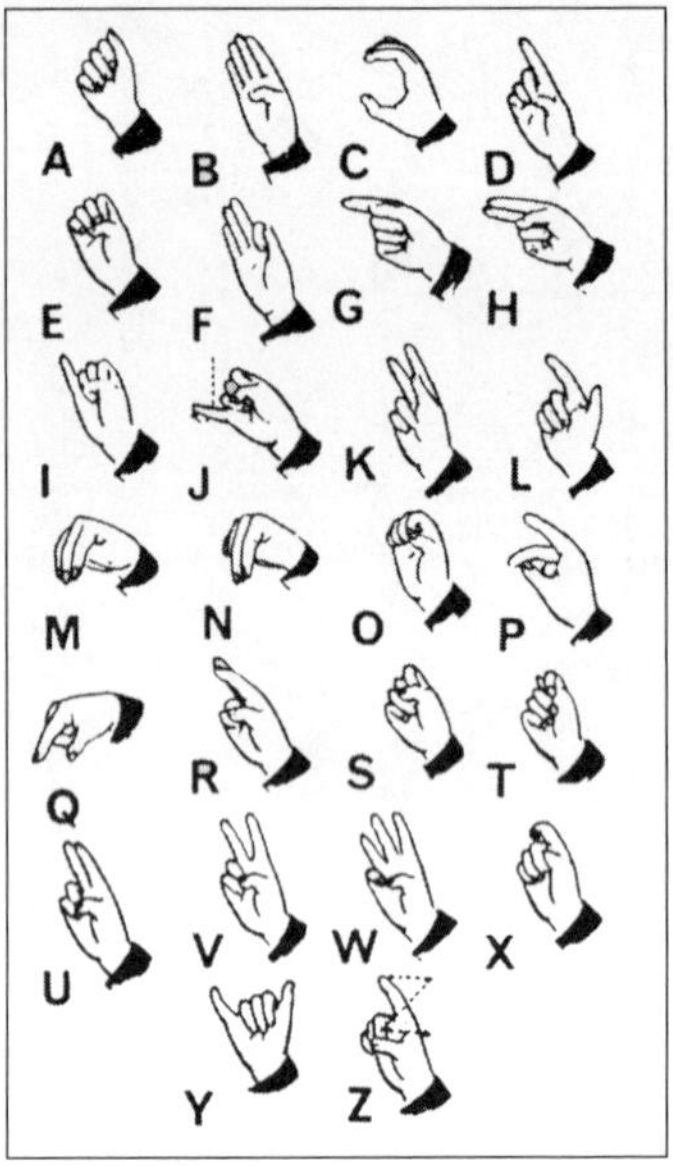

図２－３　指文字（盲聾者用アルファベット）（Jones、1968）

図２－６　指文字（弱視聾者用）（田中ほか、1978）

図２－４　指文字（盲聾者用）（梅津らによる；山梨県立盲学校、1968）

家庭指導を始め、自身の学校に入れる。東北大学教授に移って、三上鷹磨校長などに後をひきつぐ。

聞こえなくても、正常にみえる場合は、身振り手振りで会話をしようとする。それが手話である。しかし、その人その人が勝手に身振りをしたのでは、意味がなかなか通じない。そこで、自然に共通語的な身振り、手振り、形、あるいはサインなどができあがっているので、それを使って会話するのである。

3　手話と口話

他方、相手の口の動きを読みとり（これを読唇《どくしん》あるいは読話ともいう）、会話をしようとするのが口話《こうわ》である。発音には、一定の口の形がともなうので、それを、すみやかに目で読みとるものである。

手話は、音声言語にくらべれば語彙はかなり少ない。また、助詞がないから「が、は、で、の、に、を」の使い方が身につかないことが多い。助詞は、文脈で読みとらなければならないが、文を書かせると、使い方が正しくないことがしばしば起こる。語文法ができあがっていないのである。しかし、日常的には、聾者同士やその家族は、手話によって会話している。

できるだけ語彙量をふやし、思考を高めるためには、どうしても音声言語を習得させなければならないというのが口話法の考え方で、ことばを聞いたことがない聾者自身も発話をしたり、文章を読んだり、書いたりするようにならなければならないとするのである。それだけに、むずかしいこともある。たとえば、ア列のアカサタナハマヤラワは、みな同じ口形である。文脈のなかでくみとっていかなければならないが、指文字（五十音であるから、文法に即している）を併用したりすることもある。指文字は手話にも使われたりする。トータルコミュニケーションといって、口話、それに指文字、必要に応じて手話、それから聴能（残っている聴力に補聴器などを最大限に活用する）をあわせて使用する方法もとられている。

手話と読話の例　親指を出すと「男」、小指を出して「女」のことを示すことがあるが、手話でも親指で「男」、小指で「女」をあらわす。野球の監督が選手の交替を告げるとき、口の動きで誰に代えるか、わかることがある。それが、読唇あるいは読話である。グラウンドで選手同士が何かを話すとき、グラブで口をかくすのは、相手に読唇されないためである。

3節　職業について

みえるということは、聞こえないことを補っている最大のものであるから、昔から、目を使った手仕事や技能を習得して、職業としている聴覚障害者が多い。家具大工や理容師、美容師、木工や機械工、被服業などで、職業的に自立している場合が少なくない。聾学校に、職業自立のための高等部・専攻科（職業に関する課程）が設置されているのも、そのためである。最近では、コンピュータなど情報処理技術を習得させる情報機械科などもおかれるようになった。以前は、機械工芸科の出身者は、自動車整備工場などの板金工として就職することが多かったが、時代の変化にともなって、職業の範囲もひろまり、歯科技工、印刷業などに加え、事務職、グラフィックデザイナーなどの職種につく人もでてきた。

ところで、せっかく技術を習得して就職しても、定着しない場合も少なくない。その原因のひとつとして、**健聴者**とのコミュニケーションがうまくとれないことがあげられる。職場では、なんらかの伝達手段がはかられなければならないが、健聴者は音声言語によるので、必ずしも意思疎通がうまくいくとは限らない。聴覚障害者は読話ばかりではなく、手話や指文字にもよるということを、職場は理解してやらなければならない。健聴者は手話や指文字はわからない。その場合は、筆談とか**空書**（クウショ）をすることも、ひとつの手段になる。音声言語よりは時間はかかるが、面倒がらずに対応しなければならない。職場への定着は、聴覚障害者自身の努力も必要であるが、周囲の人々の理解、ひいては社会の理解が必要である。それが、職場における人間関係に、もっともよい支援となるだろう。

健聴者あるいは聴者　聞こえない人（聾者）に対して、普通に聞こえる人を健聴者あるいは聴者という。最近では健聴者といっているが、古い文献では聴者が使われている。聾者と聴者は、同じ二文字で、注意していないと読み違えることがある。その点、健聴者の方が、読む場合でも聞く場合でも、聾者と区別しやすい。

空書　空間に指で文字を書いてあげることをいう。ことばでいいながら、すなわち、読唇させながら、空書してあげるのもいい。一回で空間に書かれた文字を読み取れないかもしれない。繰り返して書いてやらなければならないこともある。これは、老年性難聴で聞きにくくなった人にも、有効な手段となる。

◆ケースシリーズ1◆

聴覚障害者の日記から

――自分の現在を見つめて社会人となった事例

生育歴等

A子。一九六四年生まれ。四歳時に高熱による後遺症で難聴となる。両耳とも八五デシベルの高度難聴（聾）。小学校は郊外にある大規模校に入学したが、話の聞き取りや自身の話しことばのあいまいさ、勉強や友達関係の悩みは、その後の彼女の心のあり方に大きく影響したと思われる。聾学校には中学部から入学し、高等部理容科専攻科を卒業した。A子は対人関係において頑固な面もみられたが、同じ障害のある友達がいる安心感もあり徐々に明るくなり、打ち解けるようになった。また、言語能力が高く作文力に優れており、学力も定着している。

卒業を間近にした生徒の不安

聾学校の生徒は卒業間近になると大きな不安をもつことが多い。一九九〇年代後半頃まで全国の聾学校のほとんどは「聴覚口話法（残された聴力を活用し読話等を併用して話し言葉を読み取らせる授業の形態）」で実践され、「手話」は禁止される場合もあった。そのため生徒は、就労先の会社の指示や説明が聞き取れるのだろうか、自身の話声が通用するのだろうか等のコミュニケーションの不安を抱えることが多くなる。そのような状況から教師には「自立を目指したあらゆる面でのきめ細かな指導」が求められる。

担任の試み

A子は理容師国家試験に合格していたが、専攻科二年の一〇月には市内にある銀行に就職が内定した。そのころからA子は、穏やかではあるが、何となく表情が暗い様子がみられた。担任は、彼女の自己評価を高め自信をもって社会に巣立って欲しいと願い、彼女が得意としている作文を通しての交換日記を試みた。その日記を通して、障害のこと、小学校の思い出等、しっかりと自分と向き合いながら、気持ちを整理することができた。

日記から（傍点も原文のまま）

(1)聞こえや読話について　私の場合、左右とも八五デシベルで補聴器を外したらかなり大きな音（大太鼓やトラックの音。でも高い音はほとんど聞こえない）がすこし聞き取れるだけ。先生の話はすべて読話だけで理解しなければいけない。これはなかなか困難です。口がただパクパクしているのを読み取らなければならないから。補聴器なしでは不安で不安でろくろく外も歩けない。ほとんど聞こえないし、音のない世界だ。それが補聴器をかけた場合、すべての音かどうか私には分からないが音は入ってくる。でも、入ってくるのはあくまでも音だけです。音だけといっても先生には理解できないかもしれませんが、言葉ではないのです。ただ音だけがごちゃごちゃと聞こえるだけ。ちょうど健聴者が話をうわの空で聞いている状態ではないかと思う。読話が加わって初めて言葉として伝わります。しゃべる速さや口の大きさも関係します。それから親しい健聴者だと気持ちもホッとするから良く分かるんですけどあまり親しくない人ですと余計に分かりません。

読話。誰からも教えてもらったわけではない。耳が聞こえないと自覚したころから本能的に身についた。その頃の私には健聴者しかいなかったし、耳で聞くことができなかったら目で見るしかなかった。そして本、本、本……。小学校の頃は図書館ばっかり。もう毎日、本、本、本。

(2)小学校での図書館通い　本当はみんなと遊びたかった。耳が聞こえないというコンプレックスに悩みながらも不器用に友達を作った。でも、話がわからないためさまざまな誤解に苦しみ、発音がおかしい、声が小さいとバカにされ、何かしゃべると笑われるかもしれないと考えぜんぜんしゃべらなくなってしまった。つらかった。言葉に表せないぐらいの苦しみだった。自分のカラに閉じこもって、どんなジャンルのものもかたっぱしから読みあさった。本との出会いだった。言葉の意味を覚えたのも、読話もすべて自分の力、一人で学んだ。誰の力も借りなかった。すべて私だけの力です。私の今の力はすべて小学校のときのものです。今思うと、私には直さなければならないことがたくさんあります。もう一度、小学校に戻ってやり直せたらと思います。苦しかったけど。

その後

卒業後、半年経った九月にA子から便箋一〇枚にもなる手紙をもらった。「見習が修了しこれからは正行員として今まで以上に仕事に対する責任を持たねば」という決意や「近寄りがたい苦手だと思う人にも話し掛け」と障害を理解してもらう努力をしたり、とくに、場に応じたことば遣いにとても苦労していることなどがつづられていた。手紙の最後には、「人間的にもすばらしい先輩だからこそ、私も少しでも迷惑にならないよう努力できた。私は課の先輩全員を尊敬している。大好きだ。今の仕事に入ってよかったと心底思える日もそう遠くないような気がする」とあった。

A子との交流は、「聴覚障害」という障害を通してのみ彼女をみていたのではないかと思うことがある。教師の側に聾学校の経験やスキルが不足していたことや、当時の「進路指導」が個人の思いや願いを大事にするというよりは、就職するために社会に順応という意味が強いこともあるかもしれない。

その後、A子は同じ聾学校理容科で一歳上の会社員と結婚し、出産を機に銀行を退職し子育てに専念した。現在、彼女は地域の読書サークルの仲間とともに大好きな読書を楽しんでいる。

◆ケースシリーズ2◆

四名の事例を通した

視覚障害者一人ひとりの特性や興味を生かした職業選択

視覚障害者の教育・進路の全体構造と一般的な社会自立

視覚障害者の教育およびその社会自立については、図1「視覚障害者の教育および進路の全体構造（例）」のとおりである。教育機関については、視覚障害者である幼児児童生徒に対する教育を行う特別支援学校（以後、盲学校）、小・中学校の弱視特別支援学級、また、小・中学校の通常の学級に在籍している場合もある。

盲学校には幼稚部から高等部まで設置されている。かつては、幼稚部に入学してやっと視覚障害教育がスタートする場合が多かったが、現在は、ほとんどの盲学校で〇歳から教育相談として対応する態勢が整っており、家庭養育や保護者の支援を行うことが一般的になっている。

多くの視覚障害児は、盲学校で幼稚部から中学部三年生までの義務教育を終えた後も、高等部に進学し三年間普通科で教育を受ける。この後の進路については種々のケースがあるが、多くは同じ高等部の専攻科に進み、いわゆる理療を三年間学び、按摩・マッサージ・指圧師、鍼師、灸師の国家試験を経て理療師となり治療院や病院等に就職する。

最近の盲学校は、小・中学部の児童生徒が減少傾向にあるが、進行性の眼疾患や糖尿病網膜症、事故等で中途失明者となったために、高等部の専攻科に入学するケースが増える傾向にある。

O盲学校での事例との出会い

筆者はO盲学校で、一九九一〜九二（平成三〜四）年の二年間にわたり、小学部五・六年生の四名の全盲児の複式学級を担任した。どこの盲学校でも弱視児が多く、また、全盲児も知的障害等との重複障害の児童生徒が増えており、四名全員が点字使用で学年相応の学習ができる学級は、地方の盲学校としては珍しかった。弱視児の指導を中心に担当してきた筆者にとっては、点字による本格的な指導の経験ができる絶好の機会であり、同時に、個性豊かな四名の子どもたちと過ごした悪戦苦闘の忘れられない二年間でもあった。

さて、その四名は間もなく三〇歳になろうとしているが、個々の個性や特性、自己の興味等を生かし、それぞれ違った形での社会自立を果たしている。ここでは、この四名（A・B・C・Dとする）の事例を通して、視覚障害者の職業選択やライフサイクルの一部を紹介する。

事例A（女子）――カラオケ喫茶開店

勉強はあまり好きではなかったが音楽が得意で、小学校との交流教育などでも積極的にダンスを考えたり、地域ののど自慢大会などに出場して入賞していた。高等部普通科に進学し、軽音楽倶楽部に所属。卒業後は、実家のあるK市にもどり歌のレッスンなどに通い、歌謡大会などで入賞を重ね自立の道を模索。現在、親の援助を受けながらも「カラオケ喫茶」を開店し、日中は常連客に歌の指導も行っている。

事例B（女子）――織物の製作

学習に対する意欲があり努力家であったが、体調不良により運動制限等が必要であった。のんびり屋でマイペースな性格だが、なにごとも几帳面であり手先が器用で図工や家庭科の製作などが得意。高等部普通科進学後も体調不良が時々あり、体力的にも理療での社会自立は無理と判断。国立障害者リハビリテーションセンターで「織物」の技術を習得し、K町の実家にもどり町内の通所施設で織物を製作・販売している。

事例C（女子）――専攻科の教師

学習についていては平均レベル。読書家であり、盲学校の図書室の点字本をほぼ読んでしまった。しっかりした性格でリーダシップを発揮するタイプであり、学校全体のまとめ役に成長していった。高等部普通科に進学し、全国盲学校弁論大会で優勝。卒業後は、さらに専攻科に進学し理療の国家試験に合格。筑波大学理療科教員養成施設に進学し、教員免許を取得。現在、母校の「専攻科の教師」として勤務している。

事例D（男子）――治療院勤務

勉強ではとくに理数系が得意であった。負けず嫌いな性格で、学習やスポーツなど、なにごとにも一生懸命とり組む。高等部普通科に進学し、父親がコンピュータ関係の仕事をしていたこともあり、筑波技術短期大学視覚部情報処理学科に進んだ。卒業後は、なかなか専門性を発揮できる就職先がなく、H市の視覚障害者センター理療教育課程に入所して理療の免許を取得し、現在理療師として「治療院」で働いている。

視覚障害者の社会生活の変化

コンピュータの普及で一番その恩恵を受けたのが視覚障害者といわれている。大量の情報を音声等を通して知ることができ、とくに文字については、活字を点字にも音声にも瞬時に変換してくれる。視覚障害者への「やってみたいこと」という、あるアンケートでは、一位がスポーツ、二位がパソコンの勉強となっている。

身の回りにも、ユニバーサルデザインということで点字が表記されているものが増えている。毎日新聞社による『点字毎日』は、活字版・点字版・音声版から選ぶことができる。また、外出時はガイドヘルパーが利用できるようになっているなど、ずいぶん便利になった。しかし、これらすべてを使いこなしている視覚障害者の割合は、まだそんなに多くないのが現状である。

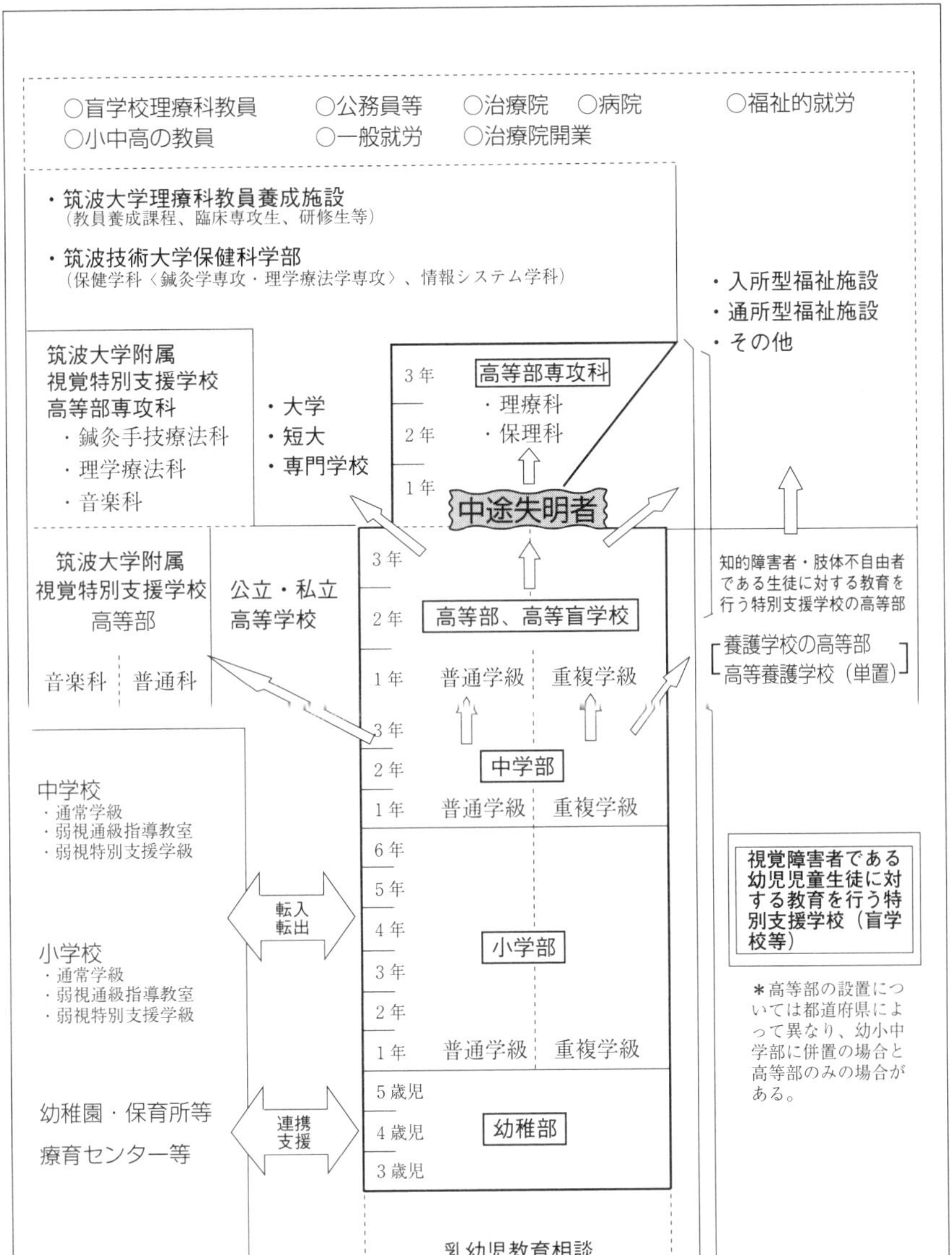

図1　視覚障害者の教育および進路の全体構造（例）

3章　言語障害者の心理

1節　言語障害とは

「夫は思うことが言えないために、人からの問いかけにただ笑ったり、首を左右に振ったり、手まねでわずかに意思表示をしたりしている。何という辛さだろう。言いたいことは山ほどあるのに。全身をよじってそれを表現したとしても、まだまだ言い尽くせないものがそこにはあるはずだ」（言語障害者の家族の手記より）

1　言語とコミュニケーション

言語は、思考、認知、記憶などの働きと密接な関わり合いをもつとともに、人間相互の情報交換――コミュニケーション――のもっとも普遍的な手段である（笹沼、一九七九）。私たちは、毎日の営みのなかで、言語によってお互いの意思や感情を伝え合ったり、何気ないやりとりを楽しんだりしている。そのため、言語という私たちの生活に欠くことのできないコミュニケーション手段が障害された場合、意思疎通がうまくいかないことによる苛立ちや不安、悲しみといったさまざまな感情が生じるとともに、対人関係にもストレスをもつようになる。

コミュニケーション　「共通する」と「分かち合う」が合成されてできた語。意思の疎通や伝達の意味にひろく用いられている。

2　コミュニケーションの過程

(1) ことばの鎖

図3―1は、私たちが普段行っている話しことばによるコミュニケーションの過程を模式的に表したものである。まず、話し手が何らかのことがらについて伝えたいという意思や感情をもち、その内容を大脳で一定の言語形式に組み立てる（言語学的段階）。次に、運動神経を介して発声発語筋が動かされ、組み立てられた言語形式が音声として表出される（生理学的段階）。表出された音声は音波として聞き手の耳に届く（音響学的段階）。音波が聞き手の耳に届くと、それが感覚神経を介して大脳に伝達される（生理学的段階）。大脳でことばの意味が聞き手に理解される（言語学的段階）という過程である。一方、話し手が発した音声は話し手自身の耳にも伝わり（フィードバックの環）、これにより、話し手は自分の声の高さや大きさ、発音、発話内容などを調節し、円滑なコミュニケーションが行われるのである。

(2) language（言語）と speech（話しことば）

私たちが使用していることばは、language（言語）と speech（話しことば）の二種類に分けられる。前述のコミュニケーション過程（図3―1）で考えると、言語学的段階で用いられることばが language にあたり、生理学的段階で用いられることばが speech にあたる。コミュニケーション過程のいずれかの段階で障害が起これば、それに対応した言語障害が生じるが、言語学的段階で障害が起これば language の障害が、生理学的段階で障害が起これば speech の障害が生じることになる。したがって、「ことばが話せない」という同じ症状であっても、言語障害には、language の障害と speech の障害という二通りの障害があることになる。

ことばの鎖（The speech chain）　デニス（Denes, P.B.）とピンソン（Pinson, E.N.）によって一九六三年に出版された本の題名。話し手の伝えたいことが、話しことばとして聞き手に理解されるまでのいろいろな現象を表している。

language と speech　ことばは内言と外言に分けて説明される場合もある。内言とは心の中の発話のことで、思考や意味処理の機能が優位である。外言とは音声をともなう発話のことで、伝達機能が優位である。language は内言に、speech は外言に相当する。

⑶言語的コミュニケーション手段と非言語的コミュニケーション手段

実際のコミュニケーション場面で、私たちは、これまで述べてきた話しことば以外にもさまざまなコミュニケーション手段を使っている。このようなコミュニケーション手段には、言語的なコミュニケーション手段と非言語的なコミュニケーション手段の二種類がある。

ⓐ言語的手段――音声言語（日本語の話しことば）、文字（日本語の書きことば）

ⓑ非言語的手段――視線、表情、身振り、指さし、行動、声、絵、写真、シンボルなど

言語的手段によるコミュニケーションはバーバル・コミュニケーションと呼ばれ、それ以外のコミュニケーションは**ノンバーバル・コミュニケーション**と呼ばれている。ノンバーバル・コミュニケーションは、感情を豊かに伝えることができるため、言語障害者のコミュニケーションを支える重要な役割を担っている。

ノンバーバル・コミュニケーション　ノンバーバル・コミュニケーションという考え方をさらに拡大したものとして、拡大・代替コミュニケーション（AAC）という考え方がある。

3　言語障害の定義と特徴

⑴言語障害の定義

言語障害は話しことば（speech）の側面だけでなく、言語（language）の側面をも含めたコミュニケーション障害として考えられ、「言語という**表象符号**を用いた情報伝達過程のいずれかのレベルの障害により、言語の符号化・送信・伝達・受信・解読などの機能に障害を生じた状態をいう」（言語障害事典）と定義づけられている。

表象符号　事象をそれとはまったく別な抽象的記号で置き換えて表したものをいう。

⑵言語障害の三つの特徴

図3―2は、話しことばの問題を構成する三つの要素を示したものである。xはその人の話しことばの特徴（言語障害の症状）、yはそれを聞いた周囲の人の反応、zは自分のことば

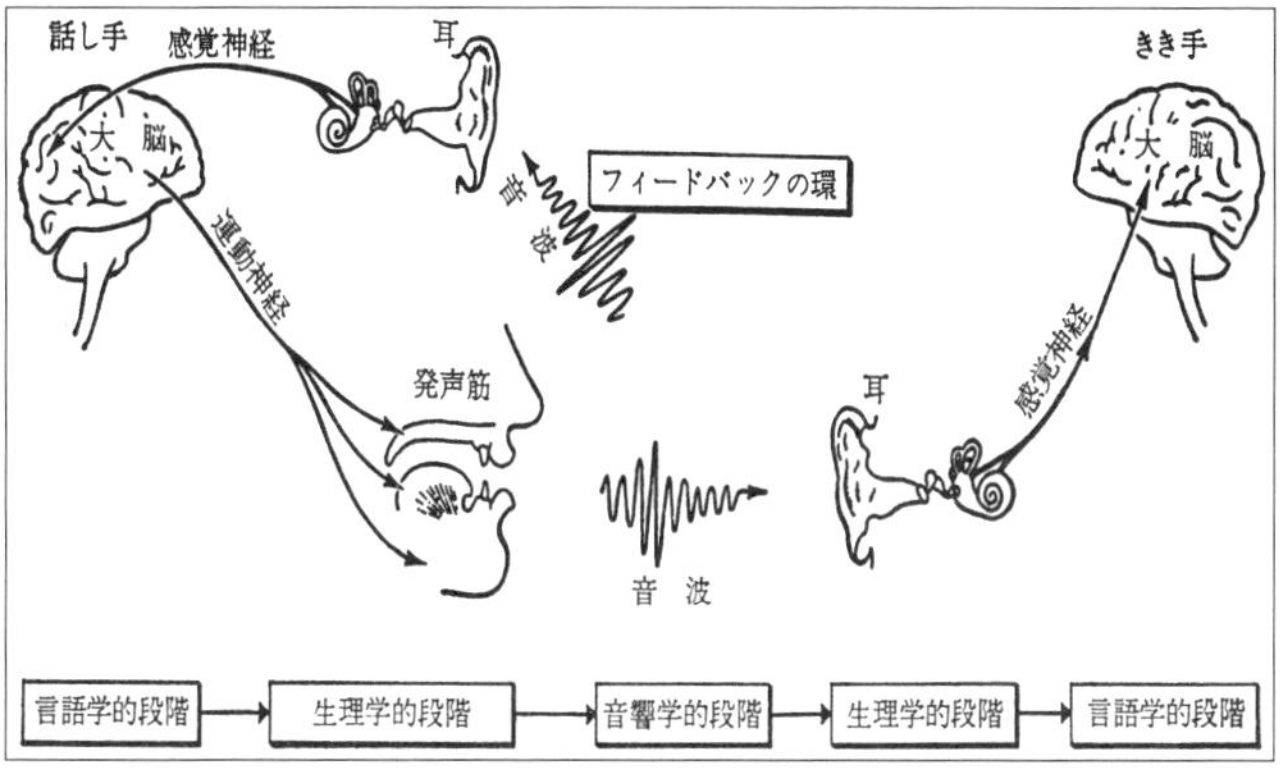

図３－１　ことばの鎖（デニス＆ピンソン、1963、４頁）

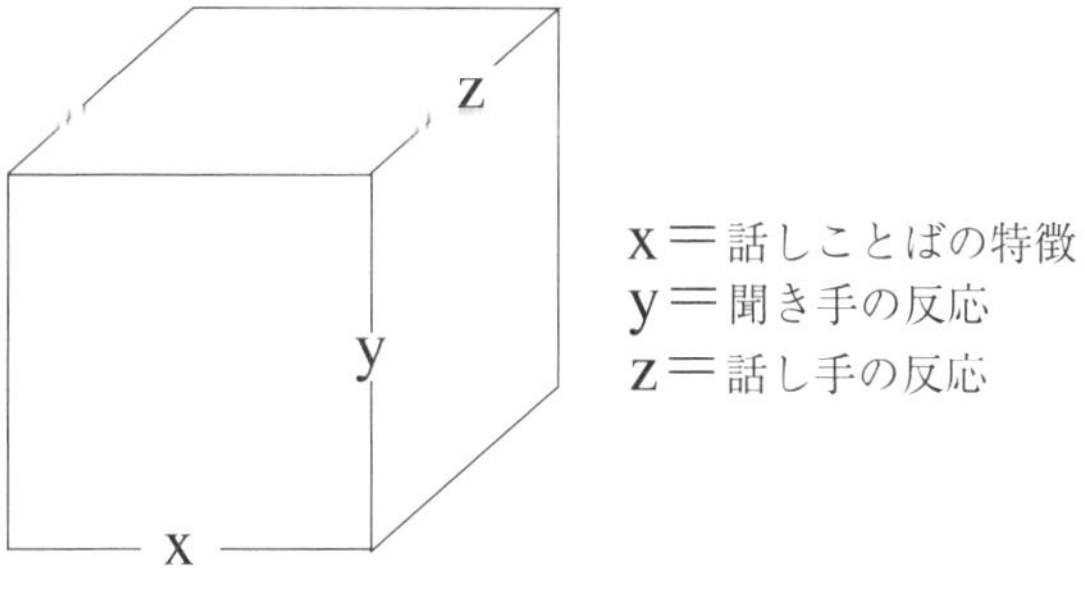

図３－２　話しことばの問題の図式（ジョンソン他、1967、８頁）

の特徴や周囲の人の評価や反応に対する本人の反応を表している。これらx、y、zという三つの要素をかけ合わせたもの、すなわち立方体の体積が言語障害の深刻さを意味する。したがって、言語障害の症状は同じでも、周囲の反応の仕方と、自分の障害と周囲の反応に対する本人の反応が小さければ障害の深刻さは少なく、逆に、大きければ障害は深刻なものとなる。このように、言語障害の症状だけでなく、聞き手の反応や本人の反応といった要素が絡んで問題が複雑化するのが言語障害の第一の特徴である（ジョンソン他、一九六七）。第二に、言語障害は外見上明らかな障害とは違って見えない障害であり、しかも言語障害者は、自分の問題を人に訴える能力それ自体が障害されている。そのため、周囲の人から理解されにくく、誤解されやすいといった特徴がある。第三の特徴は、その回復ないし改善に、長時間（数カ月から数カ年）の治療訓練を必要とする場合が多いことである（笹沼、一九七九）。

ジョンソン（Johnson, W.）
話しことばの問題の図式を考案した言語病理学者。日本語の訳書には『教室の言語障害児』（田口恒夫訳、日本文化科学社、一九七四）がある。

2節　言語障害の種類

言語障害はさまざまな原因で発生するが、前述のコミュニケーション過程（図3―1）のどの段階で起こった障害であるかによって、大きく三つに分けられる。

1　言語学的段階の障害

高次神経系の働きに依存するlanguage（言語）の操作機能が障害された状態をいい、言語の理解面と表出面の両方が障害される。代表的なものに、次の二つがある。

⑴失語症　いったん習得された言語機能が、大脳の損傷（脳血管障害、脳外傷、脳腫瘍な

ど）によって後天的に障害された状態をいう。主な症状に、ことばが聞こえても意味がわからない（**聴覚的理解の障害**）、言いたいことがあっても名前が出てこない（**喚語困難**）、言えたとしても言い誤ってしまう（**錯語**）などがある。また、文字言語にも障害がみられ、読みの障害や書字の障害をともなうことが多い。

⑵**言語発達遅滞**　何らかの原因により、一定の年齢を過ぎても、同年齢の子どもに比べてことばの理解や表現、コミュニケーション行動の発達が遅れている状態をいう。このような症状をもたらす言語・コミュニケーション発達の阻害要因として、ⓐ知的発達の遅れ（精神発達遅滞）、ⓑ特定の脳機能の障害（学習障害、特異的言語発達遅滞など）、ⓒ対人関係の障害（自閉症など）、ⓓ脳性麻痺、ⓔ後天性の障害、ⓕ聴覚障害、ⓖ不適切な言語環境などがあり、これらの要因がいくつか重なり合っている場合が多い。

2　生理学的段階――出力系の障害

より末梢レベルでの障害で、主にspeech（話しことば）が障害された状態をいい、言語情報の伝達に障害が認められる。出力系の障害には、音声の産生に必要な呼吸・発声・構音・共鳴・プロソディー（発話の速さ、流暢さ、抑揚など）の障害がある。

⑴**音声障害**　声の質、高さ、大きさなどに異常がある、すなわち、この三つの要素が同じ年齢、性別、環境の人々と異なっている状態をいう。原因によって以下の二つに分類され、ⓐ**器質的音声障害**は、喉頭の形態や機能が炎症・腫瘍・麻痺・外傷などによって物理的に損なわれたことによるもの、ⓑ**機能的音声障害**は、声の乱用や不適切な使い方によるもの、心因性失声症などのように心理的な原因によるものがある。主な症状には、**嗄声**《させい》と呼ばれる声

聴覚的理解の障害　言語音としては把握できても、その意味がわからない状態をいう。

喚語困難　言いたいことばを思い出せない状態をいう。主として名詞で起こりやすいが、動詞や形容詞で起こることもある。

錯語　単語単位で誤る場合の語性錯語と音韻単位で誤る場合の音韻性錯語がある。「みかん」を「りんご」と誤るのは語性錯語、「みかん」を「めかん」と誤るのは音韻性錯語である。

嗄声　ガラガラ声（粗糙性嗄声）、かすれ声（気息性嗄声）、弱々しくか細い声（無力性嗄声）、息張った声（努力性嗄声）がある。

の質の病的な変化がある。

⑵**構音障害**　構音とは、構音器官（下顎、口唇、舌、軟口蓋など）を動かすことにより、声道（咽頭、口腔など）の形態を変化させ、声に語音としての特性を与える操作をいう。構音障害は、このようにして産生された語音がその社会で通用する基準から離れている状態をいい、以下の三つに分類される。ⓐ**器質性構音障害**は、腫瘍や外傷による舌切除や口蓋裂などのように構音器官の形態や機能に異常があり生じたものをいう。主な症状には、鼻咽腔閉鎖機能（鼻への息の流れを止める調節機能）不全に関連する**開鼻声**や**異常構音**などがある。ⓑ**運動障害性構音障害**は、構音に関係する筋や神経の病変により、筋力や運動のコントロールが低下し生じたものをいう。主な症状は、音の省略や歪みであるが、発話速度の低下、声の異常がみられるなどの特徴がある。ⓒ**機能性構音障害**は、構音器官の形態や機能に異常がみられないが、構音のしかたを誤って学習してしまい、それが固定化したものをいう。構音発達の途上でみられる未熟さや言語発達そのものが遅れている場合は含まれない。主な症状には、音の**置換**、**省略**、**歪み**などがある。

⑶**吃音**　構音は明瞭でも、話しことばの流暢さやリズム、速さなどに問題がみられる状態をいう。原因やそのメカニズムは現在でも不明であるが、器質的要因、心理的要因、環境的要因などが重なり合って、症状が発現すると考えられている。主な言語症状には、音節や語句の**繰り返し**や**引き伸ばし**、**中断**、**ブロック**（構音運動の停止）などがあるが、これらの症状は固定的なものではなく、時間とともに**進展する**。また、言語症状のほかに、心理症状（不安、恐怖など）や身体症状（発汗、赤面、異常呼吸、身体硬直など）がみられ、一般的には言語症状から始まり、心理面、身体面へと症状が進展していく。

開鼻声　鼻腔の呼気の共鳴が過度な場合に生じる鼻にかかった声をいう。

異常構音　構音点の誤りによって生じ、口蓋化構音、側音化構音、鼻咽腔構音、声門破裂音などがある。

置換（ハサミ→ハタミ）
省略（ハサミ→ハ・ミ）
歪み（ハサミ→ハヒャミ）

言語症状の進展　一般的には、**繰り返し**（ボッボッボクガ……）、**引き伸ばし**（ボーーク ガ ……）、**中断**（ボ・・クが……）の順に進展する。

3　生理学的段階——入力系の障害

情報の入力系が障害されたために、言語情報の伝達（聞こえ）に障害がある状態をいう。

⑴**聴覚障害**　聴力レベルや使用する言語によって、ろうと難聴に分けられる。ライフステージによる分類では、幼児難聴・先天ろう、中途失聴、老人性難聴に分けられ、それぞれの抱える問題や課題が異なっている。

聴覚障害　詳細は2章を参照のこと。

3節　言語障害者の心理と支援

1　言語障害者の心理的特性

言語障害のなかにはさまざまな種類があるが、意思の疎通がうまくいかないことから対人関係のストレスを感じやすく、一般的に、言語障害者の心理は「欲求不満の心理である」といわれている。ここでは、前述した三つのタイプごとに、主な心理的特性を述べる。

⑴**言語の理解・表出の障害**　自分の気持ちや考え、欲求などを訴えたいのに、ことばでうまく表現できないといったもどかしさや苛立たしさ、怒り、かんしゃくなどが生じやすい。また、自分自身のふがいなさや回復への焦りなどを感じて、不安傾向や自信喪失が生じたり、コミュニケーションの不全感が度重なり、無気力や抑うつ状態になる場合もある。

⑵**話しことばの障害**　「声がおかしい、発音が不明瞭で聞きとりにくい、吃《ども》る」など、人とは異なる話し方に周囲が反応することにより、話すことを苦にするようになり、次第に話すことへの不安や恐れをもつようになる。その結果、話す場面を回避したり、話し方の誤り

を隠そうとするようになる。また、うまく話せない自分に対して劣等感をもったり、自己否定したりするうちに、行動全体にも消極的な態度がみられがちになる。

(3)聞こえの障害　ろう者の場合、自我構造が硬く、自己中心的、衝動的であるといわれている。これらは、聴覚情報が制限されていることやコミュニケーションがうまくいかないことから生じる**防衛的な反応**であることが多い。難聴者の場合は、健聴者と接する機会が多いため、緊張が高く、人間関係のなかで疎外感や孤独感を感じやすい。

2　言語障害者への支援

このような心理的特性は、その人の言語障害の種類や程度だけでなく、本人がそれをどのように意識するかによって異なる。症状が重い場合でも、それをさほど意識せず、人前に出ることを負担に感じない人もいれば、症状が軽くても、それを強く意識して引きこもりがちになる人もいる。さらに、言語障害は相手が存在することによって生じる障害であるため、相手の態度や周囲の環境も影響を及ぼす要因となる。したがって、言語障害者への支援を行う際には、前述した図3—2の三つの要素（言語障害の症状、聞き手の反応、本人の反応）それぞれの側面から働きかけていく必要がある。

(1)言語障害の改善のための働きかけ　言語指導、構音指導、聞こえの指導などの**リハビリテーション**または**ハビリテーション**によって、障害された言語機能、構音機能、聴覚機能などをある程度回復または改善することができる。たとえ回復や改善に限界があっても、身振りや描画などの非言語的手段やコミュニケーション機器（**拡大・代替コミュニケーション**）などを活用して、実用的なコミュニケーションを促進することができる。

防衛的な反応　精神の安定が脅かされそうになったとき、安定を取り戻し、自我の崩壊を防ごうとする反応が生じる。このような心の働きにより、現実をみないようにしたり、責任を回避したり、自己を正当化したりすることをいう。

リハビリテーションとハビリテーション　リハビリテーションは障害をもつ人が普通の生活を「回復」していく活動の総体をいう。小児の場合はハビリテーション（獲得）と呼ばれることもある。

言語のリハビリテーション・ハビリテーション　医療・福祉・保健・教育などの各機関で言語聴覚士により行われている。

⑵周囲の人への働きかけ　言語障害者特有の不明瞭な話し方を見たり聞いたりすると、聞き手はつい必要以上の注意をむけてしまい、表情をこわばらせたり、顔色を変えたりしてしまう。こうした聞き手の無意識な反応を言語障害の人たちは敏感に感じとり、その結果、深く傷ついてしまう。このような聞き手の反応の背景には　異常性に視線が集まりやすい、周囲の見方に影響されやすいといった聞き手側の原因があると思われる。聞き手となる家族や周囲の人への働きかけには、まずコミュニケーションの受け手側の態度の重要性を理解してもらうことが必要となる。また、その人の言語障害の症状についての理解を促し、症状に合わせた話しかけの仕方や話の聞き方を身につけてもらうことも重要である。

⑶言語障害者自身への働きかけ　ことばでの表現が困難でも、人とのコミュニケーションは欠くことのできないものである。周囲の人とコミュニケーションしたい意欲さえあれば、非言語的手段を使っても実用的にコミュニケーションが成り立つであろう。そのため、その人のコミュニケーション意欲や自分なりの工夫を引き出すような働きかけを行うことが必要である。また、外部に対する抵抗力や心理的なタフネスを身につけられるように、根気強く関わっていくことも必要となる。さらには、話せないことを苦にしたり、ネガティブに考えることに費やしていたエネルギーを、自分なりの人生を構築していくという前向きな方向にむけられるよう働きかけていくことが重要である。人としての価値や尊厳は、言語障害をもったとしても変わるものではない。冒頭の言語障害者とそのご家族のその後の人生がそうであったように、「生き甲斐と人としての誇りをもって生きる」ことにむけた支援が求められる。

拡大・代替コミュニケーション（ＡＡＣ）　各個人の知的レベルやニーズを考慮し、コミュニケーションを促進するためのあらゆる手段と方略を提供する援助方法をいう。マカトンやサインなどのシンボルを使用するものとコミュニケーションボードやコミュニケーション機器、パソコンなどのエイドを使用するものがある。

話しかけの仕方　基本的には、一対一で話す、目を見て話す、ゆっくりはっきり、短く区切って話す、伝わっているかどうか確認しながら話すなどに気をつける。

話の聞き方　基本的には、ゆっくり待ちながら話を聞く、推測しながら話を聞く（話の筋を読む）、わからない時にわかったふりをしないなどに気をつける。

4章　内部障害、病弱・身体虚弱者の心理

1節　「内部障害」、「病弱」「身体虚弱」の概念定義

1　内部障害とは

内部障害には六つの障害（心臓機能障害、腎臓機能障害、呼吸器機能障害、膀胱・直腸機能障害、小腸機能障害、ヒト免疫不全ウイルス（ＨＩＶ）による免疫機能障害）が含まれる。厚生労働省の「平成十八年身体障害児・者実態調査」によれば、内部障害者は一〇七万人にも上り、全身体障害者の三〇パーセント強を占めている。

内部障害は、いわゆる「**見えない障害**」であり、外見からは障害の存在を認めることはできない。肉眼ではみることができない障害をかかえる人は、直接的な社会的デメリットをこうむる可能性は低い。とはいえ、障害に対する暗黙裡の理解を周囲から得ることが難しく、通院にともなう欠勤や欠席を了承してもらうなどの適切な配慮が受けられないという生活上の不利益を招く可能性をもっている。内部障害をもつ者は、周囲の理解を得るために、障害のありようや自らの生活上の困難、希望する配慮について積極的に説明することが必要となる。内部障害者は、「見えない障害」を目にみえるように表現する必要性という、「見える障害」とは異なる課題を抱えているのである。

平成十八年身体障害児・者実態調査　http://www.mhlw.go.jp/toukei/saikin/hw/shintai/06/index.html

2　病弱・身体虚弱とは

「病弱・身体虚弱」ということばは、医学的術語ではなく、慢性的な疾病または特異体質のため体力が弱っている状態を表わす一般的な意味で用いられている（文部省、一九八五）。法令上は**学校教育法施行令二二条の三**において就学基準の定めがあり、「一　慢性の呼吸器疾患、腎臓疾患及び神経疾患、悪性新生物その他の疾患の状態が継続して医療又は生活規制を必要とする程度のもの、二　身体虚弱の状態が継続して生活規制を必要とする程度のもの」が「病弱者」とされている。「身体虚弱」に関しては、「先天的または後天的な要因により、身体諸機能に異常があったり、疾病に対する抵抗力が著しく低下していたり、頭痛や腹痛などのいろいろな不定の症状を訴える者、あるいは疾病の徴候が起こりやすいがすぐ入院治療というわけではない者」（山口、二〇〇四）と理解されている。「病弱」と「身体虚弱」の区別は必ずしも明確ではなく、いずれも支援を提供するうえで特別な配慮を必要とする存在として認められている。従来は、本基準のなかの医療や生活規制を有する期間について「六ヵ月以上」との定めがあり、短期間の医療や生活規制を有する子どもたちが教育的配慮から外されてしまうという事態を招いていたが、二〇〇二（平成一四）年にこの期間の定めが撤廃され、より柔軟な運用が可能となっている。

以上のように、「病弱・身体虚弱」と「内部障害」とは同一の概念ではない。以下では、より広い範囲をカバーすると考えられる病弱・身体虚弱者の心理と支援について、とくに発達支援という観点から述べる。

学校教育法施行令二二条の三　特別支援学校に就学させる基準として、障害の程度を定めた政令。

2節　病弱・身体虚弱者の心理

1　病気になるということ

「病気になったことなど一度もない」という人はおそらくいないだろう。「**病気**」とは、生体の全身的または部分的な構造や心身の機能に障害を起こしている生物学的状態をさす「**疾患**」とは区別され、痛み・症状の認知や生活上の変化を含めて主観的に経験される病の側面ととらえられている（武田、二〇〇六）。疾患は、予告なしにある日突然私たちを襲ってくる。それにともない、生活上の問題、経済上の問題、さらに生命を脅かす病であれば自分の存在に関わる心の問題など、さまざまな問題がひきおこされる。病気になるということは、身体上の変化だけではなく、多面的な問題の生起を意味する。病気の人の心には不安や恐怖、怒りが入り混じっているのである。

それでも、成人であれば「病気とは何か」をその発生メカニズムとともに理性のレベルで理解し、治癒もしくは状態維持のために自らの心理状態や行動を調整することは可能だろう。しかし、子どもの場合には成人以上に深刻な混乱を経験することが多い。その背景には、自分の疾患に関する情報が子ども本人に伝えられないことが多いこと、治療に関する意思決定を行うのは保護者であり、意思決定プロセスへの本人の参加がないまま、さまざまな変化を経験しなくてはならないことがある。さらに、発達段階として病をかかえるとはどういうことなのか、なぜ厳しい治療を受けなければならないのかの理解が難しく、心理的不安や情緒的混乱が増幅してしまうことになる。こうした情緒的混乱は、入院という家族からの分離を

病気　主観的・経験的な側面をも含む生活のなかでの病。英語ではillness。

疾患　病因とは別に、客観的・生物学的な心身の状態としての病。英語ではdisease。

ともなう場合にはより深刻となる。以下、入院時の心理的特徴について、ライフサイクルに沿って確認する。

2　ライフサイクルと入院

入院乳幼児には、啼泣《ていきゅう》、後追い、食事（ミルク）拒否、**退行**などの情緒反応がみられることが知られている。一般に、三歳未満では病気や入院の必要性を理解することは難しいが、四歳を過ぎると説明に同意し治療に協力できるようになると考えられている。しかし、幼児期の病気イメージは「病気がこわい」など、きわめて感覚的・情緒的であり（上野、一九七六）、痛みをともなう治療や家族から離れた分離の意味を正しく理解することは困難であると考えられるだろう。また、子どもを支える立場の母親も、ショックや自責の念から**過保護な養育態度**で接しがちとなる。**エリクソン**の**生涯発達理論**によると、乳幼児期の発達課題は、基本的信頼の確立と自律性・自主性の獲得である。入院という環境変化による母子分離や母親の過保護な態度、遊びの欠如などがこうした発達課題の達成を阻んでしまう可能性は否定できず、**医療保育士**や**チャイルドライフ・スペシャリスト**の導入が求められる。

学童期は、基本的には心身ともに安定した時期といわれるが、入院によりそれまで生活の中心であった学校生活から離れ、遊びや学習の機会を失うことは、学習の遅れだけではなく、基本的な生活経験や仲間関係の経験の不足につながり、そこから派生する自信のなさや社会性の未発達など発達のさまざまな側面に大きな影響を与える。病気のイメージも、八、九歳になると「学校に行けない」などの病気が自分の生活に与える影響や意味が強調されるようになる。さらに十歳児以降になると、「病気はバイキンによって起こる」などの病気に対す

退行　解決困難な現実から逃れ、乳幼児的な行動様式をとる防衛機制のひとつ。典型例として、赤ちゃん言葉を使う、夜尿をするなどの行動がある。

エリクソン　フロイトの心理－性的発達理論に、社会歴史的発達観を統合した包括的な精神分析的自我心理学を展開した。各時期に解決しておくべき課題や危機を設定し、アイデンティティやモラトリアムなどの概念を提案した。

医療保育士　入院している子どもの遊びや生活を支援する保育の専門家として、小児病院や小児病棟に配置されている保育士のこと。参考「日本医療保育学会」http://wwwsoc.nii.ac.jp/jscep/framepage1.html

チャイルドライフ・スペシャリスト　入院中の子どもの精神的負担軽減と発達支援を行う専門職。北米の

る知的関心も広がり（上野、一九七六）、病気に対する概念は、学童期終わりごろには成人とほぼ同様のものがもてるようになる。後述する教育的支援の充実や、子ども扱いを控えて病気に関する説明をきちんと行うことが望まれる。

青年期になると、身体的な変化にともなう**性役割観**の発達や**自己意識**の発達がみられ、**アイデンティティ**の確立が大きな発達課題となる。自分の能力や体力、容貌など他者比較のなかで自己をみつめなおし、他者のまなざしが以前にも増して気になりはじめる。社会のなかで職業人・家庭人として生活していくことを模索するなかで、「病をもつ自分は受容してもらえるだろうか」「将来他の人と同じように働けるのだろうか」「将来子どもをもつことはできるのだろうか」と、将来の生活に大きな不安を抱くことになる。丁寧な進路指導や予後の情報提供等の適切な支援を受けることは、生涯発達の観点から殊に重要な時期といえるだろう。

成人期になると、職業上の役割を果たせなくなることをはじめとする生活上の問題や経済的な問題、家族への責任が大きくのしかかってくる。そのなかで、周囲のサポート資源を活用しつつ、できるだけ支障が少ない形で闘病生活を送れるように調整を試みることになる。また、児童期に小児がんによる入院を経験して成人期を迎えた人のなかでとくに**晩期障害**がある人は、健康管理に細心の注意を払いつつ、職場に対して積極的に病気説明を行うなどの対処行動をとりながら、体調と職業生活のバランスをとって職業生活を継続していることが明らかになっており（福井、二〇〇七）、フォローアップ支援の必要性がうかがわれる。

人間にとって、どのように年を重ね、死を迎えるかは、すべての人に共通の課題である。老年期になると、仕事・体力・経済力・友人など多くの**喪失**を経験し、病とともに生きるこ

認定資格。参考「日本チャイルド・ライフ研究会」http://claj.miz.jp/

性役割観　生物学的な性別に付随して社会的に存在する性格特性や態度・行動様式などについての考え。男らしさ・女らしさについての考え。

自己意識　自分自身を他者の観点から眺めること。感情・態度・能力などに関する私的自己意識と、他者からどのようにみられるかという容姿や行動に関する公的自己意識がある。

晩期障害　治療の影響として診断後五年以上を経過しても持続している、あるいは新たに発生する問題のこと。

とが多くなる。その病が医学の力での治癒を見込めない終末期になったとき、生活面および心理面における多くの支援が必要となる。ライフデザイン研究所の調査（二〇〇一）では、八割近い人が自宅で最期を迎えることを希望しつつも、家族の迷惑や適切なケアが受けられないことを理由に、自宅で終末期を過ごしたくないと考えている人が六割にものぼることがわかっている。こうした環境の問題や身体的苦痛に加え、自らの死を受容することには大きな精神的苦痛をともなう。理由のない怒りや深い孤独感、残された時間への不安、これまでの人生への後悔、死への恐怖などに悩む人も多いだろう。支援者は、家族への支援も含め、介護に関する知識や技術のみならず、相手の気持ちに寄り添った支援を提供できる高い専門性が求められている。

ライフデザイン研究所「終末期医療に関する意識調査」http://group dai-ichi-life. co. jp/dlri/ldi/news/news0203. pdf

以上のように、病経験の位置づけや支援のあり方は、ライフサイクルのなかで異なっている。とくに、生涯発達の観点から、将来へ向けた礎《いしずえ》の形成期として、学童期や青年期における適切な支援が重要となる。次節では、病弱児への教育的支援について概観する。

3節　病弱・身体虚弱者への支援

1　入院児童生徒へ教育的支援

入院中の児童・生徒への教育は、教育行政上は病弱・身体虚弱教育（以下、病弱教育とする）として、特別支援教育の一環に位置づけられている。一八八九（明治二二）年に端を発していることからも、その歴史は決して浅いものではない。にもかかわらず、病弱教育は、他の障害児教育に比しても、教育行政上顧みられることの少ない分野であった。近年の小児医療においては、医療技術向上による治癒率上昇から、退院後の社会・学校への復帰を念頭においた治療体制が望まれるようになり、入院中の子どものＱＯＬに関する意識が高揚した。同時に、入院児への教育的支援の必要性が認識され、一九九四（平成六）年に文部省（当時）は「病気療養児の教育について（通知）」を出し、従来は「入院中だから……」という理由のもと教育的支援を受けないままになっていた子どもたちへの学校教育の導入が公に提唱されたのである。

ＱＯＬ　Quality of Life の略。総合的に判断された生活の質。16章参照。

他の特別支援教育の対象児と比較して、病弱児の特色としてあげられるのは、外見上、また、行動のうえでも健常児と変わらないため、いわゆる「障害児」といった印象を受けることが少ないこと（村上、一九九三）、また、完全治癒が望める疾患においては、将来まったくの健常児として生活することが期待できるということがある。こうした病弱児の特色が病弱教育における特殊な配慮事項とかかわっていることはいうまでもない。

2　病弱教育の意義と特色

病弱教育の意義としては、次の五点があげられる。まず、「学習の遅れの補完と学力補償」である。療養生活のため、病弱児には**学習空白**があることが多く、学習進度に遅れがある児童・生徒が多い。病弱教育では、個別に近い丁寧な指導により、こうした学習の遅れを補完し、病弱児の学習に関する不安を軽減させ、療養に専念させることができる。

学習空白　病気等が理由で学校に行けず学習していない箇所がある状態のこと。

第二に、「児童生徒の積極性・自主性・社会性の涵養」がある。病弱児は、長期間の療養生活のもたらす経験不足等により、指示されたことしかしようとしない、友だちとのつきあい方がわからない等の積極性・自主性・社会性に乏しいことが指摘される。集団教育の機会

提供により、こうした傾向を防ぎ、健全な成長を促すことができる

第三には、「**心理的安定**への寄与」がある。病弱児のなかには、病気への不安や家族・友人と分離した孤独感から、心理的に不安定な状態に陥り、治療意欲を減退させていく者も多い。入院中でも教師や友人と話をしたり、同級生と同じように「自分も勉強している」という事実が、児童・生徒に生きがいを与え、心理的安定をもたらし、回復への意欲を育てることができる。

第四に、「病気に対する**自己管理能力**の育成」があげられる。病気の状態等に配慮しつつ、病気を改善克服するための知識・技能・態度及び習慣や意欲を培い、病気に対する自己管理能力を育てていくことが教育の意義として認められる。

以上のことを含めて、医療者からも認められている意義として、治療効果への貢献がある。近年、医療関係者から、教育を受けている病弱児の方が、治療上の効果があがり、退院後の適応もよく、再発の頻度も低いとの経験的気づきが報告され、教育の治療上の有用性が広く認められている。

他にも、制限の多い生活から、狭くなりがちな病弱児の視野を**体験学習**によって広めることや、学校行事による緩急ある生活リズムの形成、保護者の相談相手としての教師の存在価値も指摘される。いずれも病院内にありながらも、子どもの発達を援助する場としての教育の重要性が強調されている。こうした教育の意義は、同時に病弱教育のねらいでもあり、「病弱等の状態にありながら、自己がいかに生きるべきかを考え、病弱の状態にある現在および将来において最善の自己実現が図られる」(文部省、一九九三)ことがめざされているとまとめることができよう。

自己管理　セルフケアともいわれ、慢性疾患をもつ者の健康維持において重要な意味をもつ。疾病管理のみならず生活全般の調査も含む。

以上のような意義やねらいを実現するため、病弱教育では普通校に準ずる教科教育が基本であるが、教育課程上特筆すべきことに、**個別の指導計画**にもとづく**自立活動**の存在がある。自立活動は、「一人一人の児童・生徒の疾患や障害に応じて、健康状態の回復・改善を図り、障害を改善・克服するための知識、技能、態度及び習慣を養い、もって心身の調和的発達の基盤をつちかう」ことを教育目標とし、「健康の保持」「心理的な安定」「環境の把握」「身体の動き」「コミュニケーション」の五つの区分のもとに二二項目の内容が示されている。病弱教育においては、自己の病気の理解や病状改善のための運動などの「健康の保持」や、音楽や造形活動等の芸術活動や**構成的グループエンカウンター**などの心理療法的な活動をとり入れた「心理的な安定」に力がいれられている（武田、二〇〇二）。

3　病弱・身体虚弱者支援の課題

病気の子どもたちのありようは一人ひとり異なっており、個々の子どもの現状に即した独自の支援が求められる。もちろん、医療・教育・福祉・地域・家庭という**サポート資源間の連携・協働**も欠かせない。しかし、病弱・身体虚弱者の現状把握のための**アセスメント**方法や協働的支援モデルはいまだ開発途上にある。病弱・身体虚弱者のよりよい生活のためにも、支援者の専門性向上の機会確保とともに、アセスメント方法や支援モデルの開発が大きな課題となっている。（ケースシリーズ7参照）

自立活動　一九九九（平成一一年）三月に盲学校、聾学校および養護学校学習指導要領が告示されるのにともない旧来の「養護・訓練」から改められた。学習者としての主体性を重視し、主体的に自己の力を発揮し、自立をめざすことを強調している。

構成的グループエンカウンター　課題をグループで行うなかで感じたことを語り合い、自己や他者への気づきを促す体験のこと。

アセスメント　適切な支援提供のために、医学的・心理学的検査や日常的な観察結果、生育歴・背景情報などを統合して支援対象を正しく理解すること。

5章 運動障害・肢体不自由者の心理

運動障害・肢体不自由のある人への支援においては、ライフサイクルという観点から、適時適切な支援を行っていくことが大切である。運動障害・肢体不自由のある人の支援ニーズは非常に多様であり、広範な領域にわたっている。そのため、ここでは、運動障害・肢体不自由のある人にはどのような支援ニーズがあるのか、そして、どのような対応が必要かということについて述べる。

1節 「運動障害」「肢体不自由」という用語について

まず、「運動障害」「肢体不自由」という用語について整理しておくこととする。「運動障害」という用語は、運動面に障害がある状態を表現する用語である。また、**身体障害者福祉法**や**学校教育法**においては、「肢体不自由」という用語が使用されている。

この「肢体不自由」という用語を提唱したのは、**高木憲次**である。高木は、それまでに使われていたさまざまな名称が不適切であると考え、それらに代わる用語として、「肢体不自由」という用語の使用を昭和初期に提唱した。高木は、「先天性であろうと後天性であろうと外傷であろうと、兎《と》に角《かく》、その為め肢体の機能が犯され将来生業能力に支障を惹《ひきおこ》す虞《おそれ》ある患者を肢体不自由者」とした。高木の提唱した「肢体不自由」という用語は、その後、手足

身体障害者福祉法　身体障害者の自立と社会経済活動への参加を促進するため、身体障害者を援助・保護し、身体障害者の福祉の増進を図ることを目的とした法律。この法律で、「身体障害者」とは、視覚障害、聴覚又は平衡機能の障害、音声機能、言語機能又はそしゃく機能の障害、肢体不自由、心臓、じん臓又は呼吸器の機能の障害その他政令で定める障害のある十八歳以上の者であり、都道府県知事から身体障害者手帳の交付を受けたものをいう。

学校教育法　わが国の学校教育制度について定めている法律。

および体幹の機能に不自由がある状態を包括的に表現できる用語として使用されるようになっている。

身体障害者福祉法では、この法律の対象となる「肢体不自由」を次のように規定している。

「四　次に掲げる肢体不自由

1　一上肢、一下肢又は体幹の機能の著しい障害で、永続するもの

2　一上肢のおや指を指骨間関節以上で欠くもの又はひとさし指を含めて一上肢の二指以上をそれぞれ第一指骨間関節以上で欠くもの

3　一下肢を**リスフラン関節**以上で欠くもの

4　両下肢のすべての指を欠くもの

5　一上肢のおや指の機能の著しい障害又はひとさし指を含めて一上肢の三指以上の機能の著しい障害で、永続するもの

6　1から5までに掲げるもののほか、その程度が1から5までに掲げる障害の程度以上であると認められる障害」

この規定に示されているように、「肢体不自由」という用語は、上肢および下肢または体幹の機能の永続的な障害や、上肢および下肢の欠損により、日常生活における運動・動作や姿勢保持に困難がある状態を表現する用語である。

身体障害者福祉法施行規則別表第五号には、障害の等級について一級から七級までの程度に分け、その基準が示されている。

また、学校教育法施行令第二二条の三では、特別支援学校の対象となる肢体不自由者の障害の程度が示されている。

高木憲次（一八八八―一九六三）　東京帝国大学医学部整形外科学講座教授、日本医科大学教授を歴任。整肢療護園の開設や日本肢体不自由児協会の設立に尽力するなど、わが国における肢体不自由児・者の療育事業の発展に大きな貢献をした。

リスフラン関節　足根中足関節（そくこんちゅうそくかんせつ）ともいう。足の甲付近にある関節で、足根骨と中足骨の間にある関節。

2節　運動障害・肢体不自由とライフサイクル

運動障害・肢体不自由という障害の状態は、人間のライフサイクルのさまざまな段階で生じうるものである。

厚生労働省が実施した平成一八年度**身体障害児・者実態調査**の結果によれば、身体障害者手帳所持者のなかで、「肢体不自由」はもっとも対象者が多い障害カテゴリーとなっている。この調査では、一八歳未満と一八歳以上にわけて調査を行っているが、年齢別にみた肢体不自由児・者の数は、図5―1、図5―2のようになっていた。年齢別による肢体不自由児・者の数では、七十歳以上がきわだって多くなっている。

また、同じ調査によれば、原因疾患による肢体不自由児・者の数は、図5―3、図5―4のようになっていた。一八歳未満の肢体不自由児の原因疾患としてもっとも多いのは「脳性まひ」となっている。一八歳以降の肢体不自由者においては、原因疾患としてもっとも多いのは「脳血管障害」であり、次いで「骨関節疾患」となっている。

このように、運動障害・肢体不自由は、さまざまな原因によって生じる可能性があり、それが生じる時期も、ライフサイクルにおけるさまざまな時期である。

乳幼児期から運動障害・肢体不自由のある子どもの場合には、発達支援に関するニーズがある。たとえば、脳性まひの場合には、乳幼児期から運動面やコミュニケーション面など、さまざまな側面から発達を促すとり組みが行われる。

学校教育段階では、運動障害・肢体不自由のある子どもたちには、それぞれの子どもたち

身体障害児・者実態調査　厚生労働省が身体障害児・者の福祉行政の企画・推進のための基礎資料を得ることを目的として、五年に一度実施している調査。図5―1～図5―4は、平成一八（二〇〇六）年度身体障害児・者実態調査結果から作成した。

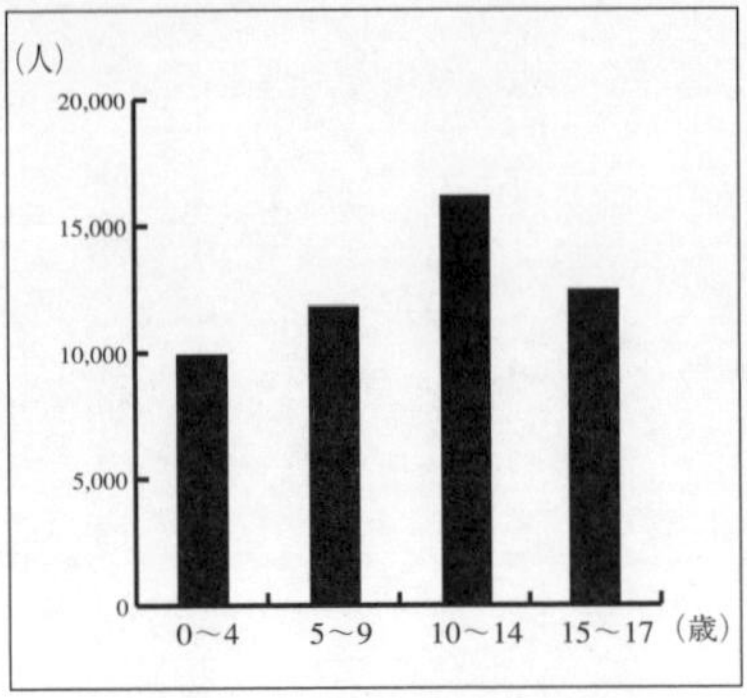

図５－１　年齢別肢体不自由児数（18歳未満）

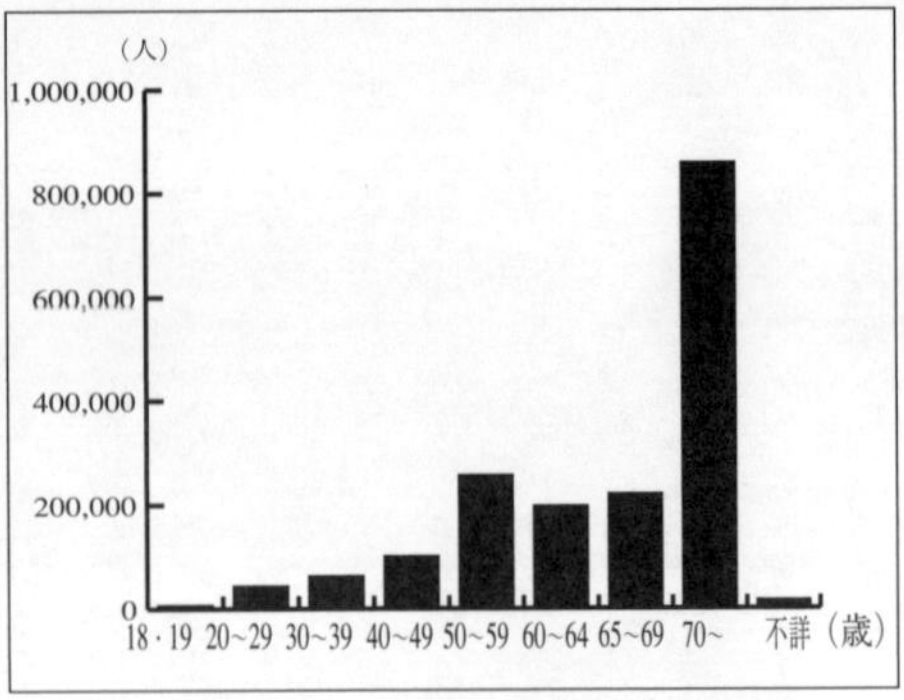

図５－２　年齢別肢体不自由者数（18歳以上）

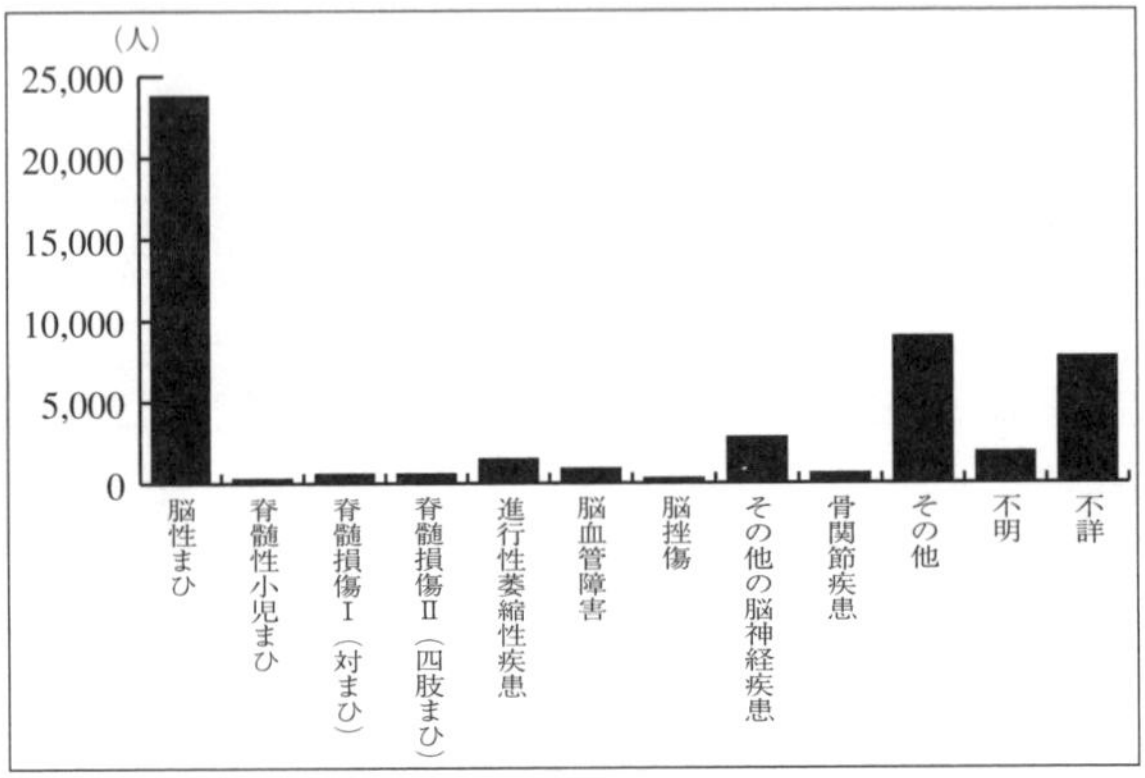

図５－３　原因疾患別肢体不自由児数（18歳未満）

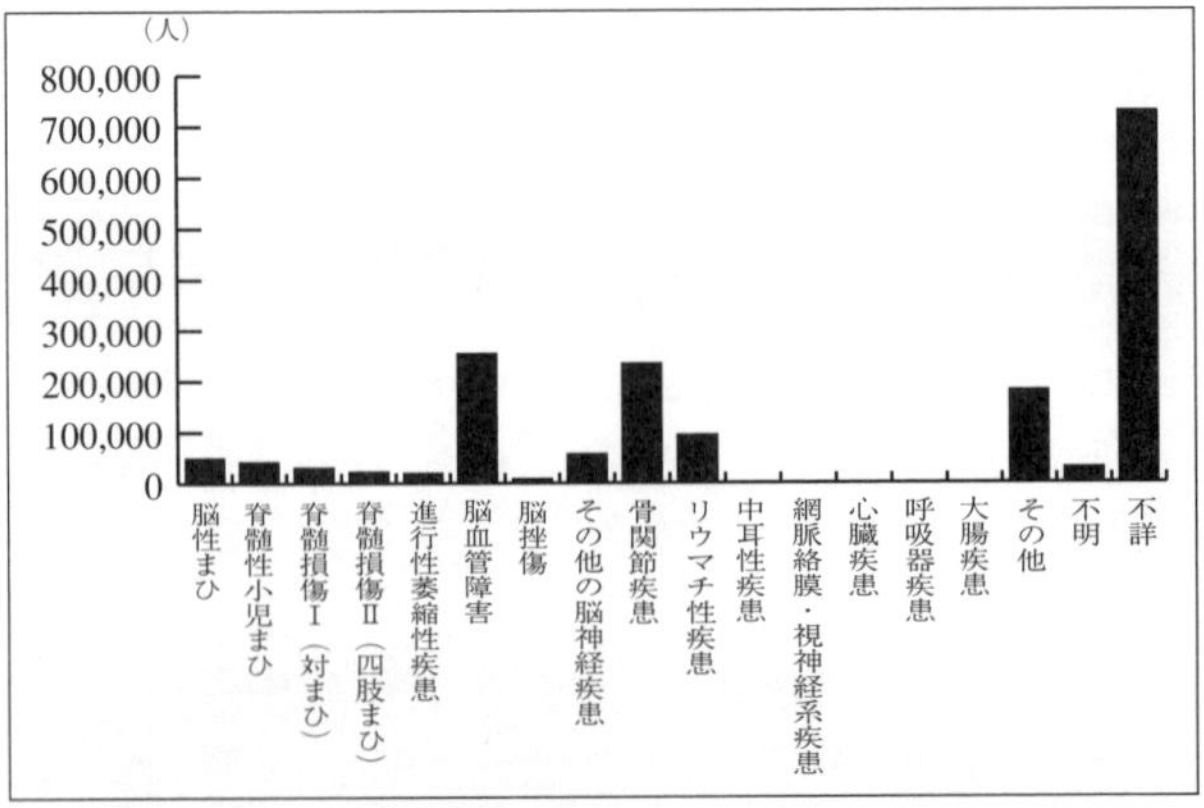

図５－４　原因疾患別肢体不自由者数（18歳以上）

の障害の状態に応じて、日常生活上の支援に加えて、学習支援に関する多くのニーズがある。また、筋ジストロフィー症などの進行性の疾患の場合には、症状の進行状況に応じた支援が重要となる。

学校卒業後の職業生活や社会生活においては、運動障害・肢体不自由のある人には、それぞれの職業環境や生活環境に応じて日常生活上のさまざまな支援ニーズが存在する。

また、高齢者段階において、運動障害・肢体不自由となる人の数は多く、これらの人々の支援ニーズに対応していくことは重要な課題となっている。

これらのライフサイクルのいずれの時期においても、病気や事故等による脳や脊髄の損傷、手足の切断など、さまざまな原因により運動障害・肢体不自由の状態は生じうるものであり、これらの中途障害の人には、日常生活上の支援ニーズに加えて、障害の受容に関する心理的なサポートが重要となる。

3節　コミュニケーションの困難と支援

運動障害・肢体不自由のある人のなかには、コミュニケーションに困難のある人が多く含まれている。とくに、脳性まひの場合には、発声・発語の困難や、上肢障害による書字の困難など、意思の表出に困難を示す人が多く含まれている。

運動障害・肢体不自由のある人のコミュニケーション支援に関するニーズに的確に対応していくことは重要である。これは、コミュニケーションに困難を示す人のＱＯＬ（生活の質）に大きく関わることである。そのため、乳幼児期、学校教育段階、学校卒業後のいずれ

ＱＯＬ　16章参照。

の段階においても、コミュニケーション支援に関するとり組みは重要となる。

このような意思の表出に困難のある人への支援において重要となる考え方に、ＡＡＣというアプローチがある（ビューケルマン・ミレンダ、一九九二）。ＡＡＣとは、「残された発声発語機能、ジェスチャー、サイン、エイドを用いたコミュニケーションなどを含むあらゆる残存するコミュニケーション能力を最大限に利用する」ものである（ASHA、一九九一）。このアプローチでは、意思の表出に困難のある人のコミュニケーションの可能性を広げていくために、あらゆる手段の活用が検討される。

ＡＡＣのアプローチでは、残された発声・発語機能やジェスチャーなどの身体的な手段とともに、コミュニケーション支援機器などの活用の可能性も検討していく。そのため、場面に応じた適切なコミュニケーション手段の活用を行うことによって、コミュニケーションの可能性を広げていくことが重要となる。

意思の表出に困難のある運動障害・肢体不自由のある人の支援で活用されるコミュニケーション支援機器として、ＶＯＣＡという機器がある。また、スイッチなどの入力装置とソフトウェアにより、パソコンをコミュニケーション支援機器として利用する場合もある。

4節　運動・動作の困難と支援

運動障害・肢体不自由のある人の運動面の困難については、医療の立場から、理学療法や作業療法によるアプローチが行われるが、心理・教育的な立場からのアプローチも重要である。運動・動作については、心理的な要因や学習による変化が関与するからである。

ＡＡＣ（Augmentative and Alternative Communication）　American Speech-Language-Hearing Association（ASHA）では、次のように定義している。

「ＡＡＣは、表現面のコミュニケーション障害（すなわち、重度の発声・発語障害や書字障害など）のある人々の障害を一時的あるいは永続的に補償することを試みる臨床的な実践領域である」（ASHA、一九八九）。

ＶＯＣＡ（Voice Output Communication Aids）　いくつかのキーを備えていて、それらのキーを押すと、音声によるメッセージが出力される機器。

脳性まひの子どもの動作の不自由については、その改善をねらいとして、**動作訓練法**が開発され（成瀬悟策、一九七三、大野清志・村田茂、一九七六）、これまでに多くの実践が積み重ねられてきた。

また、運動障害・肢体不自由のある人のさまざまな活動を支援する場合、その人が活動しやすいような姿勢づくりや**ポジショニング**に関するとり組みは重要な意味をもっている。

藤田和弘（一九八六）は、ポジショニングについて、「子どもの適切な姿勢づくりだけでなく、子どもが人や物とどういう位置関係にあるときに、環境との間に最大限の相互交渉がもてるかという、全人的な発達の視点」を含めており、このような視点は、運動障害・肢体不自由のある子どものさまざまな活動への支援を行っていくうえで大切である。

運動障害・肢体不自由のある人の運動・動作および姿勢保持の困難への対応においては、医療関係者と教育・福祉関係者との連携・協力が重要となる。

5節　認知面の困難と支援

運動障害・肢体不自由のある人のなかには、認知面に困難を示す人が含まれている。とくに、脳の損傷に起因する運動障害・肢体不自由のある人の場合には、さまざまな認知面の困難を示すことがある。

このような運動障害とともに認知面の困難がある人は、日常生活や学習場面において、さまざまな困難に遭遇する。そのため、認知面に困難を示す運動障害・肢体不自由のある人には、認知面の困難についての適切な支援が必要となる。

動作訓練法　脳性まひ児の動作の不自由を改善するために開発された理論と訓練方法であり、自分の身体の緊張を緩めたり、力をいれたりすることなどの訓練を通して、自分の身体についての意識や自分の身体をコントロールする力を高めていくことをねらいとしている。自閉症などさまざまな障害児・者の支援に適用されるようになり、「動作法」という用語が使われるようになっている。15章参照。

ポジショニング　適切な姿勢づくりや姿勢の調節のための支援を指す。

たとえば、脳性まひの子どもたちは図形の形態の弁別や、**図と地**（figure and ground）の**知覚**に困難を示すことが報告されており、また、ＷＩＳＣの積木模様課題のような空間的な操作を必要とする課題で低い成績を示すことが報告されている（昇地勝人、一九八一）。

このような認知面に困難を示す運動障害・肢体不自由のある人については、困難の性質に対応した支援が必要である。たとえば、複雑な形態の図形や文字を認識することに困難を示す人の場合には、図形や文字を拡大したり、認識しやすい色で表示したりするなど、その人が認識しやすいような配慮が必要になる。また、図と地の知覚に困難を示す人の場合には、伝えたい情報が認識しやすくなっているか、背景となる情報への配慮が必要となる。

図と地の知覚　ある情報を受け取った場合に、その中の特定の情報が主な情報として知覚される。この主な情報として知覚される情報が「図」であり、背景となる情報が「地」である。たとえば、人物を写した写真では、人物が「図」、背景の景色が「地」となる。

6節　学習面の困難と支援

学校教育段階においては、運動障害・肢体不自由のある子どもには、さまざまな学習支援に関するニーズがある。

運動障害・肢体不自由のある子どものなかで、上肢障害により書字が困難な子どもの場合には、筆記の代用手段についてのニーズがある。このニーズは、すべての教科学習において存在するものであり、子どもの学習基盤を整えるという観点から、筆記の代用手段について対応することが重要である。また、上肢障害がある場合、定規等の文房具のとり扱いに困難を示すことがある。そのため、一人ひとりの上肢障害の状態に応じた配慮や工夫が必要となる。

このような筆記の代用手段についてのニーズのある子どもについては、上肢障害の状態に応じて、スイッチ等のさまざまな入力装置を工夫することにより、コミュニケーション支援機器やパソコン等を筆記の代用手段として利用する場合がある。

また、前節で述べたように、運動障害・肢体不自由のある子どものなかには、認知面に困難を示す子どもが含まれており、これらの子どもたちに対しては、呈示情報が認識しやすいように、教材呈示を行う際に配慮が必要である。

7節　健康面の維持・改善と支援

運動障害・肢体不自由のある人のなかには、障害が重度で、健康面の維持・改善に関するとり組みが必要となる場合がある。

日常生活面では、食事を自力で行うことが困難であったり、排泄に困難を示したりする場合がある。このような場合には、食事支援や排泄に関するとり組みが必要となる。

食事支援を必要としている人たちへの食事介助や指導・訓練の方法については、これまでの研究および実践により知見が積み重ねられてきており（芳賀定、二〇〇一、二〇〇七）、**摂食・嚥下機能**の発達についての理解を踏まえたうえでのとり組みが重要となる。

食事支援には、栄養を摂るということだけでなく、噛むことや飲み込むこと、スプーンを握ったり口に運んだりすること、食事をする際の姿勢を保持することなど、多くの運動・動作面の要素が含まれている。また、食べ物の味や香りを感じたり、食感を感じたりすることなど、食事には認知面の要素も多く含まれている。

そのため、障害が重度の人の食事支援のとり組みにおいては、運動・動作面や認知面につ

摂食・嚥下機能　食物を食べたり飲み込んだりするための機能。21章2節参照。

いての観点をもつことも重要である。

このような重度の障害のある人への健康管理・健康指導に関するとり組みを行っていく際には、教育・福祉関係者と医師や看護師等の医療関係者との緊密な連携が重要である。

8節 パーソナリティと支援

運動障害・肢体不自由のある人への支援では、パーソナリティに関する配慮も重要である。パーソナリティについては、古くからさまざまな研究が行われてきており、たとえば、**器官劣等感**の理論にもとづいて、運動障害・肢体不自由が劣等感を形成し、その補償として、さまざまな不適応行動が生じる場合があるなどの説明が行われてきた（宮田敬一、一九八一）。今日的な観点からは、ステレオタイプ的な見方に陥らないように留意しつつ、一人ひとりの支援ニーズを十分に検討して適切に対応していくことが重要である。

運動障害・肢体不自由のある人への支援においては、**身体像**について考慮する必要がある。これは自分の身体に関して自己がもつイメージであり、その人のそれまでの生活経験から形成されるものである。とくに病気や事故等によって運動障害・肢体不自由となった中途障害の人においては、今まで自己がもっていた身体像と現在の障害のある状態との隔たりに衝撃を受け、障害の受容に大きな困難を示す場合があるため、十分な配慮が必要である。

また、障害のある人への支援において、障害のある人自身の「自己選択」および「自己決定」の重要性が認識されるようになってきた。運動障害・肢体不自由のある人は、身体的な自由が制限されているため、受身な立場となりやすい。とくにコミュニケーション面に困難

器官劣等感（organic inferiority） アドラー（Adler, A.）が提唱した理論で、自分の身体や容姿などが他者より劣っていると感じることが「劣等感」を形成し、それを克服するために「補償」が生じるというとらえ方をする。「補償」とは、劣等感を感じていることを、別の面で他者より優れることなどによって補おうとすること。

身体像（body image） 自分の身体についてイメージしていること。

自己効力感（self-efficacy） バンデューラ（Bandura, A.）が提唱した概念であり、自分がある行為を適切に行うことができるという感覚。

がある場合には、そのような立場になりがちである。

そのため、自分の意思を周囲の人々に伝え、自分で選択し、自分で決定するという経験を積むことによって、自分の意思を自分の生活に反映させていくことができるという**自己効力感**を高めていけるように配慮することが大切である。

9節　アシスティブテクノロジーの活用

運動障害・肢体不自由のある人のなかには、**アシスティブテクノロジー**の活用に関するニーズのある人が多く含まれている。たとえば、電動車椅子を利用することによって日常生活における活動の範囲が大きく広がったり、コミュニケーション支援機器を利用することによって、意思を表現する手段が広がったりする場合がある。

米国では、一九九八年にアシスティブテクノロジーの活用の促進をねらいとしたアシスティブテクノロジー法が制定され、法律によってアシスティブテクノロジーの活用の促進を図っているが、このアシスティブテクノロジーの概念には、障害のある人を支援するための広範な機器、装置、システムが含まれている。そして、それらの機器などを利用するための支援サービスも含まれていることが重要な点である。

アシスティブテクノロジーを活用していくことは、前節で述べた自己効力感を高めていくうえでも有効である場合があり、運動障害・肢体不自由のある人が、日常生活において必要となるさまざまなアシスティブテクノロジーを活用できる環境を整備して、運動障害・肢体不自由のある人への効果的な支援を行っていくことが重要である。

アシスティブテクノロジー（Assistive Technology）

米国のアシスティブテクノロジー法では、アシスティブテクノロジーについて、「アシスティブテクノロジー機器あるいはアシスティブ・テクノロジーサービスにおいて利用される技術を指す」としている。そして、アシスティブテクノロジー機器とは、「障害のある人の機能的能力を増大、維持、あるいは改善するために利用される、あらゆる機器、装置、システムを指す」とし、アシスティブ・テクノロジーサービスとは、「アシスティブテクノロジー機器を選択、獲得、利用する場合において、障害のある人を直接的に支援するあらゆるサービスを指す」としている。

6章　知的障害者の心理

1節　知的障害とはなにか

1　知的障害の定義

「知的障害」という用語の変遷については、序章に述べられているとおりである。知的障害の定義として一般的に用いられているのは、**米国精神遅滞協会**（以下、ＡＡＭＲ）によるものである。ＡＡＭＲの定義では、「知的障害は、**知的機能**および**適応行動**（概念的、社会的および実用的な適応スキルで表わされる）の双方の明らかな制約によって特徴づけられる能力障害である。この能力障害は、一八歳までに生じる」とされている。つまり、知的障害とは①知的な能力の障害、②適応行動の制約、③一八歳以前の発達期に発現する、という三つの要素を含むものである。ＡＡＭＲではこの定義を適用し、知的障害を評価するにあたっては、次の五つの前提が不可欠であるとしている（表6—1）。

知的機能を評価するものとして、一般には個別の知能検査が用いられる。知能検査の主なものとして、**ビネー式知能検査**と**ウェクスラー式知能検査**がある。これらの検査において、平均以下であるものを、知的障害の診断基準としている。しかし、知的障害とは、ＩＱでの診断だけでなく、知的機能に関連して適応行動に制約があり、それらと相互に関連して、活動や社会生活への参加に制限が生じ、支援が必要となる状態をいうのである。ＡＡＭＲでは、

American Association on Mental Retardation(AAMR), Mental Retardation, 10th Edition, 2002.（邦訳　ＡＡＭＲ（米国精神遅滞協会）栗田広・渡辺勧持共訳「知的障害—定義、分類および支援体系」第一〇版、日本知的障害福祉連盟、二〇〇四年）。

知的機能　全般的な精神的能力で、推論、計画、問題解決、抽象的思考、複雑な考えを理解すること、速やかに学習すること、経験から学ぶことが含まれる。知的障害の診断基準では、標準化された知能検査により、平均から約二標準偏差より低いこと（ＩＱ約七〇～七五以下）とされている。

適応行動　「概念的適応スキル」とは、言語（受容と表出）、読み書き、お金の概念、自己管理などを、「社会的適応スキル」とは、対人関係、責任、自尊心、

表６－１　定義の適用の前提（米国精神遅滞協会、2002）

前提１：	現在の機能の制約は、その人の年齢相応の仲間と文化に典型的な地域社会の情況の中で考えられなくてはならない。
前提２：	妥当な評価は、コミュニケーション、感覚、運動、および行動の要因の差異はもちろんのこと、文化的および言語的な多様性を考慮しなければならない。
前提３：	個人の中には、制約がしばしば強さと共存している。
前提４：	制約を記述することの重要な目的は、必要とされる支援のプロフィールを作り出すことである。
前提５：	長期間にわたる適切な個人的な支援によって、知的障害を有する人の生活機能は全般的に改善するであろう。

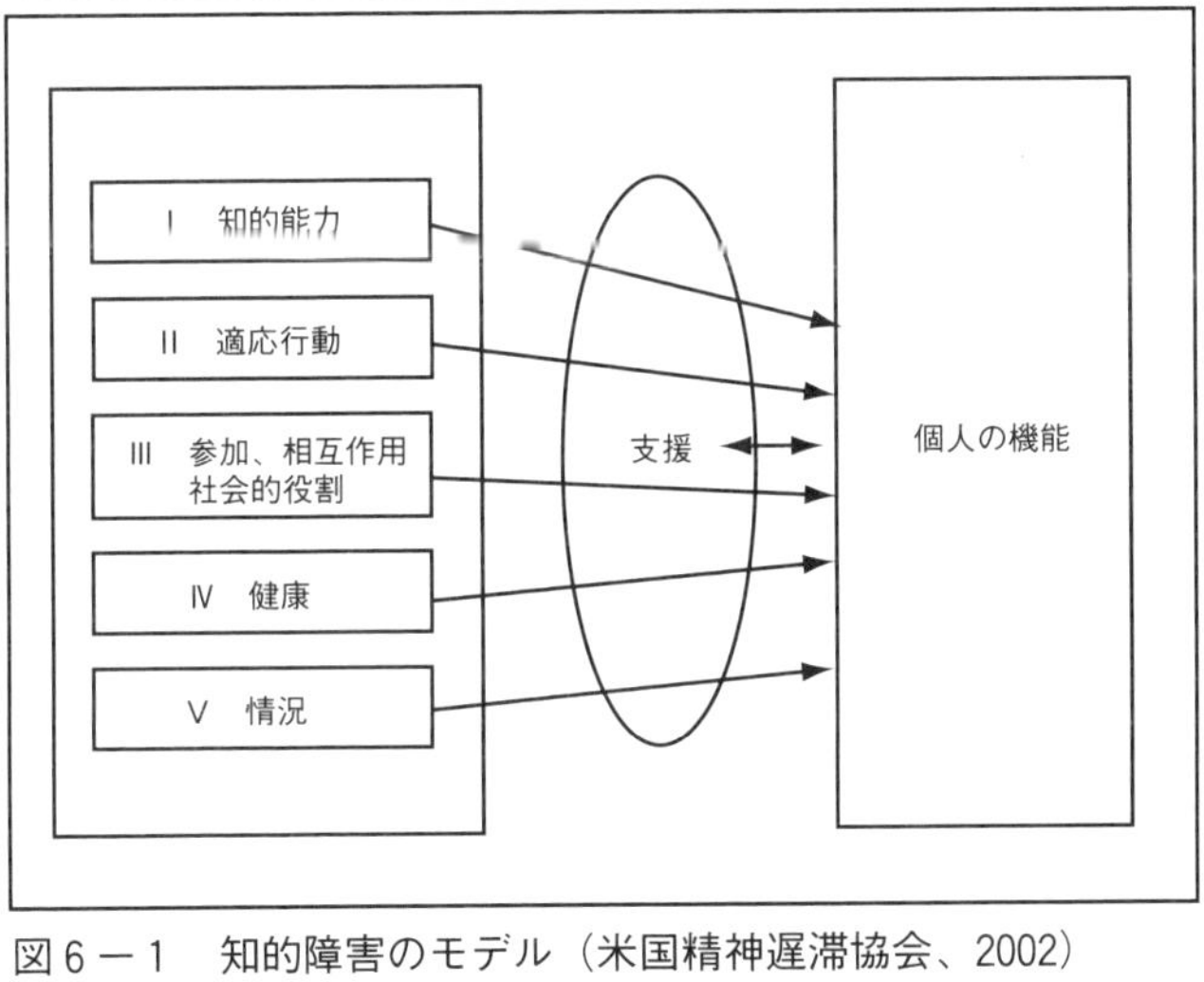

図６－１　知的障害のモデル（米国精神遅滞協会、2002）

騙されやすさ、純真、規則を守る、遵法、被害者となることを避けることなどを、「実用的適応スキル」とは、日常生活活動（食事、移動、排泄など）、日常生活に有用な活動（家事、乗り物、服薬など）、職業スキル、安全な環境の維持などを意味する。

知能検査　田中・ビネー式知能検査では、検査結果で得られた精神年齢（mental age MA）と生活年齢（chronological age CA）から知能指数（intelligence quotient IQ）を次のように算出する。

IQ＝MA／CA×100。

ウェクスラー式知能診断検査（児童用WISC—Ⅲ）は、言語性検査と動作性検査結果から診断的に評価する。偏差ＩＱが算出される。

知的障害のモデルを図6―1のように表している。

2　知的障害の原因による分類

知的障害には、染色体障害（ダウン症候群など）や代謝障害（フェニールケトン尿症など）といった発生期に生じる原因や、周産期や出生後の外傷や感染症といった原因が考えられるが、多くは、まだその原因が十分に明らかになっていない。前述した、AAMRでは、その原因はひとつではなく、生物医学的、社会的、行動的、教育的における危険因子（知的障害を引き起こす可能性の高い因子）の相互関係によるものであるしている。（表6―2）知的障害の原因を分類して整理することは、その後の教育・療育を開始したり、予防や治療、支援に結びつけていくうえで重要である。

2節　知的障害者の心理的特徴

知的な能力の働きとは、周りにある刺激をどのようにとり入れ、どのように処理し、どのように行動するかということに関係する。この知的な能力に障害があると、日常生活上、さまざまな制約が生じてくる。

1　知的障害者の知覚

知覚とは、自分の内外からの刺激を受容し、周囲の事物や事象、自分自身の状態を直接的に知ることである。その際、視たもの、聴いたもの、触ったものをそのまま写しとるように

表6－2　知的障害の危険因子（米国精神遅滞協会、2002）

時期	生物医学的	社会的	行動的	教育的
出生前	1 染色体障害 2 単一遺伝子障害 3 症候群 4 代謝障害 5 脳発育不全 6 母親の疾患 7 親の年齢	1 貧困 2 母親の栄養不足 3 ドメスティックバイオレンス 4 出生前ケアのアクセス欠如	1 親の薬物使用 2 親のアルコール使用 3 親の喫煙 4 親の未成熟	1 支援されていない親の認知能力障害 2 親になる準備の欠如
周産期	1 未熟 2 分娩外傷 3 新生児障害	1 出産ケアへのアクセス欠如	1 親による世話の拒否 2 親による子どもの放棄	1 退院時介入サービスへの医療的紹介の欠如
出生後	1 外傷性脳損傷 2 栄養不良 3 髄膜脳炎 4 発作性障害 5 変性疾患	1 不適切な養育者 2 適切な刺激の欠如 3 家庭の貧困 4 家族の慢性疾患 5 施設収容	1 子どもの虐待と無視 2 ドメスティックバイオレンス 3 不適切な安全対策 4 社会的剥奪 5 困難な子どもの行動	1 不適切な育児 2 診断の遅れ 3 不適切な早期介入サービス 4 不適切な特殊教育サービス 5 不適切な家族支援

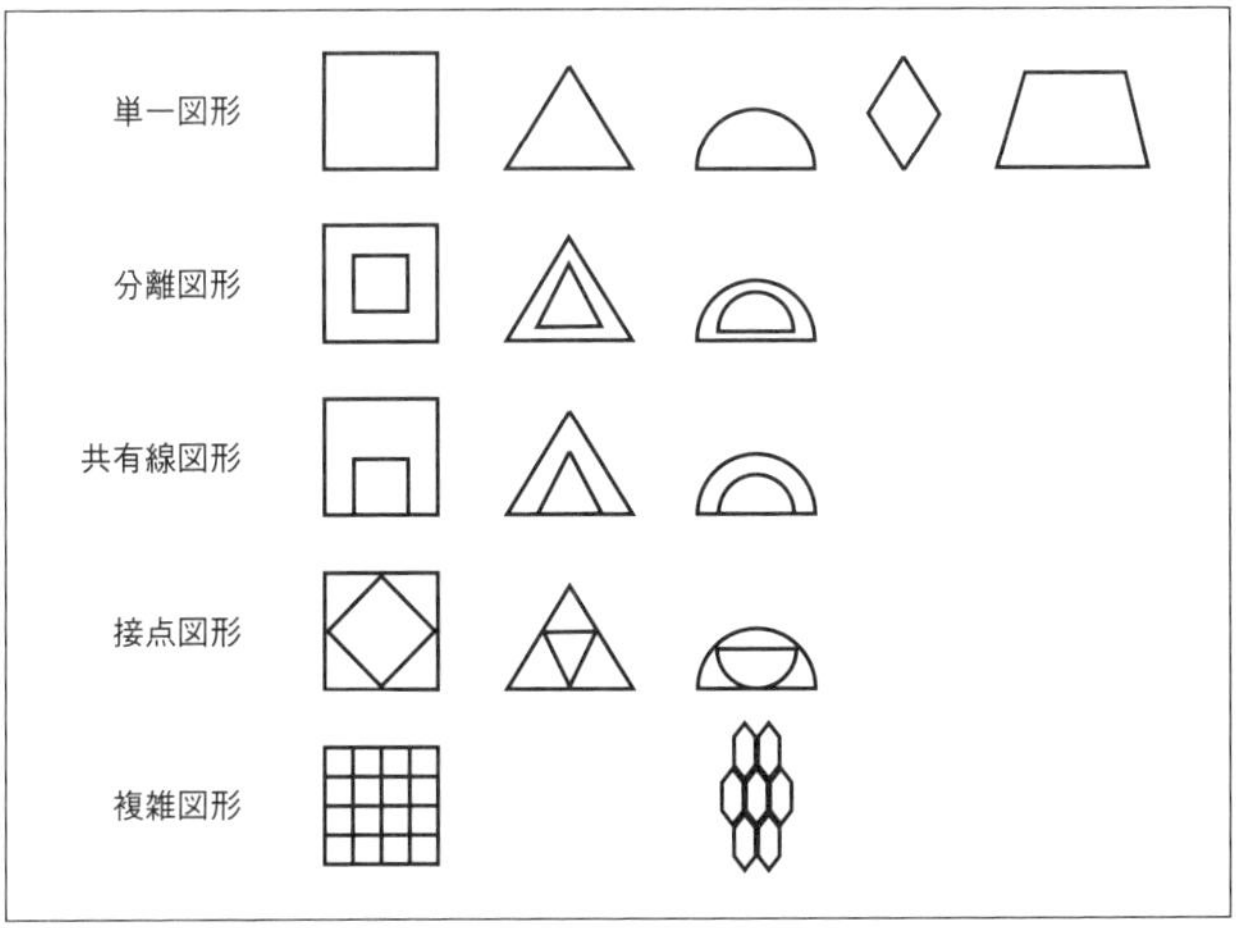

図6－2　模写図形（神田・足立、1974）

知覚しているのではなく、自分にとって意味あるものとそうでないものを選択して知覚しているのである。その知覚の仕方は、心構え、興味、欲求、注意、過去経験、精神発達の程度などといった、個人の主体的要因によって異なってくる。

知的障害者の知覚特性については、その未分化性、刺激に対する感受性、知覚体制、知覚における主体的要因などの側面からの研究がなされている。

(1)　知覚の未分化性

未発達・未分化な知覚の特徴として、①知覚の動作性、②相貌《そうぼう》的知覚、③知覚の感覚領域間の未分化などがあげられる。「知覚の動作性」とは、ある物を知覚するときに、振る、つかむ、といった動作をともなっていることである。対象物を識別する際には、動作的性質によって意味づけているのである。「相貌的知覚」とは、たとえば、自動車のフロント部分をさして、「車がニーって笑ってる」などのように、対象の全体的な印象を手がかりにして、表情的・感情的にとらえる知覚のことである。「知覚の感覚領域間の未分化」とは、たとえば、低い音から暗い色を感じるように、音刺激によって聴感覚と同時に視感覚も生じるといった、共感覚がみられることをいう。

また、知覚の未分化性については、いくつかの**視知覚による実験**がある。図6—2は、図形模写における刺激図形である。これらの図形を模写する課題における知的障害児と健常児の合格率をMA別に検討したところ、単一図形群、分離図形群、接点図形群、共有線図形群ではおよそMA五歳で、正方形分割図形や蜂の巣図形といった複雑図形群ではMA八、九歳で合格率の向上がみられた。この結果から、知的障害児の視知覚は同年齢の子どもと比べると未分化であるが、いつまでも未分化な状態にとどまっているのではなく、発達とともに分

視知覚による実験　足立正常・神田利和「精神薄弱児の図形知覚」『広島大学教育学部紀要』一部（通号二三号）二七七—二八七頁、一九七四年。

化していくと考えられる。

⑵　刺激に対する感受性

刺激に対する感受性は、環境を認知し、環境の変化に対して、いかにすばやく、適切に対応できるかということに関わっている。光刺激や、音刺激に対して、どれだけすばやく反応できるか、知的障害児と健常児の反応時間をみたところ、知的障害児は弱い刺激に対する反応速度に比べ、強い刺激に対する反応速度が速くなるということがわかっている。また、健常児は、刺激の強さの変化が大きくても小さくてもそれほど反応時間が変わらなかったのに対し、知的障害児は、変化の度合いが大きいほど反応時間が速くなるといった傾向がみられた。これらのことに関しては、日常生活での運動や動作が、身体機能の発達にともなって、速く、スムーズにいくようになるという観察から、感覚や運動機能の発達によって改善される可能性をもつと考えられる。

2　注意

注意は、環境の情報を自分にとりこみ、それを処理し、行動に移していくうえで、重要な働きをしている。注意ということばで表わされる内容には、さまざまな様相を含んでいる。何かをしている最中に、大きな音がしてそちらに注意をむけるといったことを、「受動的注意」、何かをみようとして、注意を対象の方にむけるといったことを「能動的注意」という。さらに、能動的注意のなかには、**選択的注意**、**持続的注意**、**分割的注意**がある。

知的障害者の注意については、弁別学習において弁別に必要な刺激に注意をむけることや、長時間の作業における注意の持続、同時に二つの課題（説明を聞きながら作業をする）といっ

選択的注意　各種感覚器官からとり込まれた多くの情報のなかから必要な情報を取捨選択し、それに注意を向ける能力。

持続的注意　注意を向けるべきものに、注意を向け続けることができる能力。

分割的注意　複数の課題にとり組む際に、注意を配分できる能力。たとえば、「話を聞きながら書く」際に、「聞く」ことと「書く」ことへの注意を難しさに応じて、配分するようなこと。

感覚記憶　感覚器官をとおしてはいってきた刺激情報は、痕跡が残るが、一瞬で消えてしまう。視覚的な感覚記憶であれば、一秒の間に約半分は失われてしまうと言われている。

たことなどにおいて、困難さが指摘されている。これらの困難さが、日常の学習活動や作業の困難さをもたらすが、注意をむけるものを明確に提示する、新奇《しんき》性《せい》刺激をとり入れるなどの、環境の適正化、課題の適正化を図ることによって、困難さが軽減していくと考えられる。

3　記憶

記憶とは、ものを覚える（符号化）、覚えている（貯蔵）、思い出す（検索）といった一連の情報処理過程を総称したものである。記憶の構造は、**感覚記憶**、**短期記憶**、長期記憶からなる。見たり聞いたりした刺激情報は、一瞬、感覚記憶に保持されるが、すぐに忘れてしまう。感覚記憶のうち、注意をはらったものだけが符号化され、短期記憶に残る。しかし、これもすぐに忘れる。短期記憶は、何度もリハーサルをすることによって、長期記憶へと貯蔵されていく。長期記憶は、宣言的記憶と手続き的記憶にわけられる。宣言的記憶には、いつ、どこで、だれが、どうした、といった出来事に関するエピソード記憶や、単語の意味や概念などに関する意味記憶がある。一方、**手続き的記憶**とは、何かのやり方といった技能に関する記憶で、言語を介さないため、一度記憶されるとほとんど意識しなくても想起される。

知的障害者の記憶の困難さは、短期記憶にあるといわれている。短期記憶にとどめておくことのできる情報量には限りがあり、知的障害者は、この容量が少ないのではないかと考えられている。さらに、記憶を保持することと処理することを兼ね備えた短期記憶（**ワーキングメモリー**）の困難さもあげられている。また、短期記憶から長期記憶へと記憶情報が送られるには、**リハーサル**、**体制化**、**精緻化**といったストラテジー（方略）が用いられる。このストラテジーを適切に用いるためには、自分がどのくらい覚えていられるか、という**メタ記**

短期記憶　注意を向けられた記憶情報は、リハーサルをしなければ、二〇～三〇秒で消えてしまう。また、短期記憶に留めておくことのできる情報の単位（チャンク）も、健常成人で七±二であるといわれている。

手続き的記憶　たとえば、自動車の運転など一度覚えたことは、意識しなくてもできるということである。日常生活動作が円滑にできるのも手続き的記憶によっている。

ワーキングメモリー　認知活動を行う際に、情報の保持と情報の処理の両方の機能を兼ね備えた記憶の機能のことである。たとえば、算数の文章題の問題を解くときには、出てきた数字を覚えるのと同時に数処理をしているのである。

リハーサル　記憶するべきことを、覚えようとして何度も心の中で繰り返すこと。

表6－3　言語心理学的技法（竹田・里見、1993）

ミラリング	相手の行動をそのまままねる
モニタリング	相手の音声やことばをそのまままねる
パラレル・トーク	相手の行動や気持ちを言語化する
セルフ・トーク	自分自身の行動や気持ちを言語化する
リフレクティング	相手の言い誤りを正しく言い直す
エキスパンジョン	相手のことばを意味的、文法的に広げて返す
モデリング	相手に新しいことばのモデルを示す

憶が関係している。知的障害者が、記憶にとどめておくことが困難であるのは、このメタ記憶に問題があり、ストラテジーを適切に用いることができないためであると考えられている。

4　言語とコミュニケーション

言語には、おもに二つの機能がある。一つ目は自分の要求や考え、感情を他者に伝え、他者の要求、感情などを理解するといった、伝達手段としての機能、二つ目は、知覚、記憶、思考といった、認知の手段としての機能、三つ目は、言語をとおして自分の行動を遂行させたり、不適切な行動を抑制したりといった、行動調整の手段としての機能である。日常生活のなかでは、これらが相互に関連しあって機能している。言語の獲得は、適応行動（概念的、社会的、実用的スキル）の獲得に大きく関係している。

言語は、脳の機能の成熟、聴覚機能の発達、視覚機能の発達、知的発達、運動機能の発達といった発達的要因と、適切な時期に適切な言語刺激が提供されるかどうかといった、環境的要因が備わってはじめて発達していく

体制化　一定の材料を意味的カテゴリーや過去経験のシェマ（知識の枠組み、活動の枠組み）のように「まとまるもの」として記憶すること。

精緻化　ものを覚えるとき、材料そのままではなくて、何らかの手立てにより加工し、精緻なものにすることによって記憶を定着させようとする試み。

メタ記憶　メタとは「～に関する知識」という意味である。メタ記憶とは、自分がどれくらい覚えられるか、そのためには、どのような方略をとったらよいか、といった自分自身の記憶に関する知識。

言語学の考え方　「りんご」という語を例にとると、

音韻論　音と音の記号的関係。「り（ri）」「ん（n）」「ご（go）」という三つの音からなる、と考える。

意味論　物とことばの関係。

ものである。さらに、言語の獲得には、意欲、興味といった主体の要因も関係してくる。知的障害者は、これらの要因が重なって、言語発達に遅れがみられ、個々のことばの問題も多様である。言語については、**音韻論**、**意味論**、**統語論**、**語用論**といった考え方があり、それぞれにアプローチの方法がある。社会生活を送るうえでの困難さは、語彙や発音の問題だけでなく、コミュニケーションの問題がより大きい。そこで近年は、コミュニケーションに視点をおいた語用論的アプローチが用いられるようになっている。語用論的アプローチである「**インリアル・アプローチ**」は、関わり手である大人が言語心理学的技法を用いることによって、言語発達に遅れのある子どものコミュニケーション意欲を高め、言語を発達させていこうとする方法である（表6―3）。

3節　ニーズに応じた支援

国際的な**障害観**の変化にともない、障害のある人たちへの支援のあり方に対する考え方も変化してきた。知的機能の制約や適応行動の制約は、環境要因、すなわちどのような支援が行われるのかということと関連している、ということである。適切な支援が行われないために、社会的なスキルが獲得できない、二次障害が生じる、などの問題が起こってくることも考えられる。生涯を通じて、ライフステージに応じた適切な支援が必要なのである。

1　乳幼児期の支援

障害のある子どもの乳幼児期には、医療的なケアや、発達をうながすためのきめ細やかな

これは、赤くて、丸い果物をさすことばである、と考える。

統語論　ことばとことばの関係。これはひとつの単語であり、文ではない、と考える。

語用論　人とことばの関係。文脈に応じて、「りんご　ちょうだい」「りんご　おいしい」と意味が変化する。

インリアル・アプローチ　（竹田契一・里見恵子『インリアル・アプローチ』日本文化科学社、一九九三年）。

障害観　WHO「国際生活機能分類（ICF）」（二〇〇一年）では、障害とは、個人の活動や、社会参加が制限された状態であり、それは「心身機能・構造」「活動・参加」「環境因子」「個人因子」「健康状態」との相互の関連からみていくものであるとしている。

支援が必要である。そのため、早期発見、早期療育の必要性が指摘され、ダウン症児に対する「ワシントン大学プログラム」など早期教育プログラムも実施されている。また、障害のある子どもをもつ親に対して、障害受容への支援、養育環境、養育方法への助言などの支援も必要である。

2　学齢期の支援

学校教育においては、「特殊教育」から「特別支援教育」への転換がなされた。そこでは、障害のある子どもたち個々の発達の状態や特性に応じた教育のために、「個別の教育支援計画」「個別の指導計画」を策定することが示されている。学齢期には、発達に応じて、さまざまな体験を通した社会的なスキルの獲得が期待できる。そのために、個々の子どもに対して、どのような支援をどれだけすればよいのか、一貫した計画が求められている。

3　青年期の支援

自立した生活とは、自己決定できる生活であると考えられる。知的障害者は、コミュニケーションや自己表出の困難さ、選択・決定する内容の理解の困難さなどから、どのような支援を受けたいのかということを自己決定するための支援も必要となる。支援する側は、個人の特性や状況に関するアセスメントの精度をあげ、自己決定にもとづく支援に結びつくようにしていく必要がある。

ダウン症候群（Down syndrome）　二一番染色体の過剰による障害である。相貌や手指などに身体的特徴がみられる。主な障害は知的障害であるが、先天性心臓疾患などの健康障害、視覚障害、聴覚障害を併せもつこともある。行動的特徴として、言語的聴覚的課題に比べ視覚空間的課題の達成が良好であること、社会的スキルの習得やノンバーバルな対人関係が良好であること、快活で親しみやすい性格などがあげられる一方、言語によるコミュニケーション、活動の持続、数概念の獲得などには支援を要することが多い。ダウン症は、乳児期から成人期まで、生涯を通して健康状態が発達に大きく影響する。個々のニーズを把握し、適切な支援を行うためには医療との連携が重要である。

◆ケースシリーズ3◆

ダウン症生徒の一般就労を目指して

Ａさんとの出会い

一九八一（昭和五六）年、Ｆ養護学校（知的障害）で、中学部一年生を担任していた。生徒は六人で、うち五人がダウン症というクラスであった。五人とも、ダウン症特有のユニークな生徒たちばかりであった。いつもは素直なのに、納得できないとてこでも動かなくなる生徒、ことばは不明瞭ながらもバトンをマイク代わりに音楽に合わせて歌い出す生徒、運動機能面でも、高さ二〇センチの平均台上で身体をガタガタ震わす生徒から、校地内の遊具を自由に使いこなすＡさんのような生徒まで、バラエティに富んでいた。

入学までの経過

Ａさんは、中学進学を機に養護学校に入学した女子生徒であった。小学校時代は、両親の強い希望で通常の学級に在籍したが、四年生ごろから発達の違いが目立ち始め、五・六年生では授業についていけなくなった。授業内容がわからないと、教室から抜け出したり、泣き出したりすることもあった。また、友達も少なくなり、孤立しがちだったそうである。

養護学校へ入学したときは、身辺処理は自立しており、挨拶や場に応じたことば遣いもでき（吃音《きつおん》はあった）、学習面でも国語、算数は小学校三年生ぐらいの能力があり、いわゆる手のかからない生徒であった。ＩＱは六〇ぐらいであった。

Ｆ養護学校は小学部から高等部までの「一二年間の一貫教育」を謳《うた》っている学校で、とくに進路指導に力を入れており、進路指導主事が授業をもたずに、職場実習先の開拓やハローワーク等関係機関との情報交換、卒業生の進路先も巡回してアフターフォローにも熱心であった。そのため、高等部卒業後、一般の会社への就職、いわゆる一般就労率も高かった。両親は、高等部卒業後、Ａさんを一般就労させたいと考え、中学部からＦ養護学校に入学させることにした。

養護学校での学習

Ｆ養護学校は、「遊びから作業へ」という基本方針で教育課程を編成しており、小学部時代は「遊びの学習」を、中・高等部は「作業学習」を中核としたタイムテーブルを組み、卒業後の進路指導につなげていた。したがって、中・高等部は一週間毎日帯状に作業学習を位置づけ、それも連続二コマ（一時間半）実施していた。

Ａさんは、作業内容を覚えるまで少々時間はかかるが、どの作業種目もそつなくこなす生徒であった。何より、あきないでこつこつとり組むまじめさが長所であった。反面、ダウン症に多いとも言われるが、器用さという面では今一歩で、作業内容に慣れても作業スピードがあまり上がらなかった。

やがて、Aさんは高等部に進学した。高等部の作業学習は、卒業後を念頭に、作業中の集中度、報告・連絡、ことば遣いまで、一人ひとりの進路先を想定した指導であった。Aさんは、中学部時代と同様、どの作業種目もそつなくこなしたが、課題である作業スピードはなかなか克服できないでいた。

進路の選択

高等部二年の秋は、一般就労を目指すか、福祉施設などで働く福祉的就労を目指すかの進路選択の時期である。Aさんも両親も一般就労を希望した。ところが、当時、就労を前提として職場実習を受け入れてくれる会社は少なく、進路指導主事という立場になっていた筆者は、卒業生が一人働いていたK食品会社に頼み込み、「職場実習での様子によっては採用を考える」との返事を何とかもらうところまでこぎつけた。

仕事内容は、ベルトコンベアで流れて来る袋詰めになったさきいかなど珍味の不良品をとり除きながら、製品を段ボールに、決まった個数箱詰めする仕事であった。作業スピードが課題のAさんにとっては決して適した仕事とは言えなかった。しかし、そのとき、他に就労を前提として職場実習をさせてくれる会社は皆無だった。両親にもそのことも説明したが、「それでもトライさせたい」との意志が強かった。

職場実習は、まず六月に二週間実施したが、採用には至らなかった。やはり作業スピードの遅さが指摘された。しかし、幸い、まじめさ、挨拶・返事、ことば遣い、人なつこさなどが気に入られ、秋に「再チャレンジ」の機会が与えられた。

保護者の決断

一一月に二度目の職場実習が始まった。巡回訪問したとき、Aさんは必死の表情で仕事にとり組んでいた。しかし、一方では、疲れ切った表情で帰宅することが多くなっていた。

実習終了後、両親が来校した。そして、一般就労を断念する旨を話した。じつは、その時点では、まだK食品会社から合否の判断は出ていなかった。しかし、両親には、苦痛のなかで過ごした小学校五・六年生のAさんの姿と、毎日疲れて実習先から帰宅するAさんの姿が重なり、耐えられなかったのかもしれない。筆者は、両親を説得することはしなかった。

当時は、まだ障害者、とくに、ダウン症者の特性を理解し、一般就労させてくれるような社会状況にはなく、現在のような「ジョブコーチ制度」(註)もなかった。もしそのような制度があったなら、Aさんは一般就労できていたかもしれない。

Aさんは今、自宅近くの福祉作業所で元気に段ボールの組み立ての仕事をしていると聞いている。

(注) ジョブコーチ　職場適応援助者。障害者が働く職場に出向き、作業効率やコミュニケーションなどの課題を改善し、職場に円滑に適応するためのきめ細かな支援を行う人。17章3節参照。

7章　学習障害者の心理

1節　学習障害の定義

1　カークの提案

一九六三年に開かれた「**知覚障害児の問題の研究会議**」において、**サミュエル・カーク**はその会議で全体的な討議の対象とされていた子どもを記述的に定義することばとして「**学習障害**」という用語を提案した。彼の説明によると、「私は、言語、スピーチ、読みおよび社会的相互作用に必要な共同的コミュニケーションの発達において障害を持つ子どもたちを表すために『学習障害』という言葉を使ってきた。この障害には、視覚障害や聴覚障害などの知覚障害は含めない。なぜなら、視覚障害や聴覚障害については、すでに教育や訓練の方法が確立しているからである。また、全般的な知的障害も除外される」とのことであった。このカークの提案はただちに受け入れられ、その日のうちに「**学習障害児協会**」（ＡＣＬＤ）が結成されたという。カークの説明からもわかるように、「学習障害」という用語は、医学用語としてではなく、社会的・教育的にこの障害をとらえる際のことばとしてスタートしたのである。そのことは、今も変わっていない。

知覚障害児の問題の研究会議　正式には、Conference on Exploration into Problems of the Perceptually Handicapped Child.

サミュエル・A・カーク（S. A. Kirk）アメリカ特殊教育の父といわれる。

学習障害（Learning Disabilities）ＬＤ〈エル・ディー〉と呼ばれることも多い。

学習障害児協会　Association for Children with Learning Disabilities.

2　学習障害の定義

今日、学習障害の定義は、まず「教育的な」ものが存在している。このことについて上野一彦は、「医学用語で使う学習障害が、読み、書き、算数の三つの学習に限定しているのに対して、教育現場では、より広い範囲の状態を含んで対応していること」として、医学的な定義とは別のものだとして、「LD（エル・ディー）」という表記を提案している。

わが国における定義としては、文部省（一九九九）の**調査研究協力者会議**（山口薫座長）の「学習障害とは、基本的には全般的な知的発達におくれはないが、聞く、話す、読む、書く、計算する又は推論する能力のうち、特定のものの習得と使用に著しい困難を示す状態を指すものである。学習障害は、その原因として、中枢神経系に何らかの機能障害があると推定されるが、視覚障害、聴覚障害、知的障害、情緒障害などの障害や、環境的な要因が直接の原因となるものではない」がよく知られている。

この定義は、アメリカの**学習障害全米合同会議**（NJCLD）の定義と同じ趣旨であるが、これをもとに学習障害を考えると、①言語と数処理能力の障害として表れるが、それらが全般的に低いということではなく、特定の部分に問題があるというアンバランスとして表れること、②全般的な知的障害がないこと、③その原因は、中枢神経系の機能障害と「推定」されること、④他の障害や環境的要因から生じる学習上の困難さとは区別されること、の四点が理解のポイントであるということができよう。

上記のアンバランスについて具体的に理解するためには、アメリカの「**特殊教育のための行政規則**（改訂版）」における説明が有効である。それによると「以下にリストアップされる領域の一つまたはそれ以上において、その子の年齢及び能力水準に釣り合った成績が上げ

調査研究協力者会議　正式名称は、「学習障害及びこれに類似する学習上の困難を有する児童生徒の指導方法に関する調査研究協力者会議」。

学習障害全米合同会議　National Joint Committee of Learning Disabilities (NJCLD).

特殊教育のための行政規則　原語表記は、Revised Administrative Rules for Special Education(1987).

られない場合、また、その子が下記の領域の一つ又はそれ以上において、成績と知能水準との間に著しいギャップを生じさせていると判定された場合に、学習障害と判定する」となっていて、領域として①ことばで表現する、②聞いて理解する、③書いて表現する、④基本的な読む技能、⑤読んで理解する、⑥計算能力、⑦算数における推理、の七つの領域が示されている。

また、医学においても「**学習障害**」という診断名があるが、たとえばDSM—Ⅳによると、「学習障害」は「読字障害」「算数障害」「書字表出障害」の三つから成り立っているとされており、読み・書き・算数に限定された内容となっている。

学習障害（医学） Learning Disabilities ではなく、Learning Disorders とされている。

DSM—Ⅳ（Diagnostic and Statistical Manual of Mental Disorders）アメリカ精神医学会発行の「精神障害のための診断と統計の手引き」（第四版、一九九四年）。

2節　学習障害の症状および類型

1　学習障害の症状

学習障害の中心症状についてはすでに説明してあるが、現実の姿としてみると、全般的な知的水準には顕著な問題がないにもかかわらず、国語と算数の学習（成績）に著しい個人内差が存在することとしてまとめることができる。したがって、学習障害であることがはっきりするのは、早くても就学後、現実には小学校三・四年次であるといえよう。

同時に、学習障害はしばしば、ADHD（注意欠陥／多動性障害）と類似の症状をともなう傾向にあり、とくに、学習活動が本格的でない幼児期から小学校低学年においては、中心症状よりも随伴症状の方が目立つことも多い。主なものをあげてみると、以下のようになる。

⑴話しことばの発達の遅れ（語彙の増加不良、多くの文法的誤りなど）

ADHD「多動」「注意集中困難」「衝動性」の三つが主症状とされる。8章参照。

(2)空間定位の困難さ（すぐ道に迷う、新しい環境でまごつくなど）
(3)不適切な時間概念（正常な時間概念の欠如、時間に関する無責任さなど）
(4)関係判断の困難さ（大小・軽重・遠近などの意味の理解が難しい）
(5)方向に関する混乱（左右や方角、上下などの概念の理解および使用が困難）
(6)**協応運動**のまずさ・手の不器用さ（不器用さ、協応のまずさ、バランスの悪さ）
(7)**社会的知覚**の困難さ（**ボディ・ランゲージ**〔とくに顔の表情〕の読み取りが困難）
(8)注意集中困難（一定の時間ひとつのことに注意を集中するのが困難）
(9)**多動**（「落ち着きがない」「せかせかしている」など）
(10)指示に従うことの困難さ（口頭での簡単な指示に従えない）

上野一彦は、ＬＤの行動特徴として、①ことばの発達にみられる遅れや偏り、②活動水準の偏り（多動や注意集中力の低さ）、③運動能力における遅れ、④認知能力の偏り、⑤情緒的な不安定さや衝動性、⑥対人的な社会的能力の低さの六点をあげている。また、学習障害は、当然のことながら、結果として学業成績が思うように上がらないということに直結する可能性が高いことから、**二次的な症状**が、学校生活にいろいろな面に表れるということも考慮しておかなければならないことであろう。

2 学習障害の類型

医学的な診断としてＤＳＭ―Ⅳに載っている「学習障害」には、以下の三つの類型が示されている。(1)「読字障害」（読みの正確さと理解力の低さ）、(2)「算数障害」（算数能力の低さ）、(3)「書字表出障害」（書字能力の低さ）で、いずれも「個別施行による標準化テストで測定さ

協応運動 身体の二つ以上の部位を同時に使って行う運動。

社会的知覚 簡単にいえば、さまざまな情報によって相手を理解すること。

ボディ・ランゲージ（body language） ことばとか文字を直接的に使わないで、表情や身体の動きなどで行われるコミュニケーションのことを非言語的コミュニケーションと呼ぶが、姿勢とか身体の動き、表情とか視線など、身体の特定の部位を用いて行われるのが普通なので、このように呼ばれることもある。

多動（hyperactivity）「過動」「活動過剰」ともいう。

二次的な症状 主なものとして、否定的な自己概念、自己評価の低下、劣等感、学習意欲の低下など。

れる」こと、および、「その人の生活年齢、測定された知能、年齢相応の教育の程度に応じて期待されるものより十分に低い」ことが条件としてつけ加えられている。また、以上の三つの障害の基準を満たさない場合「特定不能の学習障害」という類型が示されている。**ＩＣＤ―10**の「学力の特異的発達障害」における類型もほぼ同様である。

教育場面における類型として上野一彦は、⑴言語性ＬＤ（主に言語能力に欠陥をもつ、聴覚―音声回路型タイプ）、⑵非言語性ＬＤ（主に非言語性〈視野・空間〉能力に欠陥をもつ、視覚―運動回路型タイプ）、⑶注意・記憶性ＬＤ（主に注意集中力や短期記憶能力に障害をもつタイプ）および⑷包括的ＬＤ（全体にわたって部分的障害が混在する分類不能のタイプ）の四つをあげ、ＷＩＳＣ―Ⅲ知能検査の素点による分類を試みている。

3節　学習障害の発見と診断

1　学習障害の発見

他の障害と違って、発達障害の発見は、親や教師の手に委《ゆだ》ねられることが多い。とくに学習障害の場合は、前述のように、中心となる症状が「基礎教科における学習問題」および「個人内能力差」であるため、教師の役割が大きくなる。そのため、発見は「学習障害児ではないか」という疑い（ＬＤサスペクト）から始まって、その後に判定（診断）という形で進むことになる。

一般の教師も使用できる**スクリーニング・テスト**としては、上野一彦の「行動チェックリスト」とマイクルバストの「**ＰＲＳ**」（日本版：森永・隠岐）がある。「行動チェックリスト」

ＩＣＤ―10（International Classification of Diseases）ＷＨＯによる「国際疾病分類」（第一〇版）。

スクリーニング・テスト
スクリーンとは「網目」のことである。そこからスクリーニングとは、「ふるいにかけること」を意味し、一般の対象者のなかから、この場合は「学習障害」の可能性がある子どもを予備的に抽出すること。そのために使われる検査。

ＰＲＳ(Pupil Rating Scale)
マイクルバストらによって開発された教師用の検査。対象の子どもの年齢は五歳～一四歳。五領域にわたって子どもの行動を測定する。

は、八カテゴリー（三〇項目）から成り、それぞれの項目について「よく思い当たる」二点、「時々思い当たる」一点、「ほとんど思い当たらない」〇点として、カテゴリーごとに合計して、二点以上のカテゴリーが六つ以上ある場合、または、二点以上のカテゴリーが四～五でも、合計得点が二〇点以上である場合を、学習障害（サスペクト）としている。

定義のところで紹介した調査研究協力者会議の報告では、学習障害の実態把握のための基準として、以下の項目A、Bが示されている。

A　特異的な学習困難があること

［1］国語または算数（数学）（以下「国語等」という）の基礎能力に著しい遅れがある。（この場合、「著しい遅れ」とは、小学校二・三年生の場合は一学年以上の遅れ、小学校四年以上または中学生の場合は二学年以上の遅れ）

［2］全般的な知的発達に遅れがない。（知能検査等で全般的な知的発達の遅れがないこと、あるいは現在および過去の学習の記録から、国語、算数（数学）、理科、社会、生活、外国語の評価からみて、学年相当の普通程度の能力を示すものが一つ以上あること）

B　他の障害や環境的な要因が直接の原因ではないこと。

2　学習障害の診断（判定）

川村秀忠は、「学習障害の鑑別診断」として、①基礎教科的な学習問題の把握→②個人内能力の差異（知能と学業成績間の有意な差異を含む）の確認→③**除外条項**に関する検討→④心理学的過程の障害の確認→⑤中枢神経系の機能障害の確認→⑥生涯を通しての存在の予断、

除外条項　学習障害の症状が、他の障害等の条件によって生じている場合を除くという意味で、川村は、感覚障害、知的障害、情緒障害、自閉症、環境的・文化的あるいは経済的不利などによって生じている場合を除くとしている。

という六段階を示している。

（1）知能程度をどのように解釈するか

学習障害の診断においては「知的な遅れはない」ことが前提となるが、これに関して川村は、「ほぼ平均範囲以上のＩＱ」として「言語性ＩＱと動作性ＩＱのいずれかが八五以上であると同時に、全ＩＱが八〇以上であること」としている。これに対して上野は、「ＩＱ七〇未満のものを除く」としている。さらに伊藤隆二は、学習障害と（軽度）知的障害の区別が困難であると指摘して、学習障害の定義のなかに「量的な知的水準の程度を問題にすることをやめる」ことを提唱している。

このように、知的水準をどう考えるかということについては、諸説あるが、七〇をカッチングポイントとする考えが多いように思われる。さらには、どこに区切りをおくにせよ、義務教育以降の進路、就職等を考えるときに、知的水準の高さが大きな影響をもっていることは確かである。

（2）診断に使用される検査

学習障害は、定義のところで述べたように「中枢神経系に何らかの機能障害があると推定される」ことから、その厳密な診断には、神経心理学的検査による評価が不可欠である。また、正確な診断のためには、いくつかの検査を組み合わせて使用すること（テスト・バッテリー）および一回だけの検査でなく継時的に検査を積み重ねていくことが大切とされるが、ここでは、代表的な検査の紹介にとどめる。

⑴知能検査：ＷＩＳＣ—Ⅲ（五歳〜一六歳）

⑵言語検査：ＩＴＰＡ（ＩＴＰＡ言語学習能力検査：三歳〜九歳）

ＷＩＳＣ—Ⅲ　ウェックスラー児童用知能診断検査。六種類の言語性検査と七種類の動作性検査から成り立っている。言語性ＩＱ、動作性ＩＱ、全ＩＱの三種類の知能指数が算出できることに加えて、言語理解、知覚統合、注意記憶、処理速度の四種類の群指数を求めることができる。

ＩＴＰＡ　一〇種類の下位検査から成り、言語学習指数（ＰＬＱ）を求めることができる。学習障害の診断のための補助検査として用いられることが多い。

(3)認知検査：ベンダーゲシュタルト検査（五歳～成人）、フロスティッグ視知覚発達検査（三歳～七歳）、グッドイナフ人物画知能検査（三歳～八歳）

(4)その他：Ｋ－ＡＢＣ（二歳六カ月～一二歳）、ＪＭＡＰ（ミラー幼児発達スクリーニング検査・日本版：二歳九カ月～六歳二カ月）

4節　学習障害児の指導と成人期への展望

1　早期発見

学習障害にかぎらず、すべての障害は、できるだけ早く発見し、できるだけ早く適切な治療（働きかけ）を開始することが大切である。学習障害はとくに、学校生活に重大な影響をもつものであるから、適切な働きかけが遅れれば遅れるほど、自信の喪失、劣等感、意欲の低下などを二次的に招き、不登校などの学校不適応の引き金になる危険性もある。しかし、たびたび述べてきたように、学習障害の場合は、基礎学力との関連でとらえられるため、学年進行とともに発見されるということが多い。また、ＡＤ／ＨＤなど、他の障害に間違えられることも少なくない。

学習障害児を早期に発見するためには、「予測的診断」が必要になってくる。これは「将来ＬＤ児としての症状を示すかもしれない」という形での診断である。そのためには、周産期の状況、生育歴における発達のアンバランス、行動特徴などが手がかりになるだろう。この場合には、「ＬＤサスペクト」というよりは「発達危険児」（発達が気がかりな子ども）と考える方が妥当であろう。

ベンダーゲシュタルト検査　九個の図形を順に一枚ずつ提示して模写させるという検査である。視覚・運動ゲシュタルトの成熟度などを測定。

フロスティッグ視知覚発達検査　Ⅰ視覚と運動の協応、Ⅱ図形と素地、Ⅲ形の恒常性、Ⅳ空間における位置、Ⅴ空間関係の五つの領域の検査から構成されている。

Ｋ－ＡＢＣ　知能を、新しい問題を解決し、情報を処理する個人の情報処理能力ととらえ、そのような視点から一四の下位検査が構成されている。

ＪＭＡＰ（Japanese Version of Miller Assessment for Preschoolers）　五つの発達領域（基礎能力、協応性、言語能力、非言語能力、複合能力）二六項目の下位検査から成り立っている。

2　学習障害児への教育的とり組み

これまでの「特殊教育」から「特別支援教育」への転換の要因のひとつは、通常学級に在籍している学習障害児をはじめとする知的障害をもたない発達障害児への教育的処遇を本格的に行うということである。学習障害児についても、「**通級学級**」が設置され、通常学級に在籍しながら、必要に応じて特別な援助を受けるというかたちでのとり組みがスタートした。

下司昌一は、学習障害児教育推進のための当面の課題として、以下の三点を指摘している。①個別または少人数での指導、専門教師の配置、②専門教師の養成、③教職員に対する啓発。アメリカでは「LDスペシャリスト」が学校に配置され、必要に応じて担任教師への支援を行っている。日本でも「学校生活支援巡回相談」事業などにより、担任教師のサポートが行われているが、総合的なとり組みは始まったばかりであり、下司の指摘する専門教師の養成を含めて、社会的なとり組みを早急に考えなければならないと思われる。

通級学級　リソースルームともいう。障害児の学校生活の基盤を通常の学級において、特別な指導を要する教科や障害についてのみ、特別な教室に通級する。

3　学習障害児教育の展望

ある研修会で、現役の教師から「学習障害は治らないんでしょう」と質問されたことがある。質問者とは「治る」とはどういうことかについて少し議論したが、学習障害児への教育実践のとり組みにおいて、その子に合った働きかけを行った結果として、学業成績が向上し、子ども自身も意欲的に学習にとり組むようになったという報告は少なくない。筆者が関係した学習障害児教育の研究発表会で、ある教師の発表で子どもが「オレに分かるように教えてくれ」というようになった（成長した）という報告があったが、教育の成果として印象深い発表であった。学習障害そのものへのアプローチと同時に、学習意欲（「わかる」ということへの積極性・肯定的な意識）や自己効力感・自己有能感などを、いかにして育てるかという点に教育的とり組みのポイントがあると思われる。

学習障害児の義務教育以降の進路についてのデータは少ないが、上野一彦は「ＬＤ児童・生徒の進路選択には知的発達水準が大きく関わってくる」としたうえで、ＩＱ八五以上と八五未満に分けて進路先の調査結果を示している。それによると、前者（二三名）では高校普通科進学が七三パーセント強なのに対して、後者（一七名）では三五パーセント強と大きな差がある。後者の場合、養護学校（現在の特別支援学校）への進学が二九パーセント強（前者では八・七パーセント）となっている。

大学に進学した生徒も一〇パーセントほど存在するとされているが、いずれにせよ、この問題は、生徒の学力のことだけでなく、受け入れる側（高等学校、大学、専門学校等）の学習障害への理解と受入態勢の整備のあり方が関わってくることであるから、今後のとり組みに期待することになる。

学習障害先進国であるアメリカの大学では、学習障害をもつ学生の支援のための人員の配置や**コンピュータソフト**の開発などが積極的に行われていると聞く。日本における今後のとり組みについても、障害をもつ子どもの側からだけでなく、環境の側からも考えるという姿勢が重要になってくると考えられる。

学習障害のためのコンピュータソフト　たとえば Naturally Speaking / Dragon Dictate Kurzweil 3000 read などがある。

8章　注意欠陥多動性障害者の心理

1節　注意欠陥多動性障害とは

注意欠陥多動性障害は、『DSM—Ⅳ精神疾患の分類と診断の手引』（アメリカ精神医学会、一九九五）では、不注意、多動性、衝動性を主症状とする「通常、幼児期、小児期、または青年期に初めて診断される障害」として分類されている。表8—1は解説部分が改訂されたDSM—Ⅳ—TR（二〇〇〇）における不注意、多動性、衝動性に示されたそれぞれの症状である。

DSM—Ⅳ—TR（二〇〇〇）では、不注意の症状九項目のうち六つ以上、または、多動性—衝動性の症状九項目のうち六つ以上の症状がみられること、これらの症状が少なくとも六カ月以上持続したことがあること、その程度が不適応的で発達水準にそぐわないことが基準として示されている。さらに、これらの症状のいくつかが七歳以前に現れていること、これらの症状による障害が二つ以上の状況下で存在すること、社会的、学業的、または職業的機能において臨床的に著しい障害が存在するという明確な証拠が存在すること、他の精神疾患ではうまく説明できないこともあげられている。これらの基準にもとづき、注意欠陥多動性障害は、混合型、不注意優勢型、多動性—衝動性優勢型に分類されている。

不注意、多動性、衝動性は、子どもたちを取り巻く、それぞれの状況によって現れる様子

注意欠陥多動性障害　DSM—Ⅳ以降ではAttention-Deficit/Hyperactivity Disorderと表記され、**AD/HD**と略される。注意欠陥／多動性障害とスラッシュ（／）を用いて表記されることもあるが、本章では「注意欠陥多動性障害」と統一する。

や問題は異なるが、幼稚園や小学校の教室場面でみられやすい様子として、いくつか例をあげてみる。多動性の例としては、席に着いていることができず教室内をたち歩いたり、ときには教室から出て行ったりすることがある、授業中にもかかわらず友人に話しかける、席に着いていても手や足をせわしなく動かすことがあげられる。これらはＤＳＭ―Ⅳ―ＴＲで「じっとしていない、または、まるでエンジンで動かされているように行動する」と表現される具体的な姿としてみられる。衝動性は、教師の発問に対して指名される前に答えを言ってしまう、並んでいるところに急に割り込み順番を守らない、なかなかがまんできない、友人の活動に急に入り込み妨害する、言葉よりも先につい手がでてしまうなどの様子となって現れることが多い。このような衝動的な行動とともに、周囲の対応のまずさ、友人と適切な対人関係が作れない、**自尊感情**が低い、無力感など、いくつかの要因が関係することにより暴力的な問題が現れたり、衝動コントロールのまずさとして今すぐしなければならないことを後回しにする、整理が苦手という問題として現れたりすることもある（上林・齋藤・北、二〇〇三）。不注意は、ケアレスミスをおかす、活動を持続できない、最後まで物事をやり通すことができない、持ち物をなくしやすい、気が散りやすい、順序立てて物事を考えることが苦手としてみられやすい。

表8―2は、世界保健機関（ＷＨＯ）が策定したＩＣＤ―10（疾病及び関連保健問題の国際統計分類）の診断カテゴリーリストのうち、「Ｆ90―Ｆ98小児〈児童〉期及び青年期に通常発症する行動及び情緒の障害」における**Ｆ90多動性障害**の下位カテゴリーを示している。ＩＣＤ―10の「臨床記述と診断ガイドライン」には、「（多動性障害とは）早期の発症、著しい不注意と持続した課題の遂行ができないことをともなった調節不能な多動、そしてこのよう

自尊感情　自分が価値のある、尊敬されるべき、すぐれた人間であるという感情。セルフ・エスティーム、自尊心（遠藤辰雄・井上祥治・蘭千壽著『セルフ・エスティームの心理学』ナカニシヤ出版、一九九二年）。

Ｆ90多動性障害　英語ではHyperkinetic disorders。

表8－1　ＤＳＭ－Ⅳ－ＴＲ（2000）における不注意、多動性、衝動性の症状

＜不注意＞
（a）学業、仕事、またはその他の活動において、しばしば綿密に注意することができない、または不注意な過ちをおかす。
（b）課題または遊びの活動で注意を持続することがしばしば困難である。
（c）直接話しかけられたときにしばしば聞いていないように見える。
（d）しばしば指示に従えず、学業、用事、または職場での義務をやり遂げることができない（反抗的な行動、または指示を理解できないためではなく）。
（e）課題や活動を順序立てることがしばしば困難である。
（f）（学業や宿題のような）精神的努力の持続を要する課題に従事することをしばしば避ける、嫌う、またはいやいや行う。
（g）課題や活動に必要なもの（例：おもちゃ、学校の宿題、鉛筆、本、または道具）をしばしばなくす。
（h）しばしば外からの刺激によって容易に注意をそらされる。
（i）しばしば毎日の活動を忘れてしまう。
＜多動性＞
（a）しばしば手足をそわそわと動かし、またはいすの上でもじもじする。
（b）しばしば教室や、その他、座っていることを要求される状況で席を離れる。
（c）しばしば、不適切な状況で、余計に走り回ったり高い所へ上ったりする（青年または成人では落ち着かない感じの自覚のみに限られるかもしれない）。
（d）しばしば静かに遊んだり余暇活動につくことができない。
（e）しばしば“じっとしてない”、または“まるでエンジンで動かされるように”行動する。
（f）しばしばしゃべりすぎる。
＜衝動性＞
（g）しばしば質問が終わる前に出し抜けに答え始めてしまう。
（h）しばしば順番を待つことが困難である。
（i）しばしば他人を妨害し、邪魔する（例：会話やゲームに干渉する）。

表8－2　ＩＣＤ－10における多動性障害の
下位カテゴリー（WHO、1992）

F90	多動性障害
F90.0	活動性および注意の障害
F90.1	多動性行為障害
F90.8	他の多動性障害
F90.9	多動性障害、特定不能のもの

な行動特徴がさまざまな状況でも、いつまでも持続していることによって特徴づけられる一群の障害」「注意の障害と多動が基本的障害」「注意の障害は課題を未完成で中止したり、活動が終わらないうちに離れてしまったりすることで明らかになる」「多動は、とくにおとなしくしていなくてはならない状況において、過度に落ち着きがないことを意味する」などの症状が記述されている。

わが国では文部科学省が、注意欠陥多動性障害は「発達障害者支援法」（平成一六年一二月一〇日法律第一六七号）で定義された発達障害のひとつであると定め、「ＡＤＨＤとは、年齢あるいは発達に不釣り合いな注意力、及び／又は衝動性、多動性を特徴とする行動の障害で、社会的な活動や学業の機能に支障をきたすものである。また、七歳以前に現れ、その状態が継続し、中枢神経系に何らかの要因による機能不全があると推定される」と定義している（「今後の特別支援教育の在り方について（最終報告）」、平成一五年三月）。

注意欠陥多動性障害の原因についてはまだ特定されていないが、保護者のしつけや養育態度などに起因するという考え方は誤解であるといわれている。最近では、胎生期の障害、周生期の合併症、出生後の頭部外傷・脳障害などさまざまな生物学的要因を基盤に、行動制御を要する環境のなかで生じる障害であると考えられている（上林ほか、二〇〇三）。遺伝的要因が指摘されることもあるが、注意欠陥多動性障害に関わるすべての遺伝子が解明されたわけでないので、リスクが高い程度におさえた方がよいと考えられている（榊原、二〇〇八）。

2節　注意欠陥多動性障害があると思われる幼児への支援

注意欠陥多動性障害は乳幼児検診や就学前検診において疑いに気づかれる場合もあるが、幼稚園や保育園において集団生活が始まるとともに、多動性や衝動性が顕在化することも少なくない。整列場面で列を乱して急に走り出したり、おしゃべりが止めどなく続いたりする、順番が待てない、急に大声で答え始める、他児にちょっかいを出してトラブルになったりすることがある。不注意は多動性や衝動性に比べて気づかれにくい傾向があるので、気が散りやすい、持ち物をなくしやすいことなどに気をつけてみていくことが必要である。

このような早期の気づきとともに、早期支援の開始、親への相談サポートが重要となる。相談サポートは、注意欠陥多動性障害や高機能自閉症など発達障害に関する相談業務や支援を行っている地域資源に詳しい保健師や保育士、幼稚園教諭が窓口となる場合が多い。制度や名称など詳細は地域によって異なるが、医療機関、地域の特別支援学校や特別支援教育関連のセンター、保健福祉センター、親の会やNPO、大学・研究所等における相談機関等と連携できるように紹介される。

地域資源に乏しい地方都市での社会貢献の一環として、松崎博文・昼田源四郎・鶴巻正子（二〇〇七）は、二〇〇一年に高機能自閉症のある幼児（四～五歳）を対象とした早期支援教室を開設した。その後、対象を発達障害のある幼児に広げ、ペアレントトレーニング、ことばや数・量の基礎となる個別の学習活動、集団内で必要とされるソーシャルスキルを中心に、小学校生活へのスムーズな移行を目的とした小集団での支援を行っている。ソーシャルスキルでは、とくに対人スキルに焦点をあて、挨拶やお礼を言う、謝罪や許可を得る、自己紹介をする、質問をする、相手の活動をみたり賞賛したりする、自分の順番がくるのを静かに待つ、声の大きさをコントロールする等の内容について、簡単なゲームや集会活動を通して学ぶ機会を用意している。

幼児期には両親やきょうだい、祖父母など家族と一緒に過ごす時間が長く、身近な大人が支援者として果たす役割は大きい。ペアレントトレーニングでは毎日のさまざまエピソードに隠れた本質的な行動特性を理解するとともに、ことばがけや賞賛のタイミングなど、適切な対応方法を具体的に学んでいる。

また、多動性や衝動性の高い子どもへの支援法のひとつとして、行動療法的支援や「行動と環境の相互関係（山本・池田、二〇〇五）」に着目した応用行動分析的支援が用いられることが多くなってきた。応用行動分析的支援は、子どもの「現在の行動」に着目し、子どもが「行動することによって周囲（環境）にどんな変化をもたらすか」という行動と環境の相互作用から支援方法をみつけていこうとする考え方である。たとえば、親は子どもにその行為をやめさせたいと思い叱っているつもりでも、子どもにとっては、いつもはほとんど自分に関心を示さない両親がその行為をしているときだけは確実に注目してくれる（叱ってくれる）ことを無意識に感じているような相互関係で維持されている場合は、その行為が減少する可能性が小さくなる。ペアレントトレーニングを通し、子どもの現在の行動をアセスメントし問題の所在を明らかにするとともに、今、子どもにとって一番必要な目標を設定する（Plan）、具体的な支援を進めるとともに適切な場面で子どもの状況にとって最適な方法で賞賛する（Do）、子どもの行動だけでなく親自身の接し方も振り返ってみる（See）、よりよい方法を再検討する（Check）というPDSCサイクルで具体的な支援法を身につけていくことができる。多動や衝動的な行動がみられる注意欠陥多動性障害のある多くの子どもたちは幼少期から叱責を受ける体験が多いといわれている。ペアレントトレーニングでは、ほめ方もプログラムのひとつである。親はもちろん教師や周囲の友人から賞賛される経験を積むことは、自己肯定感や**自己効力感**、自尊感情を下げないために重要である。家庭と保育園や幼稚園が共通理解をもって支援していくことで、さらに大きな効果をあげていくことができるであろう。

自己効力感　ある行動を起こす前にその個人が感じる遂行可能感、自分がやりたいと思っていることの自己実現性に関する知識。セルフ・エフィカシー（坂野雄二・前田基成編著『セルフ・エフィカシーの臨床心理学』北大路書房、二〇〇二年）。

3節　通常の学級に在籍する注意欠陥多動性障害のある児童生徒への支援

二〇〇二年に文部科学省が実施した「通常の学級に在籍する特別な教育的支援を必要とする児童生徒に関する全国実態調査」において、「行動」に著しい困難を示す児童生徒が通常の学級に約三％在籍しているという結果が得られた。この調査では行動面として「不注意」および「多動性―衝動性」に関する質問項目と、「対人関係やこだわり等」に関する質問項目が用意された。この調査結果から、「不注意及び多動性―衝動性」、「対人関係やこだわり等」に困難を示す児童生徒と、「学習面で著しい困難を示す」児童生徒をあわせると、約六・三％の児童生徒が通常の学級において特別な教育的支援を必要としていることが明らかとなった。

村田朱音（二〇〇八）は、特別支援教育関連の教育実践セミナーや認定講習参加者（小学校通常学級担任経験者）を対象としてアンケート調査を実施し、発達障害があると思われる児童が在籍している学級において、学級経営上困難に感じたことや指導上配慮したことについて回答を得た。その結果、回答した学級担任の半数以上は、発達障害があると思われる児童はクラス内の他の児童とうまく関われていないと感じていた。また、一斉指導が中断する、児童だけで行うグループ活動が進まない、学級内の規律が守れない、発達障害があると思われる児童の自己肯定感が低いという回答が続いた。指導上の配慮は発達障害のあると思われる児童本人を対象に行われている場合が多く、学級全体やクラス内の他の児童への配慮、校内支援体制、保護者、専門機関を視野に入れた具体的な配慮を行っているという回答は少なかった。このような調査結果から、村田（二〇〇八）は、発達障害のある児童に対する支援とともに、クラス内の児童一人ひとりへの支援、集団としての学級全体への支援という三者の関係からとらえて支援する「包括的な学級支援」として行われるべきであると指摘している。

文部科学省は、平成一九年度「通級による指導」実施状況調査結果として、通級による指導を受けている児童生徒数――都道府県別（平成一九年五月一日現在）を公表している。この調査結果によれば、小学校と中学校を合計すると全国で約二六〇〇人の注意欠陥多動性障害のある児童生徒が、通常の学級における指導とともに「通級による指導」を受けていると報告されている。

このような調査結果や現状から、注意欠陥多動性障害がある児童生徒への支援には、学級内や学級外におけるきめ細かな特別な教育的支援とともに、学校内支援体制の充実、保護者の理解を促し連携を深めるような働きかけ、医療や福祉等関連機関との連携など、幼児期以上にいっそう多方面からの支援が必要になるといえる。

トークン　他の好子（正の強化子）と交換されることにより初めて好子としての機能を果たす習得性好子の一つである。好子とは「行動の直後に出現することにより、その行動の将来の生起頻度をあげる刺激や出来事、条件」である（杉山尚子・島宗理・佐藤方哉・R マロット、M マロット著『行動分析学入門』産業図書、一九九八年）。

レスポンスコスト　ある行動に随伴して何らかの物（この場合はトークン）としての好子がとりあげられるような方法。レスポンスコストはその行動の出現頻度を減少させる（杉山尚子・島宗理・佐藤方哉・R マロット、M マロット著『行動分析学入門』産業図書、一九九八年）。

多動性や衝動性の高い児童への家庭や教室内での支援法のひとつとして、トークンエコノミーシステムをあげることができる。これは、年齢に応じたルールを決め、それを達成したときに周囲からの賞賛とともに、その「達成」を子ども本人が目にみえるかたちで何かと交換し確認できるような方法である。トークンエコノミーシステムでは、少なくとも①交換可能な複数のバックアップ強化子が用意されていること、②子ども自身が目標とする行動を確認し、交換方法（交換の割合や頻度、交換場面、交換時間など）を充分に理解していることという二つの条件を満たす必要がある。バックアップ強化子は物や活動なので、子どもと話し合うことでそれらを決めたり、新たなものに変更したりすることができる。トークンエコノミーシステムは「**トークン**」といわれることもあるが、トークンとは携帯に便利で操作が容易なポーカーチップやシール、スタンプのことである。トークンエコノミーシステムは**レスポンスコスト**と併用されることが多い。これを導入する際には、失敗体験の連続を避けるために、何らかの約束が守れないためにトークンを返却する場面よりも、目標としている行動の遂行が多くなるよう配慮した実施計画をたてることが重要である。

4節　注意欠陥多動性障害に関連する問題

注意欠陥多動性障害者を取り巻く問題のひとつとして自尊感情の低さがあげられる。注意欠陥多動性障害のある小学生や中学生のなかには、理解力や意欲に比べて明らかにアンバランスな学業面での困難さ、たとえば、平仮名や片仮名、漢字、アルファベット、英単語のスペリングなど文字の読み書きにおける苦手さ、計算問題や図形問題でのつまずきなどを示す

構成反応見本合わせ法　通常、ひとつの見本刺激に対し複数の選択刺激を組み合わせて反応することを要求される見本合わせ法のひとつである。選択刺激が正しく選択されていること、選択の順序が正しいことが正反応の基準となる。

反抗挑戦性障害　かんしゃくを起こしやすく、大人の要求や指示に対してわざと無視したり拒否したりして反抗的な態度をとる状態。大人がいらだつことをして見せたり、挑発的な行動をとったりすることもある（榊原洋一著『図解　よくわかるADHD』ナツメ社、二〇〇八年）。

児童生徒がみられる。物事に集中し過ぎることもあるが、多くの場合は、周囲の些細な刺激（たとえば騒音や友人の動き）が気になり、落ち着いてじっくりと活動に取り組むことが苦手だったり、計算問題では九九を間違えたり数字を写し間違えたりするケアレスミスもみられる。小学校上学年から中学校の頃には、児童生徒が自身の行動のコントロールや学業面での困難さに気づきはじめるとともに、賞賛されたり認められたりする経験が少なく、対人関係や学業態度に関する叱責を受け続けるなど、望ましくない条件がいくつか重なった場合には、自己評価が下がることもある。鶴巻正子・仁平義明（二〇〇八）は、小学校の通常の学級に在籍する小学生を対象に否定的な自己評価を含む自尊心の評定を行い、自尊心得点と測定時の心理的不快感には有意な相関があることを明らかにした。自尊心の高くない児童ほど、自尊心について質問されることは不快な経験だといえるので、「自分にはあまりよいところがない」などという質問は避けた方がよいのである。そこで自尊感情が下がっている可能性がある注意欠陥多動性障害の児童には、肯定的記述による自己評価法の使用を提案している。鶴巻正子（二〇〇七）は、漢字の書きに困難を示す注意欠陥多動性障害と診断され小学生に**構成反応見本合わせ法**を用いて漢字の書字行動を獲得させる支援を行い、その指導の前後に肯定的記述による自己評価法を実施したところ、指導後には学業に関する記述が現れるなどの変化がみられた。学業面での困難さの軽減とともに、自尊感情がさらに下がるのを防ぐためにも、注意欠陥多動性障害の特性に応じた支援方法や理解を助けるような教材・教具を開発し、活用していくことが重要になるであろう。

注意欠陥多動性障害に併存する障害あるいは二次的に生じる可能性がある障害として、**反抗挑戦性障害**、**行為障害**、**強迫性障害**、**不安障害**があげられる。反抗挑戦性障害と行為障害

行為障害　大人や社会に対する反抗心がきわめて強くなり暴力をふるったり、破壊行動をとるなど反社会的な行動を日常的に行う障害（榊原洋一著『図解　よくわかるＡＤＨＤ』ナツメ社、二〇〇八年）。

強迫性障害　根拠のない考え（強迫観念）や無意味な行動（強迫行動）にとらわれて、それがやめられなくなる障害（榊原洋一著『図解　よくわかるＡＤＨＤ』ナツメ社、二〇〇八年）。

不安障害　過度な不安や心配のあまり、不眠に陥ったり、体調を崩したりし、日常生活に支障をきたす障害（榊原洋一著『図解　よくわかるＡＤＨＤ』ナツメ社、二〇〇八年）。

は注意欠陥多動性障害と関連が深いと考えられている。注意欠陥多動性障害のある児童の一部には、小学校高学年頃から拒絶的、反抗的、挑戦的、反社会的な行動様式がみられこともあり、そのごく一部の生徒は反社会的な行動にいたることもあるといわれている。

注意欠陥多動性障害には効果の高い薬も開発されつつある。副作用や持続時間などの問題もあるが、**薬物療法**と行動療法的支援と組み合わせることにより、学業や対人関係に関する課題の改善に有効であると考えられている。注意欠陥多動性障害のある子どもたちについては、高等学校や大学・短大、専門学校等への進学、その後の就職、結婚や子育てなど、それぞれの人生の時期や転機において特有の問題が生じると予想される。高等学校や**大学・短大、専門学校等の進学先におけるサポート**も始まっており、卒業することを目的としたカリキュラム選択と組立て方の提案やノートテーク（講義中に、必要な事項や興味のあることをノートにとること）、実習への参加法など具体的な支援がその対象となっている。成人では、たとえば手順表を示されるだけで職場での仕事への取組みが数段よくなることもまれではない。今後は、注意欠陥多動性障害者や家族を取り巻く幼稚園や学校、職場、地域社会などで周囲の理解を深められるような具体的な方策の検討、医療や福祉、行政など広い視野からの具体的な支援、教員や支援員の研修充実や確保のための予算などがさらに必要となるであろう。

薬物療法　二〇〇七年一〇月に小児期の注意欠陥多動性障害の中枢神経刺激剤としてコンサータ錠（塩酸メチルフェニデートを主成分とする徐放剤）が認可された。詳細はヤンセンファーマ株式会社ホームページ http://www.janssen.co.jp/inforest/public/home/ 参照。

大学等における支援　たとえば、独立行政法人日本学生支援機構では、平成一九年度（二〇〇七年度）大学・短期大学・高等専門学校における障害学生の修学支援に関する実態調査結果を公表している。詳細は、http://www.jasso.go.jp/tokubetsu_shien/index.html 参照。

9章　自閉性（自閉症）スペクトラム障害の心理

1節　はじめに——研究の発端と自閉性障害（自閉症）の概念の変遷

自閉性障害（自閉症）研究の発端となったのは、第二次世界大戦末期の頃である。一九四三年にアメリカのジョンズ・ホプキンス大学の精神科教授（当時）で、精神分析学的発想をベースにおく力動的精神医学派の系統を汲《く》むカナー（Kanner）である。彼は早期幼児自閉症（Early infantile autism）の概念を提唱した。わが国においては慶応大学の牧田清志教授（精神科）（当時）を中心に紹介された。

他方、翌年の一九四四年にアメリカとは敵国の関係にあり、情報交換が途絶していたオーストリアのウィーン大学小児科のアスペルガー教授（Asperger）（当時）は自閉的精神病質（Autistische Psychopathie）の概念を提唱した。わが国においてはお茶の水女子大学の平井信義教授（小児科）（当時）を中心に日本に紹介された。

そして、一九五二（昭和二七）年に名古屋大学精神科の鷲見たえ子医師が九州大学で開かれた第四九回日本精神神経医学会総会で症例報告したのが端緒である。

ところで、今日の自閉性障害（Autistic Disorder）の概念は二〇世紀後半に数々の研究成果から大きな変遷がみられた。このことは二〇世紀児童精神医学におけるコペルニクス的概念の転回とさえいう人がいる。

カナーの一九四三年の情緒的接触の自閉性障害（Autistic Disturbances of Affective Contact.）と翌年（一九四四）の幼児早期自閉症では、論文タイトルに微妙なニュアンスの相違がある。すなわち、前者は状態像（症候論）的記述に留めているのに対して、幼児早期自閉症では、さらに一歩踏みこんで、カナーの児童精神医学の著書にもみられるように、児童精神病の項に分類され、児童分裂病の早期の発症であるかのような位置づけがなされた。さらに、当時の力動的精神医学の発想から心因論的解釈が親・母子関係が異常に強調されたこともあった。

しかし、一九七〇年代に至ると、筆者（一九九四）もすでに指摘してきたように、世界各地で疫学的研究を含む成果が専門誌に発表され、また、カナー自身の最初の一一事例（症例）の追跡的研究から得られた知見からも、とらえ方が検討され、見直されるようになった。

このことは、一九七九年にいわゆるAutism（自閉症）を論ずるカナーを編集長とする専門誌のタイトルを次のように変更したことにも象徴される。すなわち、『JOURNAL OF AUTISM AND CHILDHOOD SCHIZOPHRENIA（自閉症と児童分裂病）』Vol.1 No.1が『JOURNAL OF AUTISM AND DEVELOPMENTAL DISORDERS（自閉症と発達障害）』Vol.9. No.1という変更である（文献の大文字表記は原文による）。

この障害の表記は、一九八〇年のDSM—Ⅲまでは幼児自閉症（Infantile Autism）という児童精神病との近縁関係から脱し切れない用語が用いられているが、同じくその診断基準のF項では「精神分裂病」におけるような妄想、幻覚、連合弛緩、滅裂が存在しないことを鑑別診断の要件として明確に指摘している。中根晃（一九八四）によれば、ラターらは追跡調査の結果をもとに分裂病説、性格因説、心因説を否定し、脳器質障害、精神遅滞、幼児失語

①カナー・L 一九四三 牧田清志 一九七六 古典紹介、精神医学、一八、七七七、八九七頁。

② Kanner, L. 1944 Early Infantile autism Journal of Pediatrics, 25, pp. 211-217.

③ Kanner, L. 1973 CHILDHOOD PSYCHOSIS; INITIAL STUDIES AND NEW INSIGHTS, JOHN WILEY & SONS.

④ Kanner, L. 1971 (Editor) JOURNAL OF AUTISM AND CHILDHOOD SCHIZOPHRENIA Vol.1 No. 1.

⑤ Kanner, L. 1979 (Founding Editor) JOURNAL OF AUTISM AND DEVELOPMENTAL DISORDERS Vol.9. No.1.

（③④⑤の文献の大文字表記は原文による）

のような発達障害説を提唱するとともに、自閉症で考え得るものとして、①遺伝的因子、②病因としての精神遅滞、③言語障害ないし認知障害、④発達性障害をあげている。
一九八七年のDSM―Ⅲ―R版以降は自閉性障害（Autistic Disorder）と状態像あるいは症候論的表記にしている点に広汎性発達障害としての認識を位置づけているものといえよう。筆者はかかる歴史的経過を踏まえて、自閉性障害という用語を用いている。

2節　広汎性発達障害とは

アメリカ精神医学会の精神疾患の診断・統計マニュアル（DSM―Ⅳ―TR）では、「広汎性発達障害は、発達のいくつかの面における重症で広範な障害によって特徴づけられる。すなわち相互的な対人関係技能、コミュニケーション能力、または常同的な行動、興味、活動の存在である。このような状態を定義する質的障害は、その者の発達水準および精神年齢に比して明らかに偏っている。広汎性発達障害には、自閉性障害、レット障害、小児期崩壊性障害、アスペルガー障害、および特定不能の広汎性発達障害が含まれる」とあり、広い範囲の発達領域でいくつかの症候が同時にも生ずる障害である。広汎性発達障害では、中枢神経系の異常等多岐にわたる他の一般身体疾患もみられることがある。

本章では、レット障害と小児期崩壊性障害を除外したカナータイプ自閉性障害（表9―1）とアスペルガー障害（表9―2）について触れながら、後述するウィングの提唱した自閉性スペクトラム障害（ASD）を対象とする。

① American Psychiatric Association 1980 高橋三郎・大野裕・染谷俊幸（訳）一九八二 DSM―Ⅲ 精神障害の分類と診断の手引 医学書院

② American Psychiatric Association 1987 高橋三郎・大野裕・染谷俊幸（訳）一九八七 DSM―Ⅲ―R 精神障害の分類と診断の手引 医学書院

③ American Psychiatric Association 1994 高橋三郎・大野裕・染谷俊幸（訳）一九九五 DSM―Ⅳ 精神疾患の診断・統計マニュアル 医学書院

④ American Psychiatric Association 2000 高橋三郎・大野裕・染谷俊幸（訳）二〇〇二 DSM―Ⅳ―TR 精神疾患の分類と診断の手引 医学書院

3節　自閉性（自閉症）スペクトラム障害とは

自閉性（自閉症）スペクトラム障害（Autistic Spectrum Disorders）（以下、ＡＳＤと略す）とは、ウィング（Wing）（一九八一）が自閉症（カナータイプ）とアスペルガー症候群とは同じ障害スペクトラムに属し、両者の特徴は多分に重複しているという考えを提唱したものである。スペクトラムとは、たとえば七色の虹のようなものであり、その連続帯を意味するとともにその境界は重複している。とくにウィングは、カナータイプの高機能自閉症とアスペルガー症候群との共通性について彼女自身の症例を通して実証的に検証して、アスペルガー症候群も自閉性スペクトラム障害という名のもとに、自閉的特徴をもつ状態を幅広くとり込むことを臨床的・実践的指導の立場から提唱している。

4節　カナータイプ自閉性障害（旧早期幼児自閉症）とアスペルガー障害（旧自閉的精神病質）とは

次に、アメリカ精神医学会（ＡＰＡ）はカナータイプ自閉性障害（早期幼児自閉症）とアスペルガー障害（自閉的精神病質）をＤＳＭ―Ⅳ―ＴＲ　精神疾患の分類と診断の手引で比較対照させてみると以下のようになる。すなわち、ＤＳＭ―Ⅳ―ＴＲでは自閉性障害（Autistic Disorder）の診断基準を次の表９―１のようにあげている。また、同じくＡＰＡはアスペルガー障害（Asperger's Disorder）について、次の診断基準を表９―２のようにあげている。

表９－１　自閉性障害（Autistic Disorder）　（ＤＳＭ－Ⅳ－ＴＲ、2000）

A（１）、（２）、（３）から合計６つ（またはそれ以上）、うち少なくとも（１）から２つ、（２）と（３）から１つずつの項目を含む。

（１）対人的相互反応における質的な障害で以下の少なくとも２つによって明らかになる

(a) 目と目で見つめ合う、顔の表情、身体の姿勢、身振りなど、対人的相互反応を調節する多彩な非言語的行動の使用の著明な障害

(b) 発達の水準に相応した仲間関係を作ることの失敗

(c) 楽しみ、興味、達成感を他人と分かち合うことを自発的に求めることの欠如（例：興味のある物を見せる、持ってくる、指差すことの欠如）

(d) 対人的または情緒的相互性の欠如

（２）以下のうち少なくとも１つによって示されるコミュニケーションの質的障害：

(a) 話し言葉の発達の遅れまたは完全な欠如（身振りや物まねのような代わりのコミュニケーションの仕方により補おうという努力を伴わない）

(b) 十分会話のある者では、他人と会話を開始し継続する能力の著明な障害

(c) 常同的で反復的な言語の使用または独特な言語

(d) 発達水準に相応した、変化に富んだ自発的なごっこ遊びや社会性をもった物まね遊びの欠如

（３）行動、興味、および活動の限定された反復的で常同的な様式で、以下の少なくとも１つによって明らかになる

(a) 強度または対象において異常なほど、常同的で限定された型の１つまたはいくつかの興味だけに熱中すること

(b) 特定の機能的でない習慣や儀式にかたくなにこだわるのが明らかである

(c) 常同的で反復的な衒奇《げんき》的運動（例：手や指をぱたぱたさせたりねじ曲げる、または複雑な全身の動き）

(d) 物体の一部に持続的に熱中する

B　３歳以前に始まる、以下の領域の少なくとも１つにおける機能の遅れまたは異常：（１）対人的相互反応、（２）対人的コミュニケーションに用いられる言語、または（３）象徴的または想像的遊び。

C　この障害はレット障害または小児期崩壊《ほうかい》性障害ではうまく説明されない。

表９－２　アスペルガー障害（Asperger's Disorder）
（ＤＳＭ－Ⅳ－ＴＲ、2000）

A　以下のうち少なくとも２つにより示される対人的相互反応の質的障害：
（1）目と目で見つめ合う、顔の表情、体の姿勢、身振りなど、対人的相互反応を調節する多彩な非言語的行動の使用の著明な障害
（2）発達の水準に相応した仲間関係を作ることの失敗
（3）楽しみ、興味、達成感を他人と分かち合うことを自発的に求めることの欠如（例：他の人達に興味のある物を見せる、持ってくる、指差すなどをしない）
（4）対人的または情緒的相互性の欠如
B　行動、興味および活動の、限定的、反復的、常同的な様式で、以下の少なくとも１つによって明らかになる。
（1）その強度または対象において異常なほど、常同的で限定された型の１つまたはそれ以上の興味だけに熱中すること
（2）特定の、機能的でない習慣や儀式にかたくなにこだわるのが明らかである
（3）常同的で反復的な衒奇的運動（例：手や指をばたばたさせたり、ねじ曲げる、または複雑な全身の動き）
（4）物体の一部に持続的に熱中する
C　その障害は社会的、職業的、または他の重要な領域における機能の臨床的に著しい障害を引き起こしている。
D　臨床的に著しい言語の遅れがない（例：２歳までに単語を用い、３歳までにコミュニケーション的な句を用いる）。
E　認知の発達、年齢に相応した自己管理能力、（対人関係以外の）適応行動、および小児期における環境への好奇心について臨床的に明らかな遅れがない。
F　他の特定の広汎性発達障害または統合失調症の基準を満たさない。

5節　自閉性スペクトラム障害とは

自閉性（自閉症）スペクトラム障害とは、ウィングが一九八一年の論文で、自閉症（カナータイプ）とアスペルガー症候群とは同じスペクトラム障害（広汎性発達障害）に属することを指摘し、両者の特徴は多分に重複しているという考えである。なお、スペクトラムとは七色の虹のように連続帯を意味し、その境界は重複している。また、正常との堺も連続的である。ウィングはカナータイプの高機能自閉症とアスペルガー症候群との共通性について、彼女自身の症例を通して実証的に両者の連続性を指摘し、この概念を提唱している。

2節の表9―1と表9―2を対比してみると、表9―1に記載されている諸症候から、自閉性障害とは三歳以前に始まる以下の三主症候を示す発達障害である。①対人的相互作用反応における質的な障害、②コミュニケーションの質的障害、③行動、興味、および活動の限定された反復的で常同的な様式とまとめられる。

表9―2からアスペルガー障害とは、Ａ　対人的相互反応の質的障害、Ｂ　行動、興味および活動の、限定的、反復的、常同的な様式、Ｃ　その障害は社会的、職業的、または他の重要な領域における機能の臨床的に著しい障害を引き起こしている、Ｄ　臨床的に著しい言語の遅れがない、Ｅ　認知の発達、年齢に相応した自己管理能力、とまとめられる。

そこで、両者の共通点と相違点を比較すると、主症候となる共通項として表9―1（1）と表9―2Ａ　対人的相互反応の質的障害、表9―1（3）と表9―2Ｂ　行動、興味、および活動の限定された反復的で常同的な様式があげられる。

他方、相違点として表9―1（2）コミュニケーションの質的障害と表9―2D　臨床的に著しい言語の遅れがないおよび表9―2E　認知の発達、年齢に相応した自己管理能力の項目に違いがみられる。

高機能自閉性障害（HFA）とアスペルガー症候群（AD）が同一のものであるか、異質のものであるかは未解決の問題であるが、アスペルガー障害（自閉的精神病質）は自閉性障害に比して言語発達や認知発達さらには自己管理能力が一般に良好であると一応区別されている。WHOのICD―10においても同様な見解である。それゆえ発見が遅く、青年期をすぎてからあらためてASDと診断されることもある。

筆者はある小学校の女性校長から、四〇歳代のある男性教諭についての相談を受けた。ある教諭とは、某国立大理学部の数学科出身で、最初高校の教師となったが、転勤で小学校に勤務することになった。しかし、小学校では学級担任等を分掌することが困難で、一〇年間に五回勤務校を転任（たらい回し）した。児童とのかかわりが型どおりで変化がなく、児童の気持ちや心が読めないということであった（**心の理論**）。このこと（AD）がその原因であることには気づかれていなかった。真面目で、表面的ではあるがいわれたことには従える受動的タイプで、性格的には幼児性を残していた。それだけにその校長は何とかしてあげたいと愛情をこめて必死に指導し、教育委員会の研修機関にも依頼して指導したが、教育技術面での表面的改善はみられたものの、対人接触面では変化はみられなかった（後に小学校教員としての適性上、転職が図られた）。

アスペルガー（Asperger）（一九四四）の原著に遡ってみると、かれの発想はヨーロッパの伝統的人格類型論からの見解が読みとれる。すなわち、自閉性精神病質とは正常からの偏り

心の理論（theory of mind）
自閉症スペクトラム障害の基本的障害仮説のひとつに「心の理論」がある。Baron-Cohen（一九八五、一九八六）は、自閉症児の対人関係障害は自閉症児が他人の心の状態を推測できないためであるとした。相手の心の状態を推測する能力とは、Premack と Woodruff（一九七八）が、チンパンジーで見出した「心の理論」（生得的な推論形成）と同じものであり、自閉症では「心の理論」が障害されていると彼らは主張した（石坂好樹（一九九九）「展望　自閉症と「心の理論」――自閉症は心を読めないか」高木隆郎、M・ラター、E・ショプラー編『自閉症と発達障害研究の進歩』Vol.1、日本文化科学社より引用）。

（人格偏奇）をさすが、「外界との関係の狭窄《きょうさく》」「情性欠如」「遺伝生物学的考察から男性的知能、男性性格の極端な変異（バリアント）」「この型の精神病質から精神病への移行は確認していない」「社会的価値からみると知的障害がないかぎり、ほとんど皆が就職に成功している。（行儀も悪く他の課目は駄目なのに）数学の才能から大学教授資格を取得した事例や知的な高度の専門的職業（理論数学者、科学者、官公吏、紋章学、音楽家）」「不器用で協調の悪い身のこなしと変な姿勢」等がその特徴としてよみとれる。

しかし、アスペルガーの事例にも、たとえば軽度知的障害者が含まれており、その実態においてカナータイプとのオーバーラップがある。アスペルガータイプがすべて知的に高く、正常範囲にあるとはいえないであろう。

ウィングは彼女の論文を門眞一郎（二〇〇〇）が翻訳にあたって、一八年後の追記をコメントしている。示唆に富むコメントであるので引用させていただく。

「この論文をはじめて発表して以来一八年たつが、その間の臨床経験からあきらかになったことは、自閉症とアスペルガー症候群とは同じ障害スペクトラムに属し、両者の特徴は多分に重複しているということである。以下の事実がその根拠となる。

(1)多くの人が両方の特徴を合わせもっている。

(2)幼い頃は自閉症の特徴を持っていた子どもが、次第にかわっていき、青年期までにはアスペルガーが報告した臨床像を呈するようになることがある。

(3)自閉性スペクトラム障害の人が二人以上いる拡大家族では、自閉症の人もいればアスペルガー症候群の人もおり、また両方の特徴が混ざっている人がいるといったことがある。

(4)自閉性スペクトラム障害の一卵生双生児や一卵生の三つ子が、それぞれ別々の診断カテゴリーに属していることがある。

⑸診断カテゴリーはどうあれ、スペクトラム全体にわたり、教育とケアの方法には同じ基本原則が当てはまる。」（ウィング、一九九九）

最近、ＨＦＡやＡＤに関する優れた実践的指導やその解説、またかかる障害者自身の手記も出版公表されてきた。

「自閉」という用語は、精神医学者ブロイラーの精神分裂病の中心概念から、カナーとアスペルガー両者ともにアナロジカルな影響を受けている点に共通性があるが、現在、この障害は広汎性発達障害としての共通認識からすれば誤解をまねきかねない用語ともいえよう。むしろ、知的障害に対照的な意味で、その主徴候である対人的機能障害あるいは対人接触障害といった用語で広汎性発達障害に位置づけることが妥当であるかと考えられるがどうであろうか。そして、現行の用語からすれば、ウィングの自閉性スペクトラム障害として表９―１の自閉性障害と表９―２のアスペルガー症候群を合わせた連続帯としてとらえ、それぞれ一人ひとりについて個人差と個人内差をアセスメントし、理解を深めて特別支援教育・福祉に生かすことが重要であると考えられる。

杉山登志郎編著『アスペルガー症候群と高機能自閉症の理解とサポート』学研、二〇〇二年。

高城寛志・星河美雪編著『高機能自閉症の子育てと療育・教育――発達と障害の視点から』クリエイツかもがわ、二〇〇五年。

6節　自閉性スペクトラム障害のアセスメント――個人差と個人内差

連続帯としてこの障害をとらえるとき、個人差があるのは当然であり、アスペルガー症候群と高機能自閉性障害は、原則的には知能は境界線を含めて正常範囲にあり、個別の知能検査で測定した知能指数がＩＱ七〇～七五以上であることが一応診断上の基準となっている。

各種心理検査に関心のある方には、松原達哉編著『心理テスト法入門――基礎知識と技法習得のために』日本文化社、二〇〇二年が参考になろう。

他方、重複する知的障害が軽度・中度・重度・最重度を示すＡＳＤ対象者が存在している。また、知能の程度に関わらず、ウェクスラー検査では言語性検査（Ｖ）と動作性検査（Ｐ）に有意な差のある者やＶの下位検査間、Ｐの下位検査間に凹凸の激しい個人内差をしめす者もある。なんらかの中枢性の器質的・機能的障害が推測される所以《ゆえん》でもあろう。

一九七九（昭和五四）年の養護学校（現在の特別支援学校）の義務化にともなって知的障害養護学校（当時）に、（学籍を復帰した）自閉性障害児が雪崩を打って入学してきた。教育の場が確保されたことは望ましいことであったが、指導法等暗中模索であった。筆者（二〇〇四）の、ＡＳＤ児童・生徒に関する公立学校での担当教師との共同研究や、付属養護学校（当時）での一二年間（小一～高三）までのＰＥＰ（教育診断検査）による年一回の定期的追跡的研究は、幼児期の自閉性障害児がどのような発達過程をたどるのかを実証的に検証する意図で行われた。たとえば、入学時点での表出言語の有無は、その後の精神発達に大きく左右する指標であることも判明した。反響言語のある児童は、学年進行につれて状況対応的言語に移行していく事実も確認できた。

ＡＳＤのアセスメントには、アメリカ精神医学会の精神疾患の分類と診断の手引（ＤＳＭ―Ⅳ―ＴＲ）やＷＨＯの国際疾病分類（ＩＣＤ）の診断基準をもとに幼児・児童・生徒の行動観察が基本である。しかし、臨床心理学的アセスメント、すなわち、家族歴・遺伝歴、生育歴・既往歴、心理検査（精神発達検査、運動能力検査、知能検査、言語検査、神経心理学的検査等）の標準化された検査でのアセスメントが必要不可欠である。また、心の理論といった側面からＡＳＤの特性をアセスメントすることも事例によって必要であろう。

7節　おわりに――出現率と課題

ラター（Rutter）（二〇〇四）はこの論文の結論で「ASD（自閉性スペクトラム障害）の真の発生率は、約四〇年前の一万人当たり四人という最初の推定値と比べると、現在では一万人当たり約三〇～六〇人のオーダーらしいと考えられる、優れた疫学的データが存在する」（中略）「行政データによると、ASD診断の割合は年々大きく増大している。そしてその大部分は、ケース確認の向上と診断概念の拡大の組合せによることは明らかだが、ASDの発生率がこの間に本当に上昇しているという可能性は完全には否定できない。ASDの割合の著しい増加は、主として正常知能のASDの人に関するものであり……」と指摘している。

杉山登志郎によれば、「二〇〇六年名古屋市における調査では、知的障害まで含めた広汎性発達障害は二・一パーセントと報告された。うち、高機能グループは一・五パーセントであった」という。

ラターの報告をはるかに超えた出現率であるが、とくに診断がおくれたり、また見逃されてきた可能性のある高機能自閉性障害やアスペルガー障害といった自閉性スペクトラム障害児・者への理解と特別支援教育・福祉の充実と発展が望まれる。

杉山登志郎著『発達障害の子どもたち』講談社、二〇〇七年。

◆ケースシリーズ4◆

高機能自閉症（四〇代男性）の事例
――幼児期から成人までの継続的なフォロー

はじめに

四〇年間という長期間にわたって、筆者が関わり続けてきている高機能自閉症の事例について簡単に紹介する。当時の考え方やとり組みを振り返りながら、高機能自閉症の支援のあり方について考えてみたい。

幼児期・就学前

自閉症の診断を受け、大学の研究室（筆者所属）において、グループ指導と個別指導を定期的に受けていた。身辺自立はまだできておらず、他人との交流もみられない状態であった。

三歳のとき、関東の大きな駅で迷子になる事件が起きたが、一人で電車を乗り換え、目的の親戚宅まで間違えずに行ったというエピソードが残っている。驚くべきことに、その駅には、母親に背負われて一回だけ行ったことがあっただけであった。

また、文字を読めることがわかったので、文字カードを用いて会話の仕方を練習した。自然な感じではなかったが、なんとか会話が成り立つ状態であった。

小学校時代

地元小学校の知的障害特殊学級に入級する。六年時に他校に情緒障害特殊学級が新設されて転校。担任は筆者。

家族をはじめ周囲の人間は方言を話すという環境にもかかわらず、本人は共通語を話すということがあった。これは、人とのごく自然なやりとりのなかでことばを覚えるのではなく、ラジオ、テレビ、文字などからことばを覚えるというメカニズムなのではないかと考えられた。このことから、自閉症児に方言が出てくれば、人とのやりとりが自然になされてきているという評価につながるとも考えられた。

まだエコラリア（オウム返し）の言語特徴が残っていたが、規制するよりも量的に十分に出させた方がいいとの考え方から、どんどんエコラリアを出させていく対応をした。

算数においては、桁数の多い掛け算や割り算を瞬時に計算してしまうことや引き算において頭から引いていくなど、特異な計算方法をとっていることなども観察された。このような特異な計算方法は最近解明されつつあるが、当時は不思議な自閉症の特徴として強く印象に残っている。また、文章題において立式ができるということは、関係がわかるということなので、関係把握能力の向上につながることとして、計算よりも文章題を意図的にやるよう計画した。

いわゆる教科学習はかなり進んできて、通常の学級と一緒の学習が可能な教科が徐々に増えていった。そのため通常学級との交流を、教科とともに行事などの特別活動、給食など可能な限り積極的に図っていった。

当時の考えとしては、学校は実社会と比較すればある意味で「温室的」であるので、その「温室」のようななかでも少しずつ人間関係・社会性が育つことを期待したのである。高校さらに大学進学と、できるだけ長く学校という「恵まれた所」にいるためには、学力が命綱になっているのでその意味で学力を付けようというものであった。

中学校時代

他の生徒と学習が可能な状態になっていたので、通常の学級に在籍した。もちろん特殊学級との連携も体制を整えたうえでの措置であった。学級担任は三年間同じ教師が受けもち、一貫性にも配慮した。

学習の特徴をみてみると、数学、年表や元素記号を暗記すること、漢字や英語が得意な反面、国語において心情を理解するなどが極端に困難であること、これなど自閉症の特徴がよく出ていたと考えられる。

高校・大学時代

高校は普通科を志望したが、入学試験の結果が随分とよかったために、高校側から特別進学コースへの入学を薦められた。結果的には、多様な生徒がいる普通科よりも、少人数で特別な教育課程の特別進学コースのほうが、きめ細かに対応されてよかったと思われる。

大学にも学力的には問題なく入学できた。大学では教授の協力のもと、本人のためのサークルを設立し、具体的な支援にあたった。人間関係等で小さなトラブルは数多くあったことも事実であるが、無事卒業することができた。

社会人時代

大学まで出ている自閉症者は、障害者として認定されるわけではないので、福祉のサービスはまったくない。就労についても一般の人と対等に競争しなければならない厳しさがある。

本例の場合、製造業に一一年間就いた。最初は社員寮に入ったが、盛り上がっている最中にテレビを消してしまうなど、規則通りの生活しかできなくて他の社員とうまくいかず、間もなくアパートでの一人暮らしをすることとなる。その後リストラに遭い、現在は実家に戻って新聞配達をしている。新聞配達をしている高機能自閉症やアスペルガー症候群の人は多いものである。対人的に接触しなくともいいこと、配達にまったく間違いがないことなどで、自閉症に合っている仕事といえるのかもしれない。

おわりに

「気にかかるものがあると、好物を食べても味がしない」と彼はいう。シングルフォーカス（ふたつ以上の情報や感覚を同時に処理することが困難な状態）という自閉症の特徴のひとつであると考えられる。生活面などで大変な成長をみせた本例でも、このように本質的な部分は変わらないということであろう。

本例から学ぶべきこととして、社会のなかで生きていくために具体的な「ソーシャルスキルの獲得」を目指すこと、早い段階から「就労の準備」をすること等があげられよう。

本例の場合、もっと社会性をつけるための「特別な訓練」が必要だったとも考えられるが、当時の研究・実践の情勢を考えると精一杯のとり組みであったと思わざるを得ない。今後も筆者との関わりは継続していくこととなる。

10章　精神障害者の心理

1節　精神障害者とは

精神障害者ということばは以前から使用されてきたが、精神医学や精神保健の領域では、この用語が必ずしも明確に定義されていない。一九八八年に施行された**精神保健法**、また、それ以前の一九五〇年から使われていた精神衛生法においても、以下のようにしか定義されていない。精神保健法では、第五条に、精神障害者とは「**統合失調症**、中毒性精神病、知的障害、精神病質その他の精神疾患を有する者をいう」と表記されている。精神病質は今日では**パーソナリティ障害**と呼ばれているし、その他の精神疾患という呼び方では、精神障害はすべての精神疾患を含むことが可能とも考えられる。そもそも法律では、精神障害と精神疾患は明確に区別されていない。

精神障害者については、一九九三年の**障害者基本法**の成立を待って、明確に障害者と定義されるまで、厳密な意味で障害者としてとり扱われなかった。三障害のひとつに入れられるようになって初めて、精神障害は、精神的な障害により、長期にわたり社会に普通に参加することが難しいと考えられるようになった。

精神疾患には、短期のものから長期にわたるものまでさまざまな疾患が含まれている。精神障害者として統合失調症や**躁うつ病**が入るのは当然であるが、**ライフサイクル**から精神障

精神保健法　一九八八年、閉鎖病棟内で看護職員の暴行により患者を死亡させた宇都宮病院事件を契機とし、精神衛生法が改正されて施行された法律であり、精神障害者の人権擁護と社会復帰の推進が柱である。

パーソナリティ障害　思考、態度、行動、対人的な関わりなどにおいて、人はそれぞれ異なる特徴をもっており、これを人格と呼ぶ。パーソナリティ障害とは、これらの人格のために、自分が悩んだり、社会生活において不適応をきたした場合をさす。

害を眺めてみると、どの疾患を精神障害として分類するかはかなり難しい。幼少年期の発達障害と、高齢期の認知症を除いて、長期にわたる治療や支援を必要とする精神障害として、思春期から青年期に発症する、統合失調症、対人恐怖症、摂食障害、パーソナリティ障害、青年期から成人期に発病する躁うつ病等が考えられるが、ここでは二大精神障害である、統合失調症と躁うつ病について概説する。

2節　統合失調症

1　統合失調症の概念と症状

精神障害の中核を占めるもっとも重要な疾患である。この統合失調症の概念の基礎は一九世紀後半から二〇世紀前半にかけて、クレペリン（Kraepelin）とブロイラー（Bleuler）によって築かれた。その病因はいまだ明らかでないものの、おおよそ次のように言うことができる。思春期から成人期にかけて発病し、特徴的な思考障害、**自我障害**、またそれにともなう異常行動を示し、多くは慢性に経過し、自発性の減退や自閉が起こり、社会のなかで生活していくのに困難をきたす。ブロイラーは、統合失調症の基本症状として**連合弛緩**、感情障害、**自閉**、**両価性**の四つをとりあげている。

統合失調症の出現頻度は〇・七〜〇・八パーセントといわれ、時代、国や民族を問わずほぼ一定して男女差は認められない。また、有病率（ある特定の時点における頻度）は〇・三パーセント前後といわれている。統合失調症の大部分は一四歳から三五歳までの間に発症するが、その過半数は二〇歳前後であるから青年期の病気であるといえる。

障害者基本法　一九九三年、心身障害者基本法が改正されて、障害者基本法に改められた。基本理念として、ノーマライゼーションの考え方が導入され、「すべて障害者は、社会を構成する一員として社会、経済、文化その他あらゆる分野の活動に参加する機会を与えられるものとする」という第三条第二項が加えられた。

自我障害　自我体験の意識は、①能動性の意識、②単一性の意識、③同一性の意識、④外界や他者との間に境界のある意識などであるが、それらの意識が障害された場合をさす。

連合弛緩　思考の進行にあたって、思考の流れのなかで関連性と統一性が欠け、論理的関連がなく、思考のまとまりがなくなるもので、滅裂思考のひとつであり、統合失調症に特有である。

遺伝学的研究では、統合失調症者の子が同病にかかる危険率は一六・四パーセント、同胞では一〇・六パーセント、孫で三パーセント、いとこや甥・姪では一・八パーセントとなっている。また双生児研究における一卵性双生児の統合失調症の一致率は六〇～七〇パーセントであり、二卵性双生児の一致率一〇～一五パーセントに比較して有意に高い。こうしたことから統合失調症は遺伝の傾向はあるものの、発症のすべてが遺伝的に決まるのではなく、環境要因も含めて、複合的な要因が関与していると考えられている。今日、もっとも支持されている発症モデルは、脆弱《ぜいじゃく》性―ストレスモデル（生物・心理社会的複合論）であり、生物学的因子と社会、家族、認知機能といった心理社会的因子の相互作用によって脆弱性が形成され、それに身体的あるいは心理・社会的ストレスが加わって精神機能の変調が起こり、発症するとされている。

症状はきわめて多彩であるが、病気の経過によってかなり変化する。前駆期を経て、初期・急性期にいたり、このときは、周囲の様子の変貌、幻覚・妄想、自我障害など統合失調症に特有な症状が出現したり、興奮と混迷を繰り返す症状が出現したりする。やがて慢性期へ移行し、**感情鈍麻《どんま》**、意欲の低下など情意面での障害が目立ち、対人接触や外界との接触から引きこもり、社会活動の低下がみられる。さらに進行すると人格の荒廃へと至り、自分自身の身の回りのこともできず、怠惰な生活を送るようになる。急性期に出現する、幻聴や妄想等のはなばなしく産出的な症状を**陽性症状**と呼び、慢性期に出現する、非産出的な失調症状である、感情鈍麻、自発性の欠如、無感情、社会性の低下などを**陰性症状**と呼んでいる。

まず、統合失調症は、表情、動作、ことばに特徴が現われる。身振りはぎこちなく、無表情、なにかにおびえている様子で、とくにおかしくないのに笑ったりする（空笑）。話しぶ

脆弱性―ストレスモデル　統合失調症の発症モデルと考えられている。このモデルは、社会・家族・認知機能といった環境因子と、遺伝といった生物学的因子の交互作用によって脆弱性が形成され、それに身体的あるいは心理・社会的ストレスが加わって発症する。

感情鈍麻　感情の細やかな動きが減少し、周囲の人との情緒的交流がもちにくくなることで、感情が動くような刺激に対しても、ほとんど感情が動かない状態である。統合失調症、とくに慢性期に特徴的とされている。

りは単調な張りのない声でしゃべり、独り言を言ったり（独語）、自分しか解らないことばを作ったり（言語新作）、無意味なことばを断片的にならべたりする（ことばのサラダ）こともある。

第二に、意欲、自発性の低下が徐々に進行し、仕事、学業、家事ができなくなるなど、家庭や社会的行動面での障害だけでなく、日常生活一般に気配りをしなくなり、身だしなみもだらしなくなり、無気力、怠惰な生活を送るようになる。しかし、ときには行動異常が目立ち、奇異な行動に出ることもある。また、突然興奮し、訳のわからぬことを口走ったり、泣きわめいたり、攻撃的になったりする**緊張病**性興奮を示すこともある。逆に、緊張病性**昏迷**では、意識が清明であるにもかかわらず、呼びかけに対してまったく反応しない状態になる。

第三に、思考障害が見られる。話にまとまりがなく、ある主題が他の主題へと飛躍する状態を連合弛緩といい、それが顕著になり、患者の喋っていることが理解不能な状態を滅裂思考という。また、自分が他人から害を受けるという「**被害関係妄想**」を中心としたさまざまな妄想が見られる。**妄想**とは、思考内容の異常であり、周りで起こる出来事に対する訂正不能な誤った確信である。これから世の中でなにか不気味なことが起きそうだと感ずる「妄想気分」、道ですれ違った美女と目が合って、結婚相手だと確信する「**妄想知覚**」、ある日突然、自分は天皇の孫だと信じ込む「妄想着想」、自分が追われているという「追跡妄想」、ご飯に毒を入れられているという「被毒妄想」、自分が見られているという「注察妄想」等数多くある。

第四に、妄想とともに、**幻覚**もしばしば見られる。統合失調症に見られる幻覚の大部分は幻聴である。ののしったり、非難したり、脅したりする声が聞こえてくる。声の主は特定の

人格荒廃　健全な人格が機能不全に陥り、その精神機能に質的変化が起きた状態のことである。一般的に、統合失調症の末期状態に使用されることが多く、思考は統合性や関連性を失い、感情も鈍麻し無感情となり、興味や意欲もなくなり、人との交流や情緒的な疎通も障害される。

緊張病　統合失調症は、主に妄想型、破瓜型（解体型）、緊張型に分けられるが、緊張病は、この緊張型統合失調症のことをさす。中心となる症状は、興奮と昏迷である。

昏迷　意志表出が欠如もしくはきわめて乏しくなり、外部からの刺激や話しかけに一切反応しない状態である。意識障害とは異なり、外部の情況をよく認識している。

人物であったり、複数の場合もある。幻聴に類似しているが、自分の考えていることが他人の声になって聞こえてくるのを思考化声と呼ぶ。幻視は統合失調症にはまれであるが、脳が溶けている等の**体感幻覚**がしばしばみられる。

第五に、自分で考え行動するという能動性の意識が弱いために、種々の自我障害が生じる。自分の考えや行為が他人から操られていると感じる作為体験（させられ体験）が特徴的であり、人の考えが頭のなかに吹き込まれる（思考吹入）、自分の考えが抜き取られる（思考奪取）、また、自己と他人との間の自我境界が不鮮明になるために、自分の考えが他人に知られてしまっている（**考想察知**）、自分の考えが周囲に知れわたっている（思考伝播）などもよくみられる。

第六に、感情障害が現われる。その特徴は敏感さと鈍感さが同時に存在することであり、悲しむべきときに喜ぶなど、状況にそぐわない感情反応（感情倒錯）や、同一の対象に好きと嫌いという相反する感情を同時に抱く（両価性）ことがみられる。慢性期になると、感情が平板化し、喜怒哀楽の感情に乏しくなる。しかし、この状態においても感情が失われているわけではなく、無関心の奥に閉ざされている敏感な感情を読みとることも不可能ではない。

2　統合失調症者の心理

彼らにとっての恐怖は、精神病性不安、すなわち安心して生きていける人間世界から阻害されることである。普通、人間は生きているそのことが脅かされる不安はもっていない。エリクソン（Erikson）によれば、母子関係において築かれているはずの基本的信頼関係ができあがっていないために、起きてくる現象という。これまで平和だった世界が突然牙をむき始める。近所の人がざわめき始め、これまで親しかった隣の人が口を利いてくれない、学校へいってもみな自分をにらみ、避けられてしまう。家に戻ろうとすると後ろから黒い服を着た人が追ってきて、玄関に逃げ込むと黒い草履が脱いである。もう周りは敵だらけ、このまま殺されてしまうに違いない。

こうした統合失調症が急性期の状態に抱く心の苦しさは、普通の人では到底図り知ることができない。この暗黒の闇に放り出された自分を決して病気だとは考えない。しかし、こうした苦痛は、周りから見れば異常な思考や言動に見える。この閉塞状況のなかですべてを拒否し、食べることも拒否して、部屋のなかに閉じこもる人もいれば、「俺はなにもしていないのになぜ追うのだ、殺さないでくれ」と大声で叫ぶものもいる。こうした精神病性不安に対して、心理療法的には、まず寄り添って、患者を温かく見守ることしかできない。患者にとってはすべてが敵である。そうした人に対して、そうやすやすと心を許すわけがない。時間をかけて一歩一歩相手の世界に接近し、対人関係づくりを試みていく方法しかない。

慢性化してしまった統合失調症者はどうであろうか。ミンコフスキー（Minkowski）のことばを借りれば、**貧しい自閉**か**豊かな自閉**の世界に生きているという。貧しい自閉とは、心のなかに空洞ができ、自分自身さえはっきりしない。幻覚や妄想もほとんど消失し、妄想のなかでさえ人間関係をもつことができない。そこには、現実世界から阻害されてしまった穴蔵のなかで、ただ不毛な生を生きているに過ぎない。一方、豊かな自閉では、現実と遊離してしまった妄想的人間関係のなかに自分を保ちながら行動的に生きている。聞こえてくる声は自分を非難する声であったり、助けてくれる声であったりする。いずれにしても、現実の周りの人々から阻害され、まったくの孤独のなかに生きている。

長期にわたる自閉的状況では、現実の生きた人間的交流や温かみのある人間世界はすでに色あせ、ほとんど意味をもたなくなっている。現実世界から彼らを眺めれば、毎日、昼夜の区別もなく、寝たり起きたりの怠惰な生活を送っているように見える。幻聴に考え込み、妄想に苦しめられる姿は、まったく別の世界に住んでいるように見える。彼らが現実の世界に生きた意味を見出せるよう支援していくことは、かなり困難であるが、彼らが、より現実のなかに根を下ろせるように、**SST**、芸術療法、**心理的教育**等さまざまな**精神科リハビリテーション**が試みられている。

3節　気分障害

1　双極性障害

一九世紀末に、クレペリンによって確立された、二大内因性精神病のひとつで、躁うつ病と呼ばれていたが、最近では、気分（感情）障害ということばが用いられる。気分障害とは、気分あるいは感情の変化を基本障害とし、気分が高揚する躁状態と、気分が抑制されるうつ状態に分けられる。躁状態とうつ状態を繰り返すものを躁うつ病と呼ぶが、最近では双極型（**双極性障害**）といわれる。一方、うつ状態のみを繰り返すものをうつ病、あるいは単極型（**うつ病性障害**）と呼ぶ。躁病のみを繰り返すものはまれである。病気が経過しても、人格の荒廃をきたさない点で、統合失調症と区別される。

双極性障害は一〇歳代後半以降から発病し、ピークは二〇歳代後半で、中年にも発症する。発生率〇・五～一パーセントで、うつ病性障害の発生率より低く、男女差はみられない。躁

SST　Social Skills Training（生活技能訓練）の頭文字をとったもの。ストレス－脆弱性－対処技能モデル、社会学習理論などを基礎理論とした認知行動療法的治療技法である。

精神科リハビリテーション　精神疾患やそれによる障害によって喪失、あるいは低下した機能や権利を回復することであり、さまざまな働きかけによって能力障害が改善され、社会復帰につながっていく。作業療法、生活指導、レクリエーション療法、デイケア、デイ・ナイトホスピタル、生活訓練施設などがある。

うつ病の家系研究では、一卵性双生児の一致率が六〇～七〇パーセント、二卵性双生児が二五パーセントである。遺伝的素因に環境的要因が加わり発症に至ると考えられている。環境要因として、双極性障害になりやすい病前性格と心理社会的ストレスが指摘されている。

ここでは**躁病**の症状と心理的側面について述べる。まず、思考の障害として、考えは回転が速くなり、多弁となる。話の筋が脱線していく**観念奔逸**《ほんいつ》という症状が見られるため話がまとまらなくなる。自分の能力や財力などに過剰な自信を示すため、「新しい発見をした」などの発明妄想や誇大妄想をもったりする。感情の障害では、気分が高揚し爽快となる。自我感情は亢進《こうしん》し、気が大きくなり、楽天的、なにごとも苦にならず自信満々となる。態度は尊大で、思うように行かないと易怒的《いどてき》になることもある。意欲や行動の障害では、意欲は亢進し、活動的となるが、注意散漫となり、あれやこれや手を出すが、最後まで物事をやり遂げられない（行為心拍）。また抑制が欠如とするため、相手かまわず喋りかけたり、電話をしたりし、多弁、多動となる。気持ちが大きくなるため、濫費《らんび》、性的逸脱、他人とのトラブルを引き起こすことも多い。ほとんど眠らなくても疲れを知らず、行動的となり、朝早くから夜遅くまで行動し、二、三日寝なくても大丈夫である。

こうした躁病患者の苦悩は、自分の感情、思考、行動を自分自身でコントロールできないことにある。意欲の亢進により、いろいろな行動を起こすがまとまらず、成就しない。誇大的となり、普段なら買わないような高級車をローンで買ってしまったり、普段はしない大きな商談を進めてしまったりする。意欲は亢進し活動的になっているので、自分の思い通りにことが運ばないといらいらし、他人とトラブルになったりする。つねに神経が高ぶり、休むことを知らないために、やがて精神的にも身体的にも疲労困憊《こんぱい》となり、エネルギーが枯渇し、

観念奔逸　思考形式の障害のひとつで、思考過程において連合活動が活発となり、表面的に結びついた観念が次々と湧出し、思考が本筋からずれたり飛躍した状態。

易怒的　些細なことに対して、すぐに怒ること、怒りっぽいことをさす。

濫費　お金や品物などを無計画にどんどん使ってしまうこと。

うつ状態へと入っていく。

患者自身は、一所懸命やっているつもりであるが、すべてが空回りし、エネルギーを無駄に使用していることに気づいていない。普段よりテンションが高いことを指摘しても本人は聞き入れない。逸脱が大きい場合は入院も考慮しなければならない。

双極性障害者の辛さは、躁とうつを揺れ動く激しい感情の変化にある。躁とうつの入れ替わりは二、三日のこともあれば、長期にわたる場合もある。その上下の激しさに患者自身が振り回される。自分の意志に無関係に、調子がよく普通にできるときと、うつ的で、起きるのもおっくうになり一日中、なにもできないときがある。自分自身で自分の感情や行動をコントロールできない苦悩をいつも背負っている。

2 うつ病性障害

うつ病性障害は、感情、思考、意欲、行動に障害が現われる。感情面では、気分の落ち込みが起きてくると、なにをしていてもつまらなくなり、テレビを見ていて突然悲しくなったり、夜中に一人で起きて泣いてしまったりする。一日中憂うつ感があるが、とくに午前中に強く、午後から夜になると比較的気分が楽になる（**日内変動**）。現実感覚がなくなり、きれいな花を見ても、美しい景色を見てもまったく感動がなくなる（**離人感**）。生きていることが虚しく、自分や家族の現在や将来に対して悲観的になり、いっそ死んでしまったほうが楽だろうと感じることもある。

さらに感情の低下が起こると、自分には何の能力もない、無意味な人間であると、自分の能力を過小評価するようになり、重い抑うつ気分にともなって**微小妄想**が出てくる場合があ

微小妄想　自己の人格や能力、健康、財産などを過小評価し、自分は意味のない、価値のない存在だと考える妄想であり、健康に関する心気妄想、財産に関する貧困妄想、倫理的・道徳的なものに関する罪責妄想などに分けることができる。

る。「家にお金がなくなり、一家が路頭に迷うのではないか」（貧困妄想）、「頭痛が続き、脳外科で精査して、問題ないといわれたが、脳腫瘍で死ぬに違いない」（心気妄想）、「道路のごみを片付けなかった。世間に迷惑をかけてしまった」（罪責妄想）、これら三つを合わせてうつ病の三大妄想と呼んでいる。

思考の面では、思考の抑制が主な症状である。「いい考えが浮んでこない。同じことが頭のなかをぐるぐる回っていて、考えがまとまらない。物事を決断することができない」というように、思考が渋滞し、集中力、判断力、決断力、持続力等が低下してくる。家庭の主婦は夕食のメニューが考えられないといい、サラリーマンはパソコンに向かっていてもミスが多く、仕事が全く進まなくなったと訴える。

意欲や行動の障害では、毎日が億劫《おっくう》で、体が動かない（**精神運動抑止**）。朝起きて洗面が面倒くさくなり、朝食も食べる気にならず、テレビもみられず、新聞も読めない。このように意欲の低下が起きてくると、日常的な行動面にも支障をきたすようになる。日ごろ楽しんでいた趣味や楽しい出来事への興味や関心も失ってしまう。動作も緩慢《かんまん》になり、一日中横になった状態が続き、症状が悪化すると、こちらの話にまったく反応しなくなり、うつ病性の混迷状態におちいることがある。

また、自律神経も障害されるため、さまざまな身体症状の訴えがみられる。まず、入眠困難、途中覚醒、熟眠困難、早朝覚醒といった多様な**睡眠障害**がみられるが、逆に過眠がみられることもある。次に、食欲不振がみられ、体重の減少をともなうことも多い。吐き気、むねやけ、便秘などの消化器症状をともなうこともある。第三に体の疲労感や頭痛、後頭部や頚部の違和感、動悸、発汗、しびれ感等の不定愁訴の訴えをすることも多い。

うつ病性障害の発症には、生物、遺伝学的要因は別にして、**病前性格**と環境的要因が関与しているといわれている。テレンバッハ（Tellenbach）はうつ病になりやすい性格として「メランコリー親和型性格」をとりあげた。**秩序志向性**が強く、自分自身に対する要求水準が高い。まじめ、几帳面、完全主義的で、他人に対して敏感で、細かい配慮をする。こういう病前性格をもった人が、何らかの社会的な出来事を引き金にして発症しやすいという。

抑うつ症状の引き金は、昇進・退職・失業等の職業に関すること、出産・事故・病気等健康上の理由、引越し、転勤・職場の配置転換等の状況の変化、家庭内不和、結婚、離婚、近親者の死等、さまざまであるが、必ずしも悲しい出来事とは限らない。ただ、引き起こされてくるうつ病性障害の状態像にそれほど差はみられない。抑うつ状態が軽度なときには、不安、いらいら、憂うつ、悲しみ、孤独感を感じるが、抑うつが深くなるにつれ、生きているという現実感がない、生きている意味がない、生きていても皆さんに迷惑をかけているだけだというように、自己否定感情が**前景化**し、絶望感、希死念慮が強くなってくる。こうした重度のうつ状態の苦しみは、「悲しさ」を感じることのできない悲しさにある。自分の周りで起こる出来事は、すべてが否定的見え、出口のないトンネルのなかに、ただ一人とり残され途方にくれている。この状態が長く続くこともあれば、断続的に続くこともある。

こうしたうつ病性障害の患者は、病態が重いと、あまり多くを語ろうとしないが、症状が軽くなってくると、自分の辛さを訴えようとするし、おっくうさも軽減し、身体的にも動けるようになってくる。こうした時期は、苦悩は残っているが、他の症状が軽減されるため、自殺が実行されやすい。うつ病性障害の**自殺**は、病気の始まりと、回復期に多いので、ちょっとしたサイン（たとえば、ふとしたため息、普段より考え込んでいる）を見逃さないよ

病前性格　統合失調症者や躁うつ病者などが発病前にもっていた性格のことをさす。たとえば、下田光造が躁うつ病の病前性格とした執着性格、テレンバッハがうつ病の病前性格としたメランコリー親和型が代表的である。

秩序志向性　テレンバッハは、うつ病の病前性格としてメランコリー親和型をあげたが、そのなかでも秩序に対する独特の態度をとりあげ、これを秩序正しさ（几帳面、秩序志向性）と呼んだ。

前景化　表立って出てくること。たとえば、「統合失調症の陽性症状が消失した後、陰性症状が前景化してくる」と表現される。

うにし、十分注意する必要がある。また、死にたいという気持ちをタブーにしないことである。死の話をすると、より死にたい気持ちが強くなるのではないかと恐れる向きもあるが、死の苦しみを相手に共有してもらえれば、それだけでも幾分気持ちは楽になると思われる。しかし、希死念慮が本当に強い場合は、精神的だけでなく物理的に保護する必要があるので、入院も考慮に入れる必要があるであろう。

遷延性《せんえん》のうつ状態、あるいはうつ状態と寛解《かんかい》を繰り返すうつ病性障害者の心理も大切である。抑うつ状態が遷延すると、彼らが行ってきた、学業や仕事を中断せざるをえない。しかし、中断が長期にわたってくると、自分はなにもできないのではないかという不安や焦りが強くなり、自己評価が低下してくる。最近では、うつ病性障害者のリハビリテーション、とくに就労休職者のリワークが重要な課題となっている。就労に向けて、デイ・ケア等でさまざまな復職支援プログラムが組まれ実行されつつあるが、時間をかけた丁寧な支援が必要である。十分な休養をしたうえで、あせらず、一つひとつプログラムをこなし、自信をつけていくことがもっとも重要である。

遷延性うつ状態　うつの一病相が、あるべき一定の期間で終了せず、なんらかの原因によって長引いている状態。

寛解　一般に精神疾患は身体疾患のように完全に治癒することはなく、治癒したようにみえても再発しやすい（シュープ）ことから、「寛解」という概念が用いられる。

復職支援プログラム　現在休職している就労者向けに、職場復帰を目指すプログラムのことをさす。

◇支援知識シリーズ1◇

補聴器

補聴器の種類

コミュニケーションは社会生活において必須のものであるが、もっとも効率の良いコミュニケーション手段は話しことばである。ことばを聞くのは耳（聴覚）なので、聴覚障害者（難聴者）は社会生活において大きなハンディキャップをもつことになる。また、生まれつき重度難聴がある乳幼児は、適切な教育的措置が施されないとことばが喋れなくなる（聾唖《ろうあ》）こともある。このハンディキャップを補うのが補聴器や人工内耳である。補聴器は、音を電気的に増幅し、聞きやすい強さの音にしてイヤホンで耳に入れてやるもので、原理的には拡声器と同じである。ポケット型、耳掛け型、耳あな型（挿耳型）などがあり（図1）、難聴の程度によって高度難聴用や重度難聴用が使い分けられるが、最近は耳掛け型デジタル補聴器が主流となっている。この他、眼鏡のツルに補聴器を組み込んだ眼鏡型や、外耳道のない場合などに用いる骨導補聴器などもある。

難聴の程度と種類

音波は鼓膜と耳小骨を振動させて内耳の外リンパ液に伝わり、有毛細胞（感覚細胞）を興奮させる。ここで振動のエネルギーは電気的エネルギーに変換され、蝸牛神経を介して脳に伝わる。この聴覚機構のどこに障害が起こっても難聴は起こる。

音の性状は、高さ（周波数）と強さ（音圧）で規定される。人は二〇～二万Hz（ヘルツ）の音を聞くことができるが、日常生活に重要な周波数は一二五～八〇〇〇Hzである。なかでも五〇〇～二〇〇〇Hzがもっとも重要で、会話音域と呼ばれる。音の強さは、一般に正常者の閾値《いきち》（聞き取れるもっとも弱い音）を基準にして対数尺度で表したdB（デシベル）という単位が用いられる。被検者が聞き取れるもっとも弱い音（閾値）を「聴力レベル」というが、聴力レベルが〇～二〇dBは正常、二〇～四〇dBが軽度難聴、四〇～七〇dBが中等度難聴、七〇～九〇dBが高度難聴、九〇～一〇〇dBが重度難聴、一〇〇dB以上は聾と呼ばれる。軽度難聴でも不便を感じることもあるが、平均聴力レベルが四〇～五〇dB以上の人は補聴器を装用した方がよいとされる。平均聴力レベルが七〇dBを超えると日常生活にかなり不自由を感じるので、身体障害者自立支援法によって身体障害者（二～六級）に認定され、補聴器が交付される。

外耳と中耳の障害で起こる難聴は「伝音難聴」、内耳～聴覚中枢の障害で起こる難聴は「感音難聴」と区別される。伝音難聴は、ヘッドホンで検査する（気導）と難聴であるが、頭蓋骨を直接振動させる骨導端子で検査する（骨導）と正常となる。感音難聴が加わらなければ、七〇dB以上の難聴（高度難聴）にはならない。伝音難聴の多くは医学的治療で治すこともできるが、聞こえる音に歪みがないので補聴器がきわめて有効である。

感音難聴は、気導、骨導とも同じ程度に聴力レベルが上昇する。感音難聴は、さらに有毛細胞の障害により起こる「内耳性難聴」と蝸牛神経より中枢の障害によって起こる「後迷路性難聴」に分けることができる。難聴の程度は軽度難聴から聾までさまざまなものがあるが、障害部位によっても難聴にはそれぞれ特徴がある。高度難聴以上では日常生活においてぜひとも補聴器が必要となるが、以下に述べるさまざまな理由から補聴器の有効性は伝音難聴より劣る。

補充現象

内耳性難聴では、「補充現象」と呼ばれる厄介な現象が起こる。補充現象は、「音の強さ（物理的な振動エネルギーの大小は「強、弱」で表す）の変化にともなう音の大きさ（感じ方の大小は「大、小」で表す）の変化が、正常耳に比べて異常に大きいこと」をいう。「弱い音」は「小さく」、「強い音」は「大きく」聞こえるわけである。正常者でも強すぎる音はうるさく、不快に感じるものである。会話をしているところに、強い雑音が混じるとことばが聞き取りづらくなる。これを遮蔽効果という。内耳性難聴の場合、ある程度強い音でないと聞こえないわけであるが、強い音を聞いたときは、うるさく感じてしまう。本来、難聴なのだから正常者がうるさく感じる強さの音でも聴力レベルの分を差し引いた大きさとなり、適度な大きさに聞こえるはずなのに、正常者が感じるのと同じ程度の大きさに聞こえて、うるさく感じるわけである。弱い音は聞こえず、強い音はうるさく感じるので、適度な大きさに聞こえる音の強さの範囲が狭くなっていることになる。したがって、ある程度以上の強さの音は増幅度を小さくするか、まったく増幅しないような工夫が施されていない補聴器、すなわち出力制限装置の付いていない補聴器を内耳性難聴の人が使うと、強めの雑音が入ったときには遮蔽効果が作用して会話音が聞きづらくなる。補聴器を使っている老人が、「人の声は聞こえないのに、雑音ばかりうるさくて仕方がない」というのをよく耳にするが、これは補充現象の程度に合わせた増幅度の圧縮や出力制限の調整がうまくいっていないためである。

フィッティング

難聴はどの周波数でも同じ程度であるとは限らない。周波数の低い音は聞こえるが、高い音は聞こえないということもあるし、逆のこともある。このような場合、どの周波数も同程度に増幅してしまうと、よく聞こえる周波数の音によって会話音（五〇〇～二〇〇〇Hz）の遮蔽が起こって、会話音が聞きづらくなることもある。したがって、周波数ごとに増幅の程度を調節しなければならない。このように難聴の程度や特徴に応じて補聴器の増幅度を調整することを「フィッティング」という。前項で述べた出力制限の調整もフィッティングである。感音難聴の人に装用する場合には、フィッティングはとくに重要であり、きちっとフィッティングしたうえで、最初は静かな部屋で一対一の会話から使用し始め、次に家庭で家人との対話に用いるなど、段階的な練習をしてから社会生活の場面で使用するようにしなければならない。

ハウリングとイヤモールド

音漏れにも注意が必要である。補聴器の基本構造はマイク、増幅器、イヤホンであるが、耳掛け型や耳あな型はコンパクトな構造なのでマイクとイヤホンがすぐ近くにある。増幅された音が耳から漏れると、すぐ近くにあるマイクがこれを拾ってよりいっそう増幅する。これの繰り返しにより「キーン」というとても強い音になる。この現象を「ハウリング」と呼ぶ。カラオケのときにマイクをスピーカーにむけると、「キーン」という耳が痛くなるような強大音を発するのと同じ現象である。人は八五~九〇dB以上の音を長いこと聞いていると、有毛細胞が障害され内耳性難聴が起こる。したがって、ハウリングがしょっちゅう起こっていると、難聴が悪化する危険性もある。音漏れを防ぐには、外耳道によくフィットした耳栓を使わなければならない。各個人の外耳道の形は違うので、印象材を用いて外耳道の形を採取して、よくフィットした耳栓（イヤモールド——図2）をオーダーメイドで作る必要がある。ハウリングは増幅度が大きいほど起こりやすいので、重度難聴者の場合には必ずイヤモールドを使わなければならない。

もっとも、最近のデジタル補聴器では、ハウリングの音と逆位相の音を出すことによってハウリングを打ち消すようになっているものもある。この場合、イヤモールドは不要となる。

語音弁別能

音が聞こえればことばがわかるとは限らない。感音難聴の場合、いくら強い音声を聞かせてもことばがわからないこともある。さらに、ある程度以上強い音声はかえって聞きづらくなることもある。音声を聞き取る能力を語音弁別能という。「ア」、「キ」などの単音節を使って検査（語音聴力検査）した場合、伝音難聴では音圧を上げれば一〇〇パーセントの正答率（最高語音明瞭度一〇〇パーセント）になるが、感音難聴の場合どれほど強い音圧でも正答率が一〇〇パーセントに届かないことがある。最高語音明瞭度が五〇パーセント以下になると、日常生活に支障をきたすので、聴力レベルに関わらず身体障害者四級に認定される。デジタル補聴器にはさまざまな機能を備えたものもあるが、補聴器の働きは、基本的には周波数ごとの音圧の増幅に限られるので、最高語音明瞭度が極端に低い場合には補聴効果はあまり期待できない。

補聴器装用者に話しかける場合に一般的にいえることであるが、語音弁別能の低い難聴者についてはとくに注意を要する。むやみに大声で話しかけるのではなく、ゆっくり、はっきり、区切って話しかけることが肝要である。

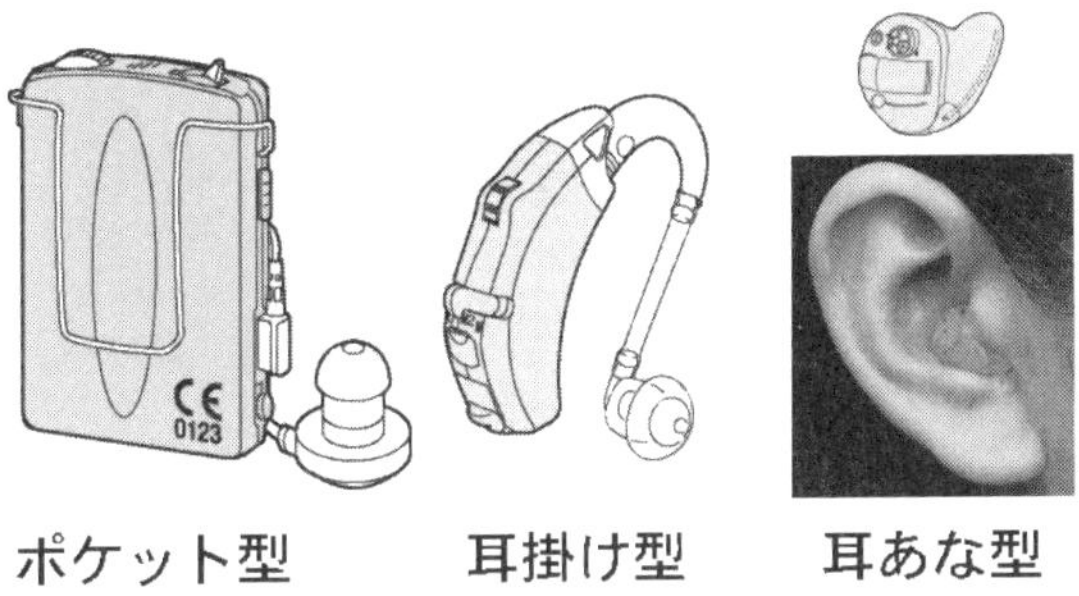

図1　補聴器の型（リオン社より提供の図を改変）

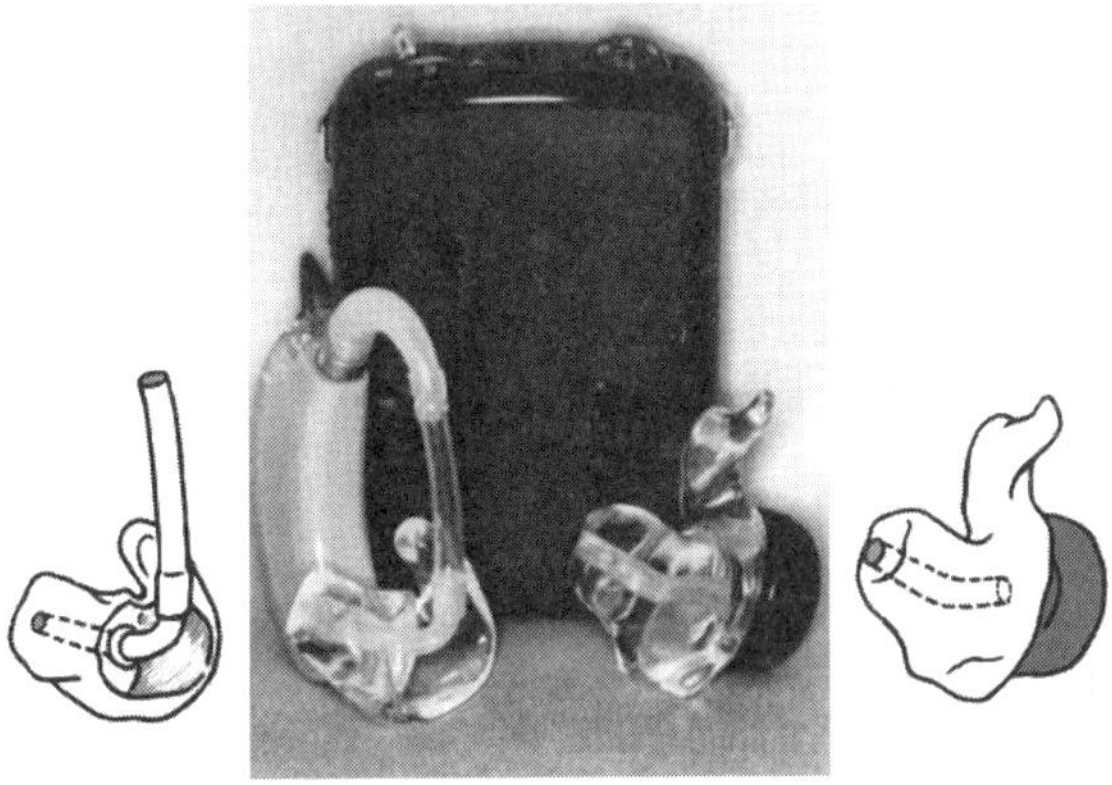

図2　イヤモールド。外耳道の形に合わせて作った耳栓に穴が空いている（リオン社より提供の図を改変）

◇支援知識シリーズ2◇

聴力改善手術

――難聴の種類と手術法

聴覚経路と難聴

空気の振動である音が脳で認知されるまでの経路を聴覚路という。音はまず、直径一センチメートル、長さ三センチメートルの筒である外耳道の奥に貼られた鼓膜（径八～一〇ミリメートル、厚さ〇・一ミリメートル）に達して、鼓膜を振動させる。その振動は、鼓膜の内側（中耳）にある三つの小さな骨（耳小骨＝ツチ骨、キヌタ骨、アブミ骨）を経由して内耳に伝えられる(図1)。音のエネルギーが内耳のリンパを介して、感覚細胞（有毛細胞）を刺激して、電気信号に変換され聴神経を経由して大脳に達して、はじめて音として認識される。片側の耳に入った音は、両側の脳に伝えられるが、聴神経から大脳に伝わる経路は複雑で、視覚路のように明確な経路でない点が聴覚と視覚の違いである。

この聴覚路のいずれの箇所に障害が生じても難聴になるが、手術で改善できる難聴は、音のエネルギーが内耳に伝わるまでの間、すなわち、外耳、鼓膜、耳小骨などに原因があるものので、これを「伝音難聴」という。難聴のなかでももっとも頻度の多いもので、鼓膜穿孔、中耳炎などによる難聴である。

一方、内耳に原因がある難聴、たとえば、老人性難聴、騒音性難聴、薬物による難聴などで、内耳性難聴という。内耳から聴神経、さらに大脳までの経路に障害がある難聴、たとえば、聴神経腫瘍、頭蓋内疾患などによる難聴を中枢性難聴という。内耳性難聴と中枢性難聴とを合わせて、一般に「感音難聴」ということが多い。

難聴に対する手術療法

一般には、手術による難聴改善の対象は前項で述べた「伝音難聴」である。内耳機能が廃絶状態（聾）の場合には、人工内耳埋め込み術が行われるが、これに関しては「支援知識シリーズ3　人工内耳」(本書一五七頁)を参照されたい。

本項では、この「伝音難聴」の手術に関して記述する。

(1)外耳道に起因する難聴の治療

音の入り口である外耳に起因する難聴の代表的なものは耳垢栓塞である。耳垢が外耳道を完全に閉塞してはじめて難聴が出現するが、耳垢を軟化して摘出すれば解決する。一方、最近若者たちに親しまれているサーフィンを長期にわたり行っていると、外耳道の骨が増殖して外耳道の閉鎖をきたす、いわゆるサーファーズ・イヤ（Surfer's ear）は、年々増加傾向にある。これも耳垢栓塞同様、完全閉鎖状態となってはじめて難聴に気づく。治療には増殖した骨を削除する必要がある。両側性が多く、一週間の入院で両側手術が行われる。その他、稀であるが、先天性外耳道閉鎖症といい、生まれつき外耳道が欠損あるいは閉鎖状態で、これは両側性が多い。外耳道のみならず、耳小骨・耳介の奇形を合併することが多い。両側性の場合には、ことばの習得上、早期に手術が必要である。奇形が高度で聴力改善が望めない場合には、補聴器使用のための外耳道形成術が適応となる。手術には高度な技術が要求されるので、経験豊富な術者の選択が重要である。

⑵鼓膜に起因する難聴の治療

鼓膜は外耳と中耳をわける、厚さ〇・一ミリメートル以下の薄い膜で、急性中耳炎、外傷などで破れ、難聴の原因になる。しかし、鼓膜は再生能力が旺盛で、鼓膜穿孔は自然閉鎖することが稀でない。鼓膜穿孔が一～二カ月経過しても自然閉鎖しない場合には「鼓膜形成術」が適応になる。従来の方法では、耳の後を大きく切開する方法で二週間前後の入院が必要であった。

一九八九年、筆者が考案した「接着法」という新しい方法により、日帰り、もしくは二～三日の入院で手術可能となった。(図2、参考文献⑴、⑵)。

⑶中耳内貯留液による難聴の治療

中耳腔は本来、空気で充たされているが、粘液などの液体が貯留することがある。滲出性《しんしゅつせい》中耳炎といわれる病態で、急性中耳炎が完治しない場合、また、鼻・咽頭の疾患が関与する場合が多い。ことばの習得に重要な二歳前後に発症することが少なくなく、日頃の聞こえ方に注意を払うことが重要である。治療としては、薬物療法のほか、鼓膜切開による排液、さらに換気チューブ留置術が必要となる。

⑷慢性中耳炎による難聴の治療

聴力改善手術の対象でもっとも多いものが慢性中耳炎による難聴で、耳漏をともなうことが少なくない。難聴の原因は鼓膜穿孔のみでなく、音を内耳に伝える耳小骨の固着あるいは離断などが加わることが稀でない。そのため⑵で述べた鼓膜形成術に耳小骨に対する操作（周囲の病巣の郭清、耳小骨連鎖形成術など）を加える必要がある。この術式を鼓室形成術といい、耳小骨の再建方法により、Ⅰ型～Ⅳ型に分類される。

⑸アブミ骨手術

三つの耳小骨のうち、もっとも小さく、内耳に接しているのがアブミ骨で、この動きが悪くなり、次第に難聴が進行する病気で耳硬化症という。アブミ骨底板に小孔を開けて、人工アブミ骨を挿入するか、アブミ骨全摘出して代用アブミ骨（当院では患者さんの軟骨で作成）で伝音系を再建する。劇的な聴力改善が得られるが、もっとも細かな術であり、多くの経験が求められる。

まとめ

（１）難聴は、音を伝える機構に障害がある場合（伝音難聴）と音エネルギーを電気信号に変換する内耳が原因の難聴（内耳性難聴）、電気信号を脳に伝え、音と認識するまでの間の障害による難聴（中枢性難聴）とに分類される。後二者を合わせて「感音難聴」という。

（2）手術により改善可能な難聴は前記のうち「伝音難聴」であり、経験豊富な術者によりよい結果が得られる。
（3）聴覚障害者は視覚障害者と比べて、他人から気づかれ難く、「会話が成り立たない」、「話しかけても無視された」などと誤解されやすい。そのため、次第に人の輪から外れ、引きこもり傾向になる。視覚障害者が周囲からあたたかな支援を受けるのと対照的である。聴覚障害に対するとり組みの重要性を痛感する。

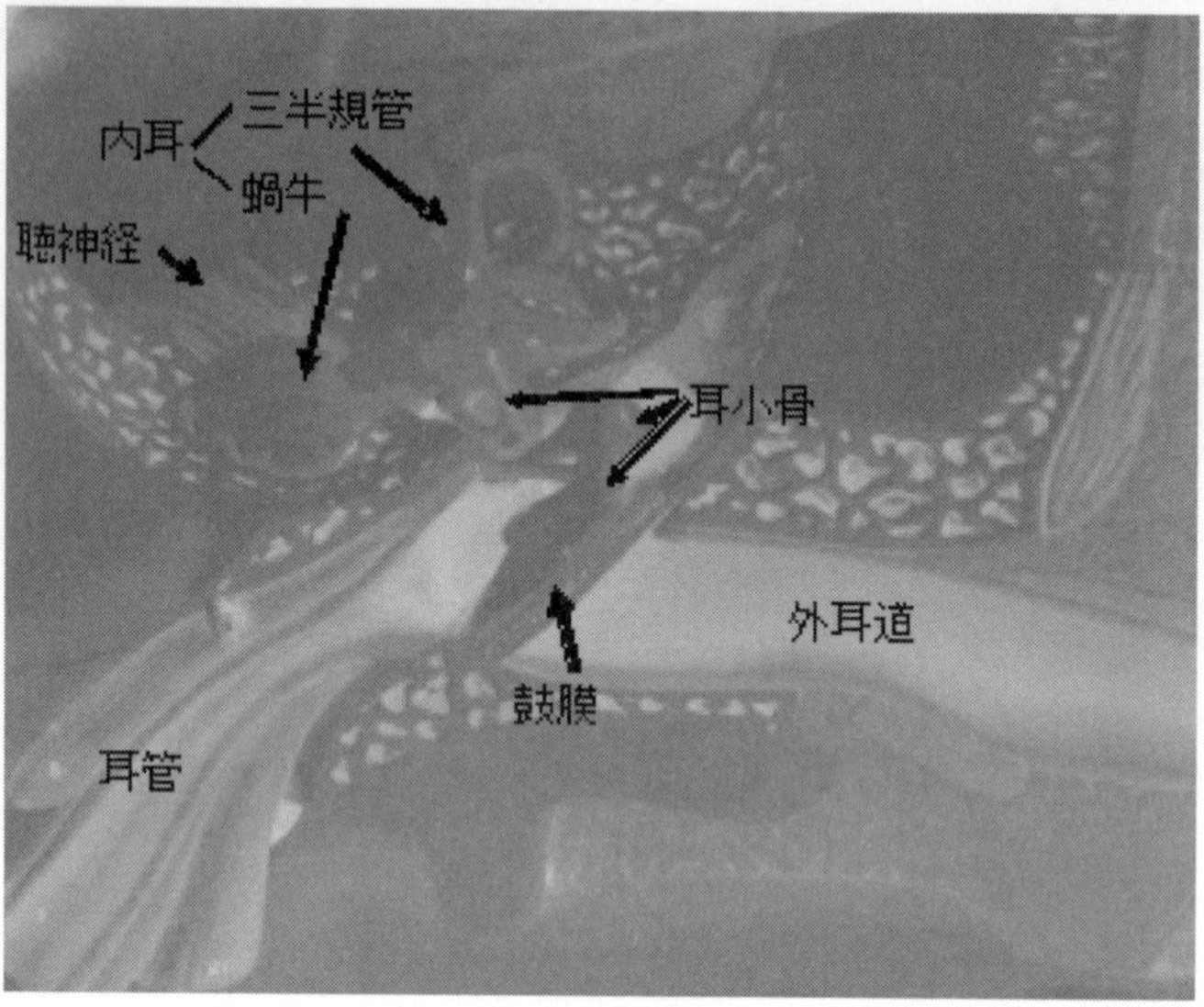

図１　耳の構造

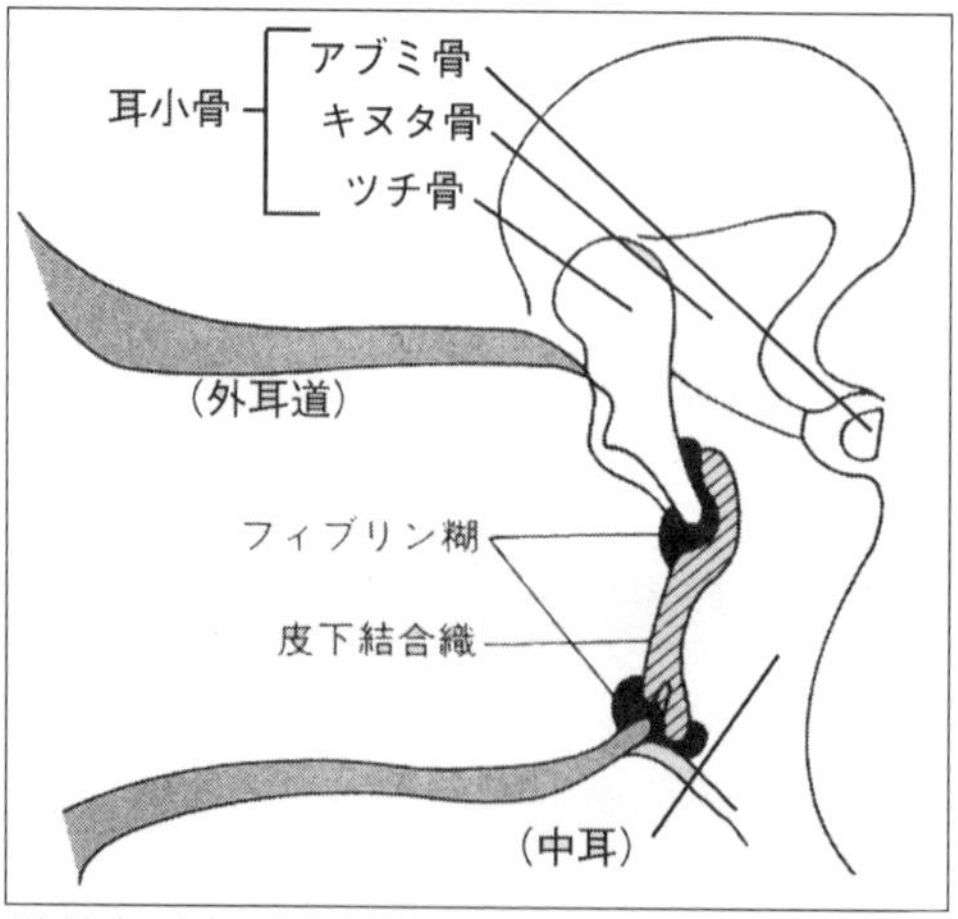

移植弁（皮下結合織）を鼓室内に挿入し、外側に十分引き出してからフィブリン糊を接着面数カ所に滴下する。外耳道、鼓室にはなにも挿入しない。

図２　鼓膜形成術（接着法、湯浅法）

(1)湯浅涼『実践鼓膜・鼓室形成術――中耳手術の基本・各論・症例』金原出版、二〇〇二年。
(2)湯浅涼『破れ鼓膜よ、さようなら』悠飛社、二〇〇七年。

◇支援知識シリーズ3◇

人工内耳

人工内耳は重度の聴覚障害に対して聴覚の改善ないしは再獲得をめざして適用される医療技術であり、その中核となる埋め込み装置はもっとも成功している人工臓器のひとつである。二〇〇八年九月の時点での使用者数は約一三万人、日本では約五五〇〇人と推定され、著しい増加傾向を示している。

この技術が初めて日本に導入されたのは一九八一年である。当時のシングルチャンネルの装置は間もなくマルチチャンネルのものに引き継がれ、海外メーカーの主導ではあるが精力的に改良が進められて、近年の性能向上も著しいものがある。

感音性の聴覚障害に対しては、通常は補聴器で対応することになるが、難聴が重度になると補聴器では補償が十分に行えなくなり、最重度の難聴では補聴器の効果がほとんど得られなくなってしまう。先天性の高度難聴では聾者として手話などを中心とした特別支援教育を受ける以外になく、言語習得後の中途失聴の場合は、筆談などを主なコミュニケーション手段とすることが多かった。このような状況への医学的な対応は、人工内耳が導入されて初めて可能になった。以前は、体内に電子機器を埋め込むことに対する心理的な抵抗感や、長く難聴教育に携わってきた人々の一部による人工内耳の安易な導入への警戒感が根強く、欧米に比べると普及がなかなか進まなかった。しかし、一九九三年には人工内耳医療への健康保険の適用が認められ、適応基準の緩和も行われて、近年では小児への適用例が目ざましく増えている。

現在、わが国での使用が認められている人工内耳装置は、三つの海外メーカーから供給されており、オーストラリアのコクレア社の製品がシェアの大部分を占めている。

しくみ

高度の難聴では、多くの場合、内耳蝸牛での音受容を担当する有毛細胞が変性・脱落している。このため、音が入ってきても電気信号への変換ができず、聴覚中枢への情報伝達が行われない。しかし、聴神経の機能は十分残っているため、電気刺激で直接神経に信号を伝えてやると、音の感覚を生じさせることができる。奇形などのない蝸牛内では、各神経線維が担当する周波数が決まっており、螺旋形に整然と配列しているので、複数のチャンネルを順次走査する電気刺激のパターンを工夫することで音声情報の伝達も可能になる。

人工内耳システムは、体内に埋め込んで神経の刺激を発生させる装置と、補聴器のような外見の体外装置（スピーチプロセッサー）との組み合わせで構成される（図1A、B）。両者は皮膚で隔てられ、高周波の電磁誘導でリンクしている。外部装置のマイクロフォンに入った音声信号は、蝸牛内での

化）されたうえで内部装置に送られる。コード化の方法や付随した信号処理の内容については、各メーカーが激しく競っているが、最終的な装用成績には大きな差はないようである。内部装置の動作に必要な電源もこのリンク経由で供給されるため、心臓ペースメーカーのような電池寿命による交換手術は不要で、原則的には一生涯使用することができる。埋め込み装置の信頼性は非常に高く、トラブルは少ない。万が一故障しても入れ替え手術に困難はほとんどない。

神経刺激に都合のよいかたちにリアルタイム処理（コード

手術

装置の埋め込み手術は、通常、全身麻酔で行われ、熟練した術者では二から三時間ほどで終了する。耳介の後方を数センチ切開し、側頭骨を削開することになるが、通常の耳手術と同様の難易度で危険性はほとんどない。日本では一から二週間の入院で対応することが多いが、米国などでは日帰りないしは一泊での手術としている施設も多い。

術後の合併症で比較的多いものは味覚障害で、耳の中で操作する場所の近くを味覚の伝達を担当している鼓索神経が走行しており、これが傷害されることがあるためである。多くは一時的に味覚の変化を訴える程度で大きな問題とはならない。その他、めまいや耳鳴りの増強がみられるが一過性である。

制限

頭部に磁石を含む金属製のデバイスが埋め込まれる（図2）ため、術後はいくつかの制限が生じる。重要な項目としては、ＭＲＩと電気メスが使えなくなることである。前者は体内を画像化する診断手段として広く使われ、とくに脳梗塞の初期診断などには非常に有用であるため、この制限は軽視することのできないものである。コクレア社の製品ではＭＲＩの直前に小手術で磁石のみを一時的にとり出して退避させ、撮影後に戻すことで対応しているが緊急時にはＭＲＩを諦めざるを得ないことがある。

効果

難聴の程度が同様であっても内耳の病態には大きな差があるため、効果を事前に予測することは非常に難しい。しかし、人工内耳の装用者は著しい増加を示していることからもわかるように、効果は一般的に非常に高い。中途失聴者の場合は、リハビリテーションもそれほど手がかからず、マッピングと呼ばれる基本的な調整が済めば、日常生活のなかで使用することによって自然に新しい聴覚に順応していくことが多い。

一方で、先天聾や言語習得前に失聴した幼小児の場合には、まったく新しい感覚を育てていくことになるため、医療よりは教育の面がはるかに重要なものとなる。聾学校や言語聴覚士が長期間にわたって根気よく関わっていくことが必要とされる。困難であるがやりがいのある仕事であるともいえる。

補聴器よりも人工内耳の方が重度の難聴に対する補償効果が高いことについては、すでにコンセンサスが得られており、今後は人工内耳装用児の教育の理論や方法の体系化も進んでいくものと考えられる。

展望

現在、完全埋め込み型人工内耳の開発がすすんでおり、臨床の場に登場するのも時間の問題と考えられる。また、補聴器で採用されている雑音低減などのさまざまな信号処理技術が人工内耳にも導入され、聞き取りの改善に貢献している。小型化と消費電力の低減の面でも大きな進歩が期待されている。

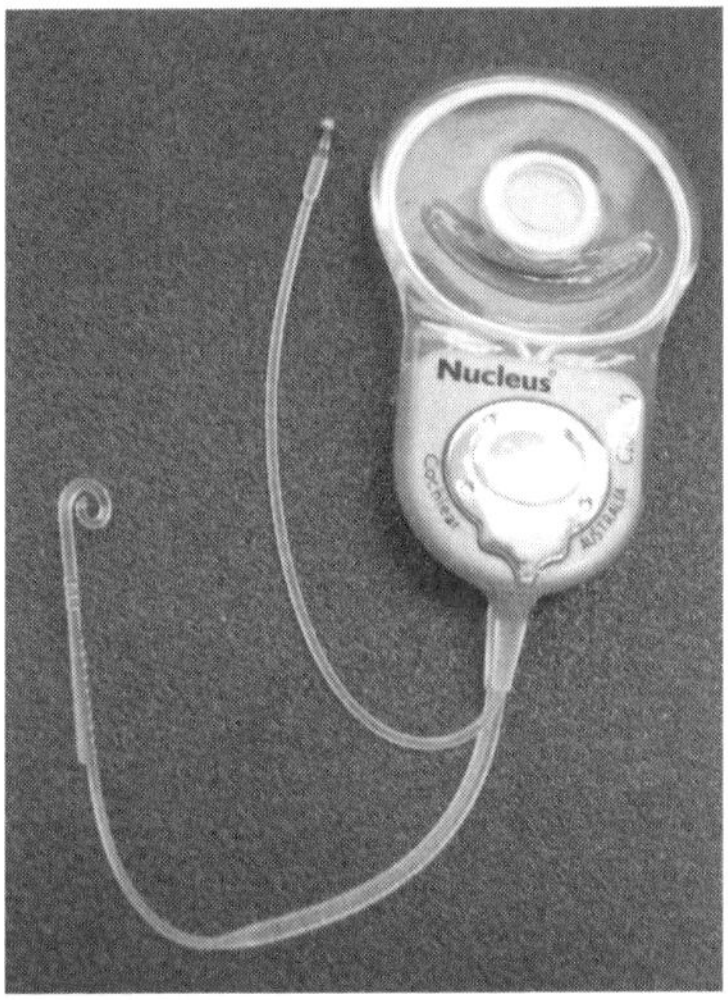

図１Ａ　埋め込み装置の一例（コクレア社　CI－24RCS）

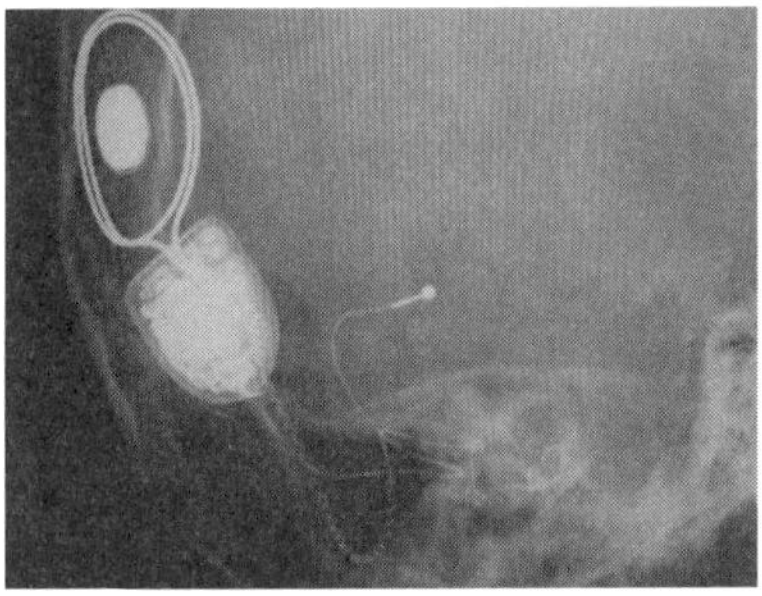

図２　埋め込み手術直後の頭部Ｘ線写真

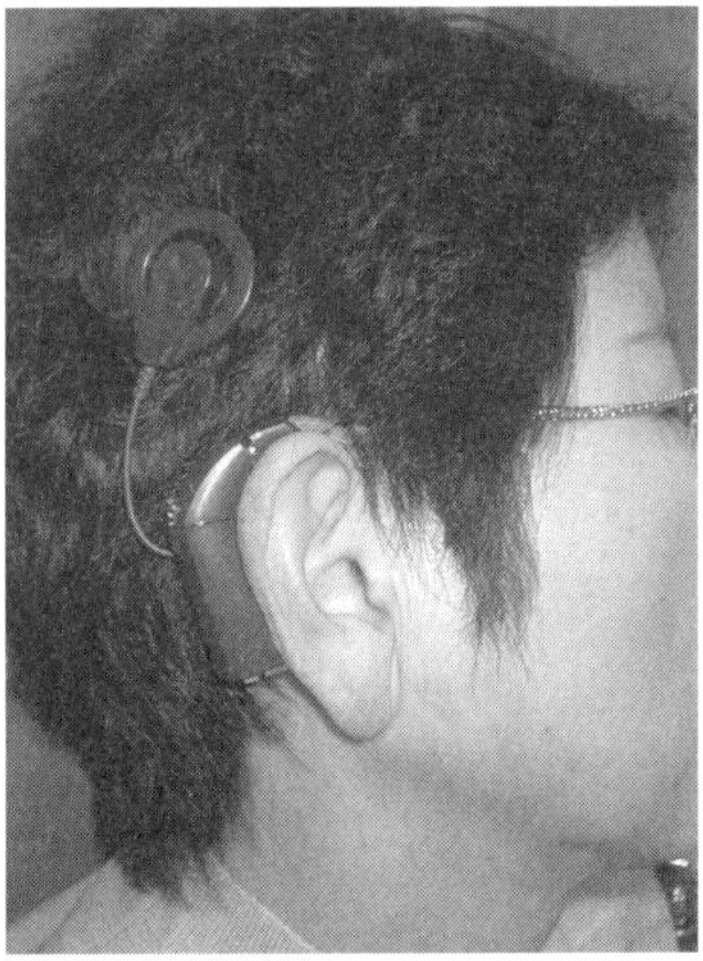

図１Ｂ　人工内耳を装用している様子

第Ⅱ部
障害者への支援

11章　家族関係

1節　家族、家族関係、家族の機能について

　人は、家族のなかで生まれ、家族関係を通して発達してきた。とりわけ夫婦関係、母子関係、父子関係、兄弟姉妹関係、祖父母孫関係の五つは基本的な家族関係といえるだろう。「アヴェロンの野生児」「狼に育てられた子」の示唆するものは、人間は、「人間の社会の中に生まれ、家庭の中で人間のおとなに養育されて、はじめて人間になることができる。人間の発達にとって、家庭の中で育つことが、決定的に重要な意味を持っているのである」（依田明、一九八五）。先天的・後天的な障害をもつ者ももたない者も家族関係のあり方によって、人生に大きな影響を受ける。良好な家族関係をもった家族に生まれた者は、円満なパーソナリティを発達させることができる。家族はとくに子どもの養育について重要な役割を果たしているといえる。

　二〇世紀末から二一世紀初頭にかけて日本の家族の状況をみると、少子高齢化が進行するなかで児童虐待、高齢者虐待、無理心中、肉親殺害などの事件が続発し、家族が異常な病理現象を呈するようになってきた。これは、家族関係が崩壊する危機的状況にあることを暗示しているといえよう。家族内における心身障害の発生は、家族のあり方に精神的・身体的・情緒的・経済的などあらゆる面に避けがたいストレスを生じる場合がある。ときにはストレ

「アヴェロンの野生児」「狼に育てられた子」　前者は、一七九九年、パリ郊外のアヴェロンの森で推定一一～一二歳の男の子が発見された。ビクトールと命名され、聾唖院に勤務する医師イタールによって生活と教育を受けた。アルファベットを書いたカードを並べて自分の意思を伝達できるようになったが、話すことは生涯できなかった。後者は、一九二〇年、インドのカルカッタ近郊の孤児院院長シング牧師がゴダムリの農村で、狼の巣から推定八歳と一、二歳の二人の少女を救出した。カマラとアマラと名づけられた。発見当初、二人の行動は狼の行動に酷似していた。カマラは教育の結果、言葉を覚え、五年数カ月で歩行可能となった。彼女は九年後、アマラは一年後病没した。

スに耐えかねて母子心中、虐待などの悲惨な経過をたどる事例も発生する。その意味からも、家族関係の崩壊の原因を探り、円満で良好な家族関係を築く条件は何か、危機に直面する家族を健全なものに支援するための精神的・身体的・経済的援助や、医療的・情緒的ケアの方法について考えておくことは重要なことである。

家族とは、一般的に①夫婦（親）・子の結合を原型とする感情的に結ばれた第一次的福祉志向集団で、人間社会の基本的単位であり、また、②人間形成（人格形成）したがって社会化の基礎的条件を提供するもっとも重要な社会集団であって、③その形態構成は、夫婦関係、親子関係、兄弟姉妹関係によって成立する親族者の小集団であるといわれている。

家族機能の主要なもののひとつは、子どもに社会のきまり、約束事を教え込む①社会化の機能である。親の責任は、子どもを一人前の社会人として社会へ送り出すことである。社会化は、三つの過程を通して促進される。ひとつは、大人から子どもへの働きかけである。望ましい行動は褒め、望ましくない行動は教え諭《さと》したり、叱ったりすることによって、子どもの行動を望ましい方向に修正する。子どもは親の背中をみて育つというが、子どもによる大人の行動の観察学習である。子どもは大人の行動をみて、模倣して社会的に認められた行動様式を学習していくのである。

社会化を促進するためには親が子どものモデルになるのが普通である。したがって、両親が十二分に社会化された行動をとらなければならない。また、子ども同士の付き合いも人間関係の付き合い方の学習に不可欠である。同年齢あるいは異年齢の友達と接触する場所を用意する必要がある。次いで、②情緒安定の機能である。家族が精神的緊張を解消して精神・身体の安定をとり戻す場を提供することである。そのためには、家族内は自由で開放的、生

家族（family）　家族の定義は多様である。現代家族は一般的に、夫婦（親）・子の結合を原型とする感情的に結ばれた第一次的福祉志向集団で、人間社会の基本的単位であり、また、人間形成（人格形成）したがって社会化の基礎的条件を提供するもっとも重要な社会集団であって、その形態構成は、夫婦関係、親子関係、兄弟姉妹関係によって成立する小集団であるといわれている。家族は結婚によって成立し、その解消によって解体する。その最小単位は「核家族」である。これを基礎にして拡大家族、父系直系家族、合同家族などの類型化がなされている。

家族機能（family function）　T・パーソンズは、核家族が果たす最小限の機能は、「子どもの社会化機能」と「成人の情緒安定機能」という。社会学者山根常男は、①性的制度、②子どもを生む機関、③経済秩

の感情をも受容する雰囲気がなくてはならない。親も子どもも、家庭外での人間関係には随分と神経をつかい、精神的・身体的にストレスを抱えて家庭に帰ってくるものである。家族との触れ合いを通して緊張を解きほぐしたり、情緒的な不安を癒して精神・身体の安定のとり戻しと明日への活動エネルギーを蓄えることである。最低限でも疲労を明日にもち越さないことである。とりわけ心身障害がある場合には、物と心のバリアフリー化が進んでいない社会状況もあり、また学校や職場、地域社会における心身障害にたいする無理解、誤解、偏見、蔑視などの社会的不利益が存在するから精神的・身体的疲労が倍加することが多い。家庭外での人間関係で、十分に喜怒哀楽の感情を表現できなかったり、誤解されたりして健常者以上に精神的疲労・ストレスが蓄積してしまう恐れがある。それだけに家族間での情緒安定機能が十分に発揮される必要がある。家族間の日常茶飯事に起きる夫婦・親子喧嘩は、むしろ精神的な緊張の解消に役立っている場合が多いことを知っておいてよいだろう。家族間には、仲良く暮らしたいという価値観や感情の絆ができているからである。かかる心理を熟知し、おおいに感情の発散に努め精神保健を図りたいものである。

2節　家族関係の変容——とりわけ母子関係の変容

近年、家族関係は大きく変容してきた。戦後の生命・人格の尊厳性の尊重、自由・平等・基本的人権・民主主義など新しい価値観にもとづく国民生活制度の導入によって、わが国の伝統的な家父長型の家族制度は崩壊し、アメリカ型の民主的な夫婦中心型の家族モデルが理想とされるようになった。さらに、経済・産業構造の変動とあいまって、**核家族化**が急速に

序の維持機能、④社会化機能、⑤情緒安定機能をあげている。

核家族（nuclear family）
アメリカの人類学者G・P・マードックは、夫婦関係と親子関係が家族集団を構成する基本であると考えた。夫婦と未婚の子どもから成る最小の構成単位を核家族と呼んだ（一九四九）。T・パーソンズは、核家族の最小の機能を「子どもの社会化機能」と「大人の情緒安定機能」と考えた。

進行し、拡大家族いわば三世代同居家族の減少をもたらした。戦後六〇年たった現在、家族構成員は減少し、ひとり親と子の家族、高齢者家族、単独家族が増えつつある。経済的な豊かさと、保健・医療・福祉制度の充実によって、平均寿命が年々増加し、日本は世界一の長寿国となった。それに反比例するように**合計特殊出生率**の著しい低下と**少子高齢化社会**の到来である。ことに、保健・医療の充実によってどんな極小未熟児の命をも救うことが可能となった。医学の進歩による**乳幼児死亡率**の激減をもたらしたのである。このことによって、親は安心して子育てができるようになったのである。この結果、一面では、育児を安易に考える風潮が生まれるようになった。しかしその反面、心身に何らかの後遺障害を残すことが避けられないことにもなったのである。

こうした、諸般の変化は、家族関係のあり方にも大きな変化をもたらした。とりわけ、夫婦関係、母子関係、父子関係、きょうだい関係に著しい変化を及ぼした。

ひとつは、母性行動に関する意識の変化である。従来、出産・育児などの母性行動は、遺伝情報に規定された本能的行動と考えられてきたが、母性行動も社会的環境条件によって大きな影響を受けることがわかってきた。しかも、近年、「こころよりもモノ、カネ」優先、わがまま勝手、自己中心的、努力を嫌う安易な社会的風潮、インターネットの普及と情報の拡大の影響もあって、性交、妊娠・出産にともなう意識が大きく変化し、妊娠・出産の神秘性が失われていった。フリーセックス、援助交際、ピルによる受胎調節、妊娠中絶などは日常茶飯化し、子どもは神からの「授かりもの」から自分の意思で「作るもの」、さらに「できちゃったもの」へと変化し、子どもの人権を尊重する思想は後退を続け、子どもに対する親の支配力が強化されていった。親は、少なく産んだ子どもを自分の思い通りに育てようと

合計特殊出生率　出生力の主な指標で、その年次の年齢別出生率が続くと仮定した場合に一人の女性が生涯に産む子どもの数を意味する。約二・一を下回った状態が継続すると、長期的には人口が減少する。一九四七年から一九七四年は二以上（一九六六年の丙午の年は一・五八と激減した）であったが、一九七五年以降は低下傾向を続けている。二〇〇五年は一・二六で過去最低だったが、二〇〇六年には一・三二と若干上向いた。しかし国が子育て環境の整備策を講じているが出生数の低下傾向に依然歯止めがかかっていない。

少子高齢化　出生数の低下は人口構造の高齢化をもたらした。一九九七年以降、六五歳以上の高齢者が一四歳以下の児童数を上回っている。高齢化の要因のひとつには、出生数の減少のほか、保健・医療・福祉政策

する。子どもの情緒的安定を考慮しない育児、勉強の押し付けの教育環境は子どもの心を混乱させるばかりである。非行、不登校、いじめ、引きこもり、多動など子どもの反社会的・非社会的問題行動の背景に親の過剰なほどの支配的・保護的・放任的養育態度が影響している場合が考えられている。このように、子ども観や子どもの発達観の変化がもたらした問題も無視できないのである。児童虐待増加の社会現象は、育児にともなう自信のなさに加えて、こうした子どもの人権擁護の思想低下も一因と考えられている。

さらに、社会環境の変化も無視できない。女性の権利拡張の主張、男女共同参画社会の実現主張もあって、女性の社会参加が進行した結果、母親の育児にともなう負担は軽減されるばかりか逆に増大していった。社会参加促進の条件には、父親の育児参加、保育所の整備が不可欠であるがその対策が遅れていること、また伝統的価値観にもとづく男性中心の家族制度意識が依然根強い。とりわけ、男性は「男は会社、女は家事育児」の**性別役割分業**意識が濃厚に残っている。父親の育児に費やす時間は、先進国のなかでもっとも乏しい。

このような状況のなかで、家族が老親の介護や病弱児の養育・教育を行う場合、心身に加わる疲労や治療に要する経済的負担が増大することとなってきた。とりわけ、伝統的家族観が根強いわが国にあってはとくに母親の精神・身体的負担は大きい。それでなくとも、心身に障害をもつ子どもに対する養育には、子どもへの保健・医療的配慮のほかに家族全体の情緒的安定への精神的配慮が不可欠となる。**障害者と家族の関係**は、多くの場合、母親にこの負担が重くのしかかり過大なストレス状態を生むのが一般である。家族の協力が得られても、母親は子どものための教育、治療、リハビリテーションに多くの時間をかけざるを得ないし、家族相互のコミュニケーションが不足することによって夫婦・親子関係の悪化を招いたり、

の充実もあって、平均寿命が急速に延び続け、二〇〇六年男七九・〇年、女八五・八年で世界有数の長寿国となった。近年、高齢者と児童に対する虐待問題が深刻な社会問題化してきた。

乳児死亡率　生後一年未満に死亡する乳児の数は、出生一〇〇〇に対して二〇〇五年は二・八で、世界的に最も良好な水準にある。第二次大戦後の一九五〇年の乳児死亡率は六〇と高率であったが、漸次、経済生活の向上、保健・医療・福祉・教育対策の充実などによって著しく改善された。乳児死亡の原因は、「先天奇形、変形及び染色体異常」が全体の三五パーセントを占めており、次いで「周産期に特異的な呼吸障害及び心血管障害」「乳幼児突然死症候群」「不慮の死」である。

障害の軽重如何《いかん》によっては精神的・身体的疲労による燃え尽き症候群をともなうことにもなろう。通学・通院に付き添う母親たちの姿には親としての秘めた固い義務感、強い養育意志のほかに苦労・苦悩の深さを全身に滲《にじ》ませているのを惻隠《そくいん》することが多い。なかには、これらが原因となって離婚、離散など家族崩壊の要因ともなっているのが現実である。

一方、障害者もまた、二次的に引き起こされた心理的問題に苦悩することにもなる。国・地方公共団体や民間団体、ボランテアはさまざまな支援策を講じてはいるが、老親、障害児者を抱え、精神・身体的疲労や前途を悲観して無理心中が後を絶たない厳しい現実があるのもまた確かである。

障害者の養育・教育をめぐる家族関係とりわけ母子関係に起こりやすいストレス状況解消のための支援は、障害者と家族の福祉にとってつねに喫緊《きっきん》の課題となっている。

3節　障害児（者）をもつ家族の問題

1　障害児（者）と家族

障害児（者）に対する福祉施設が充実し、きめの細かいケアがなされているとはいえ、障害児（者）をもつ家族、家族と暮らす障害児（者）の日常生活は、さまざまな困難を抱えている。家族の一員として、障害を有するわが子をどのように受け止めたらいいのか、「障害児（者）をどのように理解するか」、「障害児（者）とどのように関わるか」。その戸惑いや不安はつきない。障害児（者）をあわれみや慈悲の対象から保護や療育の対象へ、そしてさらに障害児（者）の人権の尊重、自立していく主体者としてとらえるように変化してきた社

性別役割分業　「男は会社、女は家事育児」のイデオロギー。結婚式のスピーチ「女性は良き妻、良き母として家庭を生かし子女を育成し夫を活躍させてこそ、その社会的責任を果たしたといえる」に登場するイデオロギー。このイデオロギーは、憲法の保障する個人の尊厳と男女の本質的平等（二四条）、男女雇用機会均等法（一九八六）や男女共同参画社会法（一九九九）の立法理念に反して日常の家庭・社会生活にいまだに根強く残っている。日本の近代家族は、憲法と民法（夫中心の家族像）に見られる家族理念と家族のあり方の食い違いと国の経済発展政策（企業主義）との結びつきによって生まれたといってよい。

障害者と家族　医療・保健・福祉制度の充実によって、心身障害に対する家族

会の流れ、障害児（者）を抱えた家族の受け止め方も、この時代性や社会の動きと深く関わりながら揺れ動いている。

「**国際障害者年**」（一九八一）の「完全参加と平等」、この精神を基軸にして策定された「障害者に関する世界行動計画」（一九八二）を経て、ノーマライゼーションの理念の浸透がなされた。近年では、障害児（者）本人および家族の生活の質（QOL）の向上がいわれるようになった。また、「障害」の概念も一九八〇年の世界保健機構（WHO）の**国際障害分類**（ICIDH）から二〇〇一年の国際障害分類第二版「生活機能・障害及び健康の国際分類」では、障害をマイナスの面から分類していたのに対して、生活面でのプラス面や健康という視点を重視する価値観が導入されてきた。これは障害児（者）の能力や機能について、従来のネガティブなとらえ方をやめ、障害児（者）とその家族の生活を主体的にとらえ、障害児（者）とその家族、社会との関わりを重要視し、ライフサイクルを通して、社会、教育、福祉面における支援を重視している。しかし、現実の親が障害をどのように受け入れるかは、この社会の「障害に対する理解」と密接につながっている。「障害児の親」、「障害児の家族」としての現実生活における問題や課題には多くのものがあり、子ども自身やその家族にとっては、ストレスフルなものとなっている。

2　障害児（者）をもつ親の養育態度

障害児（者）をもつ親の養育態度は、子どもの側の要因としての障害の種別や程度、年齢、発達段階等と親の側の要因としての生活の状況や障害受容、診断告知の時期、家族状況、経済状態、精神状況等々の関係のなかで深く関わっていてその態様は一様でない。

や社会の受け止め方は、一九六〇年代頃から北欧で起こった福祉理念であるノーマライゼーション思想の普及によって大きく変わってきた。かつて、障害に対する差別、偏見が社会に根強くあり、このため家族は、近隣に対して家の「恥」「はずかしい」との感情と家族のなかだけで、諦め、排除、強い情緒的結びつき、過度な理性的対応、揺れ動きながらの努力的対応などで受け止めていたが、家族内の不一致が生じれば家族崩壊に結びやすかった。現在は、施設ケア、在宅ケアを包括した地域ケアの推進により日常の介護、医療、看護、保育、教育の内容、方法の充実と障害者自身の主体的意欲・努力を引き出す教育・訓練によって、障害児者と家族の関係は安定化の方向をたどっている。地域ケアの推進と家族に生じやすいストレス解消の支援対策の充実は安定化に不可欠の要素である。

子どもの障害が、ダウン症や脳性マヒ等、出産後すぐに発見されるものと、自閉症やＡＤＨＤ等の発達の遅れや偏りが発達過程のなかで発見されるものとでは、その受け止め方に差がある。出産後すぐの障害の発見・告知は、診断機関から一方的に告げられることが多く、障害のなす意味や今後の見通しも立たず、障害をどのように受け止めたらいいかわからない。また、脳性マヒ、視覚障害（盲）等目にみえる障害ゆえに、親に与える心理的打撃は大きい。それゆえ、母親は障害児を生んだことに強い自責の念をもち、人からそれを責められるのではないかと強い不安を感じている。そのため、子どもの療育に強い関心がもたれ、他の家族の気持ちに気づく余裕が失われがちになり、孤立感を深めやすく、子どもに対しては過保護な態度をとりやすい。

自閉症やＡＤＨＤ、アスペルガー障害等、発達障害の場合は子どもの発達の遅れや偏りに気づきながら、さまざまな戸惑いと不安を抱えて診断機関に赴き、障害の告知を得る。他の子どもとの成長の差に焦《あせ》りを感じ、子どもに対してしつけや言語での指示等が多く、しつけの難しさから母親は自信を失いがちになる。また、周囲の家族に対して話を聞いてもらえない、大変さを理解してもらえていない等不満を多く抱え、孤立的で感情的になりがちになる。思いこみの強さや対応の難しさから母親の心身の疲労が増大されたりして、なかには児童虐待に発展するものもある。

3　障害児（者）の家族のライフステージと危機

障害児（者）やその家族の支援の展開にあたっては、ライフサイクル、ライフイベント等を視野に入れた社会的、心理的支援が必要である。

国際障害者年（International Year of Disabled Persons: IYDP）　一九七六年の国連総会で決議され、障害者問題に関して国際的な啓発活動と具体的な行動を起こすべく、一九八一年を国際障害者年として、「完全参加と平等」をテーマとして行った。この動きのなかから、ノーマライゼイションの思想の浸透が図られ、新たな施策がとり入れられた。

国際障害分類（International Classification of Impairments, Disabilities and Handicaps: ICIDH）　一九八〇年、世界保健機構（ＷＨＯ）により提示されたもので、障害を機能障害、能力障害、社会的不利の三レベルから階層構造としてとらえる。二〇〇一年には、「国際生活機能分類」（ICF: International Classification of Functioning, Disability and Health）がＷＨＯ総会で承認された。

障害児（者）の成長段階からみた家族のライフステージと危機は次に示す通りである。

(1)乳幼児期：診断告知、障害受容をめぐる葛藤、療育の場所の選択をめぐる危機

(2)学童期：特別支援教育、就学場所の選択をめぐる危機

(3)思春期：第二次反抗期への対応、生活上の問題（性、睡眠、多動等の問題行動）をめぐる危機

(4)青年期：学校教育修了後の進路選択（授産・更生・入所・通所等）、家庭外の生活や就労（ジョブコーチ等の福祉的支援）、親の加齢による養育の限界、きょうだい負担等をめぐる危機

障害児の各発達段階に示された課題についての対応では、それぞれの段階に応じた家族への危機介入が必要で、家族員のライフステージを視野に入れた家族支援が求められる。

この支援については、最近では、**エンパワーメント**として、障害児（者）のもつ健康な部分や強さをとり入れて、援助者はたんに障害児（者）に力を与えたりして問題の解決を図るのではなく、障害児（者）が主体となって自分自身の力を見出したり、肯定的なパワーを回復させたりする支援のあり方が求められている。

4節　問題に対する家族のケア

1　障害児（者）を抱えた親、家族の連係

障害者をもつ家族の支援を考えたときに、その対象の中核となるのは障害児（者）本人と療育の中心になっている母親といえる。特別なニーズをもつ障害児（者）を生活の枠組みの

ライフステージ（life stage）　人の生涯を乳幼児期、少年期、青年期、壮年期、老年期などに区切った、それぞれの段階。

ライフイベント（life events）　**Holmes, T. H.** と **Rahe, R. H.** は、人生に起こりうる主要なできごと四三項目を抽出して、その重みづけを行った。

エンパワーメント（Empowerment：力の獲得）　力のない状態にある、あるいは力を奪われているものが、問題解決の方法として、自己のなかに力を蓄え、積極的にその力を獲得していくこと。

なかで支えている母親の精神的・物理的負担は大きく、稲浪正充（一九九四）の調査でも、障害児をもつ親は障害のない子の親に比べてストレスが高いことが認められている。早樫一男（二〇〇二）も、母親に子育ての負担がかかっていること、また、きょうだいに我慢や不安が慢性的に存在していて、不登校や非行が多いこと、親がきょうだいに過大な期待を抱き、きょうだいはその期待に応えるべくよい子を演じ続け、親代理的な役割をもつというようなこと等が指摘されている。障害児（者）を抱えて、親やきょうだいが直面するさまざまな状況に適応し、問題を解決していくためには、**家族システム**として父親の家族への積極的な関わり、夫婦の結びつきの強さ、同胞による肯定的な受け止め、家族間の親密性の高さ、適度なルールの保持、柔軟な対応等が必要である。なお、障害児（者）が家族に依存したりしないようにすることも大切である。また、「障害児を持つ親の会」や各種ＮＰＯ等へのコミュニティー参加は家族での抱え込みや孤立化の予防になるとともに地域の社会受容につながる。

家族システム　人間の家族をひとつのまとまりをもつシステムと考える。家族システムは有機的に結合するサブシステム（夫婦、親子、きょうだい等）から構成され、そのつながりは同質でも異質でもなく、各人それぞれが成長をなしながらも、総体としてのまとまりが維持されている。

2　きょうだいへの影響

家族成員のなかに特別なニーズをもつ障害児がいることの他のきょうだいに与える影響は、きょうだいと両親との関わり、親の**障害受容**の過程、同胞葛藤、また、家庭外領域での人間関係等によってさまざまに変化する。

家庭では養育の主体者である母親の関心が、精神的にも物理的にも障害児に向けられやすく、きょうだいの存在が「健常」であるがゆえに、障害児の影に隠れてみえにくいものとなっている。「健常」なきょうだいは親との信頼関係を維持しながら、きょうだいとしての責任を感ずるなど、さまざまな不安や問題を内在化しているといえる。

障害受容　障害の告知を受けてからの親の受容に至るまでの心理的過程をいう。受容過程に関わる要因として、①わが子の受容、②家族の問題の受容、③親自身の人生の受容、④社会の受容が影響していると考えられている。

吉川かおり（二〇〇二）は、発達障害をもつきょうだいに関する意識調査で、「障害をもつきょうだいがいて嫌だと思ったこと」についてその理由を求めたところ、「友達が呼べない」、「悪口を言われた」等があげられ、障害をもつきょうだいに対してというよりも、むしろ家族以外の人の「社会受容」がなされていないことのほうが大きいと指摘している。

また、井上雅彦（二〇〇二）は、きょうだいが児童期にもちやすい悩みとして、親からの拒否、周囲に対する羞恥心、過剰な同一視、罪障感等をあげ、青年期には**アダルトチルドレン**の問題が顕在化してくると指摘している。障害のあるきょうだいと自分とのそれぞれの生活を大切にしながら、適度な距離を保ちつつ関わっていくことが大切としている。

きょうだいに対する支援には家族、とくに親の協力は不可欠である。障害児のきょうだいが抱える不安や悩みについては、同じ悩みをもつ「**きょうだい会**」の存在が支えあいや相互の情報提供を可能にしている。

アダルトチルドレン（AC：adult children）アルコール依存症や精神病の親をもった子どもだけでなく、児童期における虐待等が原因で、うまく生きていけないひとを指していう。

きょうだい会　きょうだいに障害児（者）をもつ人たちが、きょうだいとの関わり、自身の結婚、老後の介護等々、悩みの共有や親睦を図り、また学習や情報交換等を行っている。現在、東京、横浜等全国に兄弟姉妹の会が結成されている。

12章　家庭支援

1節　障害のある子どもをもつ家族の心理

1　わが子の障害との出会い

親は、誰でも心身ともに健康な子どもの誕生を心の奥で期待している。しかし、わが子に障害があるという現実に初めて直面したとき、親は混乱し、障害そのものの理解ができず、どのように育てればよいのかもわからないままに生きる希望を失うことがある。ある母親は、二歳四カ月のわが子が自閉症であるといわれたとき、「頭が真っ白になり、どのようにして自宅へ帰って来たのかわかりませんでした。自閉症についての説明は聞きましたが、治りませんといわれ、施設で指導を受けることを勧められたことだけが頭に残っています。これからどのように生きていったらいいのか、絶望です」と話した。

わが子の障害に直面し、その衝撃をどのように乗り越えていくかということが、親としての最大の課題となる。

2　家族の心理

(1)情動的反応の段階

クラウスとケネルは、先天奇形をもった子どもが誕生した場合、「両親は明確な情動的反応の段階を経験する」と述べている。そして「特定の段階で、それぞれの問題を処理するために、両親が必要とした時間の長さはさまざまであるが、各段階の発生順序は、大多数の両親が子どもに対して示した反応の自然な経過を反映したものである」と述べている。クラウスとケネルは、情動的反応の段階を五段階にわけて、以下のように述べている。

(a)第一段階　ショック

わが子に障害があることを知ったときの両親の最初の反応は、耐え難いショックである。多くの親は、普通の感情が急に崩れ落ちるような反応と感覚であったと説明している。母親の一人は、「それはとても大きな打撃で、私を全く粉々にしてしまいました」と述べている。

父親の一人は、「それはまさにこの世の終わりといった感じでした」とも述べている。この最初のショックの強さは、子どもの障害の種類や程度、内容、そして親の障害に対する認識（親自身の価値観や人格的成熟度、そして障害者との関わりなど）によって異なっている。

(b)第二段階　否認

両親の多くは、自分の子どもの障害を認めることを避けようとしたり、大きな打撃を何とか和らげようとした。父親の一人は、「私は、それは本当のことではない、と何度も何度も繰り返していました」と述べ、他の親は、「こんなこと私に起こるなんて信じられなかった」と告白していることを述べている。

このように、親は耐え難い打撃に対して、何とか打ちのめされないように心の防衛を働かせる。その最初の防衛は、現実をみないようにする現実否認の機制である。わが子の障害に対して、「何かの間違いではないか」「医師の誤診ではないか」と直感的な思いが親の心を支

クラウス（Klaus, M. H.）
カリフォルニア大学小児医学科教授。新生児医学の研究者として知られている。

ケネル（Kennell, J. H.）
ケースウエスタンリザーブ大学医学部小児科教授。ケリーブランド大学レインボー小児病院小児発達部長。親と子に周産期が及ぼす影響の研究者として知られている。

クラウス（Klaus, P. H.）
サンタ・ロサのエリクソン研究所勤務、またカリフォルニア州バークレィで心理療法・とくに妊娠・出産期、また出産後の女性の医学的・心理的な悩みの相談に応じている。

配することがある。

この第二段階と次の第三段階との間に、医師を次々と変える段階がある。この段階では、宗教への回心や社会事業への献身などがみられることがある。

(c)第三段階　悲しみ、怒り、および不安

否認の段階に続いて悲しみ、怒り、不安が起こる。もっともよくみられる情動反応は、悲しみである。「私、とてもつらく感じました。どんなにしても泣けてきました」と述べている。

また、父親の一人は、「誰かをけとばしたいような気持ちでした」とも述べている。さらに母親の一人は、怒りっぽくなり、「子どもが憎く、私自身にも憎しみの感情をもつようになりました。私の責任ですから」とも述べている。

このように、悲しみ、怒り、不安を抱くなかで、抑うつ的な気分に支配されるようになる。そして、障害のある子どもの養育だけでなく、親自身の人生そのものに生きる意欲や自信を失い、絶望的な気持ちを抱くようになることがある。

(d)第四段階　適応

このような感情の高まりの後、不安と強い情動反応が徐々に薄れていったと述べている。情動的な混乱が静まるにつれて、現状に慣れ、子どもの養育への自信をもつようになったという。この適応の段階の到来は、親によって異なる。ある親は、「もう子どもが生まれてから数年たっているのに、涙がこぼれてきます」と述べている。

(e)第五段階　再起

これまでの強い情動体験を経過した親は、「子どもに問題が起こったのは、私のせいでは

ないと自分自身に言い聞かせる必要があった」と述べている。

また、障害のある子どもの誕生のために、両親が離婚や別居をして「誰にも会いたくない、一人きりになりたい」という親もいた。

このように、危機を乗り越えた親は、障害のある子どもの養育という困難な現実に対して、子どもを家族のなかに受け入れ、その子の人生に寄り添って歩み続けるのである。

⑵健康な子どもとの比較

ⓐ子育ての永続化

健康な子どもをもつ親は、一応の子育てが終わる時期がくる。しかし、障害のある子どもをもつ親には、子育てが終わる時期がこない。子どもが成人しても、親の援助は継続される。

ⓑ成長・発達の変化の遅延化

健康な子どもをもつ親は、しつけや指導などによって子どもに成長・発達がみられ、そこには喜びと感動がある。しかし、障害のある子どもをもつ親には、障害の種類や程度などにもよるが、しつけや指導、訓練などを熱心に行っても、その成長・発達は健康な子どもと比較すれば遅れがちである。障害のある子どもへの援助は、健康な子どもとの比較ではなく、その子どもなりの成長・発達を観ることである。そこに喜びと感動がある。

このようなことから、成長・発達が遅れがちになると、親は過保護、放任、強制、そして干渉などにより心のバランスをとることがある。オルシャンスキーは、**知的障害**の子どもに適応していくとき、両親に反応のある面が長く続くことを表現するため、「**慢性的悲嘆**」という用語を用いている。すなわち、耐え難い精神的な苦痛が果てしなく続くとき、この慢性

慢性的悲嘆 chronic sorrow の訳語として「絶え間ない悲しみ」「慢性的悲嘆」などと訳されている。障害のある子どもをもつ親が、わが子の障害を知った後、絶えることなく悲しみが続く状態をいう。不安、緊張、落ち着かない、怒り、悩み、自責、否認、喪失感、失望、落胆、恐れなどの感情を含んでいる。このような状態は、正常な状態ではないと受け止められる傾向がある。

的悲嘆をもつ状態になる。とくに、知的障害や自閉症など重い障害のある子どもをもつ親は、この状態になる傾向がある。家族は、絶え間ない手のかかる養育に神経をすり減らすのである。しかし、オルシャンスキーは、慢性的悲嘆を否定的に受け止めるのではなく、正常な反応として認めることを述べている。

(3)発達障害の子どもをもつ親

平成一九年度より始まった**特別支援教育**において、ＬＤ（学習障害）、ＡＤＨＤ（注意欠陥／多動性障害）、ＨＦＡ（高機能自閉症）を中心とした障害が教育の対象となった。この特別支援教育を推進するに当たっては、親の理解と協力、そして専門機関との連携が求められている。とくに、専門機関での受診・相談などについては、必ずしも親の協力が得られているとは限らない。

このような発達障害のある子どもをもつ親の心理として、下欄のように指摘しておきたい。発達障害のある子どもをもつ親の心理は複雑であるので、一人ひとりの親の心理を理解した援助が必要である。

(4)家族の問題

(a)問題を抱えた家庭の子どもと家族への支援

①両親の離婚・別居・不在の家庭

障害のある子どもが生まれたことにより、両親のいずれか、または一方の不在家庭

②養育態度に問題がある家庭

放任、強制、過保護、養育意欲の喪失、両親のいずれかが精神障害などの家庭

発達障害のある子どもをもつ親の心理

(a)発達の初期における障害のわかりにくさ、不明確さによる不安感

(b)障害（問題）に気づいているが、肯定・否定の間で気持ちが揺れ動く不安定感

(c)外側からは明らかな障害がみられないために、障害を受容することの戸惑い

(d)発達の遅れや障害に気づいていても、親も幼児期は同じ状態であったという安心感

(e)障害（問題）は、一過性のものであり、将来はよい経過をたどるという期待感など

また、専門機関での受診・相談における親の心理として、次のことを指摘しておきたい。

(a)専門機関で診断や障害が明確になることへの不安感と戸惑い

(b)発達支援学級や障害児施設での指導を勧められるのではないかという不安感

(c)わが子には、障害（問題）

③両親・親族との間に葛藤や対立のある家庭

両親の不仲、母親と姑との対立、養育放棄と同様の状態にある家庭

(b)共働き家庭の子どもへの援助

①子どもの障害に目をむけるゆとりのない家庭、とくに、経済的困窮や長時間就労などによって、子どもの障害に対応できない家庭

②子どもの障害に目をむけたいと思ってもできない家庭、祖父母の介護や家庭内の対立、葛藤などがあり、慢性的な心身の疲労のある家庭

③子どもの障害に対する関わり方がわからない家庭

子どもの行動の意味が理解できないために、関わりへの不安と戸惑いのある家庭

(c)多問題のある家庭

①兄弟姉妹に障害のある子どもをもつ家庭

障害のある弟の言動に対して、健康な兄が抑制されたり、障害のある姉の言動に対して妹が抑制されるなど混乱している家庭

②養育が適正に行なわれていない家庭

両親（または、その一方）の知的水準や性格・態度・行動の偏奇、価値観や葛藤などにより、適正な養育ができていない家庭

③親戚・縁者から孤立している家庭

子どもの障害に起因して、両親の実家との交流が途絶したり、親戚の障害に対する理解と援助への協力が得られず孤立している家庭

(d)慢性的な悲嘆をもつ家庭

はないという確信

(d)問題意識はもっているが、親の気持ちは誰にもわかってもらえないという被害者意識

(e)現在は、問題はあるが、いずれ問題は解消するという期待感

(f)家庭での指導に効果がみえにくいことによる自信喪失

(g)障害（問題）を感じているが、親としての関わり方がわからない焦燥感

(h)両親のいずれかが、家庭内・親族内で心から話し合える人がいない孤立感・自責の念

(i)将来の見通しがみえない不安感と焦燥感

(j)特別支援教育を受けるためには、わが子の障害を認めなければならない葛藤

(k)子どもの「困り感」は、他者や親にも理解しにくいという戸惑い

(l)ＬＤ（学習障害）、ＡＤＨＤ（注意欠陥／多動性障害）、ＨＦＡ（高機能自閉症）という名称は聞いたこ

①重い障害のある子どもをもつ家庭

知的障害や自閉症など重い障害のある子どもをもつ親は、毎日の絶え間ない養育に心身ともに疲労困憊《ひろうこんぱい》してしまう。また、子どもの成長・発達とともに、養育の労は大変な加重となる。

②子どもの障害以外の問題がある家庭

両親間の対立や葛藤、嫁姑《よめしゅうとめ》の不仲、兄弟姉妹や家族の病気・死、障害などは、障害のある子どもの生活とその家族に大きな影響を与える。

③家族や関係機関による熱心な指導にも効果がみられない家庭

家族は、熱心に子どもの指導を続けているにもかかわらず、好転的な変化がみられず、新たな問題行動が発現したり、偏った状態が続いていることがある。

2節　障害のある子どもをもつ家庭への支援

(1)家庭支援における問題の所在

(a)子どもの問題の複雑化、多様化、長期化への支援

障害の種類、程度、内容などは、単一ではなく多様であり、複雑化、長期化している。子どもの障害の状態に応じた家庭支援が必要である。

(b)家族問題の複雑化、多様化、長期化への支援

社会情勢の変化や地域社会の変貌などにより、家庭環境や家族の養育機能などが変化してきている。それは少子高齢化、家族の縮小化、核家族化、共働化などの進行により、障害のある子どもをとり巻く環境にも影響を与えている。同時に、親の心理にも影響を与えている。

とはあるが、どのような子どもであるのかがよくわからないという理解困難性

(m)わが子の障害（問題）を心の奥に閉じ込めている状態のとき、他者から障害（問題）を指摘されたり苦情をいわれたときのやり場のない葛藤と不安定感

(n)わが子に、「このようになってほしい」という期待感が、子どもの不得意なところなど真の姿をみえにくくさせている主観的判断

(o)他児と同じようにさせたいという焦りから、子どもに能力以上のことを求めるための注意・叱責・強制（統制）など

困り感　特別支援教育は、児童生徒が考えていることを理解することから始まる。すなわち、教育は、児童生徒が、どのようなことで困っているのかを理解することが出発点になる。そしてその理解にもとづいて教育の内容や方法などを創意工夫する。児童生徒が困っ

家族を多面的に観た援助が必要である。

(c)障害（問題）の背景（原因）を踏まえた全人的理解による支援

障害（問題）の病理的背景や心理・環境的要因などを明確にして、その子どもを部分的にみるのではなく、全人的な理解をした援助を行なう必要がある。

(d)単一機関（一人の援助者）による自己完結としての援助の困難性

それぞれの援助機関（援助者）には、固有の機能がある。単一機関のみの援助は、適正な援助とはならないことがある。したがって、子どもの障害と家庭の状況などをアセスメントし、必要な援助の内容と方法を医療、福祉、教育、保健衛生、労働などの関係機関と連携をとって、多面的な援助を行なう必要がある。

(2)家庭支援の前提

(a)人間の心の欲求を理解した援助の視点

①話を聴いてほしい欲求の充足

人間は、誰でも自分の話を聴いてくれる人を求めている。自分の気持ちや意見などを聴いてほしいという欲求がある。

②気持ちを打ち明けたい欲求の充足

自分の気持ちを聴いてほしいという欲求の奥には、気持ちを打ち明けたいという欲求がある。苦労話だけでなく、子どもの些《さ》細《さい》な成長・発達の変化を打ち明けたいのである。

③理解し、共感してほしい欲求の充足

自分の気持ちを打ち明けたいという欲求は、自分の気持ちを理解してほしいということである。話を聴いてくれても、ただ聴くだけといった態度や簡単に批判されたり、指示された

ている内容としては、たとえば、高機能自閉症の生徒が、学校での給食のとき、席に着くと同時に食べ始めると他の生徒から皆が席に着くまで待つようにいわれる。しかし、本人はクラス全員で食べることの意味や目的が理解できず、待つようにいわれても困ってしまうのである。特別支援教育では、このような児童生徒の「困り感」を理解して教育を行うのである。

心が通じ合う関係

・会って話しをすると心が落ち着き、安心できる援助者

りすると、その人を信頼しなくなる。

④今の自分より成長したい欲求の充足

多くの人と交流し、経験を積んで今の自分より資質を高めたいという欲求である。自分の気持ちを理解してもらうことにより、自分を客観的にみつめ、そして隠されていた自分の内面をみることができるようになる。このような欲求の充足を求めている。

このように、障害のある子どもをもつ親の心理は、外側から理解することは困難な場合がある。しかし、親は子どもの障害や家族の問題に直面していても、苦悩する心の理解や子どものわずかな成長・発達への共感を求めているのである。

(b)地域に根ざした生活者としての視点

①一般の住民と同じ関わりのなかで生活ができる援助

地域のなかで、他の子どもと同じように友達との関わりをもった生活ができるように援助することである。これは親についても同じである。

②子どもとその家族を主体とした援助

援助は、援助者や関係機関が主体となるのではなく、地域で生活している子どもとその家族が主体となって生活ができることを目標とする。

(c)具体的な家庭支援

①親の感情が安定できる援助者との関係の構築

援助者は、障害のある子どもをもつ親の心理状態を理解して援助を行なうことが重要である。そして援助者は、親と「心が通じ合う関係」を構築することが援助の基本である。この「心が通じ合う関係」とは、およそ下欄のとおりである。

・いつでも気軽に気持ちを聴いてくれる援助者
・困ったとき、判断に迷ったとき、素早く対応してくれる援助者
・些細なことでも、一緒になって悩んだり喜んだりしてくれる援助者
・子どもの状態をよく観て、養育方針や方法などについて一緒に考えてくれる援助者
・親の考えや立場を受け止め、共感してくれる援助者
・子どものよいところをみつけて誉めてくれる援助者
・相互に考えや価値観を率直に話し合うことができる援助者
・誰にもいえない個人的な秘密について安心して話せる援助者
・子どもへの関わりが上手な援助者
・失敗や挫折を理解し、慰め励ましてくれる援助者
・一人で抱え込まないで、必要に応じて関係機関を紹介してくれる援助者

このように、親の話に「じっくり耳を傾ける」（積極的傾聴）、親の気持ちを受け止め理解する（受容と共感的理解）、親と援助者とが一緒になって養育方針を立て、実行し、評価する（養育の同時性）、援助者が関係機関との連携による養育体制を整備する（チーム制と合議制）、子どもの発達支援と障害の軽減の二方向による養育観を基本とする（養育の基本的視点）といった関係の構築が家庭支援の基本である。

②「慢性的な悲嘆」をもつ家庭への援助

障害のある子どもへの長期間にわたる養育は、親に多大な心身の負担を与える。この状態にある家族には、慢性的な悲嘆に理解ある言動を示すことである。とくに、援助者は、親に対して、今の気持ちを繰り返し話すことを勧め、苦労や悲しみの大きさと深さを積極的に傾聴し、共感することである。これは親が苦労や悲しみを解決することではなく、親の気持ちをあるがままに受け止め、共感することである。親は、自分の気持ちが受け入れられ、共感されることによって、わが子の障害を少しずつ受け入れ、養育（治療・指導・訓練など）にとり組む意欲をもつようになる。そしてそのことが、子どもの潜在する能力を発揮することに努力するようになっていくのである。

以上のように、障害のある子どもとその家族への支援は、まず親の心の理解が重要である。健康な子どもをもつ親には想定できない心理状態にある。具体的な援助は、親と子どもだけでなく、両親の実家や友人、親戚、縁者、地域の住民など生活全般に関わるものである。そして援助は、子どもの生涯にわたることもある。援助は、子どもとその親や家族への「やさしさ」、些細な発達上の変化をともに喜び合う「共感」、と子どもとその家族を何よりも大切にする「尊重」を基本とする。

13章　施設における援助

1節　通所施設と入所施設

障害をもつ人の暮らしの場はさまざまである。自宅で自立生活を営んでいる人、親や配偶者、子どもその他の、家族の介助を受けながら生活している人、ホームヘルプサービスを利用している人、グループホームで暮らし、地域での自立を目指す人、以上は「**地域生活**」を送っている障害児・者と呼ばれる。

一方、①本人の身体・精神的機能に著しい障害があって常時の見守りが必要、②障害が中軽度であっても自立生活が難しく、しかも経済的または人的に在宅では充分な支援を受けられない、③訓練や療育を受けるに当たって一定期間専門機関に入所することが効果的である、などの場合、施設に入所してのサービスを受けることとなる。

前者のような地域生活を支える施設として、主に**通所施設**があげられる。後者については、対象により、さまざまな入所施設がこれに対応している。ただし短期入所は、居宅介護つまり地域生活を支援するためのサービスと位置づけられる。

近年のわが国の障害者施策では、施設を出て地域での自立生活をおこなうことを基本とみなす考え方が浸透している。施設に「一度入所すると、ほとんどが出口のない施設環境の中で、一生を過ごす人たちが今も少なくありません」、「一度施設の外での生活を知ってしまう

通所施設　障害のある人が自宅や福祉ホームなどから日中通って、作業や訓練をおこなうほか、食事サービス・入浴サービスなどを受けたり、レクリエーションに参加するなどの活動をおこなう施設。送迎サービスつき、家族の送迎による通所、自力通所など、通所の方法は施設と利用者によってさまざまである。従来、それぞれの障害種別や年齢に対応した通所更生施設、通所授産施設、デイサービスセンター、通園施設などが設置されてきた。障害者自立支援法の施行（二〇〇六）にともない、障害種別にかかわりなく、療養介護、生活介護、自立訓練、就労移行支援、就労継続支援などの日中活動をおこなう場所と位置づけられるようになった。

脱施設化　一九七五年の「障害者の権利宣言」には、「障害者はその家族又は養親とともに生活し、すべて

と、再び施設に戻りたいと言う方は稀です」と笹渕悟（二〇〇二）が述べているように、収容型入所施設には特有の問題、すなわち家族や地域からの隔絶と、暮らしの制約があったことが示唆される。

2節　施設の地域貢献とオープン化

一方、入所を排除する風潮の行き過ぎに警告を唱える立場もある。村井公道（二〇〇八）は、「夜間の支援を含めて個々人の支援をきめ細かに行う安心した暮らしを保証する施設」（入所施設）の必要度は、社会の高齢化にともない時を追って高くなってきている、と述べている。そして、①障害者が就労や社会参加への挑戦をする際にも「いつでも戻って来られる安心」を施設は提供している、②施設があれば、家族で支援が難しくなったときにもいつでも支援を受けることができ、「安心できる住みよい町づくり」を推進できる、③施設利用者の地域参加や生産物（手工芸品や農産物など）が「地域の活力の一端を担っている」など、入所施設の**地域貢献**についても述べている。

施設の地域貢献に関しては、「施設の持っている人的、物的機能を、入所者だけでなく地域の在宅者にも活用して貰い、あわせて施設を地域に開かれたものにしていく」（日本精神薄弱者愛護協会、一九九二）という目的のもと、昭和五〇年代から**施設のオープン化**が進められてきた。平成一八（二〇〇六）年に施行された「**障害者自立支援法**」ではより明確に、入所施設における日中活動と、夜間・休日の住まいの場とを分離して、支給がなされるようになった。施設のオープン化は地域貢献につながるだけでなく、日中活動を開かれた場でお

の社会的活動、創造的活動又はレクリエーション活動に参加する権利を有する。（中略）もし、障害者が専門施設に入所することが絶対に必要であっても、そこでの環境及び生活条件は、同年齢の人の通常の生活に可能な限りに通ったものであるべきである」（第九条）とある。その後平成一九年の障害者施策における重点施策実施五カ年計画（平成二〇～二四年度）では、施設入所者が可能な限り地域生活に移行できるよう、数値目標が定められた。

日中活動の分離　小林繁市（二〇〇六）は、「これまで施設利用者は、入所している施設の日中活動（作業など）しか利用できませんでした。しかし新体系においては、日中と夜間の支援を分けて利用することが可能になり、（中略）入所者のみに限定されていた施設の日中活動も、地域生活者や在宅者も利用できるように

こなえるという、利用者側の利点ももっている。
さて、次に施設支援の利点と、陥りやすい問題点についてより詳しく整理してみたい。

3節　施設支援の利点

通所施設と入所施設を問わず、家庭で暮らしている障害児・者が新たな施設を利用するということには、次のような利点があげられるであろう。

1　介助・援助の効率性とモデルの提供

施設内環境は、本人の活動や支援者による介助をおこないやすいように統制され、構造化されたものであり、日常生活に手厚い援助が必要な人に対して効率の良い支援が可能となる。たとえば、障害の種別にあわせたバリアフリー化を一般住宅に速やかに普及させることは難しいが、施設内には介護機器や設備を整えやすい。そうした環境では、本人の動作や移動がおこないやすく、またそれにともなう危険を回避しやすい。また、自閉症や発達障害の人の支援に有効な、環境の構造化、スケジュール・指示の視覚化などは、まず施設でシステマティックに導入され、専門家による個々の支援が試みられる。

また施設内は、障害をもつ人が自力で活動できる範囲を広げ、自力で活動できる喜びや主体性・自尊心をとり戻す機会にも恵まれる場とすることができる。廃用性障害を防ぐことにも一役買うであろう。このような施設支援は、障害をもつ人とその家族が家庭生活にさまざまな工夫を導入するうえでのひとつのモデルともなる。

なります。これまで入所施設の利用者は、昼も夜も施設の中という狭い世界の中で生きて来ました。日々の変化も少なく、出会う人たちも限られていました。しかし、新たな制度によって、世界が大きく広がることが可能になりました」と述べている。

環境因子　ＷＨＯ「国際生活機能分類（ＩＣＦ）」では、障害は、個人の機能レベルと環境因子との相互作用によって生じているととらえられている。

2　仲間との出会いと役割

家庭でもっぱら家族による援助を受けていた人にとって、施設利用を始めることは新たな社会との出会いである。家族による介助は、本人にとってもっとも安心で自然なものであろうが、家庭を離れる時間をもつことによって、家族外の人とのつながりができ、自立が促される場合もあろう。また、地域では孤立しがちであった人も、施設内で似た障害、同年代の人と出会い、助け合う仲間を得たり、自己評価を高められることもあるだろう。家庭や地域では世話をされる立場でしかなかった人が、施設では自分と同じかそれ以上の障害をもっている人の世話をするという役割をもつこともできる。

仲間を得るという点については、障害をもつ人の家族同士も、施設を利用するなかで同じ立場の仲間に出会い、気持ちの分かち合いや情報交換をおこなうことができる。

3　家族の負担の改善

二四時間の見守りと、ほとんどの日常動作に介助が必要な人に対して、家族だけでその生活を支え続けることはたいへんな負担となる。一方、手厚い介助が必要な人に対しても、施設では職員が交代制で勤務し対応を続けていくことができる。職員ひとりあたりの受けもち利用者数の多さには問題がないわけではないものの、「交代がいるというのは、親にも職員にもなんとなく安心」、「済まないという気持ちが軽く」なると、久保田美也子（二〇〇二）は障害をもつ人の親の本音を述べている。そして、入所施設がなければ、毎晩の介助に追われ親自身の生活が成り立たなくなってしまう、障害者の家族も家族自身の地域生活を思い描

役割の逆転　このような、被援助者から援助者への役割の逆転、つまり「自分も誰かに力を貸し、役に立つことができる」という体験は、障害をもつ人のエンパワーメント（もてる力を発揮すること）にもつながる。

入所施設　従来、入所更生施設、入所授産施設、通勤寮、福祉ホーム、療護施設、更生援護施設、生活訓練施設などが、知的障害者福祉法、身体障害者福祉法、精神保健及び精神障害者福祉に関する法により設置されてきた。障害者自立支援法の施行によって、これらは「障害者支援施設」として一本化され、夜間や休日の入浴・排泄・食事などの介護をおこなう場所として位置づけられるようになっている。このほかに、共同生活介護（ケアホーム）と共同生活援助（グループホーム）という枠組みが設けられ、地域生活を希望する障害者のニーズに応えている。

き実現させたいという希望をもっていると告白している。手厚い介助が必要な人を世話してくれる施設があることによって、家族も社会生活に一歩踏み出せる。小山内美智子（一九八八）は障害者自身の立場から、「母も私を卒業して、自分の人生を歩いてほしいと思う」と述べている。

4節　環境因子としての施設、その問題点

以上、施設の存在意義について述べてきたが、従来の**障害者入所施設の弊害**も古くから指摘されてきた。ここでは三つの観点からまとめる。

1　地域社会との隔離性の問題

久田則夫（一九九六）は、大規模入所施設の構造上の問題点として、一般社会からの隔離性と吸引性をあげ、入所施設は外の社会との接触が少ない閉鎖的な空間となりやすいことを述べている。これに対して、街中で暮らす小規模の**生活寮**や**グループホーム**では、施設と地域社会との間の垣根が低く、地域の人との交流、自由で容易な外出、消費者としての行動を楽しむこと、労働者としての役割をもつことなど、さまざまな**社会参加**の機会が得られやすい。また、街の様子、街の人との会話から、季節感や社会情勢などの情報・社会的刺激に触れる機会も多くなる。入所施設は「保護・収容」の場であるだけでなく、地域に出ていく生活を送るための「生活の拠点」であり得るかが問われている。

もちろん、地域生活には、街中での事故、トラブルなどさまざまなリスクもある。しかし、

高齢者施設としては、老人福祉法に定める養護老人ホーム、特別養護老人ホーム、介護老人保健施設、ケアハウスなどがある。短期入所施設も以上の施設に併設されることが多い。

施設の隔離性　施設は街から遠い場所に建設されることが多い。

施設の吸引性　本来は地域に出かけて受ける、医療・理容・買い物その他のサービスが、効率のために施設内に完備されてしまうこと。

地域生活のトラブル　知的障害者の地域生活移行のな

ほとんどは対応可能な問題であり、周辺の地域住民からの見守りや要請もあって、グループホームでの地域生活は隔離された施設生活と比べて適度な緊張感が保たれ、利用者・職員ともどもの自立が促されたと笹渕悟（二〇〇五）は述べている。

2 自己決定・プライバシーに関する問題

入所施設という環境がもつもう一つの問題点は、施設の入所者が自分らしい暮らし、快適な暮らしを追求することのむずかしさである。

施設生活は共同生活という性質上、個人の暮らしの自由な展開が大きく制約を受けがちになることをミラーとグィン（一九八五）は指摘している。とくに、集団生活での協調性を求め、画一的な「指導」をおこなうような施設では、入所者は主体性や個性を奪われ、精神的な発達の機会を損なってしまうと指摘している。

また、入所施設では個人の空間をもつことが難しく、個人の秘密をもつ権利、あるいは逆に、他者のプライバシーを知らないでいる権利も損なわれることがある。小山内美智子（一九八八）は、カーテンで仕切っただけのベッドで恋人と密会するしかない入所者と、みてみぬ振りをするしかない同室者の現状を目にし、障害をもつ人であっても、そうでない人と同じように「ひとりで思い切り泣ける部屋、だれかと心ゆくまで愛し合える空間」が必要だと、切実さをもって訴えている。

自己決定とプライバシーの保証は人の暮らしにおける基本的な欲求ともいえ、とくに精神的自立が進む青年期以降の人に対してはいっそうの配慮が必要なところである。

かで、グループホームの利用者が商店の商品を勝手にいじった、夜中に小学校のブランコに乗っていた、一度おごってもらった店に連日財布をもたずに通うようになってしまった、また逆に、不審者がグループホームに進入したなど、さまざまな問題が起こったことを笹渕（二〇〇二）は述べている。

暮らしの中の自由　いつ入浴するか、いつ何をどのようなマナーで食べるかなどは、自宅の生活ではある程度個人の自由意思にまかされるのが当然のこととなっている。一方入所施設では、これらの自由度は低い。

プライバシーのために　小山内（一九八八）では、著者自身が、ほとんどの日常生活に介助を要する脳性まひの人であるが、「だれにも監視されない私だけの生

3　職員と利用者との関係性にまつわる問題

上記のような問題のほか、より厄介なのは、入所者と職員との間にある被援助者－援助者という不均衡な力関係である。援助者は、被援助者（要介護者）の生活をコントロールしうる強い立場にあるため、両者が適正な距離、適正な関係を保つためには配慮を要する。

久田（前掲書）は、閉鎖的な世界になりやすい入所施設のなかでは、利用者の生活やプライバシーに日常的に深く関わっている職員は、①利用者に対して「何でも知っている」という慢心や特権意識をもってしまう、②利用者の「お世話になっている」という意識に対応して、職員は「よいことをしてあげている」と感じ、独善的になりやすい、③利用者は立場が弱く情報を充分にもっていないことが多いが、このことへの配慮を欠く、などの落とし穴にはまりやすいことを述べている。これらの問題を是正するために、第三者評価や、施設の地域への開放など、施設と社会との風通しをよくすることの重要性を著者は述べている。

ミラーとグィン（一九八五）は、入所者は職員に対して依存を要する弱者の立場ゆえに、職員の意向を損ねないように立ち回るようになったり、職員が入れ替わるたびに価値基準や細かい日常生活の予測を再構築せねばならないという、目にみえない努力を強いられていることを指摘している。そうならないためには、職員の精神的な成熟が不可欠であると著者らは述べている。職員が自立した人格の持ち主であれば、「他者の依存を抵抗なく受け容れると同時に、依存の状態にあるものを完全に自分の意のままにしようと思ったり、それとなくその方向に持っていくこともない」のだと述べている。

活」を切望し、二七歳で親もとを離れ、ボランティア・ヘルパーの介助による自立生活を続けてきたことを述べている。病院もまた施設と同じで個人の空間、自由、プライバシーも、カーテンで仕切られただけのところである。患者の権利、QOLの観点からも、将来において解消されねばならない点ではなかろうか。

援助の阻害要因　入所施設では、障害が重たいために常時の世話が必要であるばかりでなく、介護を困難にするような行動上・性格上の諸要因をもっている人もしばしばみられる。たとえば、自傷行為その他の問題行動、介護拒否、意欲の低下、攻撃性や依存性、興奮しやすさ、などである。こうした問題が家庭や地域での安定した暮らしを困難にし、施設入所を余儀なくしているという側面もある。これらの問題への対処の基本姿勢は、問題となる行動を注意や叱責によって矯正するのではなく、行動の背景を理解するように努め、共感的な姿勢で対応の工夫をおこなっていくことであろう。こうした姿勢が、入所者との対等なコミュニケーションを形成していくのである。

5節　施設生活への適応

では次に、一人ひとりの入所者が施設入所にあたってどのような体験をしているのかを簡単にたどってみたい。

1　施設入所の背景

ミラーとグィン（前掲書）は、施設入所者はしばしば家族から見放されたという体験をしているが、入所によって家族との交流は減り、本人はそれに何かの理由をつけて納得するしかないことを述べている。しかし、施設入所後も家族との交流がよく保たれている例や、施設入所により家族の介護負担が軽減し、本人と家族との純粋な情緒的交流が復活する例もよく目にする。それを可能にする条件として、障害の種別、障害者の年齢、入所前の家族関係、家族の介護観、施設の立地条件、家族支援にも積極的な施設の姿勢などが、関与しているのではないかと予想される。

中里克治ほか（一九九四）は、ある特別養護老人ホームの入所者のうち、本人に何も相談なく施設入所が決まっていた例が全体の二九・九パーセントに達しており、逆に施設入所の意思決定に本人が何らかの関与をしたと感じているのは全体の四九・四パーセントと約半数に過ぎなかったことを報告している。本人の意思確認がないまま入所が決まったケースの一部には、重度認知症などの理由により、入所の予告ができなかった例もあるであろうが、このような合理的な理由なく、本人に必要な情報提供がされていないケースもあるということである。施設入所は、身体的、精神的、社会的な適応力が低下した状態でなされやすく、自己決定の機会や予期を欠いたまま入所した利用者は、施設という新たな環境への適応にも困難を抱えることが予想される。

適応の促進要因　中里ほか（一九九四）の調査では、対人場面で自信をもって行動でき、自分の健康に自信をもち、ある程度の筋力を維持していることが、入所初期の適応を容易にしていることが示されている。自信の低下や体力の低下がみられる入所者ほど、権利擁護にむけて周囲の特別な配慮が必要であるといえよう。

2　施設と個人との「つながり」

右のように、入所者は困難な条件をかかえながら、新しい環境への適応を強いられている。小倉啓子（二〇〇二）は、「ところが、実際には、新入居者はしだいにその人なりの安定した日常生活に移行して」いくと述べ、「つながり」をキーワードとして、特別養護老人ホームの入所者が「新しい環境のなかで自分の生活をつくっていくプロセス」を明らかにしている。それによると、入所者はさまざまな体験をとおして、ここが自分の暮らしの場であると感じるきっかけを得ている。

まず、生活史のなかで個人的に慣れ親しんでいた素材を施設のなかで偶然発見すると、それがささやかなものであっても、入所者は驚きを感じ、一瞬のうちに懐かしさ・安心を蘇《よみがえ》らせる。著者は、こうした体験を「素材スパーク体験」、そのときに偶然出会った施設内の事物を「生活史素材」と呼んでいる。そしてこれらが入所者個人の密かな体験ではなく、信頼できる職員に打ち明け、理解してもらえるという人間関係の文脈に次第に入っていき、施設と入所者とのつながりが強化される様子を示している。

また、施設の生活のなかには、支援のために統制された施設生活ならではの「ホーム生活素材」も存在する。これらは、入所者の生きがいや生き方の指針の発見にもつながり、施設を基盤とした新たな暮らしの形成には欠かせない要素といえよう。

生活史素材　自分と同じ味付けの惣菜、個人的な好物が施設のメニューのなかにあること、親しい人を思い出す草花や歌、信仰していた宗教と施設の宗教との一致などが、例としてあげられる。

施設にある一見何でもない事物も、「生活史素材」として入所者の個人的な思いを引き出し、あるいは映し出す素材となり得るし、また、入所者が自分を同一化できる「ホーム生活素材」となることを考えると、自然で行き届いた豊かな施設環境の重要性が理解できる。

3 施設の中の人間関係

小倉（前掲書）は、特別養護老人ホームの新入所者が施設生活になじんでいく過程で重要であったもう一つの要素として、入所者を安心させるような**人間関係**が介在していることを示している。その一つは、職員が入所者の好みや希望を尊重し応えた結果としての、「思いに添ったケア体験」である。もう一つは、病気や失禁、他の入所者とのトラブルなど、入所者が深く悩み思い詰めるような出来事があったときに、施設内の他者（職員でも利用者でも）からかけられた何気ないことばや行動に、救われたり慰められたりするという「リリーフ体験」である。これらは、相手のほうは特別なことをしたと思っていなくても、本人にとっては、自分を気遣い理解してもらい不安を払拭《ふっしょく》された経験として、印象に残るものである。

入所者は、こうした体験を一方的に待っている受身的な存在なのではなく、自らも施設内で能動的な働きかけをおこなっており、懸命に施設内に居場所を作ろうとしていることを、著者は強調している。入所者は、どの相手なら仲良くできそうか、自分にできることはないかと互いに相手を観察し、声をかけ、試行錯誤をしているのである。

職員との関係においても、入所者の協力がなければ成り立たない日課も多い。また、障害をもつ人から職員が助けられ、教えられることもある。入所者どうしの関係においても、自立度が高い人が低い人を助ける場面はよくみられるが、逆に、自立度の低い人から頼りにさ

ホーム生活素材　施設での活動・作業、施設での役割や定席、その施設の理念を示したことばのほか、施設環境や、施設内で受ける介護・世話などがこれにあたる。著者（小倉、二〇〇二）は、ホームの歌の一節を聞いて気持ちが落ち着いたという入所者の例をあげている。

思いに添ったケア体験　入所者が暑がりなことを知っている職員が、頼まないでもクーラーを入れてくれた、してほしい銀行の手続きをすぐにしてもらえた、入浴時に丁寧に洗ってもらえたなどの例があげられる。

障害をもつ人から教えられる　その人のもっている知識を直接教えてもらうという形もあるし、その人の境遇に謙虚に思いをはせる中で職員自ら学ぶこともあろう。これらは、障害者も職員もそれぞれが独自の生活歴を背負った存在であると

考えれば、当然のことともいえよう。

れることで、自立度が高い人が張り合いを感じていたり、互いの個性に魅力を感じ、一緒に何かをすることをお互いが楽しみにしている仲間関係もあるのである。このように、暮らしの場における人間関係は相互扶助的な（互いに支えあい与えあう）ものになる可能性を秘めている。そのことへの気づきが、障害をもつ人の秘めた強さや個性の発見につながるのではなかろうか。

14章　心理療法

1節　心理療法とは

私たちは、対人関係上のトラブルや自分自身の性格上の問題など、さまざまな悩みや**葛藤**をかかえて生きている。一般的には、そのような悩みや葛藤は自分自身のなかで処理されたり、親や友人などの他者の力をかりて解決されたりすることになる。このような解決方法がうまく機能している場合はよいが、努力してもいっそう問題が深刻になってしまい、対処できないような状況が起こってくることもある。そのようなときに**心理療法**（**サイコセラピー**）による援助が役に立つことがある。心理療法は、広義には心理学的な手法をもちいて心の問題の改善をはかろうとする接近法のことをいう。ウォルバーグによれば、「心理療法とは、訓練を受けた専門家が、精神障害・行動上の**不適応**・そのほかの情緒的な問題をもつと考えられる人々との間に、熟考されたプロフェッショナルな関係を結び、そのはたらきかけをとおして、現存する症状や問題を取り除いたり、変化させたり、やわらげたりし、さらには、対象者の人格の発展や成長を促すことを目的とするあらゆるタイプの処置をいう」と定義され、⑴治療者（セラピスト）が専門家であり、⑵対象となる問題が心理的な問題にもとづくものであり、⑶治療者と来談者（クライエント）との関係が職業的関係である、という三点がその特徴とされる。

葛藤（conflict）欲求や衝動など、二つ以上の対立する傾向がほぼ等しい強さで同時に存在し、行動を決定することが困難になる状況を指す。

心理療法　英語では psychotherapy。

不適応（maladjustment）環境に対して適切な行動をとることが困難となり、心理的に不安定な状態に陥ったり、対人関係上の問題を生じたりすること。

現在行われている心理療法は、さまざまな心理学的理論にもとづき体系化されており、多種多様な治療法となっている。神経症の治療のために**フロイト**によって創始され、人間の行動やイメージの無意識的意味を重視し、独自の性発達理論による精神症状への理解をはかろうとする**精神分析**、パーソナリティの成長理論により人間の自己実現傾向を促進させることを目標とし、治療者の無条件の積極的関心、共感的理解、自己一致を重視する、**ロジャーズ**が創始した**クライエント中心療法**、学習理論にもとづき人間の行動の誤学習を修正し、適切な行動の学習により問題の改善をはかろうとする、**アイセンク**によって体系化された**行動療法**、そのほかにも、システム論にもとづき問題を家族全体の問題として扱う**家族療法**、コミュニケーションの媒体として言語以外のものを使用する技法として、遊びをもちいた**プレイセラピー（遊戯療法）**や絵画や音楽などの芸術をもちいた**芸術療法**、身体へのアプローチをはかる**動作法**などがある。

治療技法によって方法は異なるが、一般的には治療者は治療を開始するにあたって**心理アセスメント（心理学的診断）**を行うことによって問題発生のメカニズム、治療方針や経過の見立てなどを行い、来談者と治療契約を結ぶことから治療が開始される。

2節　心理アセスメントの方法

一九八〇年に**世界保健機関**（ＷＨＯ）が発行した**国際障害分類**（ＩＣＩＤＨ）の改訂の必要性が検討され、一九九九年の草案の提出を経て二〇〇一年に**国際生活機能分類**（ＩＣＦ）が採択されたことにより、障害の理解が決して固定的なものではなく、個人や環境、あるい

フロイト（Freud, S.）　オーストリアの医師。寝椅子を利用した自由連想法を工夫し、得られた患者の連想を解釈することによって、神経症の病因に関する理論体系を精神分析として構築した。

ロジャーズ（Rogers, C. R.）　アメリカの心理学者。行動主義、精神分析に対し、人間性心理学の立場をとり、クライエントの体験過程を重視した。

アイゼンク（Eysenck, H. J.）　イギリスの心理学者。条件づけ理論にもとづく人格類型説を提唱し、ＭＰＩ（モーズレイ人格検査）を作成した。

世界保健機関　英語ではWorld Health Organization。

国際障害分類　英語ではInternational Classification of Impairments, Disabilities and Handicaps。

は健康状態などとの相互作用によって規定されるものであるという考え方が普及してきた。また、わが国においても二〇〇〇年に**社会福祉法**が改正されたことにより、二〇〇三年から支援費制度が導入され、障害者福祉は措置から契約の時代に移行した。この制度はノーマライゼーションの理念にもとづき、障害児・者の自己決定権を尊重し、自身が自由にサービスとその提供者を選択して契約できるようにしようという考えのもとに導入されており、障害者の意思やニーズを尊重した支援を提供しようという立場にたつ。このように、社会のなかで障害に対するとらえ方や支援における基本的な考え方が変わってきており、支援者は障害を固定的にとらえるのではなく、障害のある人をとりまくさまざまな要因との関連において、総合的にその人を理解し、そのニーズに対してアセスメントを行う必要性があることを認識しなければならない。

障害児・者にかかわる場合の心理アセスメントは、障害の種類や程度について評価をするだけではなく、障害のある人がどのような状況にあり、それをどのようにとらえており、どのように支援を求めているのかというようなニーズに対して、心理学的な視点から総合的に評価し、支援方法の検討を行うものである。まずは、その人が何を求めて来談しているのかという**主訴**を正確に把握する必要がある。その主訴となることがらが、いつ、どのような形でその人に問題とされるようになったかという**問題の概要**、その人が当該の問題に対してどのように対応をしてきてどのような結果になっているのかという**経過**についてもあわせて把握する。次に、その人の生活状況などを把握するために、**家族歴**・**生育歴**、**既往症**、**障害の種類・程度**を聴取する。また、本人にとって重要な他者（キーパーソン）が主訴や問題の概要に対してどのような態度をとり、本人とどのような関係を形成しているのかについて理解

国際生活機能分類　英語ではInternational Classification of Functioning, Disability, and Health。

社会福祉法　わが国における社会福祉サービスの基礎をなす法律であり、一九五一年に制定された。二〇〇〇年までは社会福祉事業法とされていたが、二〇〇〇年六月に社会福祉基礎構造改革において大幅な改正が行われ、社会福祉法として施行された。

しておくことは、問題の理解や支援方法の検討のために重要な事項となる。また、障害の種類に関連して、身体機能・精神機能・認知機能などの評価を行う。その際に、知能やパーソナリティ、作業能力、適性などを把握することを目的として**心理検査**を実施することにより、本人の心理特性をより明確に検討することが可能となる場合も多い。また、本人の**日常生活動作**（ＡＤＬ）の機能を把握することにより、本人には自覚されていなかった生活上の困難さや課題が明確になることもあるだろう。このように、本人のニーズを総合的に把握したうえで、セラピストとクライエントが**治療契約**を行うことにより、ニーズに応じた支援の一環として、心理療法が開始されることになる。

日常生活動作（Activities of Daily Living）　食事、排泄、入浴、起居、移動などの動作で、日常生活において欠かすことのできない基本動作のこと。

3節　障害児・者への心理療法

1節で述べたように、心理療法においては心理学的な手法によって心理的な問題が扱われることになる。したがって、心理療法は背景として心理的な要因が想定される情緒障害や精神障害に対して主に適応されることになる。また、動作法のような心理リハビリテーションは脳性マヒ児・者の動作改善法として開発されたところから展開してきており、肢体不自由のような身体の機能障害のある人に身体の動きを通して心にはたらきかけ、心を活性化させることを目的とした治療も行われている。このような意味においては、心理療法は問題や症状の改善のために行われるものであるが、その問題やニーズをどのようにとらえるかによって、障害児・者への適応の可否が議論されることであろう。

たとえば、身体疾患にもとづく障害においては、障害そのものの軽減や消失を心理治療の対象とすることは困難である。しかし、障害のある人自身の障害受容や自己理解の促進、進路選択や結婚などライフサイクル上の課題、対人関係上の問題などは心理療法の対象とされる。また、知的障害についても、知能の改善をはかるのではなく、知的障害と関連して生じた行動障害や学校での適応困難などの改善を目的として心理療法を行うこともある。2節で述べたように心理アセスメントの結果、セラピストとクライエントに心理療法の必要性が合意され治療契約がとりかわされることによって、心理療法が実施されることになる。ここでは、身体障害、精神障害、発達障害のある人に対する心理療法について紹介しよう。

1　身体の障害

身体の障害は、その機能障害にもとづく身体部位の活動の制限やそれにともなう社会参加上の困難さが認められる。社会的にはまだまだ十分ではないもののバリア（障壁《しょうへき》）フリーやユニバーサルデザインなどの観点が導入され、障害のある人も生活しやすい環境の構築が図られつつある。バリアについては、物理的バリアの他に、制度的バリア、情報的バリア、心理的バリアなどが存在すると考えられている。環境因子としてのバリアをなくしていくことと同時に、心理的なバリアをなくす必要性が指摘されている。この心理的バリアは、身体障害のある人をとりまく周囲の人々の側についてはもちろんであるが、障害のある人自身の心理的バリアを解消することも重要である。

中年期にさしかかったころに精神科クリニックに来院したAさんは腎臓疾患という内部障害のある女性で、青年期から人工透析を一日おき（状態の悪いときには毎日）に行うために、日常生活上の制限がとても大きく、同年代の女性が行っているような仕事や遊びをほとんど

バリアフリー（barrier free）　一九五〇年代後半より欧米でバリアフリー基準の動きが始まり、一九六一年に初めてアメリカで基準の策定がなされるようになった。

ユニバーサルデザイン（universal design）　ノースカロライナ州立大学のロン・メイスが提唱し、すべての人に使いやすい製品、環境、情報のデザインをめざすこと。

行うことができないため、生活のなかで自分に対するあきらめの気持ちを強くし、健康な周囲の他者に対して強い嫉妬心を誘発されるために非常に抑うつ状態が強くなっていた。そのため、主治医の診察においては抗うつ剤の投与を受け、心理療法を希望した。Aさんの心理療法での中心的なテーマは、自己の身体をありのまま受け止めること、障害を否定的にとらえて抑うつ的になりがちな気持ちをそのままに体験しつつ自分を慈《いつく》しむこと、そのような身体をもつAさんが、Aさんらしく生活を組み立てていくにはどのようにしていけばよいかについて、セラピストという他者に心を少しずつ開いていきながら検討することであった。心理療法の経過中にAさんは、他者とは違った自己の身体とその身体をもつ自分の生活のあり方を振り返り、抑うつ的になりながらも、自分らしく生きるということはどういうことなのかということに目を向けるようになり、友だちとの会話や音楽・映画の鑑賞などを少しずつ楽しめるようになっていった。

また、聴覚障害のある中年期の男性のBさんは、上司との意思疎通の困難を訴えて、Bさん自身が働いている製造業を営む工場の健康センターに来談した。Bさんによれば、上司はBさんの話に聞く耳をもたず、Bさんに対する評価が低いために、不当な待遇をされているということだった。このような訴えに対して、産業医との連携により、産業医を中心とした健康センターのグループが仕事環境の調査を実施し、コミュニケーションの疎通が図れるように人事課などを通して上司とBさんとの関係調整を行った。また、Bさん自身がコミュニケーションのハンディがあるという負い目を感じて心理的なバリアを強くしていたため、心を開ける仲間に自身の気持ちを打ち明けたり、職場のなかで思い切って発言をしたりできるよう数回のカウンセリングを実施することにより、職場での不適応感の解消をはかった。

このように、身体に障害のある場合の心理療法は、心理リハビリテーションのような心と身体にアプローチをする方法を除いては、障害そのものの軽減や解消を第一義とするのではなく、それに由来する個人の心理的な葛藤、課題の解決や、その人をとりまく環境について調整を行うことが中心的なテーマとなる。

2 精神・情緒の障害

精神障害や情緒障害がある場合には、その障害が脳などの器質に由来するものなのか、心理的葛藤や環境との軋轢《あつれき》など心理的要因に由来するものなのかについてまずは評価を行うことになろう。そして、器質に由来する場合には、その障害に対する対症療法として医師による薬物療法が第一に選択される。また、心理的葛藤や環境的な要因が症状の形成に影響を及ぼしており、本人の治療意欲や内省力が十分にあると判断された場合には、心理療法が適応されることになる。場合によっては、器質因とされる精神疾患であっても、日常生活における課題解決や適応の向上のために、心理療法が適応されることもある。

統合失調症と診断された青年期の男性であるCさんは、主治医による薬物療法を受け、精神科のデイケアに通院していたものの、友人とのつきあい方や父親との関係のもち方において困難を感じており、その改善を目的として精神病院の外来にて心理療法を受けることを希望した。三年間にわたる毎週一回三〇分程度の定期的な心理療法の経過のなかで、安定した枠組みを提供し、具体的な生活上の課題をひとつずつ整理していくことにより、不安定になると家族に暴力をふるいたくなったり、友だちとの距離のとり方がわからなくなってしまったりするという問題行動についてもとり上げ、なぜそのような行動をとってしまったのかに

デイケア（day care）医療機関や地域福祉施設などで行う通所リハビリテーションのこと。心身機能の維持、回復を図り、日常生活の自立や社会復帰を支援するため、さまざまなプログラムが展開されている。

ついて、Cさん自身の行動や相手の対応について吟味していった。心理療法の経過のなかで、当初はうまくとらえることができなかったCさん自身の心の動きに対して、次第に「ちょっと危ないかも」「このままいくと殴ってしまいそう」などと事前にとらえることが可能になり、行動化をする前に解消することが可能となっていき、生活面での落ち着きを回復していった。その後、段階的に面接回数を減らしていき、「これなら大丈夫。ただ、もし不調になったときには面接を依頼するようにしたい」と継続的な心理療法を終結した。

また、女子中学生であるDさんは、まばたきの**チック**を主訴として精神科クリニックに来院した。学業成績は優秀で、スポーツ系のクラブ活動に参加しており、日常生活では活動的であったものの、対人場面での緊張が強く、とくに教師などの大人に対してDさん自身の意思を主張しなければならない場面でまばたきが強く出現することを悩んでいた。心理療法では、大人であるセラピストとの二者関係のなかで安心して自己主張ができるような練習をすること、日常生活で意思を表明しなければならない場面を回避するのではなく、その経験のなかで少しずつ安心感を体験することの必要性を確認することを中心的な課題として毎週五〇分の心理療法を実施した。約一年間の面接経過において症状は軽減し、終了時には少し照れながらも校内で開催されたスピーチコンテストで入賞し、地区大会への出場を決めたことが語られ、意思の表明における抵抗を克服した姿が認められた。

チック（tic）　自分でコントロールできない、不随意に頻発に生じる運動や発声である。チックが生じる部位は、顔や首が多いが、身体の各部位にわたってみられる。幼児・児童期に発症することが多い。

3　発達の障害

発達障害のある人の場合、自分と他者の認知の仕方や対人関係のもち方が、どこか他の人と異なっているということに由来する生きにくさが存在するようである。本人がそれを感じ取って、二次的な問題を生じていることもあるし、家族や学校の教師や友人など、本人をとりまく人々が本人の特性を理解できずに、悪循環を生じて不適応に発展させてしまうこともある。

自閉症のEさんは、小学校一年生の男児である。保育園に入園した後、「登園しぶり」があり、年中・年長と過ごすうちに次第に保育園に慣れ、「登園しぶり」が減少していたものの、小学校に入学して分団登校となったこと、家庭の転居にともなう環境の変化によって「登校しぶり」が再燃したという状況で、発達相談室に母子で来談した。Eさんには、社会的なやりとりのなかで安心感をもって他者と時間と場を共有できる体験を積んだり、社会的なルールを体得したりすることを目標として、二者関係をベースにした隔週一回五〇分の**プレイセラピー**（**遊戯療法**）を実施した。また、併行して母親面接を実施し、Eさんの心理アセスメントの結果について丁寧に説明しつつ、その特徴と環境調整の方法についてともに考える機会を提供した。当初、母親はEさんが何を考えているのかまったくわからず、Eさんの行動に対して困惑したり、叱ったりすることにより対応していたのだが、Eさんの障害に由来する行動上の特徴やニーズを把握することにより、Eさんが過ごしやすいような環境を提供したり、働きかけを調整したりすることが可能となった。また、プレイセラピーのなかで、Eさん自身も提供された構造のなかで自由に遊ぶことが可能になり、セラピストを必要に応じて活用したり、場合によっては約束事を決めてしっかりそれを意識して行動することができるようになったりするなどの変化がみられた。約一年の心理療法の経過のなかで、母親や教師の**スモールステップ**による段階的な援助に支えられて、Eさんの「登校しぶり」は順調に改善され、教室で過ごせる時間も長くなるなど、ニーズに応じた個別の教育的支援体

プレイセラピー（play therapy）　幼児や児童のような子どもの場合、言語による自己表現力や内省力が乏しいために、大人にとってのイメージや夢と同様の機能をもつ遊びを媒介にした治療が行われることが多い。

スモールステップ（small step）　特定の行動の形成や、不適切な行動の消失のために、小さな目標をいくつか組み立てることにより段階的系統的に支援を行うこと。

制が構築されることによって学校生活上の適応が向上していった。

また、広汎性発達障害のある中年期女性であるFさんは、精神症状を呈していたため精神科外来にて投薬治療を受けていたが、生活リズムの安定や対人関係上の問題を改善することを目的として、デイケアへの参加と心理療法を主治医から紹介された。毎週一回三〇分程度の心理療法において、さまざまな生活場面において不快であった事象が**フラッシュバック**してしまうことによるトラブルが多かったのが、その時々にFさんがどのような感情を抱き、どのようなときにそのような行動をとりがちであるのかについて検討を重ね、そのつどどのような行動をとればよかったのかについて確認を行っていく経験を積み重ねることにより、次第に自分自身の感情の動きや行動の特徴に気づくことが可能になり、服薬したり、その場を回避したりすることができるようになっていった。

以上のように、障害の種類や程度、本人のニーズや本人をとりまく環境によって、心理療法の目標や支援の方法は異なってくるが、心理療法によって不適応状態から脱したり、新たに適応的な自己理解や行動などを獲得したりすることが可能となる。

フラッシュバック（flash-back）　本人にショックを与えるような影響の大きい衝撃的な体験が、生々しくよみがえること。当時の感覚が体験されるため、不安などの感情が喚起される。

15章　動作法と心理リハビリテイション

1節　動作法の歴史

1　心理リハビリテイションの開発

動作法は、脳性まひの人の動作不自由を改善する方法として、一九七〇年代初頭に九州大学の成瀬悟策を中心に開発された「心理リハビリテイション」から始まったものである。それまでは、脳性まひの動作不自由は脳の障害によって直接的にもたらされたものであり、心理学的観点からのアプローチは困難であると思われていた。ところが、脳性まひの動作不自由の特徴を動作者の主体的な活動という心理学的観点から観察すると、そこには「緊張」の問題と主体の「意図―努力」の問題があることがわかった。その発見のきっかけは、成瀬らによる催眠実験治療である。成瀬らは、脳性まひの人の腕の緊張が催眠暗示によって弛《ゆる》むだけでなく、実際に自分で腕を動かすことができることを発見した。この実験治療で、脳性まひの人は、「腕の力が抜けてきます」という弛緩《しかん》暗示によって自分の腕の感じを実感した。そして、「腕が気持ちよく動きます」という動作暗示によって、自分で腕を動かすという「動作意図」を適度の「努力」で自分の腕に伝えることを実感することができたのである。

この発見は、脳性まひの動作不自由は、脳障害による先天的なものであるというよりも、主体のコントロールのあり方が大きく関係していることを明らかにした。つまり、脳性まひの人は、脳の障害による緊張—弛緩の調節の困難に加えて、自分で身体を動かしたり姿勢をとったりするときに過剰に頑張ってしまい、そのことが新たな緊張の発生やボディ・イメージの混乱を招き、結果的に誤った身体の動かし方を学習することがわかったのである。この発見をきっかけにして、従来の神経生理学的リハビリテーションや医学的リハビリテーションに代わる方法として、心理学的アプローチとしてのリハビリテーションが誕生した。これが、「心理リハビリテイション」（成瀬、一九七三）である。

2 心理リハビリテイションの発展

その後、「心理リハビリテイション」は「動作訓練」と名称を変更し、肢体不自由養護学校（現在の特別支援学校）の「養護・訓練」（現在の「自立活動」）にとり入れられるようになった。一九八〇年代になると、「動作訓練」によって、自閉症児やＡＤＨＤ児の情緒や行動の安定がもたらされるということが発見された。また、**統合失調症**の人における自発性の回復、抑うつ症状の改善や不安症状の改善、認知症の人の情緒・行動の改善などが相次いで報告されるようになった。これらの報告は、緊張、動き、姿勢などの自己コントロールの体験によって、情緒・行動・認知の改善が生じることを明らかにした。そこで、動作不自由の改善に主眼をおく「動作訓練」から、人の心の働きや人のあり方への援助を意図した方法に名称を変える必要性が生まれた。その結果、「動作法」という名称が出現することになった（成瀬、一九八四・今野、一九九〇）。

動作法は、その後、心と身体の調和的な体験の援助方法として発展し、今日では脳性まひ児の動作改善はもちろんのこと、心理臨床の領域で幅広く活用されている。

統合失調症　統合失調症は、以前は精神分裂病と呼ばれていた。思考、知覚、自我意識、意志・欲望、感情など、多彩な精神機能の障害がみられるが、大別すると陽性症状と陰性症状に分けられる。10章2節参照。

2節　動作法による援助の視点

1　二つのつながり体験の援助

脳性まひの人の動作不自由に対する援助の視点は、前述したように、身体の緊張を弛めてボディ・イメージを整え、動かそうとする身体の部位に適切な意図―努力を働かせるようにすることである。そのことによって、脳性まひの人は心と身体の調和的なつながりを体験し、動作コントロールに対する自己効力感が向上する。それとともに、情緒や認知の働きが活性化し、自―他に対して積極的な態度が生まれてくる。

つながりを動作法の援助に当てはめてみるならば、「自分の心と身体のつながり」と「他者とのつながり」ということになる。それでは、これらの障害をもつ人は自分自身の心と身体をどのように体験しているのだろうか。そして、それに対する動作法の援助の視点とはどのようなものだろうか。

2　ADHDにおける心と身体の体験と援助の視点

ADHD（注意欠陥多動性障害）は、注意集中の困難、衝動性、それに多動性を特徴とする障害である。ADHDの人は、慢性的に身体の緊張や興奮が強い。そうした緊張や興奮が、さまざまな刺激によって注意散漫や多動を引き起こす背景要因となっている。

人の行動のコントロールは、車の運転になぞらえると理解しやすい。つまり、車のハンドルは、目的を明確にし、それにむかって注意の方向をコントロールする働きに相当する。アクセルは、覚醒水準や興奮の調節機能に関係している。ブレーキは、感情や行動を抑制する働きに相当する。車の運転では、ハンドル、アクセル、ブレーキを意図的にコントロールすることによって、安全運転が可能になる。ところが、ADHDの人は、つねにアクセルをいっぱいに踏み込んでスピードを上げ（過剰な興奮）、ブレーキを掛けないで（抑制の困難）、ゆとりのないハンドル操作をしている（注意のコントロールの困難）ような状態にあると考えられる。アクセルの踏み込みを必要最小限にすることによってスピードがコントロールされ、ゆとりのあるハンドル操作やブレーキ操作が可能になるのである。

このことから、ADHDの人への動作法では、緊張の弛緩によって興奮を鎮めること、身体の動きを心地よくコントロールすること、援助者と協働して身体の動きをコントロールすること、などが援助の主な目的となる。

3 自閉症における心と身体の体験と援助の視点

自閉症（アスペルガー症候群を含む）は、①人との情緒的な関わりや社会的な行動をすることの困難（社会性の障害）、②ごっこ遊びや見立て遊びなどの象徴的な活動をすることの困難（想像性の障害）、③自分の気持ちや他人の気持ちを理解し、他者とコミュニケーションをすることの困難（コミュニケーションの障害）、という三つの特徴を示す。

自閉症の人は乳幼児期からさまざまな刺激に対して過敏で、耐え難いほどの不快な身体の体験や情動体験をしていることがわかってきている。そのため、自閉症の人は、自分の身体感覚に対しても、自分をとり巻く人や環境に対してもネガティブな意味づけをしている。そうした不快な状況に適応するため、自閉症の人はさまざまな感覚的な体験を抑圧することが

アスペルガー症候群　アスペルガー症候群は、興味・関心やコミュニケーションについて特異であるものの、知的障害がみられない自閉症である。他者の気持ちを理解することの困難や特定の分野への強いこだわりが特徴である。

ある。なかには、自分の心と身体のつながりが損なわれ、温かさの感じやリラックスの感じはもとより、眠気、空腹感、喉の渇き、痛みなどの基本的な感覚さえも感じにくくなってしまった人もいる。これらの身体感覚は、他者と共感関係を築いたり他者の心を理解したりするうえで不可欠な感覚である。したがって、これらの感覚的な体験の喪失は、他者の心の理解に障害をもたらすことになる。

自閉症の人に対する動作法の援助のねらいは、快適な身体の体験を通して過敏性や不快な身体の体験の軽減を図ることである。それによって、自分自身や他者に対するネガティブな意味づけの軽減や修正が可能になる。また、内的な安定感の確立にともなって、外界に対して安定したまとまりのある秩序を感じとることができるようになると考えられる。

4　被虐待における心と身体の体験と援助の視点

乳幼児期からの虐待は、心と身体の発達にとり返しのつかない障害をもたらすことが報告されている。杉山登志郎（二〇〇六）は、虐待によってもたらされる障害を「第四の発達障害」と呼んでいる。ちなみに、第一の発達障害は知的障害、第二の発達障害は広汎性発達障害、第三の発達障害はＡＤＨＤやＬＤ（学習障害）である。

「第四の発達障害」は、年齢的にその臨床像が変化するといわれている。幼児期には**反応性愛着障害**で始まり、学童期には多動性行動障害を示す。青年期にむかうにつれて、非行やＰＴＳＤ、とくに**解離性障害**が明確になってくる。そして、成人期には複雑なＰＴＳＤの臨床像を呈するようになる。

発達障害の人は、養育の難しさや養育者の育児ストレスから養育者による虐待を受けたり、

反応性愛着障害　反応性愛着障害は、適切な愛情を受けられないことによって生まれる障害である。この障害は、①子どもの愛着に対する基本的な情緒欲求の持続的無視、②子どもの基本的な身体的欲求の無視、③安定した愛着形成の失敗、によって生じる。

解離性障害　解離性障害は、心的外傷への自己防衛として、自己同一性を失う神経症の一種である。自分が誰かということが理解できなくなったり、多重人格障害になったりすることが特徴である。解離性健忘、解離性遁走《とんそう》、離人症性障害、解離性転換障害、などがある。

ＰＴＳＤ　心的外傷後ストレス障害（ＰＴＳＤ）は、心に加えられた衝撃的な出来事（心的外傷体験）が原因となって引き起こされるストレス障害である。不眠などの過覚醒症状、心的外傷体験と関連する事物の回

しつけや訓練という名目のもとで誤った対応をされたりする可能性が高い。自閉症の人のなかには、青年期にむかうにつれて「**強度行動障害**」を呈する人がいる。この障害は、周囲の無理解や誤った対応、虐待などによって「作られた」二次的・三次的な障害である。「第四の発達障害」の人に対する援助の基本的な視点は、安心・安全の拠り所として、ゆったりとした温かい身体の体験をとり戻し、自分自身や他者に対する信頼感を回復し、自尊感情を育むことである。そのうえで、安心・安全の身体感覚の体験に支えられて、虐待によってもたらされた過去のネガティブな記憶の修正が可能になるものと考えられる。

3節　動作法のプログラム

1　課題動作

動作法では、緊張を弛める課題、自分から主体的に身体を動かす課題、身体をタテにする姿勢づくりの課題が中心となる。これらの課題動作を援助するために、さまざまな方法が工夫されている。たとえば、「躯幹《くかん》のひねり」（図15―1）や「背反らし」などによって上体の緊張を弛める援助方法、肩の上げ下げによって腕―肩の緊張を弛める「肩あげ」（成瀬、二〇〇〇・鶴、二〇〇七）、腕を上下に動かしながら腕―肩の緊張を弛める「腕あげ動作コントロール」（今野、一九九〇、一九九七）（図15―2）、援助者が心地よく掌《てのひら》で触れながら緊張を弛める「とけあい動作法」（今野、一九九七、二〇〇五）（図15―3、4、5）、被援助者自身が主体的に身体を動かしながら緊張を弛める「ＳＡＲＴ（主動型リラクセイション療法）」（大野、二〇〇五）などである。ここでは、主として「とけあい動作法」と「腕あげ動作コントロー

避傾向、フラッシュバックを特徴とする。

強度行動障害　強度行動障害は、不適切な対応から形成された二次的・三次的障害である。援助者がその行動の意味を理解できないためにストレスが増大して、攻撃、自傷、破壊などさまざまな行動障害を引き起こし、それがさらに援助者の誤った評価や対応によって、より複雑に拡大される。

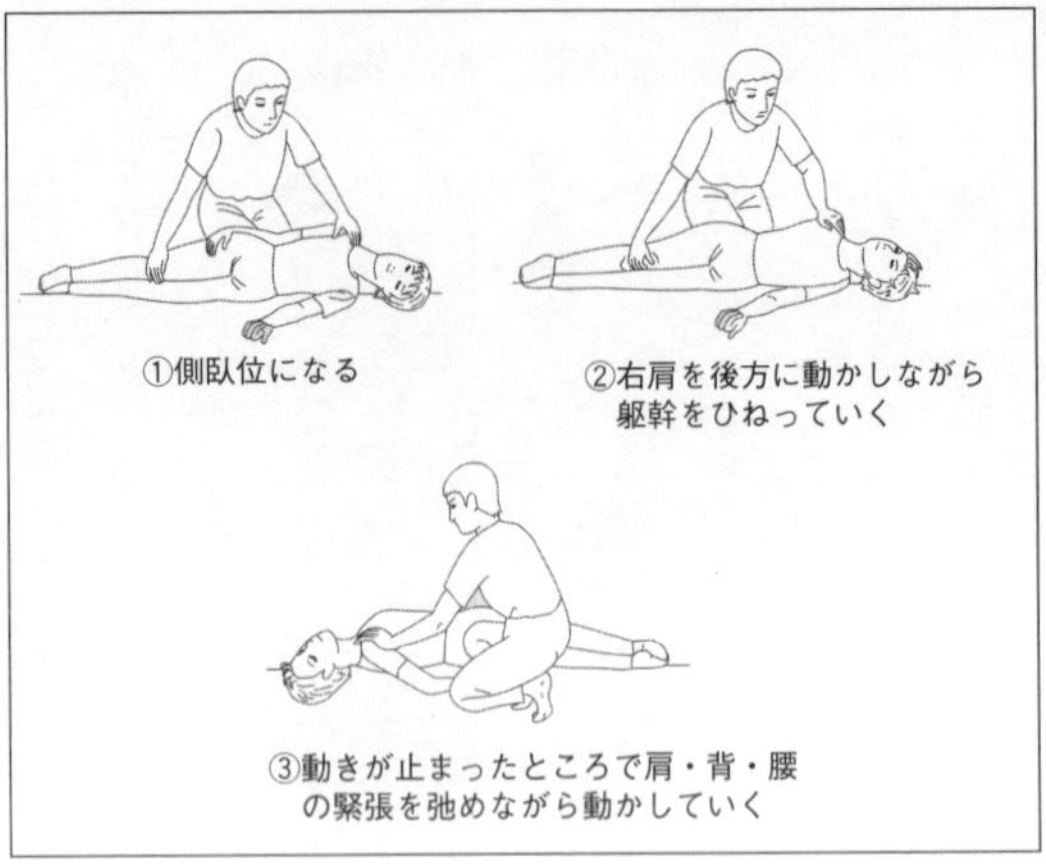
①側臥位になる
②右肩を後方に動かしながら
躯幹をひねっていく
③動きが止まったところで肩・背・腰
の緊張を弛めながら動かしていく

図15－1　躯幹のひねり

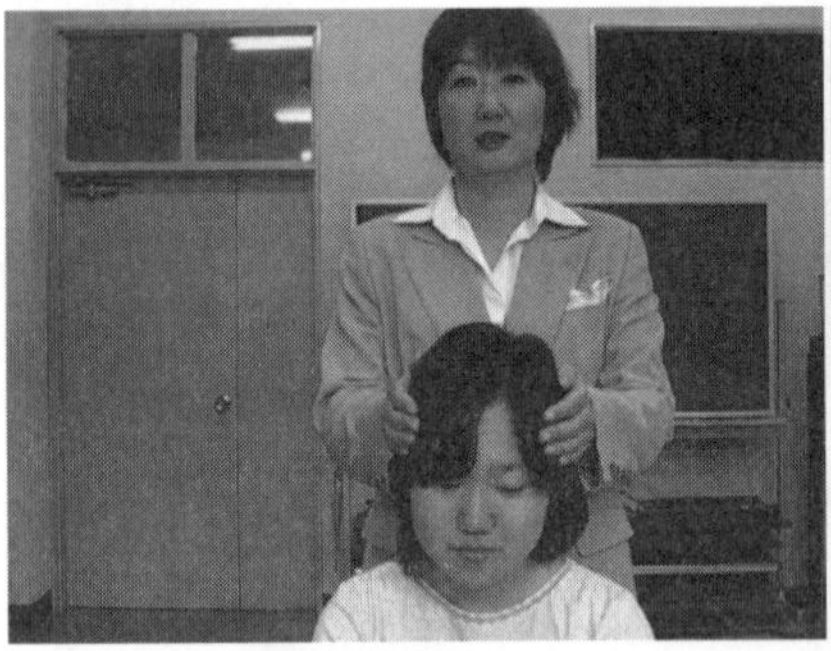

図15－4　とけあい動作法（頭のとけあい）

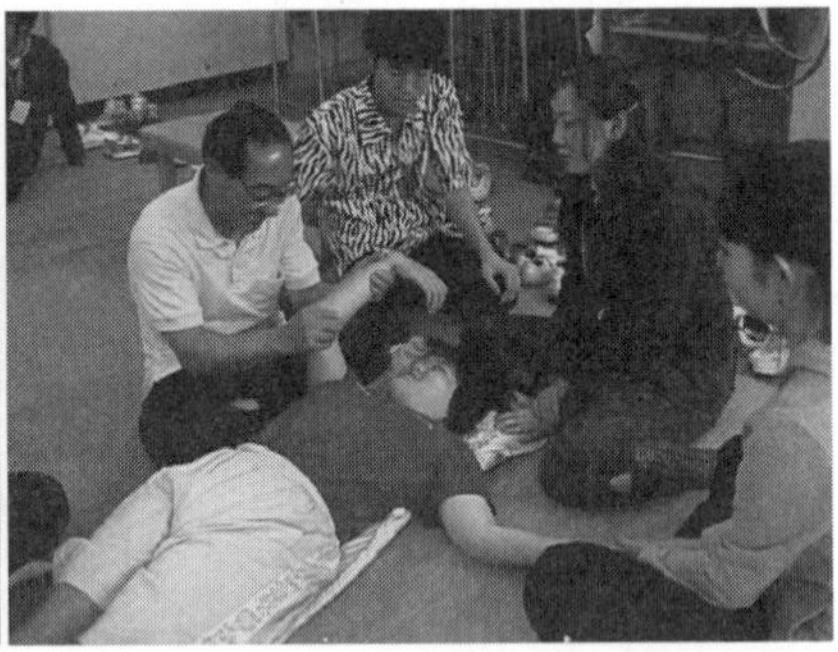

図15－2　腕あげ動作コントロール

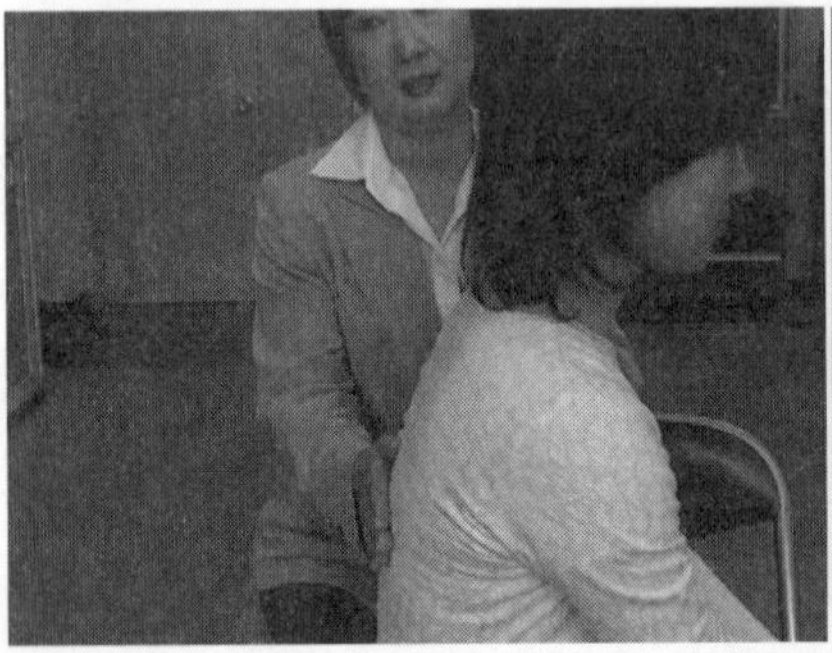

図15－5　とけあい動作法（腰のとけあい）

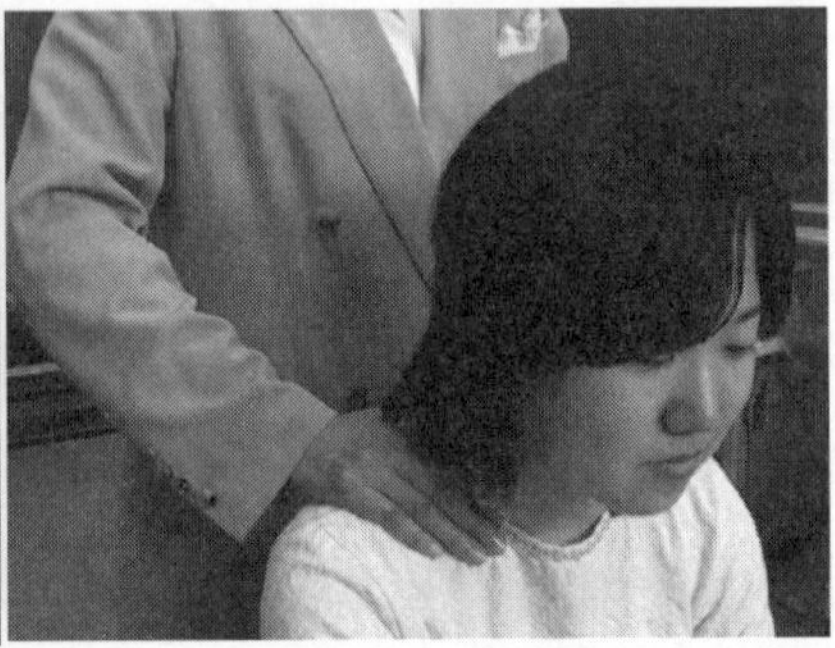

図15－3　とけあい動作法（肩のとけあい）

ル」について紹介する。

2 とけあい動作法

⑴援助の方法

「とけあい動作法」の基本的な手順は、次の通りである。まず、援助者の掌を心地よく被援助者の身体に当てる。援助者の掌で被援助者の身体を心地よく「ピター」といいながら、四秒から五秒くらいの時間をかけてゆっくり押す。押す圧の強さは、心地よい軽めの感じとする。次に、援助者の掌を被援助者の身体に密着したまま、「フワー」といいながら、五秒から六秒ほどかけてゆっくりと力を弛める。弛めるときにも掌は、被援助者の身体に心地よく密着していることが大切である。

⑵とけあい動作法の効果

肩へのとけあいは、心身をリラックスさせて、興奮や不安緊張を鎮《しず》める効果がある。同じように、頭へのとけあいも、不安や心配を軽減したり、不安や強迫的な観念に巻き込まれることを防いだりする効果がある。また、足の裏へのとけあいによって、足の裏でしっかりと大地を踏み締める感じを強め、上体に無理な力を入れずに安定した立位《りつい》をとることができるようになる。

また、安定した踏み締め感によって、注意集中が高まり、外界をしっかりととらえようとする積極的な態度が生まれる。情緒の不安定な子どもや衝動的な子どもたちのなかには、足の裏に過度のくすぐったさを感じるために踏み締めができず、爪先立ちで歩いたりする子どもがいる。足の裏へのとけあいは、足の裏の触覚過敏を緩和し、しっかりとした踏み締め感を形成する効果がある。

3　腕あげ動作コントロール

(1)腕あげ動作コントロールのねらい

「腕あげ動作コントロール」は、腕─肩の緊張や不適切な力の入れ方を被援助者に気づかせ、それらの緊張や力を弛めることを通して、興奮や衝動の自己コントロールの援助をはかる。また、他者の援助を受けながら動きをコントロールする体験を通して他者との協調的・協働的なかかわり方や他者理解が促進される。

(2)腕あげ動作コントロールの段階

自閉症児やADHD児への「腕あげ動作コントロール」における動作課題と体験の変化は、次の四段階にわけることができる。

第一段階（受容期）：第一段階では、緊張を弛めることによって情動的な興奮を鎮めることができるようになる。また、援助を通して、被援助者と援助者の間にラポールが生まれる。

第二段階（集中期）：この段階では、被援助者は自分の身体に集中して緊張や力を弛めることができるようになる。緊張を弛めたとき、その部位に「ハッとする」体験がもたらされる。そして、身体に対する気づきが明確になり、意図的に身体の緊張や力を弛めることができるようになる。また、興奮や衝動などにも気づくことができるようになる。

第三段階（拡大期）：この段階では、被援助者は援助者の働きかけに対して能動的に力を入れたり動かしたりするようになる。また、援助者の援助に対して協調的に応じたり、一緒に動かしたり、援助者に働きかけたりすることによって、対人的なかかわり方の体験を深めることができるようになる。このように、被援助者と援助者との間には、「自己―自体―他体―他者」というコミュニケーション・ループが活性化し、他者とのコミュニケーションが活発になる。

第四段階（主動期）：この段階では、腕を動かすとき、動かそうとする気持ち（動作意図）が指先にまで伝わる感覚（動作感覚）を感じとることができるようになる。そして、力や早さ、方向などを自分でコントロールしながら腕を動かしているという感覚（主動感）を感じながら動作を行うことによって、心と身体の安定をはかることができる。

4節　ライフサイクルを通した援助の視点

発達に障害をもつ人は、生涯を通じてさまざまな困難な状況に遭遇する可能性がある。したがって、次のようなライフサイクルを通した援助が不可欠である。

⑴乳幼児期における支援：母子関係の形成
⑵児童期における支援：情緒・行動の自己コントロールの促進
⑶思春期における支援：自己意識と自尊感情の確立
⑷青年期における支援：自己の確立の支援と誤った信念や不合理な信念などの修正
⑸成人期以降における支援：健康の自己管理やストレス・マネジメントの形成

16章　障害者と生活の質（ＱＯＬ）

1節　ＱＯＬとは

1　ＱＯＬの意味するもの

昨今、医療・福祉・教育等の**ヒューマン・サービス**の領域において、**ＱＯＬ**の向上が目標としてかかげられることが多い。ＱＯＬは、治療や支援の方針を決めたり、あるいは実施した治療や支援の内容を評価したりするうえで重要な指標となりうる。また、健康面に焦点を当てた**ＨＲＱＯＬ**はリハビリの現場等でよく用いられる。

ＱＯＬの研究は、一九四七年の英国におけるホスピス活動に端を発しており、その後、一九六〇～一九七〇年代にかけて、医療現場において患者の基本的なニーズを把握し、尊厳を守るために重視されるようになった。たとえば、末期のがん患者に対して、以前は延命を最優先の目的として治療を行っていたが、患者自身のニーズに応じた治療、たとえば緩和《かんわ》ケアなどをとり入れて、より良く生きながら人生を全うできるように治療を進めるようになっていったのである。その後、一九八〇年代より医療分野だけではなく社会福祉・教育などさまざまな分野においてＱＯＬが重視されるようになった。

ＱＯＬは一般的に「生活の質」と邦訳されているが、実際の意味するところは広範である。とくに、英語の「life」には「生活」のほかに、「生命」「人生」「生き方」「活力源」などの

ヒューマン・サービス（human service）　原語の意味は「福祉サービス」であるが、近年日本では医療・保健・教育等対人サービス全般を意味する語として用いられている。

ＱＯＬ（quality of life）　一般に「生活の質」と訳される。欧米ではＱｏＬのようにｏを小文字で表記することもある。

ＨＲＱＯＬ（health-related quality of life）　一般に「健康関連ＱＯＬ」と訳される。患者自身の主観的視点に立脚したＱＯＬ指標のひとつである。

さまざまな意味があるため、サービスを提供する支援者は、さまざまな側面から対象者の「life」を包括したＱＯＬについて理解し、その向上に努力していかなければならない。

しかし、ＱＯＬということばは広く使われているにも関わらず、その定義や概念についてはいまだ整理されておらず、合議のもとに確立されたものはないのが現状である。ＷＨＯが開発したＱＯＬの評価調査票であるＷＨＯＱＯＬでは、ＱＯＬを「個人が生活する文化や価値観の中で、目標や期待、基準および関心に関わる自分自身の人生の状況についての認識」と定義している。つまり、ＱＯＬは個人の主観的判断によるものであるとされ、とくに価値観や目標といった、精神面が重視されているといえる。この定義は、ＷＨＯによる「健康とは、身体的、精神的、社会的に完全に良好な状態であり、たんに疾病や虚弱のないことではない」という「健康」の定義にも通ずる内容となっている。

個人の精神的な満足度を理解するとき、**マズロー**の欲求段階説が参考になるだろう。マズローは人間の欲求は、生理的欲求、安全の欲求、所属と愛の欲求、承認の欲求、自己実現の欲求の五段階に分類されるとし、もっとも低次の生理的欲求の段階から、ひとつずつ充足されると上の段階へ欲求が移行していくとしている。そしてもっとも高次である自己実現の欲求は、自己の可能性を最大限に引き出したいという欲求であり、直接生きがいに結びつくものであるとしている。マズローはこの自己実現の欲求を「成長欲求」と名づける一方、その前の四つの段階を「欠乏欲求」と名づけて、自己実現の欲求と区別している。

私たちが障害者を支援するうえでＱＯＬを考えるとき、**ＡＤＬ**の確立や経済的な安定、愛情をもった関わりなど、基本的な欲求である欠乏欲求の充足のみに注意が払われることが多いが、もっと精神的なレベルである成長欲求へむけた支援も考慮していく必要がある。

マズロー（A. H. Maslow, 1908-1970） アメリカの心理学者。マズローが提唱した五段階からなる欲求の段階説は有名であるが、その後、マズロー自身や他の心理学者によって、さらに段階が増やされている。

ＡＤＬ（Activities of Daily Living） 一般に「日常生活動作」または「日常生活活動」と邦訳されている。食事、移動、排泄などの日常の基本的な行動を指す。

シャーロックは「QOLは障害の有無にかかわらず本質的に同じである」と述べている（シャーロック、一九九四）。支援者は、対象者の障害の有無や年齢にとらわれずに、個々に応じたQOLを尊重し、自己実現へむけて支援を行っていくことが重要であると考えられる。

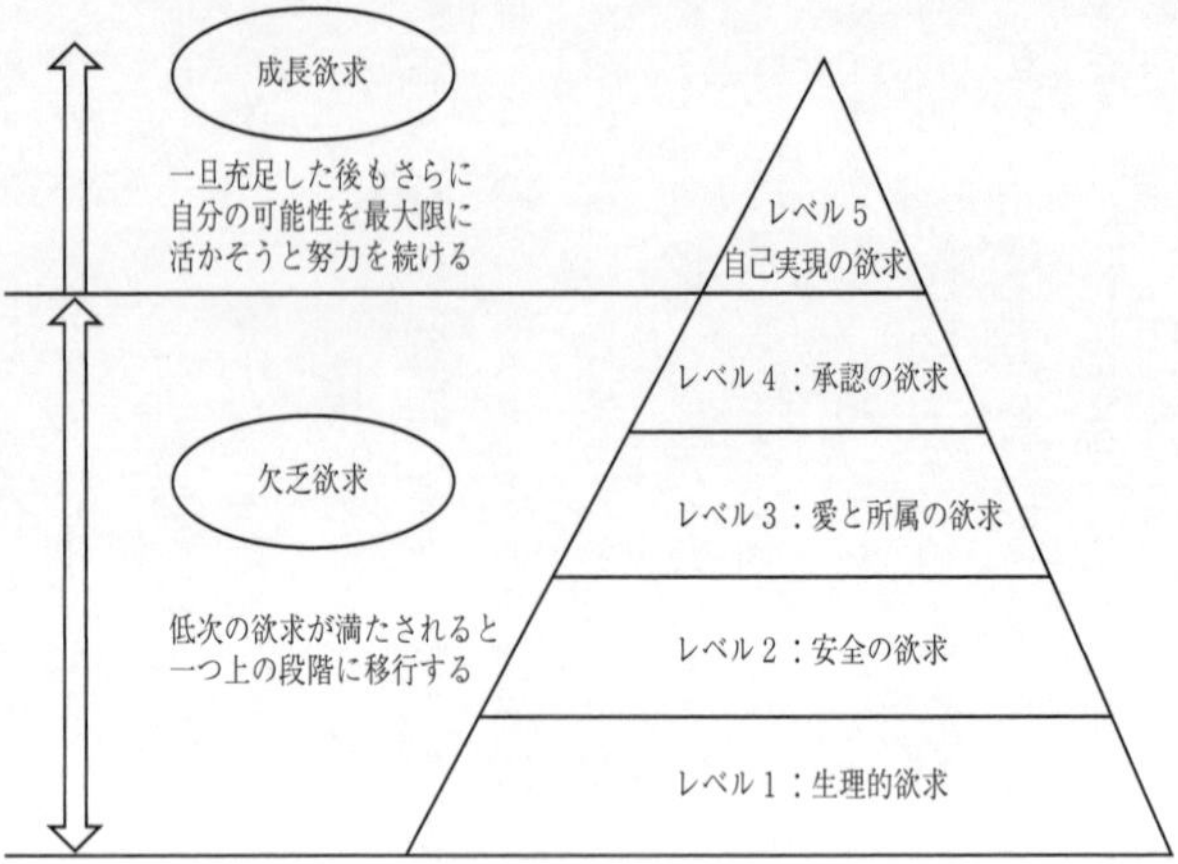

図16－1　マズローの欲求段階説（和田ら、2008を一部改変）

2　QOLの評価

QOLの評価は提供している支援の内容や方法、方針が適切であるかどうかを判断するために用いられることが多い。現在のところ、QOLは医療現場で検討されることが多く、QOLの評価は、治療方法の有効性をみる場合や、治療方法の選択の場面において有用とされている。これは、医療をめぐる最近のEBMを重視した動向において、治療効果を客観的に示すことが求められるようになってきたからだと考えられる。萬代隆らは、それらに加え、⑴ターミナルの患者の治療およびケア、⑵健常者の健康増進および一次予防、⑶障害者のノーマライゼーションの三場面においても重要であるとしている（萬代、藤田、神田、二〇〇三）。

EBM（evidence based medicine）　科学的な根拠（証拠）にもとづいた医療のこと。

表16－1　ＷＨＯＱＯＬ26の構成項目（田崎・中根、2007）

領域	下位項目
身体的領域	日常生活動作、医薬品と医療への依存、活力と疲労、移動能力、痛みと不快、睡眠と休養、仕事の能力
心理的領域	ボディ・イメージ、否定的感情、肯定的感情、自己評価、精神性・宗教・信念、思考・学習・記憶・集中力
社会的関係	人間関係、社会的支え、性的活動
環境領域	金銭関係、自由・安全と治安、健康と社会的ケア：利用のしやすさと質、居住環境、新しい情報・技術の獲得の機会、余暇活動への参加と機会、生活圏の環境、交通手段

ＱＯＬには、ＡＤＬのように客観的に評価できる客観的ＱＯＬと、ヒューマン・サービスを受ける対象者自身の主観によって判断される主観的ＱＯＬとがある。重度の知的障害や認知障害、精神疾患などにより自分の意志を的確に表現できない場合を除いて、最近ではＱＯＬの評価の多くが　サービスを受ける側の主観的ＱＯＬをより重視する傾向にある。

ＱＯＬの評価方法はさまざまな視点から開発されているが、それらのなかのひとつであるＷＨＯＱＯＬ26は、身体的領域、心理的領域、社会的関係、環境領域の四領域の二四項目に、全体的な質問の二項目を加えた全二六項目から構成されている質問紙検査である。被験者は各質問項目に対して主観的に判断し、「まったくない」から「非常にある」までの五段階の尺度のいずれかを選択する。得られた回答はそれぞれ段階ごとに一～五点に点数化され、全体の平均点をＱＯＬスコアとして評価する。この評価票は、臨床場面だけではなく、疫学的な調査研究や、企業における労働者の**メンタルヘルス**のチェック、教育現場での生徒や学生の満足度もしくは不満足度の把握などに用いられている。障害者を対象とした場合は、前述のようなメンタルヘルスや満足度のほか、ノーマライゼーションへむけた支援の参考にもなるであろう。また、評価結果をもとに、支援をより良いものへ改善していくため、支援者が対象者と話し合いをもつきっかけ作りともなり、コミュニケーション促進ツールとして使用することも可能である。

WHOQOL26のような既存の評価票は、信頼性や妥当性が検討された完成度の高いものであれば、すぐに調査ができるという点で利便性が高い。しかし、その一方で、必要な評価項目が含まれてない場合には、目的に応じて評価の方法を新たに開発することも必要となってくる。その場合はその評価方法の妥当性や信頼性について、事前に十分な検討がなされなければならない。

メンタルヘルス（mental health）一般に「心の健康」「精神保健」「精神衛生」などと訳される。近年職場においてストレスを抱える労働者は増加傾向にあり、うつ病等の精神疾患による休職や離職が社会問題となっている。そのため、労働者のメンタルヘルスの管理は重要である。

2節　障害者とQOL

本節では、1節でとり上げたQOL質問票のひとつであるWHOQOL26をもとに、領域ごとに、障害者とQOLについて考える。

1　身体的領域

表16―1に示すとおり、身体的領域には日常生活動作や移動能力、睡眠と休養、仕事の能力等が含まれる。身体的領域は客観的に評価しやすく、また、目にみえる形で支援や介助の

しやすい領域である。しかしそれだけに、支援を受ける側にとっては支援の仕方によっては自尊心を傷つけられることもあるため、心理面への影響に配慮することが必要である。また、支援をするにあたっては人としての尊厳を大事にし、必要以上に支援をしすぎないように気をつけながら自立へむけた支援をしていくことが必要となる。

たとえば、日常生活動作のなかの「食事」におけるQOLを考えるとき、食物を自力ではしやスプーン等を使って自分で口へ運ぶという動作ができるかどうかだけではなく、口腔内へ食物を入れた後の咀嚼《そしやく》や嚥下《えんげ》そのものについても焦点を当てる必要がある。われわれが食物を咀嚼して飲み込むという一連の動作は、生得的なものではなく生後学習により獲得されたものであり、随意運動と反射運動、自律運動からなる複雑で精巧なメカニズムが統合されて初めて可能となる。もし何らかの障害によって**摂食・嚥下障害**をきたし、経口摂取が不可能な場合には、鼻や胃ろう、腸ろうから管を通して流動物を摂取する経管栄養法が用いられる。しかし、経口摂取の可能性があるならば、何らかの方策を講じて口から食べられるようにすることは、QOLの向上において大変意義のあることである。経口《けいこう》摂取により、味覚で味をみる、嗅覚《きゆうかく》で香りをかぐ、触覚で食品の質感を知る、視覚で食品の色や形などをみる、聴覚で噛む音を聞く、といった五感を使った食の楽しみを味わうことができる。また、経口摂取によってより流動食より栄養価の高いものを摂取することができ、体力が向上したという例もある。食事場面では、介助する人や一緒に食事をする人とふれ合ったり、語り合ったりして、他者とコミュニケーションをとりやすい。このように、経口摂取することには多くの利点がある。しかし、経口摂取が可能であるかどうかは、医療機関による十分な検討がなされたあとでなければならない。無理をすると、窒息や**誤嚥《ごえん》性肺炎**などの危険の可能性も生

摂食・嚥下障害　食物の摂取は①食物の認識、②口への取り込み、③咀嚼と食塊形成、④咽頭への送り込み、⑤咽頭通過、食道への送り込み、⑥食道通過、という流れを追って行われる（手嶋、二〇〇六）。この流れのいずれかに困難が生じている状態を摂食嚥下障害という。原因は脳発達障害、脳卒中や頭部外傷による脳損傷、神経変性疾患など、さまざまである。21章2節参照。

誤嚥性肺炎　飲食物や、胃から逆流した食塊などが、気管から肺に入り込んで生じる肺炎。生命の危険につながるおそれがある。

じるからである。

移動能力においては、自らの意思によって行きたいところへ自由に移動できるということもＡＤＬの自立度につながる問題であり、ＱＯＬの向上において重要なことである。必ずしも自力歩行である必要はなく、たとえば、車椅子や杖などを利用して自力で移動できる場合は、移動能力があると判断される。したがって、障害によって両下肢が不自由な場合には、補助具、機器等による代替手段によって、自力での移動手段の補償をすることがＱＯＬの向上につながる。なお、公共交通機関の使用に関しては環境領域に含まれることとなる。

身体障害や知的障害が重度であると、ＡＤＬの自立が困難であるため、ＡＤＬへの支援がＱＯＬの向上につながるととらえられがちであるが、次にあげる心理的領域や社会的関係、あるいは環境領域におけるＱＯＬの充足度も重要であり、それらへの配慮も忘れてはならない。

2　心理的領域

心理的領域では、ボディ・イメージ、否定的感情、肯定的感情、自己評価等が含まれる。自己評価の低下は障害者にとって心理的な二次的障害となりうる。前掲のマズローの欲求段階説にもあるとおり、生理的欲求、安全の欲求、所属と愛の欲求が満たされた後の欲求として、承認の欲求がある。これは、他者から認められたい、いい評価をしてほしい、という欲求である。自分自身による自己評価は、この他者からの評価がもとになっていることが多いと考えられる。すなわち、他者からの低い評価が続くと自己評価も下がり、劣等感や無気力などの感情を抱くこととなる。

たとえば、幼少時より落ち着きがない、衝動性があって他人に暴力や暴言をむける、他人

ボディ・イメージ　5章8節参照。

の心が理解できない、などの問題を抱えた発達障害児へ指導をするに当たり、まず配慮しなければならないのは、自己評価を下げないことである。幼少時より叱られたり、注意を受けたりということが繰り返されると、自己評価が下がり、なにごとにも無気力になったり、あるいは、他者に対して攻撃的になったりすることがある。逆にほめられる体験を多くもつと、自己評価が高まり、なにごとにも前向きにとり組めるようになっていく。その繰り返しによって培われ、高められた自尊心をもとに、自己決定能力が育ち、やがては自己実現へむけて努力するようになることが、ＱＯＬの向上へとつながっていく。

障害の種類や程度に関わらず、その個人が有する能力を存分に発揮できる機会をもたせ、自分自身を尊重し、大切に思えるような支援をしていくことが必要である。たとえば就労支援もそのひとつである。就労は、たんに経済的自立だけではなく、職場を通して人間関係を広げること、社会とのつながりをもつこと、生活リズムを確立すること、そして、知識や技能を身につけながら自己の能力を活かして自己有能感をもつことなどさまざまな意義がある。とくに職場において必要とされる責任感や役割感は、自己存在感をもつための有効な手段である。そして、それらが生活の張り合いとなり、ひいては自己実現へとつながっていく。

わが国では、障害者の一般的就労を促進するために、「**障害者雇用促進法**」によって民間企業、地方公共団体、特殊法人、都道府県の教育委員会等に、一定の割合以上の障害者の雇用が義務づけられている。また、地域の就労支援関係機関において**職業リハビリテーション**が実施されている。その他、福祉的就労の場として授産施設、福祉工場などがある。

障害者雇用促進法　「障害者の雇用の促進等に関する法律」の略。身体障害者または知的障害者の雇用を促進するとともに、障害者が職業生活において自立することを支援し、障害者の職業の安定を図ることを目的とする法律。

職業リハビリテーション　「障害者雇用促進法」では、職業リハビリテーションを「障害者に対して職業指導、職業訓練、職業紹介、その他この法律に定める措置を講じ、その職業生活における自立を図ること」と定義している（第二条七）。

3　社会的関係

社会的関係には人間関係や社会的支えなどが含まれる。家庭や学校、職場などにおける毎日の生活のなかで、人との関わりを通して友情や愛情、支援をどのように感じているかということがＱＯＬを考えるうえでの観点となる。マズローの階層構造の第三段階である「愛と所属の欲求」は、この社会的関係と密接な関係がある。

人間関係に必要とされる活動能力においてもっとも重要なものはコミュニケーション能力であるといえよう。人間関係において他者との暖かいコミュニケーションによって、励まされ、元気づけられた経験は誰にでもあることだろう。コミュニケーション能力を評価する場合、自分の意思を相手に伝えられるか、また、相手からの用件を理解できるか、という意思伝達と情報の理解の双方から検討する必要がある。そして、コミュニケーションの手段として、言語によるコミュニケーション（バーバル・コミュニケーション）だけではなく、非言語のコミュニケーション（ノンバーバル・コミュニケーション）も使用されているかどうかも大切な観点である。私たちのコミュニケーションにおいては、ジェスチャーや視線、表情、声の調子などの非言語手段が多く用いられる。しかし、自閉症やアスペルガー症候群の人たちには、この非言語コミュニケーションの使用や読み取りが苦手な人が多いとされている。そのような障害による特性も考慮しながら、コミュニケーションの支援をしていくことが求められる。

4　環境領域

環境領域には、新しい情報・技術の獲得の機会、余暇活動への参加と機会、交通手段等が含まれる。

新しい情報と技術の獲得は、知識を増やしたり、余暇活動に結びついたりするものであるが、とくに、視覚障害や聴覚障害のある障害者へは情報の保障に配慮しなければならない。たとえば、視覚障害者に対しては、紙媒体においては大きな文字を使用する、拡大鏡を用意する、点字に翻訳するなどの配慮が必要となってくる。同様に聴覚障害者に対しては、会場アナウンスの音を大きく明瞭にする、チラシや掲示板などの視覚情報を用いた媒体によって情報を呈示する、などの工夫が必要である。とくに災害時の緊急連絡等において、視覚障害者や聴覚障害者は情報を得にくいことが多い。日頃から災害に備えて居住する地域や施設内において連絡手段を確保しておき、不安のないように対策を講じておくことも障害者のＱＯＬを考えるうえで必要なことである。

余暇活動には、テレビの視聴や読書、音楽鑑賞などの静的なものから、散歩、買い物、旅行、スポーツなどの動的なものまで含まれる。余暇活動においては、対象者自身が心身ともにリラックスできて楽しめることが重要であり、そのためには、自分で好きな活動を選択し決定する能力も必要とされる。障害者のＱＯＬを考えるとき、生活をしていくうえでの基本となる衣食住の充実や移動手段、コミュニケーション手段の確保に重点がおかれることが多い。しかし、余暇活動を充実させることは自己実現や生きがいにも通ずるものであり、大切な活動のひとつであることを意識して支援を展開していくことが求められている。

17章　就労と対人援助

1節　障害者の就労

1　働くことの意味

われわれの生活にとって就労（働くこと）は大きな意味をもつ。働くことを通して私たちは、①経済的に自立をすることができ、②やりがいをおぼえて自己実現を図ることができ、さらに③社会の一員としての役割を果たすことができる、といったさまざまなことをできるようになる。働くことは私たちにとって**大事な権利**である。このことは障害をもつ人にもそのまま当てはまることであり、多くの障害者が就労を希望している。しかし、障害をもつゆえに、実際に就労するには困難がともなうのも事実である。たとえば、障害者を雇用する企業や団体の数が少ないこと、障害者を受け入れる体制が企業や地域社会に不十分なため、いったん職についてもやめる（離職する）ケースが多いことなどがある。

2　就労を支援する制度

障害をもつ人の就労を支援することを主な目的として「**障害者の雇用の促進等に関する法律**」が一九八七年に制定された。そして、この法律のもと就労を支援するための三つの制度――雇用率制度・助成金制度・職業リハビリテーションサービス――が運用されている。雇

大事な権利　日本国憲法第二七条にも「すべて国民は、勤労の権利を有し、義務を負う」とある。

障害者の雇用の促進等に関する法律　第一条には次のように書かれている「この法律は、身体障害者又は知的障害者の雇用職務等に基づく雇用の促進等のための措置、職業リハビリテーションの措置その他障害者がその能力に適合する職業に就くこと等を通じてその職業生活において自立することを促進するための措置を総合的に講じ、もつて障害者の職業の安定を図ることを目的とする」。

用率制度とは、事業主（企業や国・地方公共団体など）に一定の割合以上の障害者を雇用することを義務づける制度であり、その割合以上の障害者を雇用する事業主には助成金制度を通じて各種の助成金が交付される。職業リハビリテーションサービスは、障害をもつ個人、採用する事業主の双方が、さまざまな機関から就労に関する支援（サービス）を受けられる制度である。助成金制度や職業リハビリテーションサービスには、**トライアル雇用**や**ジョブコーチ**支援制度などがある。

就労に関するサービスを受けられる機関には次のものがある。①ハローワーク（公共職業安定所）、②障害者職業センター、③障害者雇用支援センター、④障害者就労・生活支援センター、⑤職業能力開発施設（校）、⑥都道府県などが設置する就労支援機関・発達障害者支援センターである。

3　就労の形態

前項で述べた法律や制度のもと、障害をもつ人はどのようなスタイルの就労を行っているのであろうか？　大きく二つにわけることができる。**一般就労**と**福祉的就労**である。

この二つは完全に分離しているものではない。福祉的就労を行いながら一般就労を目指す人や、一般就労をしたが何らかの理由で離職し、福祉的就労に移る人もいる。

旧来の福祉的就労は、障害者自立支援法によって、形態を変容することが求められた。それが就労移行支援事業と**就労継続支援事業**である。就労移行支援事業は、一般就労を目指す障害者が、二年間を上限に訓練を受けるものである。就労継続支援事業は、一般就労や移行支援の困難な障害者が、就労を継続するために設けられた事業である。

トライアル雇用　事業主が短期間の試行雇用を行い、一般雇用への移行を促進する制度。三カ月を上限とし、その間は事業主に補助金が支給される。

ジョブコーチ　職場適応援助者。英語では job coach。詳しくは3節1援助つき雇用とジョブコーチを参照のこと。

一般就労　一般企業への就職、在宅就労、自ら起業するなど。

福祉的就労　福祉施設で支援を受けながら訓練を兼ねて働くこと。

就労継続支援事業　A型（雇用型）とB型（非雇用型）がある。

一般就労といっても、近年のライフスタイルの多様化とともに雇用の形態も多様化してきている。かつての日本では終身雇用が一般的だったが、今は派遣社員やパートタイムの従業員なども一般的になっている。また、働き方も**フレックス制**、在宅就労などが行われるようになってきた。これらの変化は障害者の就労にも影響を与えている。

2節　対人援助とは

障害者の就労の背景には、**ノーマライゼーション**や**インクルージョン**の考え方がある。ニィリエは、ノーマライゼーションの理念を、「障害のある個人を、障害のあるまま、その差異を認めて社会に受け入れることを要請する」と表現している。つまり、障害のある当事者は、健常者と同じようにふるまう必要はなく、必要な援助をうけて、社会のなかで他の人と同様の活動を行うことができるということである。当事者が「今」できること——このことは完全に自立してできる（単独で行う）ことだけを意味するのではなく、何らかの援助があるうえでできることも含めたとらえ方である——を出発点とする。そこでは、できないことに着目するのではなく、何らかの「援助」（support）がついたうえでの「できる」ことに着目していく特徴がある。このことを踏まえ、本節では就労を離れて、対人援助の機能とそれを支える学問的背景について考える。

1　対人援助の三つの機能

対人援助とは、さまざまな個人みずからが、希望する行動が成立するために行う実践的か

フレックス制　一定の時間帯のなかで、始業と終業の時刻を労働者自身が決めて働く制度。

ノーマライゼーション　英語では normalization。

インクルージョン　英語では inclusion。

つ職業的行為をさすものとする。簡単にいえば、「助ける」という行為である。これまでも個人に対して関わるありかたとしては、規定の目標に近づける「教える」、問題行動や悩みなどを解消しようとする「治す」といった行為があげられるが、「助ける」で大切な点は、職業行動の従事などに典型的にみられるように、当事者の自己決定を尊重すること、そして上記したような個人の属性を変化させるだけではなく、行動の成立に必要な環境設定の変更も行う必要がある点である。その意味では、心理学、教育学、社会福祉学といった既存の学問領域のもつ方法論ではおさまりきれないものともいえる。

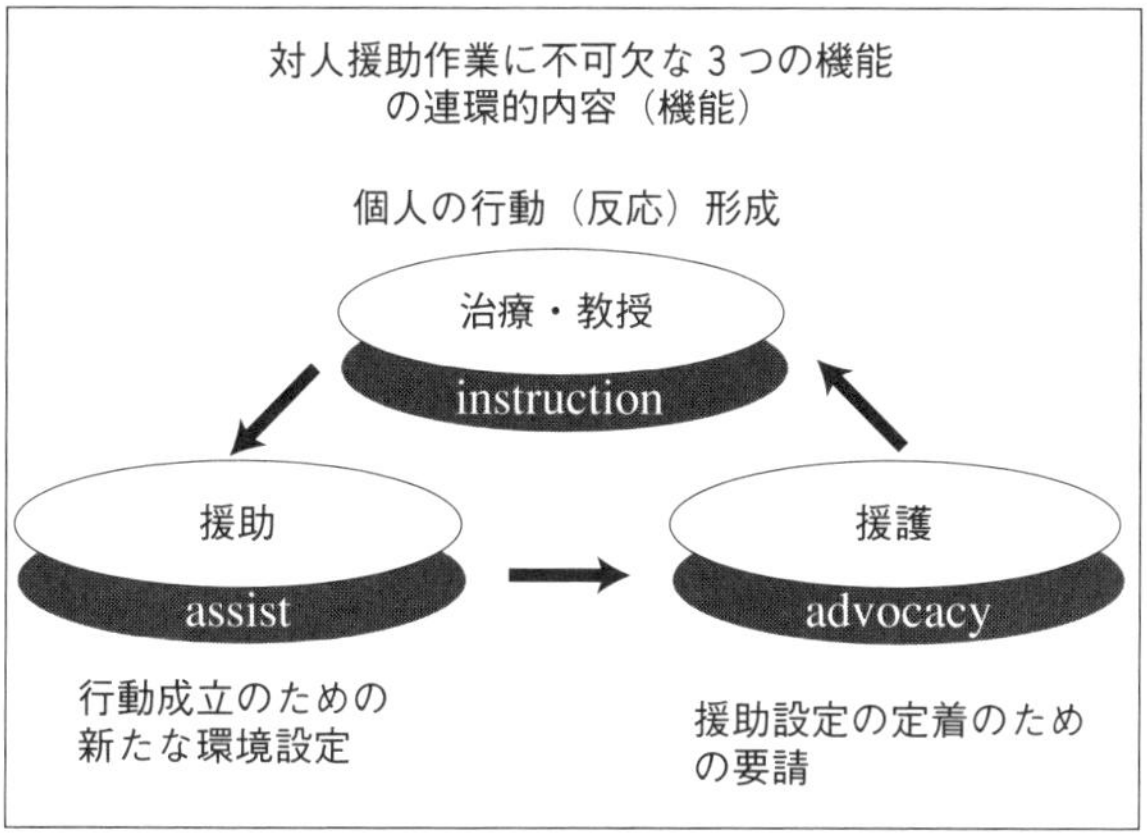

図17－1　対人援助の3つの機能

　そこで、既存の学問領域の方法を離れて、実際に人を「助ける」場合に必要な行為の機能から考えてみよう。すると対人援助の機能は三つにわけて考えることができる（図17－1）。対人援助の機能の中でまず考えるべき第一のものは、「援助」（assist）である。上述のようにインクルージョンは、先送りすることなく「今」社会に受け入れることである。では、どのような資源を社会に配置すれば行動が成立するのか。そのために必要な人的・物理的な環境設定が「援助」である。対人援助の二つ目の機能は「援護」（advocacy）である。

ある個人において発見された援助設定は、その個人をとりまく社会のなかに継続的に配置する必要がある場合には、対人援助者はそのことを当該の関係者に対して要請する必要がある。これが援護である。そして、対人援助の第三の必要機能は、「教授」(instruction) である。これは、これまで述べた「援助」「援護」を前提にして、つまり、当事者自身の負担を少なくしたうえで、その新しい環境状況のなかで個人の行動の変容をはかるための支援である。従来の心理学的支援は、この「教授」に限定されることが多かった。しかし、インクルージョンの理念を実行するためには、たんに教授によって当時者の行動を特定場面において拡大するだけではうまくいかない。上述の援助と援護がまさに必要となるのである。

そしてこの三つの機能がうまく回っていくこと、すなわち「今」できることのための援助設定を特定し、その設定を周囲に要請し、援助のもとで行動がうまくいくように教授するという連環である。そして、その連環をうまく働かせるうえで重要な要件として、具体的な支援の結果 (どのように支援を行い、どのような経過をたどり、最終的にどうなったのか) を記述したもの、すなわち情報の移行である。

2 応用行動分析学の考え方

前項の「対人援助」の実践をするうえで、その具体的方法論のひとつとして応用行動分析学があげられる。応用行動分析学は、人間の行動の成り立ちを、その人とその人をとり巻いている環境 (物理的環境や人的環境) との相互作用に求める考え方であり、本人の生物学的属性や心のなかに求めない。行動の成り立ちの原因を、過去および現在の環境事象とのかかわりのなかに実証的に求めようとするものである。この環境事象には対人援助者自身の関わ

応用行動分析学 (Applied Behavior Analysis) ABA と呼ぶこともある。

りも含むことはいうまでもない。したがって、ノーマライゼーションやインクルージョンという理念のもとで、障害のある個人に対する対人援助という職業的行為においては、障害観といった理念的な面からも、対応の効果を吟味するという倫理的観点からも、もっともふさわしい枠組みのひとつとして考えられる。この考え方により、具体的で明確な支援の方法を見出し、実践し、さらにその成否を検証することが可能となる。環境に働きかけ、環境を整備して、環境と個人の相互作用をうまく働くように循環させる、それが重要なポイントである。

応用行動分析学の考え方の基本は、人の行動に続いてどんな環境上の変化が生じたかを問題にすることであり、このことを**随伴性**《ずいはんせい》と呼ぶ。誰もが経験的に知っているように、行動に続いて何かよい変化があると、その行動は繰り返される（増えていく）。行動の後に何か好ましいものが生じて、その行動が繰り返される随伴性を「**正の強化**」と呼び、そのときの好ましいものを「**正の強化子**」と呼ぶ。また、行動の後に何か嫌な事態がなくなる（あるいは減少する）ことによっても、その行動は繰り返されていく。この随伴性を「**負の強化**」と呼び、嫌な事態を「**負の強化子**」と呼ぶ。

正の強化も、負の強化もともに、人間の行動を繰り返す（増やす）働きをもつ随伴性である。しかし、両者には大きな違いがある。正の強化で行動が維持されているときは、われわれはやりがいを感じ、行動そのものを好きになっていく。そのため、正の強化子がなくなっても行動は残る可能性が高い。ところが負の強化で行動が維持されているときは、われわれはやりがいを感じることはできず、行動そのものも嫌いになっていく。そのため、行動しても負の強化子があり続ける（なくなることはない）と次第に行動は消えていってしまう。

随伴性（contingency）　狭義には、行動とそれに続いて生じる環境の変化の二者関係のこと。一般には、行動に先行する事象・行動・行動のあとの事象の三者関係を指すことが多い。

正の強化（positive reinforcement）　強化するというときは、行動のあとに正の強化子を配置することで、その行動を増やすことをいう。

正の強化子　正の強化刺激、あるいは好子ともいう。何が正の強化子になるかは、人により、状況により異なる。まったく同じものでも、ある人には正の強化子となり、別の人には負の強化子となることもある。

負の強化（negative reinforcement）　逃避（escape）ともいう。

負の強化子　嫌悪刺激、あるいは嫌子ともいう。

就労を考えるときも、たんに対象者のスキル獲得という点だけをみていると、当該の行動や就労そのものが持続されないことが多い。やりがいを感じながら就労を継続させていくためにも、対象者の行動が正の強化で維持されるように考慮しなければならない。

3節　就労と対人援助

1　援助つき雇用とジョブコーチ

障害者の就労に関して、大きな転換となったのは**援助つき雇用**という考え方が導入されたことである。それ以前は、何らかの形で仕事に必要な能力を訓練された後に、初めて仕事に就くのが一般的であった。それに対して援助つき雇用では、障害者が今できること、それも周囲による何らかの援助によって、今できることからスタートしてまず就労し、援助を前提に仕事を継続していくというものである。援助つき雇用というスタイルを社会が認めることで、障害者、とくに重度障害者の就労は大きく前進した。この考え方が、前節で述べたインクルージョンや対人援助の考え方にまさしく合致していることに気づくであろう。

援助つき雇用では、文字通り援助が前提となっている。そのための職業的な援助職としてジョブコーチが誕生した。ここではジョブコーチという職制をとりあげ、その業務から就労と対人援助について考えてみよう。ジョブコーチは、正式には職場適応援助者と呼ばれる。アメリカにおいて援助つき雇用の制度がスタートしたことにともない職制化された。わが国では二〇〇二年に「障害者の雇用等の促進に関する法律」が改正されたのにともない、ジョブコーチ制度が創始され、さらに二〇〇五年の同法改正でジョブコーチ助成金もスタートし

援助つき雇用　英語ではsupported employment。ケースシリーズ3参照。

た。

ジョブコーチは、障害のある人が職場に適応する際に、当人と一緒に、あるいは先行して職場に入り、一定期間、職場のなかで支援を行う。ジョブコーチの考え方は、先にも書いたように、障害者がまず就労し、その職場で援助を受けながら仕事をしていくというものである。

援助つき就労というと、特別な就労スタイルを思い浮かべてしまうかもしれない。しかし、私たちのほとんどの行動は、まったくの何もないところで生じるわけではない。さまざまな「お膳立て（援助）」があったうえで初めて生じる、あるいは意味をもつ行動が大部分である。このように考えれば、援助つき雇用がじつは特別な考え方ではないことが理解できるであろう。

ジョブコーチの具体的な支援の方法としては、作業全体を支援のしやすいように小さな行動単位にわける**課題分析**、プロンプトとよばれる人的支援をその内容によって定式化する**システマティック・インストラクション**といった教授技法のほか、現場の職員による援助を組織的に設定していく**ナチュラルサポート**への移行などがある。

2　キャリアアップと個別移行支援計画——情報移行の重要性

特定の事業所に就職できることが障害者の就労、ひいては障害者の**ＱＯＬ**を考える際の最終ゴールではない。就職した後も本人のやりがいが広がっていくこと、すなわち正の強化子で維持される行動が拡大していくこと（**キャリアアップ**）を支援することが就労支援において大切なポイントである。就職できること、あるいは特定の業務遂行ができることが最終目

ＱＯＬ（Quality Of Life）　生活の質。16章参照。

キャリアアップ　一般には「技能の向上や、経歴を高めること」を意味するが、ここでは本文にあるように、「正の強化子で維持される行動が拡大されること」つまりやりがいが広がっていくという意味で使われていることに注意。

標ではなく、就労後もさらに業務内容を広げていけること、さらにそのことを自分でも工夫していけるための条件を、援助者は考える必要がある。それによる「やりがい（就労行動が正の強化で維持される）」の持続こそが、就労を維持することになる。

障害者への援助を途切れさせないためには、個別の支援計画がうまく働く（機能化する）ことが必要となる。特別支援教育において**個別の教育支援計画**の作成が求められるように、就労に関しても**個別移行支援計画**を作成する必要がある。情報移行をスムーズに行えること、また常に支援対象者の状態をモニターし、最新の情報をもとにした計画に書き換えていけることが、援助者に課せられた課題である。

対象者がキャリアアップしていくためには、援助者の行動も、常に正の強化で維持され、拡大・再生産されていくこと（これは援助者のキャリアアップである）が必要である。そうでなければ、**バーンアウト**や目の前の問題にだけ対処する行動が維持されてしまい、将来を見据えた支援はできない。

個別移行支援計画を拡げて、**ポートフォリオ**のようなものにしていく必要があるだろう。そこには、当事者がいままで受けてきた援助や、それをもとに拡大していた行動を経過とともに記しておき、支援の主体が移ったり広がったりしたときには、全員が情報を共有して、さらなる広がり（キャリアアップ）を図れるようにするのである。

2節の1でみた、援助・援護・教授の三つの連環を動かすために必要なのは、事実にもとづいた情報である。この情報こそが対人援助者の支援行動（さまざまな関わり）を強化し、さらに次の作業の**手がかりとして機能する**ものであると考えられる。

個別移行支援計画　特別支援校（旧養護学校）の高校課程では卒業後三年間を目途に活用する個別移行支援計画を作成する。当事者が学校を卒業し、就労移行支援事業に所属した場合は名称が変わる。

バーンアウト　燃えつき（症候群）、仕事などに熱中してきた人が急に意欲を失うこと。

ポートフォリオ（portfolio）　学習者が自らの学習活動の成果（レポートや写真などさまざまなもの）をひとつのファイルにまとめたもの。

手がかりとして機能する　応用行動分析の言葉では、弁別刺激という。

◇支援知識シリーズ4◇

眼鏡（メガネ）

眼鏡のはじまり

毎日の生活で必要な知識の八割は視覚を通して得られるといわれている。本を読んだり、テレビや映画をみたり、物事を理解し知識を得る助けとなる視力はもっとも大切な「人生の伴侶」である。したがって、この視力を補うための道具である眼鏡は、日常生活になくてはならないものである。眼鏡がいつ、どこで誰によって発明されたかは不明である。

一説[1]によれば、北イタリアのベニスでは一二世紀末頃よりガラス産業が盛んとなり、この地方あたりが発明・発生の地ではないかと考えられている。眼鏡が使われ始めたのは一三世紀後半になってからで、暗い修道院のなかで聖書を読むため、読書用として用いられた老眼鏡であったといわれている。

当初は凸レンズを用いた老眼鏡が主であり、近視用の凹レンズが開発されたのは、その後三〇〇年も下った一六世紀に入った頃である。

屈折・調節異常とその矯正

物をみるためのわれわれの眼球は、カメラと類似した一種の光学器械である。無限の遠方からの平行光線が眼内に入り、ちょうど網膜に焦点が合った状態を正視という（図1）。平行光線の焦点が網膜に結ばれない状態が屈折異常である。屈折異常には近視、遠視、乱視などがある。老視は加齢にともなう水晶体の弾力性の低下であり、調節異常という。これらの異常を矯正するために眼鏡やコンタクトレンズなどが用いられる。

眼鏡には近視、遠視、乱視などの屈折異常の矯正眼鏡、調節異常の補正のための老眼鏡、遠近両用眼鏡、さらに紫外線や赤外線などから目を守るためのサングラスなどの保護眼鏡や弱視用眼鏡、斜視などの眼位矯正用眼鏡がある。

(1)近視用眼鏡

平行光線の焦点が網膜の前方で合う屈折異常が近視である。近視には眼軸が長すぎるもの、屈折力が強いものがあり前者を軸性近視、後者を屈折性近視という。したがって、眼鏡は光を拡散させ網膜に焦点を合わす凹レンズの矯正である（図2a・b）。

(2)遠視用眼鏡

遠視とは眼軸長に比して、角膜や水晶体の屈折力が不足しているため平行光線の焦点が網膜の後方で合う屈折異常である。遠視には眼軸が短いか屈折力が弱いかで前者を軸性遠視、後者を屈折性遠視という。遠視の眼鏡は光を集束させるための凸レンズを用いる（図3a・b）。

(3)乱視用眼鏡

乱視とは平行光線が網膜のどこにも合わず像を結ばない屈折状態をいう。この乱視には角膜の弯曲《わんきょく》が方向によって異なる正乱視と、角膜表面が凹凸不正になっている不正乱視がある。正乱視は円柱レンズで矯正が可能であるが、不正乱視は矯正が困難でコンタクトレンズによる矯正の方が良好である。乱視用眼鏡の例として、主経線の一方が正視である近視性正乱視の矯正のための円柱レンズの例を示す(図4a・b)。乱視には主経線の一方が正視であり、他方が近視の近視性正乱視、また他方が遠視であれば遠視性正乱視である。遠視性正乱視の場合、眼鏡の矯正は凸の円柱レンズが用いられる。

(4)老視眼鏡（老眼鏡）

中高年になり水晶体の弾力性が弱まって、近い所をみるに必要な調節力が不足した状態を老視という。この調節力を補い、近い所をみやすくする眼鏡が老眼鏡である。調節力の低下は年齢により異なるため、老眼鏡の度数は本来の屈折異常を矯正し、年齢相当の不足した調節力の補正を行えばよい(図5a・b・c)。

眼鏡の度数

眼鏡（メガネ）のレンズの度数（強さ）はジオプター(D)という単位で表わされる。

一ジオプターは焦点距離一メートル（m）のレンズを意味する。凸レンズはプラス（＋）で表記し、凹レンズはマイナス（－）で表わされる。

眼鏡レンズの度数（D）と焦点距離（F）の関係は、

$$D = \frac{1}{F（メートル表示）}$$

である。

その他の眼鏡

眼鏡には視力矯正としての屈折異常矯正用（近視、遠視、乱視用眼鏡）、調節異常矯正用（老眼鏡）のほかに眼位異常補正のためのプリズムレンズを用いた眼鏡、眼の保護のためのサングラスなどがある。また、遮光を目的とするものなどもある。さらに特殊眼鏡として視力のよい方にオクルーダー（遮光膜）を貼り、弱い視力の眼を活用し、視力向上を目的としたオクルーダー使用眼鏡、斜位や弱視矯正用のフレネル膜プリズム眼鏡、弱視者の視力向上を計るための弱視眼鏡[2]（望遠レンズ付き眼鏡）などがある。これには、新聞や本を読む場合の近用弱視レンズを用いた近用弱視眼鏡と、教室で黒板や映画をみるときに使用する遠用弱視レンズを用いた遠用弱視眼鏡がある。眼鏡の種類および眼鏡レンズをまとめて表わせば以下の表の如くである（表1）。

眼鏡フレーム

眼鏡フレームの役割は、眼鏡レンズを顔面でしっかりと固定し、視線が光軸を通して安定した屈折異常や視機能の矯正ができることである。とくに小児では耳の位置が低く、鼻も低いので、目の中心と眼鏡の中心を合わせるのが難しい。また、大人の累進多焦点眼鏡では、わずかな上下のずれも眼精疲労の原因となる。

　眼鏡フレームの選択は頂点間距離、前傾角、瞳孔間距離の合ったものを選ぶべきである。眼鏡フレームの各部の名称と機能を図6に示した。

コンタクトレンズ

　コンタクトレンズ（CL）は眼鏡同様、屈折異常に対する光学的矯正手段は同じである。コンタクトレンズと眼鏡との違いは、CLは角膜に接着させるレンズであるため、眼鏡と比較して光学的に有利であるが管理が、面倒である。

　光学的効果は、角膜に凹凸のある不正乱視にはCLは矯正効果が大である。さらに頂点間距離が〇《ゼロ》に近いため、像の拡大や縮小がなく、強度屈折異常にはCLが有利である。CLにはハードCLとソフトCLがある。最近はソフトCLのうちでもディスポーザブルCLが主流を占めている。眼鏡とCLの比較を表2に、またハードCLとソフトCLの比較を表3に示した。

注
（1）白山晰也『眼鏡の社会史』ダイヤモンド社、一八～二一、一九九〇年。
（2）丸尾敏夫他『屈折異常と眼鏡』医学書院、一四六～一五〇、一九九三年。

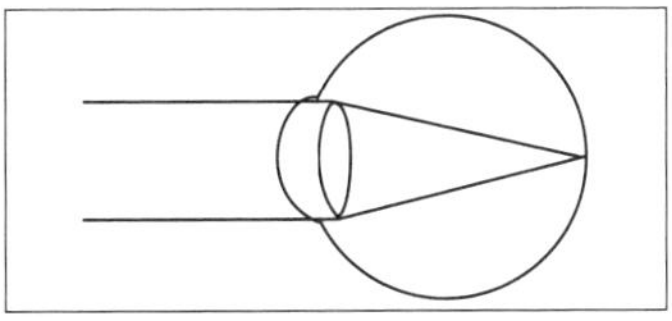
図1　正視眼：平行光線が網膜上で合う。

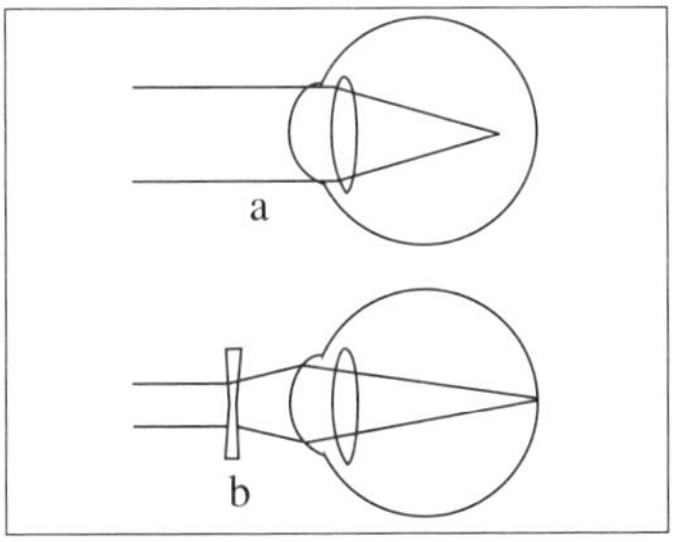

図2　a：近視眼（平行光線が網膜の前方で合う）。
b：近視眼の矯正（凹レンズを用い平行光線を拡散させ網膜上に合わせる）。

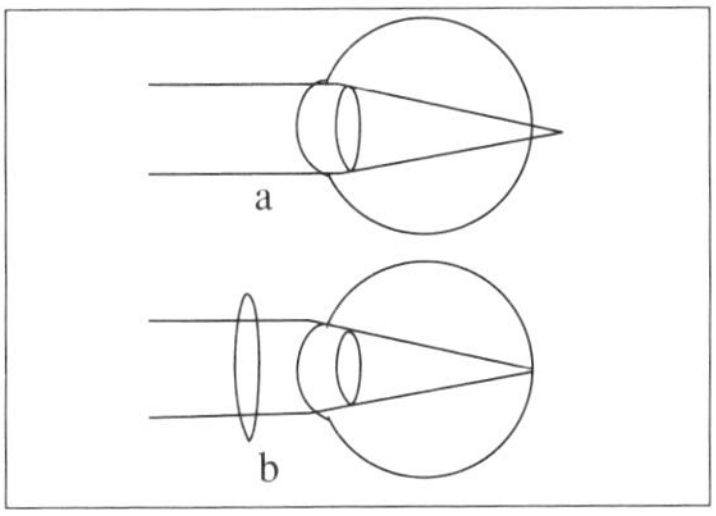

図3　a：遠視眼（平行光線が網膜の後方で合う）。
b：遠視眼の矯正（凸レンズを用い平行光線を集束させ網膜上に合わせる）。

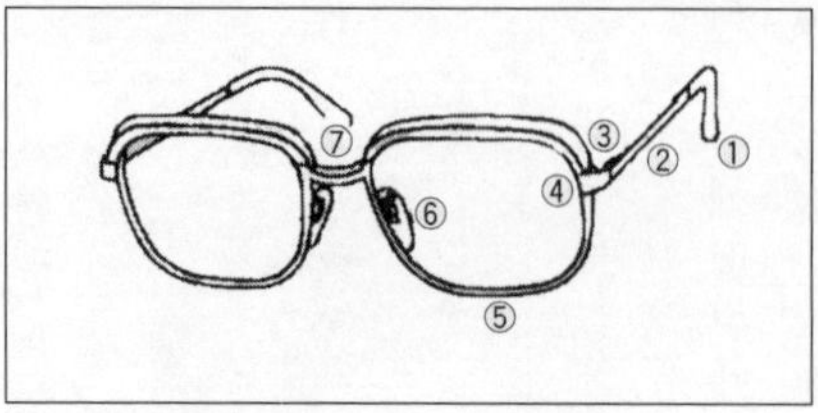

図6　眼鏡の各部の名称と機能
①先セル部（つるの先)、眼鏡を耳にかけて顔に固定させる。
②テンプル（手・つる)、耳と鼻とのつなぎ部分、こめかみに当たり眼鏡をささえる役割。
③丁番（ちょうつがい)、テンプルを折りたたむ役目。
④智（テンプルの元)、テンプルとフロントの付け根部分、レンズの角度の調整。
⑤リム、眼鏡レンズを保持する働き。
⑥鼻当て（鼻パット)、鼻で眼鏡を支える働き。
⑦ブリッジ（山)、左右のリムをつなぐ役割。
(『目と健康7 メガネの話』日本眼科医会、10頁「メガネの各部の名称と機能」をもとに作成)

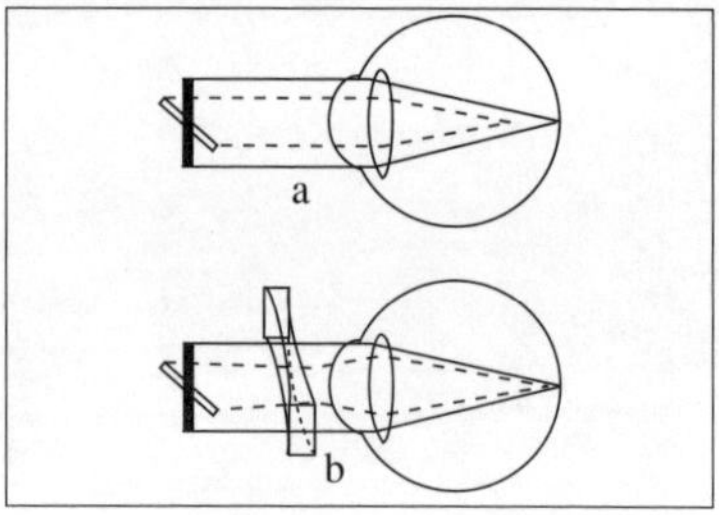

図4　a：乱視眼（近視性正乱視の例）縦方向の光は網膜上に合うが、横方向の光は網膜前方で合い焦点は一致しない。
b：乱視眼の矯正（近視性乱視の例）凹円柱レンズを用い横方向（軸度180°）の光を拡散させ網膜上に焦点を合わせる。

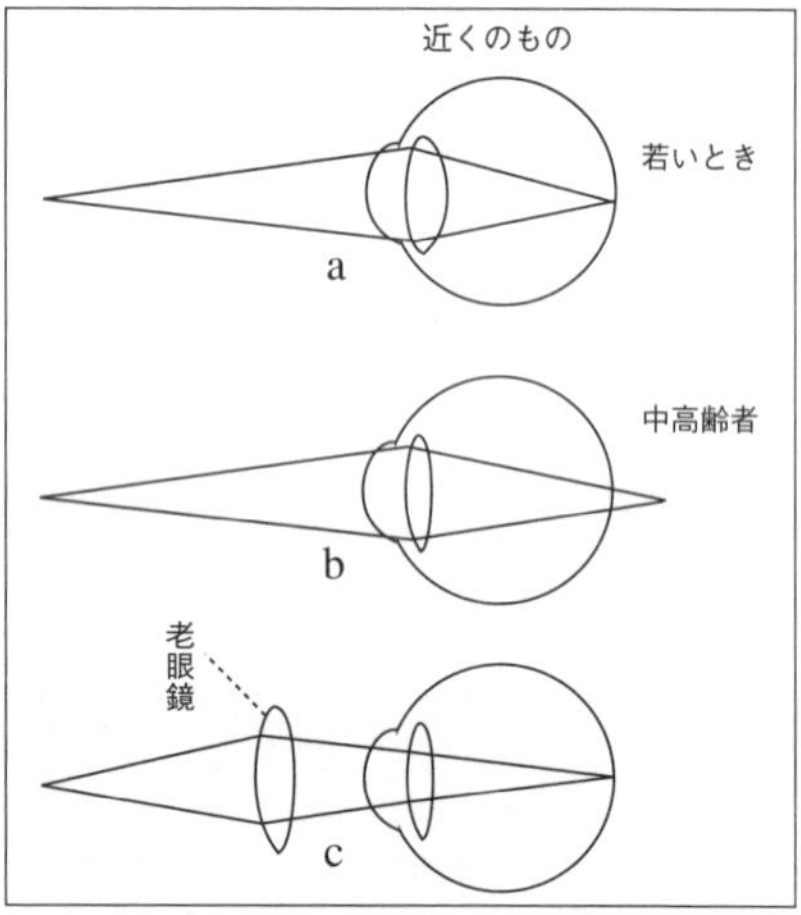

図5　a：若いときの近見、水晶体が厚くなり網膜上に焦点が合う。
b：中高齢者の近見、水晶体は厚くならず焦点は網膜後方に合う。
c：老眼鏡使用で焦点を網膜上に合わせる。

表1　機能別にみた眼鏡および眼鏡レンズ

- 眼鏡および眼鏡レンズ
  - 視力矯正
    - 屈折異常矯正用（近視、遠視、乱視用）
    - 調節異常矯正用（近用眼鏡）
  - 眼位補正
    - 眼位異常補正用（斜位・斜視用プリズムレンズ）
  - 眼の保護
    - 有害光線除去用（紫外線除去レンズ、赤外線除去レンズ）
    - 遮光・防眩用（カラーレンズ・防眩用レンズ）
    - 明視用（フィルターレンズ）
  - 特殊レンズ
    - 弱視治療用（オクルーダーレンズ）
    - 弱視矯正用（望遠レンズ）
    - 斜位・斜視矯正用（フレンネル膜プリズム）

表2　眼鏡とコンタクトレンズ（ＣＬ）の比較

	眼　鏡	ＣＬ
光学的効果	良　い	非常に良い
光学的欠点	多　い	少ない
視　　野	やや狭い	広　い
管理・保管	簡　単	煩　雑
取り扱い	簡　単	煩　雑
装用練習	な　し	必　要
装用制限	な　し	あ　り
スポーツ	不　便	便　利
眼合併症	な　し	あ　り
耐久性	長　い	短　い

表3　ハードＣＬとソフトＣＬ（従来型）の特徴の比較

	ハードＣＬ	ソフトＣＬ
光学的効果	良　い	乱視では劣る
矯正視力	優	良
乱視の矯正	優	良
角膜への刺激	大	小
角膜障害	気づきやすい	気づきにくい
レンズ慣れ	良	優
レンズの汚れやすさ	少ない	多い
レンズの汚れ除去	易しい	難しい
レンズの保管·管理·消毒	簡単	煩雑
耐久性	長　い	短　い

◇支援知識シリーズ5◇

車いす

車いすは歩行が困難、または不可能な人たちにとっての移動用具である。車いすには移乗、姿勢、移動の三つの機能が求められるが、使用する人の状態、使用する場所や場面などによって、どの機能を優先とするかが異なる。車いすを作成する際には十分この点を検討する必要がある。

車いす各部分の名称

もっとも一般的な普通型車いす（後述）の各部分について説明する（図1）。

①グリップ（にぎり）　介助者が車いすを押すときの握りで、介助者の股関節の高さを目安にする。高すぎると力が入りにくく、低すぎると腰に負担がかかる。下り坂で安全なように介助者用に補助ブレーキをつける場合がある。

②バックレスト（バックサポート・背もたれ）　背の支持装置で、着脱、折りたたみや張りを調整できるものもある。車いすを自走するには肩甲骨より下の高さが良いが、座位バランスが不安定な場合には高くする。

③アームレスト（アームサポート・肘当て）　肘を支える部位で、体をもち上げるための支えとしても利用される。テーブルの下に入りやすいように、前方を切り下げたデスクアーム、移乗時の利便性を良くする着脱式や跳ね上げ式などもある。上縁の高さはパッドの材質にもよるが、上腕を下垂《かすい》させ肘を九〇度にした場合の肘の高さより、少し上とする。

④スカートガード（サイドガード）　衣類が車輪に巻き込まれたり、汚れたりすることを防ぐ。

⑤シート（座）　座席の部分で、クッション材を褥瘡《じょくそう》予防や座り心地を良くする目的で使用することが多い。

⑥レッグレスト（下腿《かたい》支え）　下腿を支える部分。

⑦フットレスト　座ったときに足を乗せる部分。車いすの折りたたみ時や移乗の際に邪魔にならないよう、折りたためるようになっていることが多い。

⑧タイヤ　自走用手動車いすの場合は駆動輪と呼ばれ、介助用手動車いすで中径以上の場合は主輪と呼ばれる。

⑨ハンドリム　駆動輪を回転させる部分である。握力の弱い人が使えるように滑り止め加工をしたり、各種ノブを装備したりすることもある。介助専用車にはない。

⑩ブレーキ　押してかけるタイプ、引いてかけるタイプ、どちらでもかけることのできるタイプがある。

⑪ティッピングレバー　介助者が車いすの前部を挙上する際（キャスター上げ）、ここに足を乗せて操作すると楽にできる（図2）。

⑫キャスター（自在輪）　車いすの旋回や方向転換を行い

やすくする。空気入りあるいはポリウレタンフォームなどの材質でできたものなどがある。小さいほど、方向転換時のキャスター回転半径が小さく、キャスターが家具などにあたりにくい。大きいほど、段差の通過がしやすく、乗り心地が良いため、屋外使用の場合には、六～七インチのものを選択することが多い。

車いすの種類

駆動方式によって、大きく手動と電動に分類され、手動はさらに、自走用と介助用とに分けられる。

自走用にはもっとも一般的な後輪駆動式のほか、前輪駆動式（トラベラー型）や片手駆動式などがある。

手動の車いすは大部分折りたたみ式であるが、障害者自立支援法による車いすの分類では、折りたたみ式で大車輪が後方にあるものを普通型（図3）と呼んでいる。

移動に必要な操作をすべて介助者が行う介助専用のものは、手押し型（図4）と呼ばれ、ハンドリムはなく、とくに軽量性を重んじる場合には小さな車輪を使用する。

公共施設などに備品として用意されている車いすは、大部分が普通型車いすで、自走・介助兼用として使われている。

なお、シートとバックレストが一定の角度を維持した状態で角度を変えることができるものをティルト式（図5）、バックレストの角度のみを変えることができるものをリクライニング式（図6）と呼ぶ。ティルト式の場合は後方に傾けても、股関節の屈曲角度や骨盤の傾きがほぼ一定のままで、車いすと体との位置関係も大きく変わらずに倒れるが（図7）、リクライニング式の場合には人とバックレストとの回転軸の違いや骨盤・脊柱の動きなどから、とくに背中とバックレストとの間にずれが生じる（図8）。

車いす介助に際して

○介助者は動きやすい服装で、無理な姿勢をとらない。
○対話を大切にし、話すときにはできるだけ眼の位置を相手と同じ高さにする。
○何をして欲しいか、どのように介助して欲しいかを聞く。
○グリップが緩んでいないか、ブレーキのかけ方やブレーキが利くかを確認する。タイヤの空気圧が低いと、ブレーキの利きが悪くなることに注意。
○移乗の際や停車時には必ずブレーキをかける。
○走行を始める前には、必ず声をかけ、けがをしないように、腕が外に出ていないか、フットレストに足が乗っているかを確認する。
○急停車で前方に転げ落ちる危険のないよう、シートには深く腰掛けてもらう。また、シートベルト装着が望ましい。
○段差ではティッピングレバーを有効に使い、下り坂や段差を下りるときは、後ろ向きで進むのを原則とする。
○数人で車いすをもち上げるときには、もつ部位に注意する。
○一人で無理なときは、周囲の人に協力を求める。

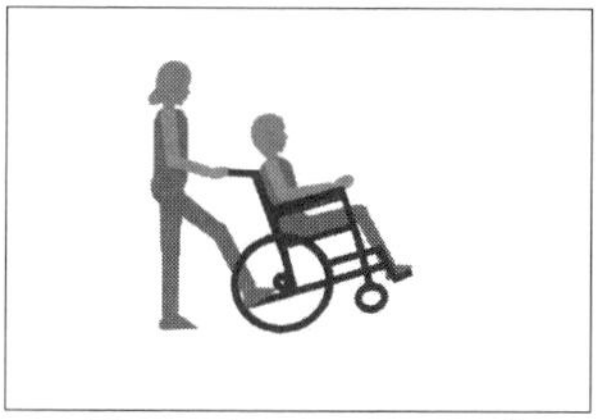

図2　キャスター上げ

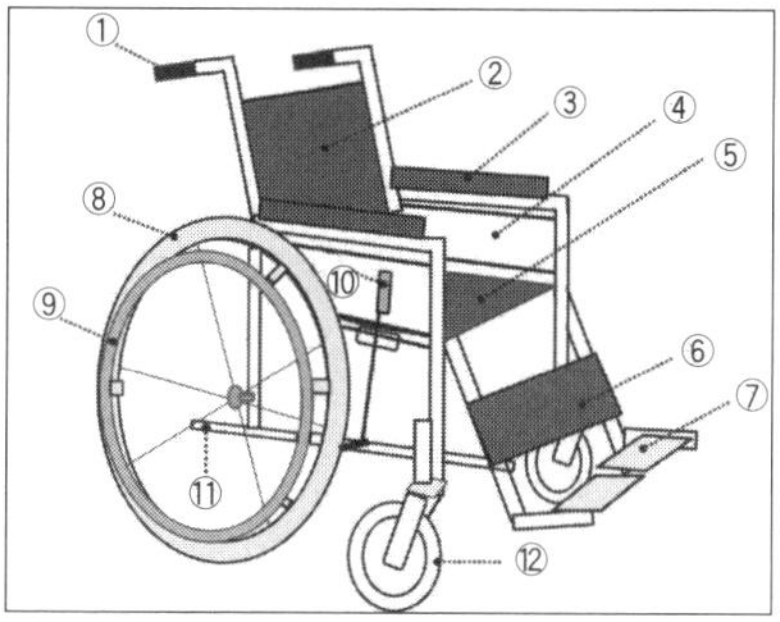

図1　車いす各部分の名称

図4　手押し型

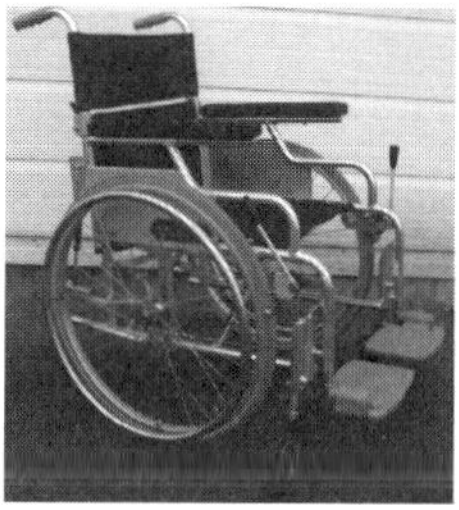

図3　普通型
（デスクアーム）

図7

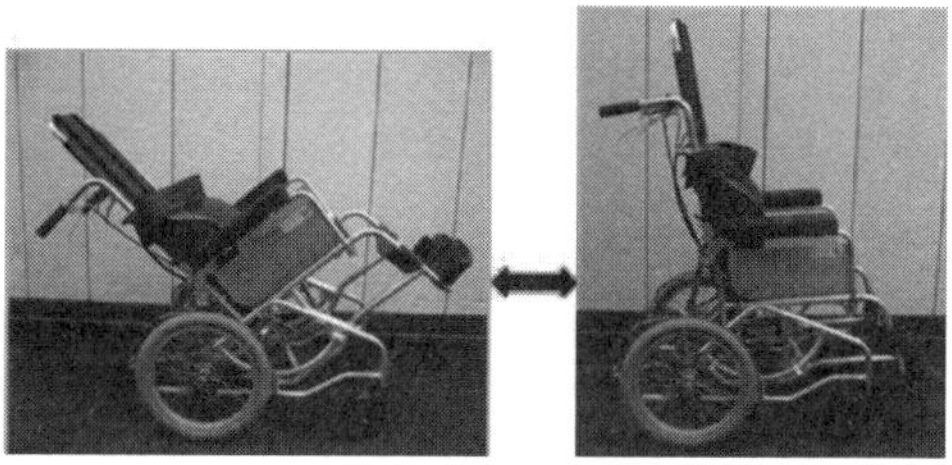

図5　ティルト式

図8

図6　リクライニング式

◇支援知識シリーズ6◇

点字ブロック

――街の舗道や駅構内に敷かれている点字ブロック

点字ブロック

街の舗道や駅の構内を歩いていると、路面に黄色いでこぼこしたブロックが線上に敷かれているのを目にすることがある(図1参照)。三〇センチ平方のブロックをつなぎあわせているのである。実は、これは目のみえない人の歩行に役立てている点字ブロックというものである。若い人でも、老年の人でも、目がみえなくなれば歩くことが不自由になることは十分に理解ができる。目の不自由な学生のために、大学構内に点字ブロックを敷いてもらったところ、ある教授は、街でときどきみかけていたが、街の何かのデザインではないかと思っていたといっていた。事実、固いコンクリート舗道上にある色のブロック(黄色が普通であるが、クリーム色や緑色のものもある)が歩道線上にあるのは、ひとつのデザインの類だろうと思われるならば、それ以上のありがたいことはなく、一石二鳥なのである。知らない街に行ったとき、その点字ブロック線上を頼りに歩いていくと、駅方向にたどり着いたり、県庁方面がみえたりする。まして、図2のような矢印があれば、ある方向を示しているから、たいへんに助かる。

点字ブロックの種類

点字ブロックは、主として二種類に分かれている。点状ブロックと誘導ブロックである。

点状ブロックは、図3―Aのように、三〇センチ平方の上面に、三六個の凸粒があり、五ミリの高さになっている。紹介しなければならない、もうひとつの点状ブロックは、図3―Bのように、凸粒が互いちがいになっていて、四十一個につくられているものである。したがって、それだけ粒の大きさも小さくなっている。

誘導ブロックは、図4―Aのように、同じく三〇センチ平方の上面に、四本の凸線がつくられているものである。もうひとつの誘導ブロックは、図4―Bのように、線が互いちがいになっていて、一二個、それに半個のものが六個になっているものである。したがって、線状ひとつの凸面の大きさは、Aのものよりは小さくなっている。

さて、点字ブロックの敷設は、地方自治体で決めるものであるが、たいていの場合は、街や一般道路でみられるのは、図3―A、4―Aの敷設が一般的である。ただ、駅の中では街とちがった点字ブロックが敷かれているのに気がついている人もいるかもしれない。それは、JRでは、旧国鉄時代から独自の委員会協議のうえ、全国一律でなければならないということで、図3―B、図4―Bの点字ブロックを敷設することにしたのである。

点字ブロックの意味

点字ブロックは何を示しているのか、まず、点状ブロックは、

(1) 位置を知らせている。
(2) 警告をしている。
(3) 注意して前後を確認せよ。

ということを知らせている。

たとえば、図5―Aは、L字路の角なので注意をし、いったん止まって前後を確認し、方向を確認してから進めよ、ということを示している。図5―Bは、三方向に分かれているので同じように注意、確認をうながしている。図5―Cは、同じく十字路にさしかかっていることを忠告し、行くべき方向を十分に確認してから進めよ、ということの意味を示している。

一方、誘導ブロックは、

(1) 誘導表示をしている。
(2) 安心してよい。このブロック上を進みなさい。
(3) 渡ってよい。

ということを知らせている。

たとえば、図1で、十字路の点状ブロック以外のまっすぐな誘導ブロック上は、そのまま進んでよい、ということを示している。

階段を昇る手前、三〇センチぐらいのところにも、階段を降りる手前、三〇センチぐらいのところにも、点状ブロックは敷かれる。

横断歩道では、図6のように、点状ブロックが二重三重に敷かれ、そこで立ち止まって、周囲の状況に注意をはらい、渡れる情況になったときに渡るようにする。信号はみえないが、横断歩道には音のなる信号がついている。音は、その自治体によって決められるが、たとえば東西は『通りゃんせ』、南北は『夕空晴れて』という曲がながされたりする。自治体によっては、南北は単にピィー、ピィーといった音を出し、東西だけに曲、たとえば『通りゃんせ』などをながしたりしている。あわせて、周囲の人の動きの様子によっても、渡る情況になっていることが分かる。駅のホームでは、図7のように、誘導ブロック内は安全で、点状ブロックの先は危険であるので、気をつけよ、ということが示されている。

さて、点字ブロックは、すべての道路に敷設されているかといえば、そうではない。一般に街や駅、交差点など、こみいっているところ、人通りの多いところに敷かれている。要所要所に敷かれているわけである。敷かれていないところでは、たとえば、L字溝の端をたたいたりして、U字型側溝の場合は、U字溝の端を白杖でたたいて、伝い歩きをしたりしているのである。このごろ、L字型側溝の場合が多くなって、その分、U字溝より、安心して伝い歩きができるようになっている（U字溝の場合は足がとられないようにしなければならない）。あるいは、コンクリート壁を軽くたたいて歩いたりする。

点字ブロック上に、『駅』とか『県庁』とかいう文字がついて矢印がしてあると、訪問者にとっても、もっと便利なものになるだろう。

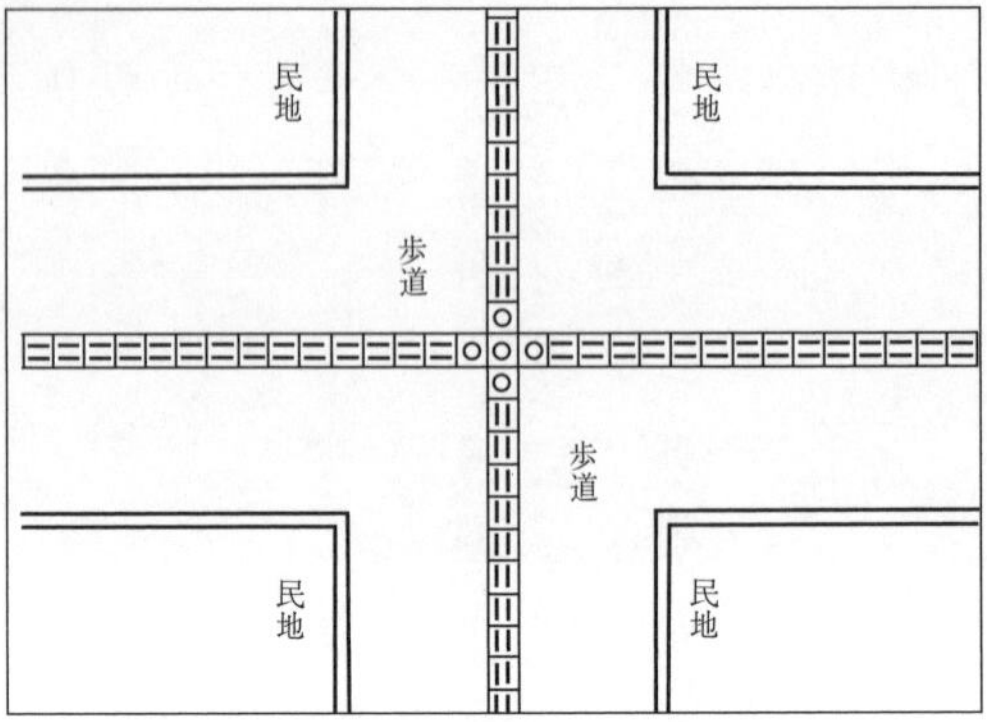

図１

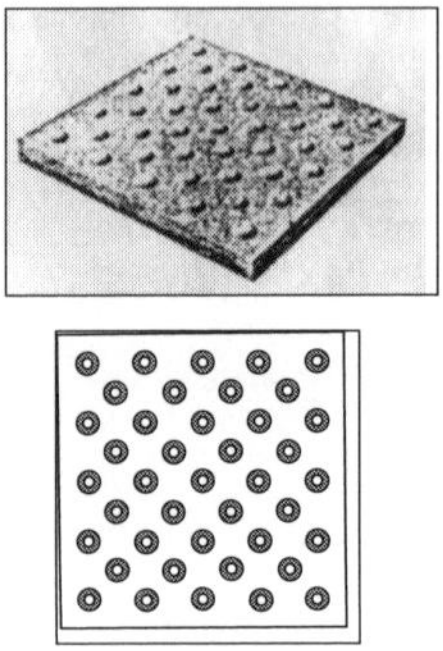
図３－B

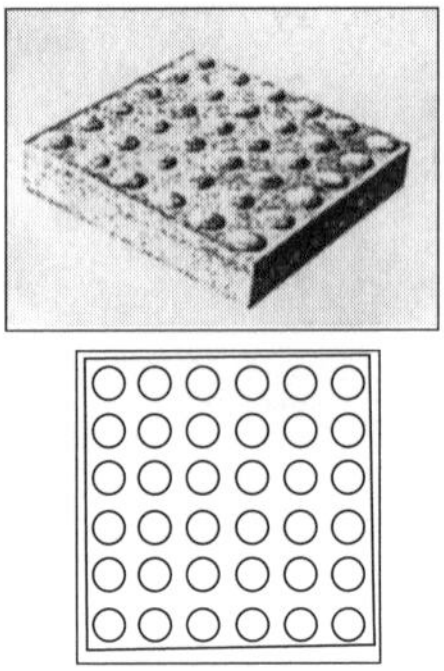
図３－A

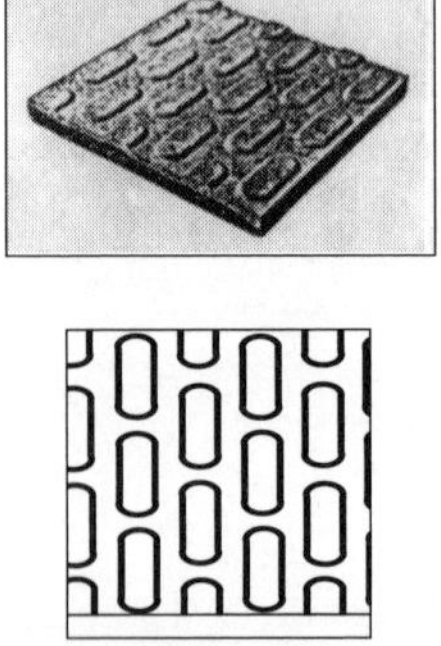
図４－B

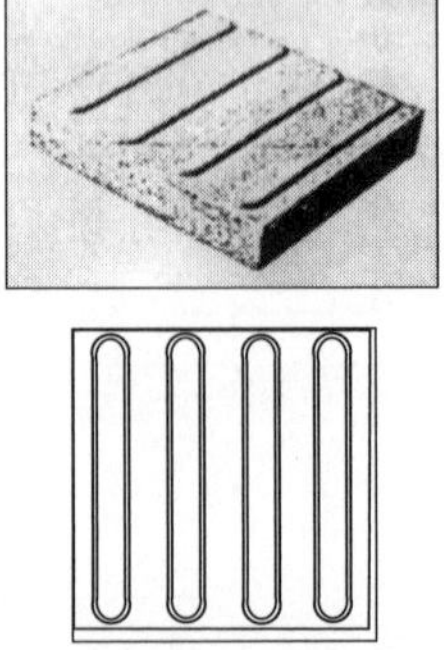
図４－A

図２

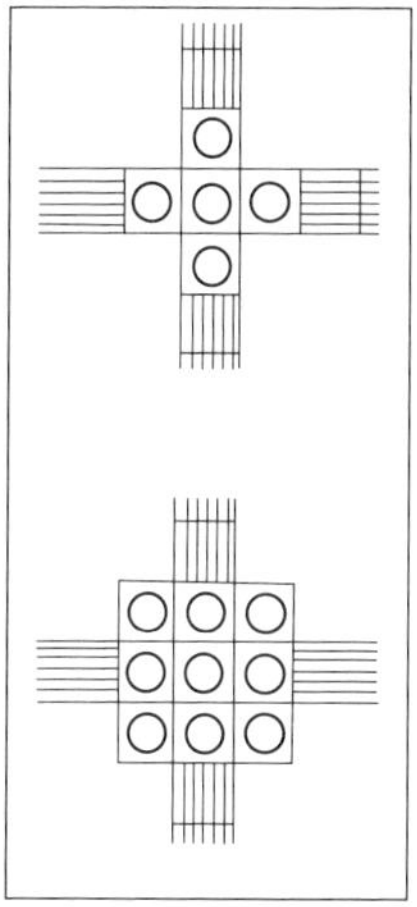

図5－C

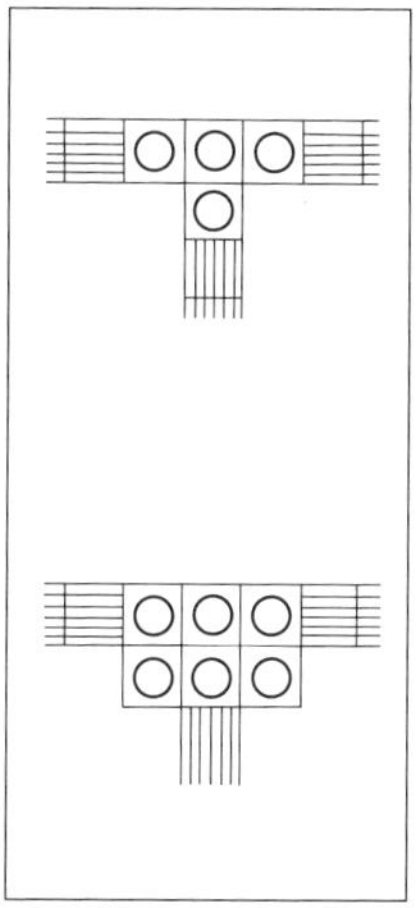

図5－B

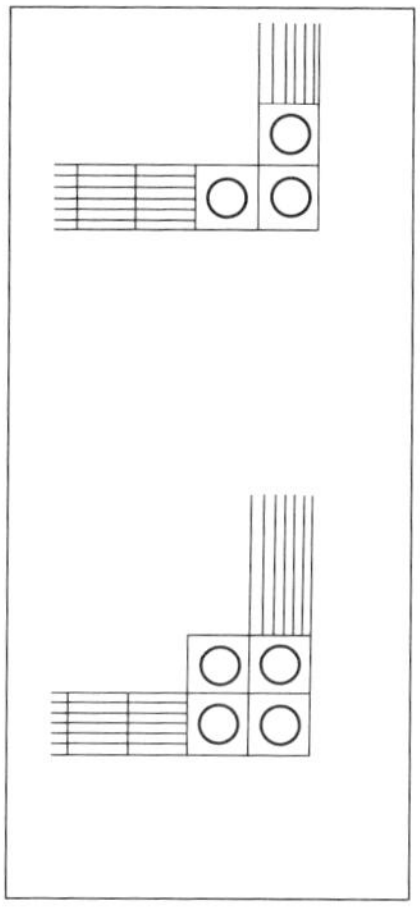

図5－A

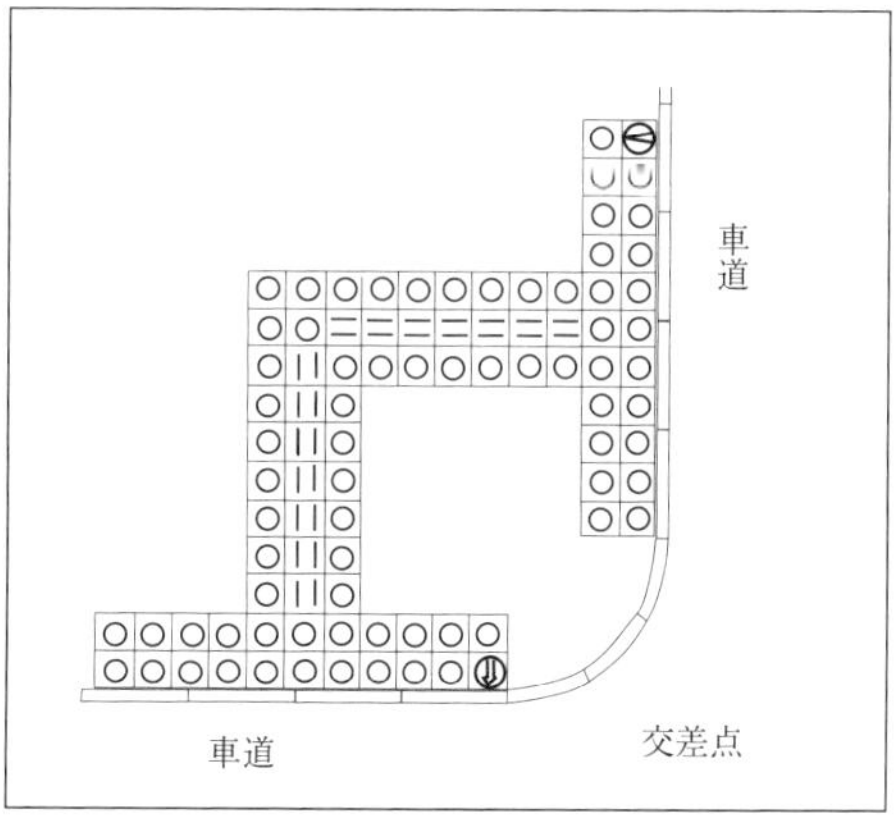

図6

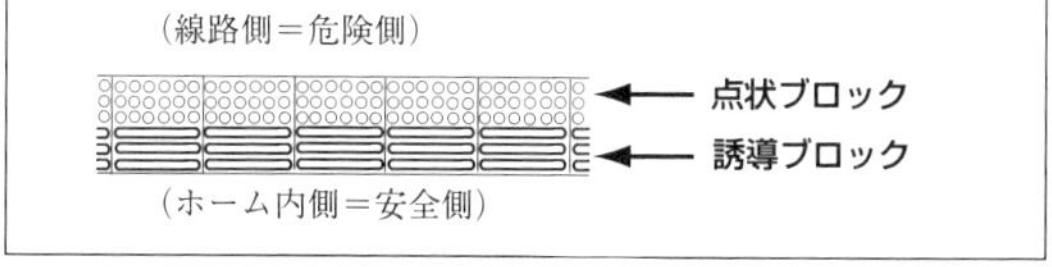

図7

以上の図は、すべて安全交通試験研究センター『視覚障害者用安全装備資料』1986年、身体障害者のための建築設計標準検討委員会『身体障害者の利用を配慮した建築設計標準』1982年（絶版）による。

◆ケースシリーズ5◆
拡大鏡と弱視

　ここではライフサイクルという観点から、拡大鏡の使用事例を中心に弱視者の支援について述べる。幼児期から小学校への就学、学齢期から就労へなど、ライフサイクルのなかでは大きく生活環境が変わることがある。弱視者自身がこのような生活環境の変化にどのように適応していくか、またそのためにはどのような支援が必要かが課題となるのである。弱視者自身にとっても、また周囲の人たちにとっても。適切な情報を得られないことが、適応するうえでの困難の原因となることが多い。そのためには、医療、教育、福祉の関係諸機関が密接に連携していくことが重要である。

幼児期における支援

　弱視の子どもたちにとっては、幼児期に豊かな視覚的経験を積み重ねるとともに、手指の基本的な協応動作を身につけておくことは、その後の生活や学習を充実したものにしていくために非常に重要なことである。

　眼疾や視力など視機能の状態にもよるが、幼児においても弱視レンズ等の補助具が活用できるケースは多い。一人ひとりの幼児の実態を見極め、ニーズに応じた指導が大切である。

　遠用レンズの指導にあたっては、比較的倍率が低く、レンズを通して、みえる範囲が広く確保できるもので練習を始めるようにする。焦点調節式のものでは、幼児のなかには自分で焦点を合わせることが難しいケースもあるので、事前に焦点を合わせたもので練習するなどの配慮が必要である。今までぼんやりとしかみえなかった遠くの景色が、弱視レンズを使うことによって、はっきりとみえたときの喜びはとても大きい。

　小学校入学を控えた時期では、板書の読みや写し書きなど、小学校の学習場面を想定した練習が必要なケースもある。このような準備的な指導を通して、小学校就学という大きな環境的変化にもスムーズに適応できるよう配慮していくのである。

学齢期における支援

　学齢段階になると、読んだり書いたりすることが学習の中心となり、弱視の子どもたちのなかにはさまざまな困難に直面するケースもみられる。一人ひとりの子どものみえ方に応じた、きめ細かな支援が必要である。

　学習の環境としては、照明、机やいすの高さ、書見台や斜面台、ノートや筆記用具などに関する配慮が必要である。卓上スタンドは、明るさを確保するうえで効果があり、また視距離が短く前かがみになりがちな弱視の子どもたちにとっては、書見台や斜面台の活用が有効である。市販のノートでは罫線が薄く使いにくいというケースもあり、このような場合には罫線がはっきりとしたノートを用意するなどの配慮が必要である。

近年、教科書の拡大版の整備が進みつつある。また、地域の拡大ボランティアとの連携も可能であり、一人ひとりのみえ方に即した拡大教材を活用することも効果が大きい。

補助具の活用として、遠用や近用の弱視レンズ、拡大読書器、音声教材の活用などがあげられる。

弱視レンズは、近用にしても遠用にしても、倍率が高くなるとレンズを通してみえる範囲は狭くなるという制約がある。読みの効率を考えればレンズを通してみえる範囲をできるだけ広く確保することが重要である。

近用レンズにおいては、低学年のうちは教科書の字なども比較的大きいので、倍率も低めのもので効果的に使えるケースも多い。学年が進行するに従い、辞書、地図、資料集など比較的小さな文字をみることが必要になってくる。その際、読む文字の大きさによって、複数の弱視レンズを使い分けているケースも多い。基本的なレンズ活用のスキルを身につけていれば、子どもたち自身が字の大きさによってレンズを使い分けることは十分に可能である。

また、近用弱視レンズには、眼鏡型、手持ち型、卓上型などさまざまな種類があるが、導入の初期においては、読むものの上に直接置いて使い、焦点距離の調節が必要ない卓上型からはじめるのが有効である。

学校生活のなかで一番遠用レンズが必要になるのは、黒板の文字を読んだり書き写したりする場合だろう。広い黒板のなかから目的の部分を探し、ある程度の能率でそれを書き写すスキルを身につけるには、発達段階に応じた指導が必要である。

拡大読書器は、倍率を変えられるとともにかなり高い倍率で使うことができるので、視力の低い子どもたちにも有効である。また、大きな画面にはっきりと映し出すことができるので、地図や細かなものの観察にも有効である。

就労への移行支援

進路指導や卒業後のフォローアップなど、就労にむけた移行支援は、弱視者が社会適応していくために非常に重要である。

弱視者自身が自分のみえ方をよく理解し、使用している補助具や必要な支援について周囲の人たちに伝えられるようにする。その際、視覚障害に関する知識のある人がコーディネータとして調整に当たることが重要である。就労後、仕事をするうえで問題が起きた場合でも、コーディネータを通して問題を円滑に解決できたケースもある。

みえ方に変化があったときの支援

幼児期や学齢期、就労後において、視力や視野の状態がしだいにあるいは急速に悪化するケースもみられる。とくに網膜剥離などによってみえ方が急速に変化した場合には、心理的なストレスも大きい。今まで使っていた弱視レンズが使えなくなったり、点字や音声教材に切り替えなければならない場合もみられる。

このようなケースにおいては、まず心理的な安定が大切である。変化後の自分の視覚の状態をよく理解し、今後どのような方法で生活していくかについて考えるのである。この際、カウンセリングも含めて、支援に関する適切な情報が得られることが何よりも大切である。眼科の情報と実際の社会生活や福祉とを結びつけるために、ロービジョンクリニックなどのいっそうの充実が望まれる。

事例Ａ（女子） ・盲学校幼稚部から通常の小学校への進学。 ・地域の小学校へ入学したいという保護者の強い希望もあり、年長クラス在籍の頃から、近用、遠用の弱視レンズの指導を開始。 ・小学校入学後、盲学校にて週に１回程度教育相談を実施。レンズの指導を中心に支援を行う。 ・小学校の担任教師が、盲学校での指導のようすを参観。小学校での指導に役立てる。
事例Ｂ（男子） ・小学校中学年のとき、盲学校に教育相談で来校。黒板の文字がみえにくいということが主な相談内容だった。 ・遠用弱視レンズを処方し、盲学校で練習を始めた。 ・はじめは、学級のなかで使うことに気持ちのうえで抵抗があったが、担任教師の適切な指導があり、学習場面で活用できるようになった。 ・黒板をみるだけではなく、遠足や校外学習などでも遠用弱視レンズを積極的に活用している。
事例Ｃ（女子） ・盲学校高等部在学中に、視力が0.08程度から0.02まで急激に低下。原因は不明。 ・以前は５倍の近用弱視レンズを使っていたが、対応できなくなった。３枚重ねの15倍の弱視レンズと、拡大読書器を併用して使うようにする。 ・当面は一般の文字で学習できるが将来を考え、点字の学習を始める。 ・保護者と緊密に連携しながら、視力が急速に低下したことに対する心理的な相談に当たる。

◆ケースシリーズ6◆

聞こえずみえにくい二重の障害をもつ人との遭遇

事例との出会い

一九七一（昭和四六）年八月、認定講習の講義を担当していて、当時、駅近くにあった山形県立山形聾学校に通っていた。その折、棚橋達雄校長（当時）より、特別な生徒（男子K）がいるというので、会ってみることになった。当時、酒田にある青鳥学園（収容施設）が山形の施設に統合されることになって山形の聾学校に転入してきた生徒であった。一六歳で本来であれば聾学校高等部に相当していたが、見えないせいもあって読話（唇）はまったくできず、手話もほとんど通じないので、中学部二年に編入されていた。それでも正規の授業には参加できず、K君の日課は、小学校以来とられてきたクレヨンによって絵日記を描くことであった。気がむけば、教室を抜け出し、校内にあるものを不自由な目でみてくる。気がすむまで観察しているのであるから、学校もそれを許容していた（決して危険なことはなく、校外に出たりすることもなかった）。絵を描くことはうまい。直接物をみて写生したり、模写したりするのではなく、あるものを終日丹念にみて、そのあと画面にむかって再生するというのが特徴的であった。

聴力は測定不能だったが、関係者によると、左右とも一一〇から一一五デシベルぐらい（まったく聞こえない）の推定であった。さらに、日常、落とした物をみつけられない、玄関に飾ってある花瓶に衝突してこわす、落としたクレヨンを探し出せない、ものにつまずいたりする、という状況であった。視力も測定不能、医師の診断によると、網膜色素変性症ということであった。共同性外斜視の診断名もついた。

生育と経過

出産時における障害はとくになし。五人兄弟の次男として生まれる。聞こえず、発育状況はおくれ、歩行困難で、ひとりで食事、用便ができなかった。五歳で青鳥学園に入所。食事、排泄、洗面、脱着衣の指導が重点的におこなわれ、数年後その効果があらわれる。小学入学後、言語力をつける指導がおこなわれるが、効果があがらず、絵によってK君の生活環境を描写させることに移行された。K君は、毎日のできごとや、みたものの印象を絵にあらわして満足するようになった。

視力および知能の検査

ひとつの絵カードを示して、それが四つの絵カードのどれと同じかをあてる自前の装置を、共同で製作した（写真1）。その絵あわせ遊びから、ランドルト氏環(注)に置き代えて、およその視力を測ってみると、右〇・一、左〇・四ぐらいであった。ただ、医師の診断によれば、網膜色素変性症によって視野がかなり狭くなっていた。絵あわせなどによって、ことばによらない知能検査の一部をおこなうと、ＩＱも七〇から八〇ぐらいであった。

絵の分析と文字

絵は、その一年ぐらいで約二五〇点におよぶ。それを分析すると、ビルや家屋などの建物、車と道路、バスや汽車などの乗り物、街の景色や情景、工事や作業の様子など、興味の範囲は広い。台風などの天候、簡単な地図みたいなものとか、汽車の時間表に関するものなどもみられる。そこで、その絵に、ことば（表意文字の漢字）を書いてやり、絵と漢字をむすびつける指導をする。最初は、描いた絵にその漢字を書いてやっていたが、次第に、題を漢字で書いてやると、題に沿った絵も描くようになった。このような経過から、次の段階では、漢字とひらがなをむすびつけることに移行する。それから、ひらがなと指文字をむすびつけるプロセスをとった。指文字は、はじめ、ヘレン・ケラーや梅津八三らによって実施された触る指文字にしようとしたが、手で触ろうとはせず、どうしても目を近づけて指文字をみようとした。どんなにみることが不自由でも、視覚の方が優位になっているのだと思った。そこで、2章52頁図2―6のような、弱視者にみえる一種の指文字を考えだした。指の数が分かるのは、指数弁といって、みえる場合のもっとも最小の視力単位である。その、指の数だけによる構成で作った指文字であった。もし、将来、まったくみえなくなったら、この弱視者用の指文字から、ヘレン・ケラーや梅津八三らの使用した触る指文字に移行しようと思っていた。

中学部から高等部に進み、相変わらず絵を描きながら随時、漢字、漢字からひらがな、それから、ひらがなから指文字をおしえ、交信をするようにした（写真2、3参照）。指導者は中学部からの担当だった能登健教諭であった。

成人施設への入所

指文字は完全にマスターしないままに、年限が過ぎ、成人施設に移らなければならなかった。絵のことや指文字のことなど能登健教諭が主として引き継ぎをおこなったが、施設の人が指文字などをおぼえるのはたいへんなことであった。能登教諭が、ときおり、訪ねるが、視力がおちて、次第に絵も描かなくなり、指文字も次第に忘れていった。棚橋校長は退職後亡くなり、能登健教諭も退職まもなく後を追うようにこの世を去っていった。筆者もまた、公務をひかえ山形へ通えるような状態ではなくなった。学校の場での指導や方針は、次の段階で、必ずしも継続されるとは限らない。次の場では次の役割があるのは当然である。学校にいる間に、指文字、それから触る指文字まで完全にマスターさせなければならなかったことを、グループは反省した。学校と施設、それから社会とは、同一人物が接するわけではないので、われわれグループの時代に、基礎的なコミュニケーションを身につけてやらなければならなかったのであった。その後の、K君をみてやれないのは、気がかりであったが、その後の人たちが、親身になってお世話されていることだろう。

当時は、考えもつかなかったほど、今日、医学が進歩している。人工中耳などがそれで、K君に適応するものなのかどうかは分からないが、そんなものが得られたならば、ことばや会話にも役立ったかもしれない。また、人工網膜のようなものは、まだ、開発されていないが、そんなものができて、少しでもみえるようになっていれば、K君のような人にも、コミュニケーションを容易にしていたであろうと思い、科学の進歩に期待がよせられる。

K君の絵も、展示してあげたいと思うときもあったが、藁（わら）半紙で色あせて、紙もボロボロになっている。元気であれば、K君も五〇代半ばになっているはずである。

（注）視力測定に使われる万国共通の指標。丸い形で切れ目がある。切れ目の方向を識別させて視力を測る。

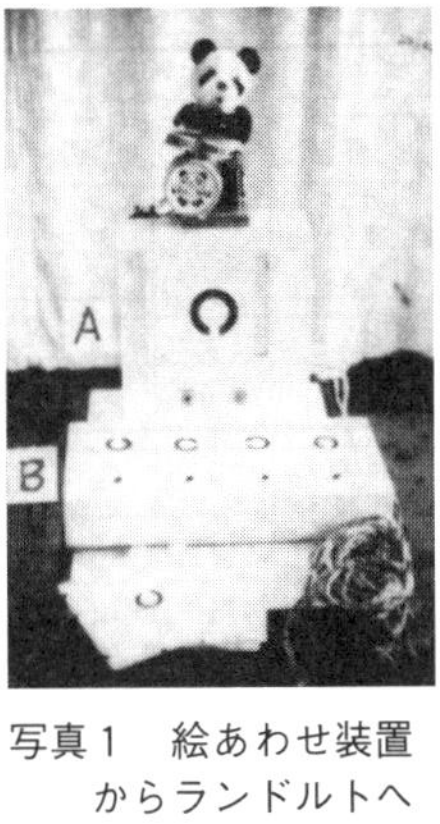

写真１　絵あわせ装置からランドルトへ

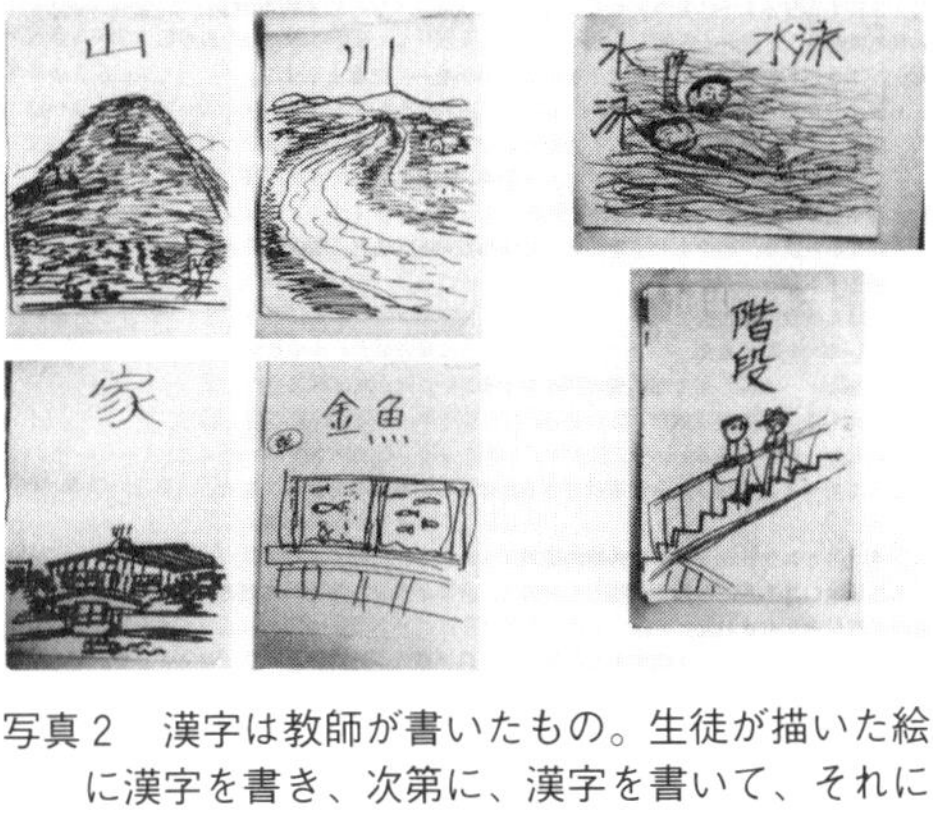

写真２　漢字は教師が書いたもの。生徒が描いた絵に漢字を書き、次第に、漢字を書いて、それについて絵を描くようになった

写真３　漢字とひらがなを対応させる

第Ⅲ部
障害者の生涯発達

18章　幼年期の障害

1節　幼年期の障害

1　幼年期に出会う障害

障害のなかには、ダウン症などの染色体異常、フェニールケトン尿症などの代謝性疾患のように比較的早期に発見されるものと発達障害のように少し後にならないと判定されないものがある。また、発達障害のなかでも、自閉症を含む広汎性発達障害は比較的早い段階で診断がなされるが、ＡＤＨＤ（注意欠陥多動性障害）はそれよりも遅れることが多い。これは、主として、広汎性発達障害児の行動がいわゆる健常児との質的な違いにあるのに対して、ＡＤＨＤ児の場合は、動きの多さや気の散りやすさといった量的な違いとしてとらえられるためだと考えられる。さらに、ＬＤ（学習障害）については、就学前に診断がなされている例は必ずしも多くない。これは個々の学習領域における困難さによって判定されるためであるが、ＬＤ児のなかには学習面だけでなく、対人関係の面でも困難さを抱える場合がある。

幼年期では、障害の確定診断が難しい場合もある。したがって、一人の子どもがある専門機関では広汎性発達障害、ある病院ではＡＤＨＤ、別の病院では「問題なし」と判断される場合がある。ＤＳＭ－Ⅳや１ＣＤ－10による判定基準では、広汎性発達障害とＡＤＨＤの両方の症状が混在する場合、広汎性発達障害の診断を優先し、両者の重複診断は認めないこと

ＤＳＭ－Ⅳ（Diagnostic and Statistical Manual of mental disorders）アメリカ精神医学会の診断マニュアルの第4版。

ＩＣＤ－10（International Classification of Diseases）世界保健機関（WHO）の診断基準。

になっていることもこのような状況と関連していると考えられる。

2　状態像の変化と障害の併存症

同じ子どもであっても成長するにしたがって、診断名が変わることがある。たとえば、広汎性発達障害においても、幼いときにはいわゆる典型的なカナー型の自閉性障害であったものが、成長するにしたがってアスペルガー障害の特徴をもつようになる場合がある。また、幼児期にADHDと診断された子どものなかには、学童期になり、反抗挑戦性障害や行為障害と判定される場合がある。これに関連して、ウィングは、知的な程度や特徴で自閉症を分けるのではなく、自閉症の特徴をしっかりと認識し、支援していくためには**自閉症スペクトラム**という概念が有効であることを主張している。

このような状態像、診断名の変化と関連して、**障害の併存症**の問題がある。一般に、併存症とは、ある疾患とは独立しているが、その障害があることによって出現しやすい症状を指す場合に用いられる。具体的には、LDの二〇～四〇パーセントがADHDを併せもつといわれる。また、一人の子どもが広汎性発達障害とADHDの行動特徴を併せもつことも珍しくない。さらに、**トゥレット症候群**については、ADHDとの併存症の他に、強迫的行動、強迫性障害、自傷行為などの併存が指摘されている。このうち強迫的行動（たとえば、汚いという考えが浮かぶと、不必要に過剰に洗わないと気がすまない）については、トゥレット症候群の患者の一一～八〇パーセントに併存することが知られている。

カナー型の自閉性障害　広汎性発達障害のうち主として「自閉性障害」として分類されるもの。①対人的相互作用、②意志伝達、③興味の限定によって特徴づけられる。

アスペルガー障害　広汎性発達障害のうち認知の発達、言語の発達には遅れがないタイプ。

反抗挑戦性障害（Oppositional Defiant Disorder）　かんしゃくをおこしたり、大人からの要求に対して反抗したり、拒否するような行動特徴をもつ。

行為障害（Conduct Disorder）　人や動物に対する攻撃性、所有物の破壊、嘘をつくことや窃盗、重大な規則違反などの行動に特徴づけられる。

自閉症スペクトラム　スペクトラムとは連続体という意味であり、典型的な自閉

2節　「気になる」子ども

1　「気になる」子どもの行動特徴

近年、知的には顕著な遅れがないにもかかわらず、「他児とのトラブルが多い」「自分の感情をコントロールできない」「多動である」「新しい状況になかなかなじめない」などの特徴をもつ、いわゆる「気になる」子どもの保育や教育をどのように進めていったらよいかが大きな問題となってきている。このような子どもの示す特徴は、一見すると広汎性発達障害やＡＤＨＤの子どもの行動特徴と類似している。しかし、すべての子どもが発達障害というわけではない。図18―1に示すように、**虐待**など不適切な養育環境に置かれていることが原因である可能性もある。また、子どもの気質や性格の範囲として理解した方がよい場合もあるだろう。

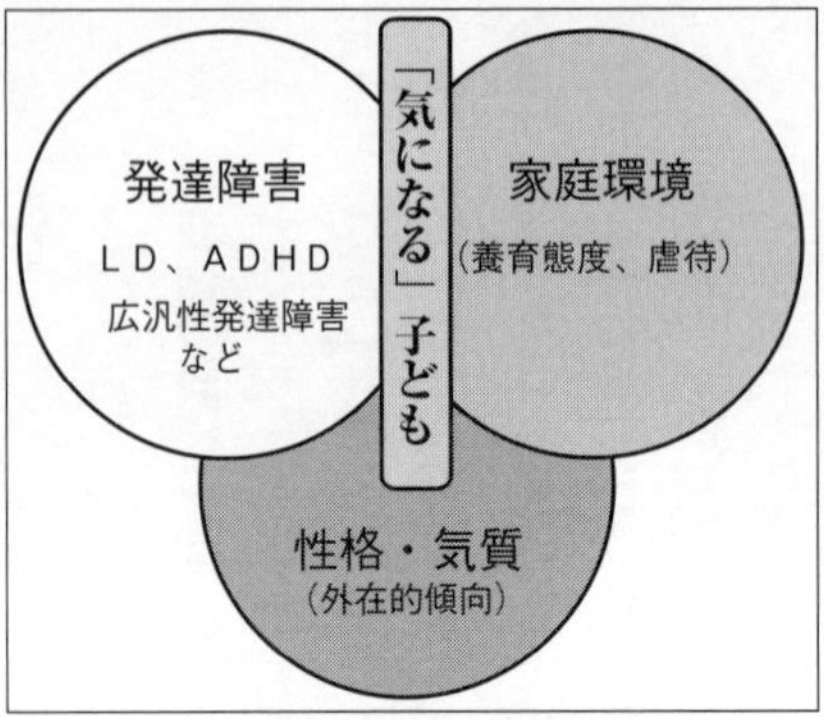

図18―1　気になる子どもの位置づけ

保育所における「気になる」子どもに関する調査によると、「気になる」子どもの行動特徴は、①対人的トラブルが多い、②落ち着きがない、③新しい場面に対する順応性が低い、④ルール違反が多い、⑤衝動性が高い、といった五つにまとめられる。これらの行動特徴は、子どもの年齢によっても変化する。すなわち、「対人的トラブル」は年齢が上がるにしたがって増加する。一方、「落ち着きのなさ」

症からアスペルガー障害、重度の知的障害をともなう例から知的な遅れがない例まで、連続した一続きのものとみなす考え方である。

トゥレット症候群　多彩な運動チックとひとつ以上の音声チックが一年以上続くものであり、発症は一八歳未満である。

「気になる」子　知的には顕著な遅れがないにもかかわらず、行動や感情のコントロールが難しく、他児とのトラブルが多い子ども。状況が変わるとうまくできることもある。

虐待　自分の保護下にある者に対して、長期間にわたって暴力をふるったり、世話をしない状態のこと。その種類によって①身体的虐待、②性的虐待、③ネグレクト、④心理的虐待に分けられる。

や「順応性の低さ」は比較的年齢が低いときから顕著にみられる。また、「ルール違反」は五歳児クラスの後半に多く観察される。

2 「気になる」子どもの行動の背景と原因

「気になる」子どもの行動特徴は、「気になる」子ども自身の特徴によるものだけでなく、その背景には周りの子どもとの関係や導入される保育の内容の変化などがある。たとえば、「対人的トラブル」が年齢とともに増加するのは、周りの子どもが「気になる」子どものルール違反を許さなくなるといったように、他の子どもたちの発達が関係している。また、「ルール違反」が五歳児クラスの後半に多くなるのは、小学校への接続などを考え、保育者がルール遊びを多く導入するようになることと関連していると考えられる。

一方、「落ち着きのなさ」「順応性の低さ」などは、幼いときから顕著であり、主として、子ども自身の特徴に関連していると考えられる。しかし、「落ち着きのなさ」に限ってみても、その原因は①認知の遅れ・偏り、②行動コントロールの弱さ、③注目欲求、④物や事態の欲求、⑤自己防衛などさまざまであることがわかる。

①の認知の遅れ・偏りについては、とりわけ記憶範囲の狭さが原因となることがある。たとえば、「椅子を片づけて、手を洗ってから、ホールに行ってください」という保育者の指示に対して、すぐにホールに駆け出す子どもは「衝動性が高い、多動である」と認識されるかもしれない。しかし、実際には、保育者の指示には「椅子を片づける」「手を洗う」「ホールに行く」という三つの事項が含まれている。それを一度に全部覚えられないため、最後の「ホールに行く」という部分に反応して、すぐに部屋を飛び出してしまう子どももいる。ま

行動コントロールの弱さ　いわゆる自己コントロールの弱さを指し、衝動性などをうまく制御できない状態と関係している。

注目要求　わざと逸脱行動をして保育者や他児の注目を浴びたいという欲求。

物や事態の欲求　「物を独り占めしたい」「一番になりたい」といった欲求。

記憶範囲　視覚的・聴覚的に一回だけ呈示した直後に、再生を求め、何項目までの再生が可能かの範囲を指す。直接記憶範囲ともいう。

た、⑤の自己防衛は、子どもの年齢が増加するにしたがって多くなる。たとえば、自分が傷つきたくないため、自分の不得意な活動には参加しない、自分の不利な状況になるとそわそわしてその場から逃げ出す、あるいはいきなり攻撃的な行動を示すなどがこれに当たる。

3 「気になる」子どもの保育支援

「気になる」子どもの行動の原因や背景は、さまざまである。したがって、保育の場における「気になる」子どもへの支援においては、さまざまな角度からのアプローチが必要となる。この点について、筆者は、五つの柱からなる支援計画を立て、それぞれの柱に対応したチェックリストを用いながら、保育支援を行っている。ここで五つの柱とは、①「気になる」子どもへの支援、②クラス集団への支援、③保育環境の調整、④保育体制の整備、⑤保護者支援である。

このうち、②のクラス集団への支援は、子どもの年齢が高くなるにつれて、いっそう重要性が増してくる。とりわけ、衝動性が高く、他児への攻撃行動などが多い子どもの場合には重要となる。そのような子どもの場合、他児との関係が否定的になり、クラス集団で孤立してしまうことが多い。したがって、「気になる」子どもへの働きかけによって、「気になる」子どもの行動が改善したとしても、なかなかクラス集団には受け入れられないという事態に陥ってしまう。そうすると、「気になる」子どもの状態もいっそう不安定になり、他児との関係もさらに悪化してしまうこともある。

3節　幼年期における発達アセスメント

1　発達アセスメント

障害をもつ子どもや「気になる」子どもの状態を正確にとらえるためには、**発達アセスメント**がなされなければならない。この発達アセスメントには、大きく「理解するためのアセスメント」と「支援するためのアセスメント」の二つの側面がある。また、発達アセスメントの手段としては、①保護者からの聞き取り、②行動観察、③心理検査（知能検査・発達検査）などがある。

このうち、保護者からの聞き取りについては、①現在の子どもの状態だけでなく、②子どもを取り巻く人的・物的環境、③過去からの発達の経過についてとらえておくことが重要となる。その際、保護者の記憶が必ずしも正確であるとは限らないため、母子手帳などの記録を参考にしながら、聞き取りを行う。

行動観察については、日常的な場面での観察によって子どもの発達的特徴をとらえるのが基本となる。しかし、観察の時間が限られていたり、日によって子どもの状態が大きく変化するなどのため、子どもの状態をうまくとらえられない場合がある。そのような場合は、遊具や活動内容をあらかじめ決めた設定場面における行動観察を実施することによって、子どもの抱えている問題を発見することが試みられる。

発達アセスメント　「人を理解し、人の行動や発達を予測し、その発達を支援する方法を決定するために行われる測定・評価」と定義される。

2　知能検査と発達検査――直接検査

一般的に、知的な側面を測るのが知能検査、知的側面に加えて運動など他の発達的側面も測定するのが発達検査とされる。また、知能検査、発達検査のうち、子どもに直接実施するものを直接検査と呼ぶ。幼年期で用いられる代表的な知能検査・発達検査は以下の通りである。

(1)日本版WISC―Ⅲ知能検査法（五歳〇カ月～一六歳一一カ月）

一三の下位検査（「絵画完成」「知識」「積木模様」「組合せ」など）を用いて、種々の知的機能を多面的に把握しようとする。下位検査から三種類のIQ（言語性IQ、動作性IQ、全検査IQ）と認知特性としてまとまりをもった群指数（言語理解、知覚統合、注意記憶、処理速度）を求めることにより、個人内差を分析することができる。

(2)K―ABC心理・教育アセスメントバッテリー（二歳六カ月～一二歳一一カ月）

一四の下位検査からなる（「魔法の窓」「手の動作」「なぞなぞ」など）。各下位検査より、継次処理尺度、同時処理尺度、認知処理過程尺度、習得度尺度、非言語性尺度の標準得点、パーセンタイル順位が算出される。これをもとに、得意・不得意を分析することができる。

(3)田中ビネー知能検査V（二歳～成人）

WISC―Ⅲとは異なり、一四歳未満までは多様な問題から一般知能を包括的にまとめて測定しようとする。一四歳以上の者には精神年齢を算出せず、偏差知能指数（DIQ）を求める。また、一歳級の課題では発達が捉えきれない子どものために、「発達チェック」が作成されている。

(4)新版K式発達検査二〇〇一（〇カ月～成人）

IQ（Intelligence Quotient）知能指数。一般に、精神年齢（MA）を暦年齢（CA）で割って一〇〇をかけた値で示される。

偏差知能指数（Deviation Intelligence Quotient）同年齢集団内で相対的にどの位置に知能があるかを示したもの。

姿勢・運動、認知・適応、言語・社会の三領域、全三一八項目から構成される発達検査。年齢に沿って第一葉～第六葉までに分かれており、その項目における全体の通過率が五〇パーセントである通過年齢ごとに、課題が示されている。

3　間接検査

間接検査のなかには作成された年代が比較的古いため、「ブランコに立ちのりできる」「ジャングルジムで追いかけっこをする」など現在の保育所・幼稚園の生活には合わない項目も含まれている。したがって、発達指数を算出するというよりも個々の項目の通過／不通過などから子どもの発達的特徴をとらえるために利用される。代表的な間接検査としては、以下のものがあげられる。

⑴乳幼児精神発達診断法（津守式）（〇～七歳）

質問紙は①一～一二カ月、②一～三歳、③三～七歳に分かれており、「運動」「探索」「社会」「食事・生活習慣」「理解・言語」等の領域ごとに質問が設けられている。

⑵遠城寺式乳幼児分析的発達検査（〇歳～四歳七カ月）

運動（移動運動・手の運動）、社会性（基本的習慣・対人関係）、言語（発語・言語理解）の三領域六分野から構成されている。子どもに直接尋ねるような項目も含まれている。

⑶ＫＩＤＳ乳幼児発達スケール（〇歳一カ月～六歳一一カ月）

「運動」「操作」「言語（理解）」「言語（表出）」「概念」「社会性（対子ども）」「社会性（対成人）」「しつけ」「食事」といった項目から構成される。質問紙はタイプＡ～タイプＴまで、四つに分かれている。

4節　小学校への接続

1　移行支援

障害をもつ子どもにせよ、「気になる」子どもにせよ、小学校への接続は重要な課題である。保育所、幼稚園などから小学校に子どもの発達についての適切な情報が伝えられることにより、子どもが小学校に入学した際に適応がしやすい。

このような移行支援に当たっては、原則として、保護者の同意を得たうえで、保育所・幼稚園などから小学校に情報を伝達することが必要である。「保護者になかなか同意が得られそうもない」「保護者にどう説明したらよいかわからない」などの理由から、保護者の了解を得ないまま情報伝達をすると後でトラブルになる場合がある。また、次に述べる保護者支援という観点からも、保護者との話し合いを通じて、小学校への情報伝達についての同意を得るとともに、可能であれば小学校に送る文書を一緒に作成するといった協力関係が作られるとよい。

小学校に伝達する情報としては、①子どもの障害の特徴と医学的な面での注意点（その必要がない場合は省略してもよい）、②子どもの不得意なところなどが基本的情報となる。それに加えて③保育所・幼稚園、家庭においてこれまで工夫した点、④そのような工夫によって子どもがどのように変化したか、といった情報があると小学校側での配慮に役立つ。

2　保護者支援と連携

生涯発達のおのおのの時期に保護者が抱える問題の性質は違う。しかし、とりわけ就学に当たっては、子どもをどの小学校に入れるかについて保護者は悩むことが多い。たとえば、小学校の通常学級に入れるか、特別支援学級に入れるか、通級制度を利用するのか、あるいは特別支援学校に入学させるかなどの選択を迫られる。また、上にきょうだいがいる場合には、上の子どもと同じ学校に通わせた方がよいのか、上の子どもの負担などを考え別の学校に通わせるべきかなどさらに悩みが増える。

このような場合、事前に地域の学校を見学するなど、それぞれの学級や学校の特徴を保護者が十分に知ることが重要となる。また、保育所・幼稚園、小学校、教育委員会、児童相談所などの専門機関は、子どもの発達についての見通しとともに小学校入学以降に利用できる制度などについて情報提供を行う必要がある。

通級　小学校・中学校の通常の学級に在籍しながら、障害をもった子どもが特別な場で特別な教育課程によって指導を受ける制度を指す。

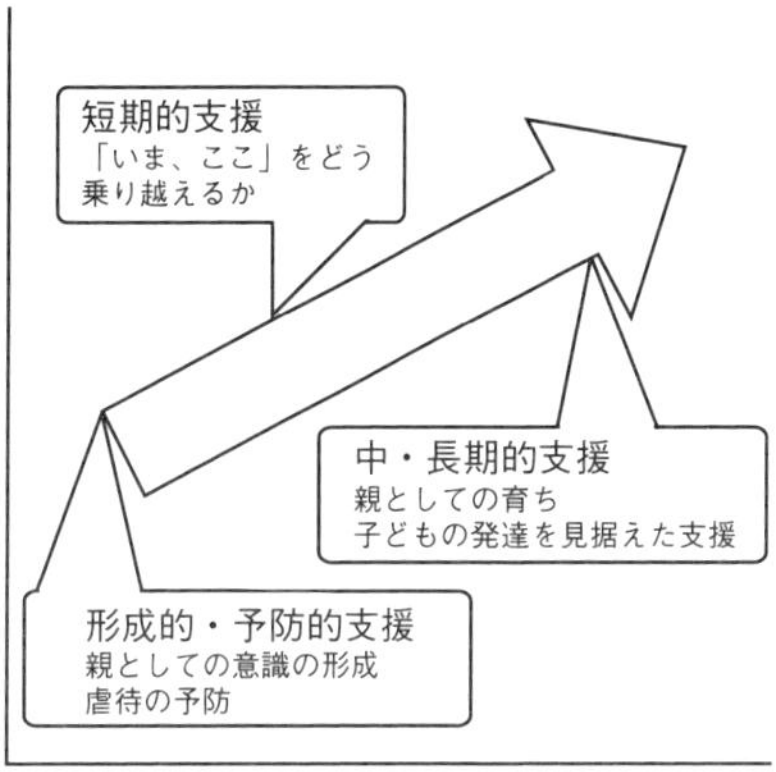

図18－2　保護者支援の時間軸

このように、保護者支援には、図18－2に示すように、今、ここをどう乗り越えるかといった「短期的支援」だけでなく、子どもの発達を見据え、親としての育ちを支える「長期的支援」、さらには「親としての意識の形成」「虐待の予防」などの「形成的・予防的支援」といったように時間軸に沿ってそれぞれ求められる支援がある。

◆ケースシリーズ7◆

学習空白の大きいぜんそく児の指導

A君との出会い

二〇〇四年一一月、小学三年生のA君がぜんそくでB病院に入院した。その日のうちに病弱養護学校への転学手続きがとられ、在籍のない学年だったために、急遽、学部主事を仮の担任として学級を開設した。

A君は、それまで在籍していた小学校では、たびたびのぜんそく発作やそのための欠席、入退院もあり、ほとんど学校へは登校していないという現状であった。学校案内や説明、担任との面談ではつねに母親の陰に隠れるように、こちらの問いかけに頷《うなず》いていた。素直な反面、自信のなさが特徴的な姿だった。医師からの診断書をみると「小児気管支喘息《ぜんそく》及びアトピー性皮膚炎」、備考には「不登校傾向あり」とのことであった。

転入前の状況と経過

男子。二歳の誕生日を過ぎたころから、風邪が長引き、近くの町医者でぜんそくではないかといわれた。その後もたびたび、ぜんそく発作を起こし、そのつど、病院に駆け込んでいたという。以後、C養護学校に転学するまでに発作等による入退院はおよそ四〇回にも及んでいる。体調不良や入院等により欠席が多く、登校を渋ることが日常的になっていた。学校を休んだ日には、家でテレビゲームなどをして過ごしていたという。家族に喫煙者がいて、A君の前でも何はばからず煙をくゆらせていた。

ぜんそく発作を起こすたびに近くの病院に一〇日前後の入院を繰り返し、一学期間の欠席日数が四〇日を上回り、国語や算数など繰り返しによる学習を求められる教科にも、大きな学習空白が生じていた。しかも、運動をすることによって発作が誘発されるいう思いなどもあったためか、運動経験も少なく、体は硬く動きもぎこちないものであった。

自立活動でのとり組み

C養護学校での学習は、該当学年の学級（在籍二人）のなかで個別の指導計画にもとづいてきめ細かにとり組まれた。A君の場合は、「学習空白の補充」に大きなウエイトを置くとともに、自立活動として「本人の病気の状態の理解」、そしてぜんそく発作への対処方法、「集団活動と体力づくり」等々が重点課題となった。

学習空白への対応としては、下学年の教科書から、それぞれの基本的な単元を精選し、漢字の習得やかけ算九九を十分に時間をとってとり組むこととした。自信がなく、人前で話すことが苦手なA君は、学級での国語の音読や朝の会の司会など意図的にとり組ませることで、徐々に必要な声量で発言ができるようになってきた。

自立活動の「時間の指導」では、自分がどんなときに発作になるのか、前兆はどんなものか、そして腹式呼吸をするとどんな効果があり、どうすればひどい発作に至らずに治められるのかなど自分自身の病状の理解とその対処方法について、週一～二時間学習し、あわせて毎日の放課後に、縄跳びや体操にとり組んだ。

四年生からは放課後、職員室に「バドミントンしませんか」「今日はバレーボールしませんか」と毎日誘いに来るようになり、少人数学級ではなかなかとり組めないチームによるゲームに毎日積極的に参加した。この活動は、教師が学習のなかで意図的に行ったボールゲームを全教職員の協力の下で日常的なクラブ活動のように発展したものである。

このようなとり組みのなかで、発作の予防や適切な汗の始末の仕方、そして集団で活動するときの基本的なルールなど多くのことを学習することができた。

アンバランスな心理特性

A君はC養護学校で三年目を迎えた。心理特性を知るために心理検査（ＷＩＳＣ―Ⅲ）を実施した。その結果として、動作性と言語性に有意な差は認められないものの、下位項目間に大きなアンバランスが認められた。現在、多くの小・中学校でその対応に苦慮している学習障害（ＬＤ）とも思われるものであった。幸い、病弱養護学校では、すでに個別の指導計画にもとづいた指導が行われ、つねに全教職員による支援体制の下で指導が日常的に行われていた。

A君は三年間で学習空白もほぼなくなり、登校を渋ることもなく、また大きなぜんそく発作を起こすこともほとんどなくなっていた。

前籍校復帰のための交流学習

C養護学校での生活が順調に続き、ほとんどぜんそく発作もみられなくなったA君はしきりと「家に帰りたい」と担任に訴えるようになった。主治医と相談のうえ、週末を利用して外泊し、月曜日には居住地の学校に体験登校することを計画し、相手校との準備が進められた。

ところが、外泊するとぜんそく発作を起こし、家庭に泊まることなく病院に戻ることが何度か続き、退院は延期となってしまった。前籍校復帰への期待と不安が強いプレッシャーになってしまっていること、家族の喫煙が依然として続けられていることなどが原因のひとつとして考えられた。そこで、小学校卒業を契機として退院し中学校に入学することを目指し、さらにその間に家庭での環境調整を図り分煙等にもとり組んでもらい、本人にも納得のうえで養護学校での指導を続けた。

その後、数回の体験登校を重ね、A君は小学部卒業とともに退院し、地元の中学校に入学した。

現在では、医学の進歩とともに入院治療の短期化、頻回化が進み、大きな学習空白や友だちとの隔離が少なくなってきている。ぜんそくの治療もホルモン剤の投与等によって、長期入院のケースも激減していると聞いている。A君にとって、辛く厳しい四年間だったに違いない。しかし、この間に培われた自信と耐え抜く力は今も彼のなかで推進力となっている。

（4章参照）

19章 特別支援教育

特別支援教育の主たる役割は、障害のある児童生徒が将来、地域社会のなかで自立的に生活し社会参加が可能になるよう、そのもてる力を最大限に発揮させ、生活や学習上の困難を改善・克服するため適切な指導や必要な支援を行うことである。

平成一九年四月から学校教育法において、従来の「特殊教育」が「特別支援教育」に名称変更になり、名称だけでなくその教育対象も大幅に拡大することになった。平成一八年度までは、通常の学級の指導だけではその能力を十分に伸ばすことが困難な障害のある児童生徒に、特別支援学校（平成一八年度まで盲・聾・養護学校）や小・中学校の特別支援学級（同じく特殊学級）、あるいは通級指導教室において教育が行われていた。しかし、「特別支援教育」においては、従来の特殊教育の対象に加え、通常の学級に在籍する発達障害（学習障害、注意欠陥多動性障害、高機能自閉症等）のある児童生徒もその教育の対象となった（図19―1参照）。義務教育段階（小・中学校）の児童生徒の八・一六パーセントが特別支援教育の対象となった。以下、障害によってどのような場でどのような教育が行われているかを概観する。

1節　特別支援学校での教育

視覚障害、聴覚障害、知的障害、肢体不自由および病弱・身体虚弱があり、「学校教育法

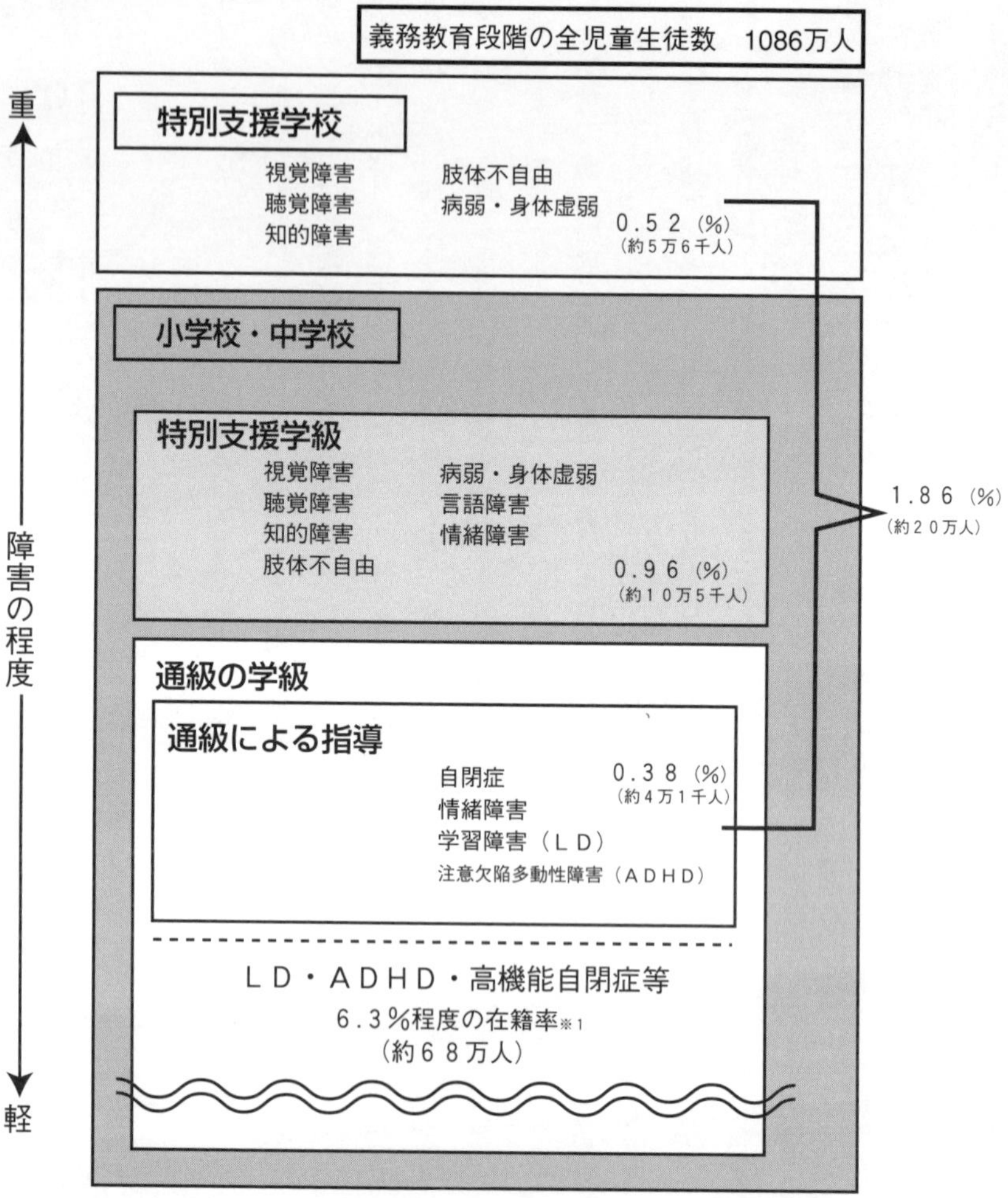

図19－1　特別支援教育の対象の概念図（義務教育段階）

※1　この数値は、平成14年に文部科学省が行った調査において、学級担任を含む複数の教員により判断された回答にもとづくものであり、医師の診断によるものでない（※1を除く数値は平成18年5月1日現在）。（文部科学省ホームページより）

施行令第二二条の三」に示されている程度の障害がある児童生徒は特別支援学校において指導される。従来は、児童生徒の障害の種類に対応して特別支援学校の種類が定められていたが、「特別支援教育」になってからは、異なった種類の障害の児童生徒を受け入れる特別支援学校が増大している。それは、障害の重い児童生徒には複数の障害をあわせもつ児童生徒が一定数おり、また、自宅から通学することを望む児童生徒数が増えたためである。文部科学省の研究調査班から提出された報告書『今後の特別支援教育の在り方について』には、「今後は、障害種ごとの学校制度から、地域において障害のある子どもたちの教育をより適切かつ柔軟に行えるように学校を設置できるような制度について積極的に検討していく必要がある」と示されており、その主旨にそった対応といえる。

視覚障害のある小・中学部の児童生徒には、通常の小・中学校と同じ教科等を使用し視覚障害に配慮しながら指導を行っている。視覚障害の程度の重い児童生徒には触察し対象の形や大きさなどを理解したり、聴覚刺激やにおいなどを手がかりとして周りの様子を予測したり認知する指導や点字の読み書きなどの指導が行われる。また、**自立活動**においては、白杖を使っての歩行や、パソコンなどを使用してのさまざまな情報収集の指導も行われる。弱視の児童生徒の指導には、見えの状態に合わせた教材（拡大教科書、白黒反転教材など）が用意される。また、残存視力を最大限活用できるように、弱視レンズの使用やその他の器具を使用して、視覚認知を確実に行える指導も行われる。

高等部の生徒には、普通科の教育のほか、あん摩マッサージ指圧師、はり師、きゅう師、理学療法士などの国家資格の取得を目指した職業教育も行っている。

聴覚障害のある児童生徒には可能なだけ早期から適切な指導を行うことが重要であり、幼

視覚障害者　両眼の視力がおおむね〇・三未満のもの又は視力以外の視機能障害が高度のもののうち、拡大鏡等の使用によっても通常の文字、図形等の視覚による認識が不可能又は著しく困難な程度のもの（特別支援学校に就学が適当と判断される者。「学校教育法施行令第二二条の三」による、以下同じ）。

自立活動　個々の児童生徒が自立を目指し、障害にもとづく種々の困難を主体的に改善・克服するために必要な知識、技能、態度および習慣を養い、心身の調和的発達の基盤を培う指導。

聴覚障害者　両耳の聴力レベルがおおむね六〇デシベル以上のもののうち、補聴器等の使用によっても通常の話声を解することが不可能または著しく困難な程度のもの。

稚部において、補聴器等の活用によりコミュニケーション活動を活発にする指導、および話しことばの習得を促す指導などが行われる。小・中学部の児童生徒には、小・中学校に準じた教科指導等を行い、聴覚障害に配慮しながら、基礎学力の向上を重視した指導が行われる。さらに、書きことばの習得や抽象的な言語の理解力を高める指導が行われる。また、指文字や手話等を活用し、発達段階等に応じてコミュニケーション能力を高める指導が行われる。

高等部には、普通科のほかに工芸や機械、印刷、被服、情報等の多様な職業学科が設置され、生徒の適性や希望等に応じて高等教育機関への進学を目指した指導や、理容師、歯科技工士、調理師等の資格を取得して職業自立を目指した職業教育が行われている。

知的障害のある児童生徒には、将来の地域での自立的な生活を実現させるために、特別な教育課程を編成し指導が行われている。そこでは、個々の児童生徒の発達レベルを十分に把握したうえで、生活に役立つ内容を実際の体験を重視しながら、個に応じた指導や少人数の集団による指導を進めている。たとえば、小学部の児童には、集団生活や対人関係の基礎を形成する「遊びの指導」、基本的な生活習慣などを形成する「日常生活の指導」、および児童生徒の興味関心のあることを中心にすえ、生活する力を総合的に高めることを目的とした「生活単元学習」が行われている。

中学部および高等部の生徒には、それらをいっそう発展させ、家庭生活、職業生活、社会生活に必要な知識、技能、態度などの指導を中心として指導が展開されている。とくに、「作業学習」という指導形態によって、職業生活の基礎的な事柄が指導される。たとえば、木工、農園芸、食品加工、ビルクリーニングなどの作業を実施し、職業教育の充実を図っている。

知的障害者　①知的発達の遅滞があり、他人との意思疎通が困難で日常生活を営むのに頻繁に援助を必要とする程度のもの、②知的発達の遅滞の程度が前号に掲げる程度に達しないもののうち、社会生活への適応が著しく困難なもの。

肢体不自由のある児童生徒には、障害の状態や発達レベルを十分に把握したうえで、小・中・高等学校に準じた教育を行うとともに、自立活動に重点を置いた指導を行っている。肢体不自由に知的障害をともなう児童生徒には、知的障害特別支援学校で行われている特別な教育課程による指導が展開される。自立活動の指導では、身体の動きの改善を図ることやコミュニケーションの力を育てる指導などが行われる。高等部の生徒には、進路指導を重視しており、企業や社会福祉施設と連携し、卒業後の生活を具体的に体験できる実習を行っている。

また、病院が併設されている特別支援学校では、医療との連携を密にした教育を進めている。病院で機能訓練が必要な児童生徒や、痰《たん》の吸引などの医療的ケアが必要な児童生徒は、病院での医療を受けつつ、特別支援学校で継続的な指導が行われる。

病弱・身体虚弱のある児童生徒には、必要な医療的配慮を行いながら教育が行われる。入院したり、退院後もさまざまな理由により小・中学校等に通学することが難しい児童生徒は、病院併設の特別支援学校やその分校、または病院内にある学級（院内学級）において教育が受けられる。授業では、小・中学校等とほぼ同じ教科学習が行われる。自立活動の時間では、身体面の健康維持とともに、病気への不安感や自信の喪失などに対する心理面のサポートも行われる。病気により長時間の学習が困難な児童生徒には、学習時間を短縮するなどの柔軟な対応がとられ、児童生徒の健康に配慮した指導が行われる。

肢体不自由者　①肢体不自由の状態が補装具の使用によっても歩行、筆記等日常生活における基本的な動作が不可能又は困難な程度のもの、②肢体不自由の状態が前号に掲げる程度に達しないもののうち、常時の医学的観察指導を必要とする程度のもの。

病弱者　①慢性の呼吸器疾患、腎臓疾患及び神経疾患、悪性新生物その他の疾患の状態が継続して医療又は生活規制を必要とする程度のもの、②身体虚弱の状態が継続して生活規制を必要とする程度のもの。

2節　特別支援学級・通級指導教室での教育

特別支援学級は、障害の比較的軽い児童生徒を対象としており、小・中学校に障害の種別ごと（知的障害、肢体不自由、病弱・身体虚弱、弱視、難聴、言語障害、自閉症・情緒障害の学級）に設置される。これらの児童生徒は、特別支援学級のなかだけで指導を受けるのではなく、通常の学級に出かけ、定型発達の児童生徒と一緒に指導を受けている。そのような学習を交流学習とよび、教科や学校行事および給食時間などに交流学習の時間を多く配当している（たとえば、知的障害のある児童生徒では、体育、音楽、図工などの教科を交流学習の時間に配当することが多い）。障害の種類や程度によって交流学習を実施する時間数が決められる。

特別支援学級は、基本的には、小・中学校の学習指導要領にもとづいた教育が行われるが、児童生徒の障害の程度や発達レベルに応じて、特別支援学校の学習指導要領を参考として特別の教育課程による指導が行われる。

小・中学校に設置されている通級指導教室では、通常の学級に在籍する障害の軽度の児童生徒（言語障害、自閉症、情緒障害、学習障害、注意欠陥多動性障害、弱視、難聴のある児童生徒）を対象としている。児童生徒は、ほとんどの授業を通常の学級で受けながら、障害の状態等に応じて決められた曜日・時間に**通級指導教室**に通い指導をうける（その回数は、障害の程度によって個別に決められる）。この教室では、児童生徒の行動や学習上の困難に応じて、自立活動の指導や通常の学級の学習の補い的指導が行われる。特別支援学級と通級指導教室での指導は共通する内容が多いので、その概略を以下に示す。

弱視のある児童生徒には、各教科、道徳、特別活動の指導のほか、弱視レンズの活用や視覚的認知能力を高める指導なども行われている。拡大文字の教科書や教材、テレビ画面に文字などを拡大する機器など、一人ひとりの見え方に適した教材・教具や学習環境を工夫して指導が行われる。

通級指導教室　障害の状態に応じた特別の指導（自立活動の指導等）を行う。通級指導教室で行われる指導は「通級による指導」と呼ばれ、通常の学級の教育課程に加え、又はその一部に替えた特別の教育課程を編成することができる。

聴覚障害のある児童生徒には、音やことばの聞き取りや聞き分けなど、聴覚を活用することに重点を置いた指導、および抽象的なことばの理解や教科に関する指導が行われる。

肢体不自由のある児童生徒には各教科、道徳、特別活動のほか、歩行や筆記などに必要な身体の動きの指導などが行われる。実際の指導では、個々の児童生徒の障害の状態に応じて適切な教材教具を用いるとともに、コンピュータ等の情報機器などを有効に活用している。

病弱・身体虚弱のある児童生徒には、病院内や、小・中学校内に特別支援学級が設置されている。病院内の学級では、元の学校と連携を図りながら各教科等の学習が進められる。教科学習以外にも、自立活動の指導として、健康管理の指導や、病気への不安感や自信の喪失などに対する心理面のサポートも行われる。

知的障害特別支援学級では、知的障害特別支援学校の教育課程にもとづいた指導を行っている学級が多い。各教科の内容を、教科別に指導時間を設定して指導する形態や、各教科・領域の内容を総合して指導する形態（「領域・教科を合わせた指導」）によって教育が展開されている。具体的には上述した「日常生活の指導」「生活単元学習」および「作業学習」などにより、将来の生活にむけて、家庭生活、職業生活、社会生活に必要な知識、技能、態度などの習得を目指した指導が展開されている。

言語障害のある児童生徒には、教師との好ましい関係を形成し、自由で楽しい雰囲気のなかでことばの指導が行われる。個々の児童生徒のペースに合わせて正しい発音や話しことばによるコミュニケーションの指導が、個別指導および小集団指導によって行われる。習得したことを特定の場だけでなく学校生活や家庭生活のなかで活かせるよう指導が進められる。

情緒障害特別支援学級では、自閉症の児童生徒、および**選択性かん黙**など心理的要因によ

選択性かん黙　子どもがある特定の場面においてだけまったく話せなくなってしまう状態。家という場面では家族らと問題なく会話ができても、学校や幼稚園など家以外の場面ではまったく、あるいはほとんど話さないという状態を示す。

り情緒的問題を抱える児童生徒を対象としている。前者の児童生徒には、発達レベルに応じた言語の理解と使用、適切なコミュニケーションの仕方、対人関係の形成、生活に必要なルールなど、学校や地域で生活するために必要な指導が行われる。また、後者の児童生徒については、カウンセリング的手法等を用いながら、安心できる雰囲気のなかで心理的安定や集団参加に導く指導が行われる。

ＬＤやＡＤＨＤなどの発達障害のある児童生徒は、個々の生徒の学習や行動上のつまずきに応じた指導が展開される。ＬＤのある児童生徒には、「読み」「書き」「計算」「聞く」などそれぞれの児童生徒が示す学習上のつまずきに応じて、本人がもっともわかりやすい学習方法を教えたり、場合によっては、通常の学級の学習の補い的な指導が行われる。ＡＤＨＤのある児童生徒には、通常学級の担任と連絡をとりながら、本人の行動上のつまずきを把握し、それらを改善する指導が行われる。その例として、少集団のなかで順番を待ったり最後まで話を聞く指導、過剰な刺激を排除した環境で集中して課題にとり組む指導などがあげられる。また、ＬＤ、ＡＤＨＤのある児童生徒には、共通して、友達との人間関係形成の困難性（他者の表情の意味やその場の雰囲気などがわからない、友だちに対してかっとなる、などの行為）が指摘されている。その原因となる行動を少なくし、対人関係の改善を図るために、ソーシャルスキル・トレーニング（社会生活上の基本的な技能を身につける学習）やストレスマネジメント（ストレスへのよりよい対応の仕方の学習）についての指導が行われる。

今後、小・中学校の特別支援学級や通級の指導の制度を、障害のある児童生徒を通常の学級に在籍させたうえで、必要な時間のみ「特別支援教室（仮称）」の場で特別の指導を受けることを可能にすることが検討されている。

3節　通常の学級での教育

平成一九年度より、「特殊教育」から「特別支援教育」になり、通常の学級に在籍する障害のある児童生徒も特別支援教育の対象となった。障害が疑われ、特別な支援が必要と思われる児童生徒には、校内支援委員会でその児童生徒の実態を把握し、「個別の指導計画」を作成し、計画的に支援を実施することが求められる。「個別の指導計画」のなかには、通常学級のなかで、個々の児童生徒の学習や行動上のつまずきに応じて、具体的にどのような支援が必要とされるかが記述される。たとえば、「読み」につまずきを示す児童生徒には、教科書の漢字に振り仮名をふったり、あらかじめ教科書の内容を録音テープ等で聴かせ、その後に教科書の「読み」を導入する、などのさまざまな支援方法が用意される。

学級担任だけでは適切な支援が十分でない場合には、校内のさまざまな人的資源が活用される。たとえば、国語や算数の学習で顕著なつまずきを示す場合、特別支援学級の担任に協力を仰ぎ、特定の曜日・時間に特別支援学級において個別的な指導をしてもらう、少人数制指導（算数・数学や英語など）の担当教師に授業中にきめ細かい配慮をしてもらう、あるいは、特別支援教育支援員の配当をする、等々の支援の体制を構築することが求められる。

また、校内支援委員会などにおいて、対象児童生徒の適切な支援方法が見出せない場合は、教育委員会を介して専門家のチームの来校を依頼し、助言を提示してもらうことも大切である。さらに、保護者の同意を得て、相談機関、医療機関などと連携を密接にとり、支援に必要な情報等を提供してもらうことも重要なことである。

◆ケースシリーズ8◆

特別支援学校(知的障害)の職業的自立を目指した取り組み

「特殊教育」から「特別支援教育」へ

「特殊教育」から「特別支援教育」への転換のキーワードのひとつは、「ネットワーク(連携)」である。かつて、学校や保護者および関係機関が個々に行っていた支援を、さまざまな関係者が連携し、ネットワークを作って、子どもの成長に応じて一貫して行うことが大切にされることとなった。

筆者の勤めるK特別支援学校は、地域における特別支援教育のセンター的機能の充実を図ってきたが、「職業自立を推進するための実践研究事業」にとり組み、さらなる機能充実に努めている。

本稿では、事業を紹介しつつ、三つの事例を述べたい。

職業自立を推進するための実践研究事業

この事業は、平成一九年、二〇年の二年間の文部科学省委託事業である。

研究のねらいは、教育・労働・福祉等の関係機関による就労・生活支援のためのネットワークを構築すること、そのうえで、障害者啓発や職場開拓、安定した職業生活等について検討し、よりよい就労・生活支援のあり方を探ることである。さらに個別の教育支援計画の策定を通して、高等部と進路指導部が連携した進路指導を行い、キャリア教育の指導内容や方法および現場実習のあり方を探るものである。

職業自立地区連絡協議会委員の構成メンバー

・労働関係…公共職業安定所
・行政・福祉関係…市障害者生活支援センター、県児童相談所、県保健福祉事務所、市社会福祉事務所、町福祉関係課、市・町社会福祉協議会ほか
・教育関係…県教育庁特別支援教育室
・企業・団体等…商工会議所、商工会、中小企業同友会

主な事業としては、企業ネットワーク会議、施設懇談会、支援会議、指導形態・指導内容の見直し、現場実習マニュアルの作成、就労サポーター等の活用、リーフレットの作成などがあげられる。

福祉と企業の協力で就労した事例A(男子)

A君は、K特別支援学校の中学部から高等部に進学した男子生徒である。療育手帳はB(注)であり、性格が温厚で、社会性も高いが、入学当初から福祉作業所での就労を希望し、一般就労は考えていなかった。

しかし、陸上競技部に所属し、土曜日や長期休業中の練習にも励み、全国障害者スポーツ大会でメダルを獲得したA君

の力は、一般就労も可能ではないかと惜しまれた。

そこで、企業ネットワーク会議の委員である企業と、福祉施設が連携し、A君にとって最適な就労環境を模索することになった。それは福祉作業所に所属し、そこから食品製造の一般企業に実習に出るという形である。

初めて障害者を受け入れた企業主は、A君と一緒に働く従業員の理解を促すとともに、A君と一緒に社員にも社会人として成長したり、社会に貢献したりという課題を与えているのだと語る。

行政と企業が連携して実習に励んだ事例B（男子）

B君は、地域の中学校特別支援学級から特別支援学校高等部に入学してきた男子生徒である。療育手帳はBで、将来は一般就労を希望している。社会性が高く体力もあることから、適切な職場を選択することで職業自立は可能とみられていた。

ただし、保護者は知り合いを通じての就労を見込んでおり、学校側の進路指導には必ずしも期待をしていなかった。その結果、卒業学年の二学期後半に至って、あてにしていた就労先での雇用が不確実なことがわかった。

学校の進路担当は、急遽、職業自立地区連絡協議会の委員を通じて、ハローワーク、県の経済商工観光部と連携のうえ、「特別支援学校と連携した早期委託訓練」の活用を検討した。

これは、特別支援学校高等部の生徒で、卒業後の就労先が内定していない就職希望者を対象に、障害者委託訓練を活用して、職業能力開発を推進し、教育・福祉から一般就労への切れ目のない就職支援を実施する事業である。

さらに、市役所とも連携し、B君のかつての現場実習先である市委託企業での再実習が可能になったことで、将来的な就労の道がみえてきたのである。B君自身も、見通しが途絶えた将来の不安から解消され、笑顔をとり戻しつつある。

福祉と労働が連携して就労に至った事例C（女子）

Cさんは、中学校特別支援学級からの入学者である。下肢不自由もある重複障害者であるが、コンピュータの操作を得意とし、在学中も学校側で特設した情報の学習に意欲的にとり組んだ。

ところが、学校で学ぶレベルでのコンピュータ技術では一般企業では通用せず、肢体不自由の障害から通勤にも困難があったCさんは、卒業後は福祉施設に通所し、事務室のコンピュータ入力の手伝いなどをしていた。

しかし、彼女の意欲と技術を惜しんだ施設と、障害者生活支援センターそして公共職業安定所は連携し、彼女の就労の道を模索した。その後Cさんはコンピュータ専門学校で学ぶ機会を得て、さらに高度な技術を磨き専門的な資格も得た。

特別支援学校を卒業して数年後、とうとうCさんは、大手企業のHP管理の在宅業務という仕事に就いたのである。

この事例は、実践研究事業以前のとり組みであるが、この地域にあった息の長いネットワークの素地を垣間みせてくれる。

知的障害教育におけるキャリア教育のあり方に関する研究

K特別支援学校では、キャリア教育関連の研究も手掛けている。この研究は、独立行政法人国立特別支援教育総合研究所の課題別研究「知的障害者の確かな就労を実現するための指導内容・方法に関する研究」の成果にもとづく。知的障害教育において児童生徒の勤労観、職業観を育てる観点から、小、中、高等部の各教科・領域で示されている内容の系統性について、キャリア教育の視点から検討し作成された「キャリア発達段階・内容表」にもとづいた実践モデルの構築を目指すものである。特別支援学校としては全国で五校が研究協力機関として研究体制を支えている。

この研究の主眼は、ともすれば高等部の出口に近づいた段階で就労を考えがちな現体制を反省し、小学部段階からそれぞれの児童生徒にふさわしいキャリア（すべての生活で経験するさまざまな立場や役割）を形成していくために必要な意欲・態度を育てようとするものである。

現段階では、キャリア教育の観点から現行の教育課程を見直し、さらに授業の振り返りを行っているところである。いずれ、地域の小中学校の特別支援学級とも連携しながら、実践モデルをさらに実用的なものにしたい。

そのことが、特別支援教育のセンター的機能のさらなる充実や、個別の教育支援計画の策定を指向することになり、A君やB君そしてCさんに続く卒業生の進路選択をより見通しのよいものにできると確信するからである。

(注)療育手帳　知的障害者に、福祉などの援護を受けやすくするために交付される手帳。二区分になっていて、Aは重度、Bは軽度。

◆ケースシリーズ9◆

特別支援学校（視覚障害）の教育相談における事例

――盲聾重複障害を受け止めて前向きに生きる家族

事例との出会い

A君と初めて出会ったのは、二〇年近く前のことである。北国の冬が始まる頃とはいえ、柔らかな日差しの差し込む学校の廊下で、父親に抱かれていた。幼いながらもすっきりとした顔立ちは、まだ少女のような小柄で若い母親と、彫りが深く目鼻立ちのはっきりとした父親のどちらにも似ているようであった。

当時、筆者は、盲学校で週一回行われていた乳幼児教室を担当していたが、生後一年あまりの幼児を、まるで鞄でももつように横抱えに抱く父親の姿に、まだ若い両親のこれからの子育てについて、少しばかりの不安を抱いたことも正直なところであった。

生育と経過

男子。出生時体重八七〇グラム。未熟児網膜症となり、大学病院において光凝固、冷凍凝固による治療を行う。その後遠隔地の専門病院で手術を行うが、視力は光覚程度となる。

教育相談を経て、盲学校に入学。やや発達の遅れもあったために教科指導や点字指導は配慮しながら進められたが、後に、A君はもうひとつの障害を受け止めることになる。

一年生の冬、来校した国立特殊教育総合研究所（当時）の研究員に言語の未発達を指摘され、耳鼻科を受診した。結果は、高度難聴といわれる聴力レベル七〇デシベル以上であった。

事例とのかかわり

A君が就学する前から、盲学校では必要に応じて訪問教育相談を行っており、筆者は何度か自宅を訪問していた。その後、祖父母と一緒に盲学校乳幼児教室に通い始める。

発達の遅れと発語の不自然さが気になっていた筆者は、あるとき母親に耳鼻科受診の必要性を話した。しかし、「補聴器の必要はないとの診断を受けている」とのことであった。医師の診断であり、また、保護者が二つめの障害を受け止めるには時間が必要と考えた筆者は、それ以上の働きかけは控えてしまい、そのまま就学を迎えることになった。

家族の状況

両親は働いていたため、A君の養育は主に祖父母が担っていた。祖母は、家庭で近隣の幼児を預かる仕事をしていたこともあり、幼児の養育については経験豊かであったが、養育における母親の大切さを理解しており、就学を迎えるにあたって、その役割を、仕事を辞めたA君の母親に任せた。

盲学校入学後、母親は、毎日一時間近くをかけて電車で登下校時の送迎をすることになる。聞こえにハンディのあるA君は、補聴器を装用してからも会話に聞き返しが多く声も大きい。付き添う母親は、周囲の目が気になることもあったであろう。しかし、母親はつねに成長を見守りながらA君に寄り添った。

その後、保護者や教育相談関係者が中心となり、「視覚障害児（者）親の会」の県支部が創設された。このころから父親も会の活動や保護者同士の交流に積極的にかかわり始めるとともに、さらに「盲ろう者友の会」にも参加し、全国大会や講演会の開催に尽力するなど、家族全員が協力してA君の成長を支えている。

その後の姿

盲学校高等部普通科を卒業後、現在は就労継続支援B（非雇用型）[注]型事業所で箱折りの仕事をしている。元気で明るいA君は、職場の仲間にもすぐに受け入れられ、初めての盲聾者の受け入れに不安を抱いていたであろう施設関係者も、障害者への新たな認識をもつことができたのではないかと思う。

盲聾という二重のハンディのあるA君であるが、かねてからコンピュータへの関心が高く、音声読み上げソフトウェアを活用してインターネットや音楽編集等を行うことを毎日の楽しみとしている。今後も余暇のひとつとしてだけではなく、テープリライトやWeb関連の編集作業など、作業所における新たな役割としてその力を発揮できないだろうか。

視覚障害者の伝統的な職業である三療師が、実技のない学科試験となって久しい。「好きなことには集中できるA君であるから、保健理療科で技術を習得できたのではないか」「職業としてではなく、サービスとしてだけでも、その技術を役立てる場があったのではないか」と思うこともある。しかし、現在の姿が、普通の職業自立を願っていたであろう保護者の希望どおりではなかったとしても、生き生きと事業所での仕事にとり組み、前向きに歩み始めている。

本事例は、適切な時期に的確なアドバイスができなかった例である。その点では教育相談の成功例とはいえないかもしれない。とくに、聴覚障害への対応が遅れたという点でおおいに反省すべきである。しかし、家族と、学校を含めた周囲の人たちが信頼関係を保ちながら協力し合い、家族も本人も確実に成長してきた。両親は、視覚障害者の親としてだけではなく、盲聾者の親として踏み出し、歩み始めた。今後、A君も障害者と健常者をつなぐことのできる存在となって欲しいと願っている。

なお、視覚障害を含めた特別支援学校には、事例のようにいくつかの障害を併せもつ幼児、児童生徒が在籍している。その一例としてA君をとりあげてみた。

（注）就労継続支援B型（非雇用型）　一般企業等の雇用に結びつかない人に、就労の機会等を提供し、必要な訓練や支援を行う。これに対し、就労継続支援A型（雇用型）は、雇用契約を結んで継続的に就労する機会を提供する。

20章　老年期の知的問題

1節　ライフサイクルにおける老年期

1　高齢化する現代社会

高齢者とはどのような人々を指すのだろうか。世界保険機構では六五歳以上を高齢者としており、さらに六五歳から七四歳までを前期高齢者、七五歳以上を後期高齢者として区分している。しかし、一九六〇（昭和三五）年までの国勢調査では六〇歳以上を高齢者としており、その基準は明確にはなっていない。また、実際にその年齢に至った人々の心情としても、「まだまだ老いていない」「もっと仕事を続けていける」という声も多く聞かれる。

このように高齢者のとらえ方や様相は時代とともに変遷しているが、実数としての高齢者の割合は確実に増加している。厚生労働省の統計によれば、国内の六五歳以上の人口割合は右肩上がりに上昇しており、二〇〇五年では約二〇パーセントに至っている。一方、**合計特殊出生率**は減少の一途をたどっており、一九七五年以降は人口維持に必要と考えられる水準を下回り続けている。近い将来、四人に一人が高齢者の時代が到来するのである。

2　心理学的に見た老年期

かつて心理学では、発達を機能の増加・成長という側面からとらえており、その注目され

合計特殊出生率　一五歳から四九歳までの女性を対象として、年齢別（五歳区分）出生率を合計したもの（厚生労働省）。人口維持に必要な合計特殊出生率は二・〇八パーセントといわれている。

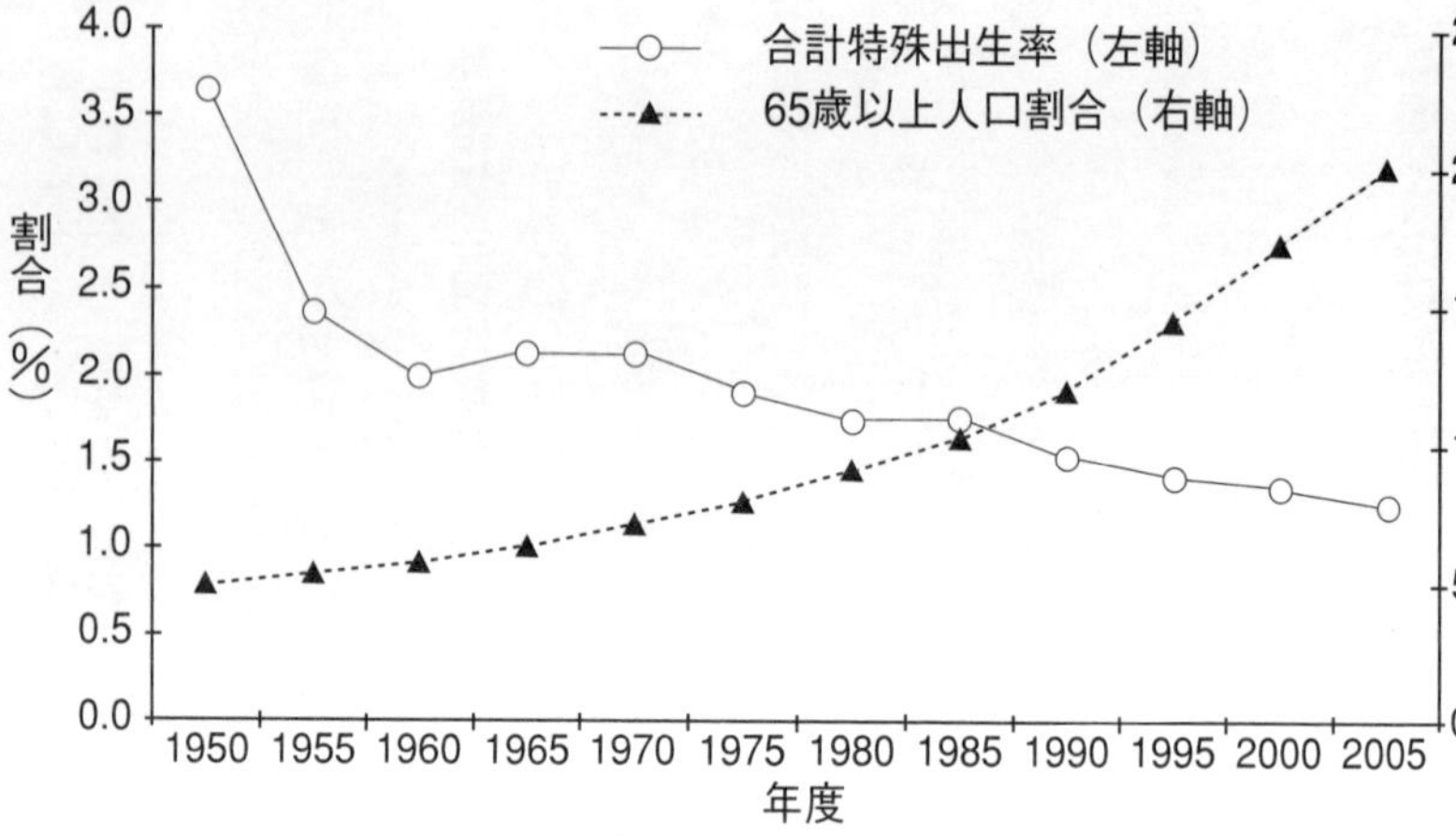

図20—1　高齢人口割合と合計特殊出生率の推移（厚生労働省、2008）

る領域は青年期までが多かった。そして、生物学的な変性が実際に生じてくる**老年期**に対しては、機能低下の特性をとらえることが主であった。一方で老年期は、その自我発達の側面から見れば統合の時期であり、自らの歩んできた人生を受け入れ、人生の意味を知り、死に近づく不安に直面しつつもそれを乗り越え、英知を獲得する段階と考えられている。また現在では、老年期が必ずしも機能低下の一言で片付けられるわけではないこともわかってきた。人間の生涯発達を、心と身体の両面からとらえる立場をとれば、この複雑に絡み合う老年期の難しさと重要性、そして奥深さを理解できよう。老年期に見られる知的問題を考える場合も、この複雑に絡み合う老年期の特徴を頭に入れておく必要がある。

老年期　生涯発達心理学では人間のライフサイクルを乳児期、幼児期、児童期、青年期、成人期、老年期のように分けている。平均寿命が約八二歳になった現在、老年期はおよそ二〇年弱の期間を占めるに至った。

2節　老年期における記憶の特徴

1　記憶の仕組み

古典的な記憶の仕組みとしてはアトキンソンとシフリンによる二重貯蔵モデルがある。感覚登録器に取り込まれた刺激のなかから、注意をむけられた情報だけが短期記憶に移行する。しかし短期記憶は、その容量に限界があり、リハーサル等の作業をしないと数十秒ほどで消失してしまう。短期記憶内で憶えるための処理がされた情報は長期記憶に運ばれる。脳の器質的な損傷などがない場合、長期記憶に入った情報はほぼ永久的に保持されると考えられている。この長期記憶は、さらにいくつかの下位構造が想定されており、一連のまとまった行動遂行や技能に関する記憶である「**手続的記憶**」と、ことばによって記述できる事実についての記憶である「**宣言的記憶**」とにわけられる。さらに宣言的記憶のなかには、知識や規則、言語概念などの一般的な知識に関する記憶である「**意味記憶**」と、時間的・空間的な文脈のなかに位置づけられる個人的な出来事に関する記憶である「**エピソード記憶**」とがある。

これらの記憶システムはどちらかといえば記憶を静的な、情報を蓄えるための器としてとらえているが、近年では短期記憶を情報処理の作業の場として積極的な役割を与える考え方がおこり、バッテリーにより**作動記憶**という概念でとらえ直されるようになった。

2　老年期における記憶能力の変化

一般的に記憶能力は加齢にともなって低下すると考えられるが、前述のように記憶システ

手続的記憶　英語では procedural memory。

宣言的記憶　英語では declarative memory。

意味記憶　英語では semantic memory。

エピソード記憶　英語では episodic memory。

作動記憶（working memory）　短期記憶を作業の場として捉え直し、ある課

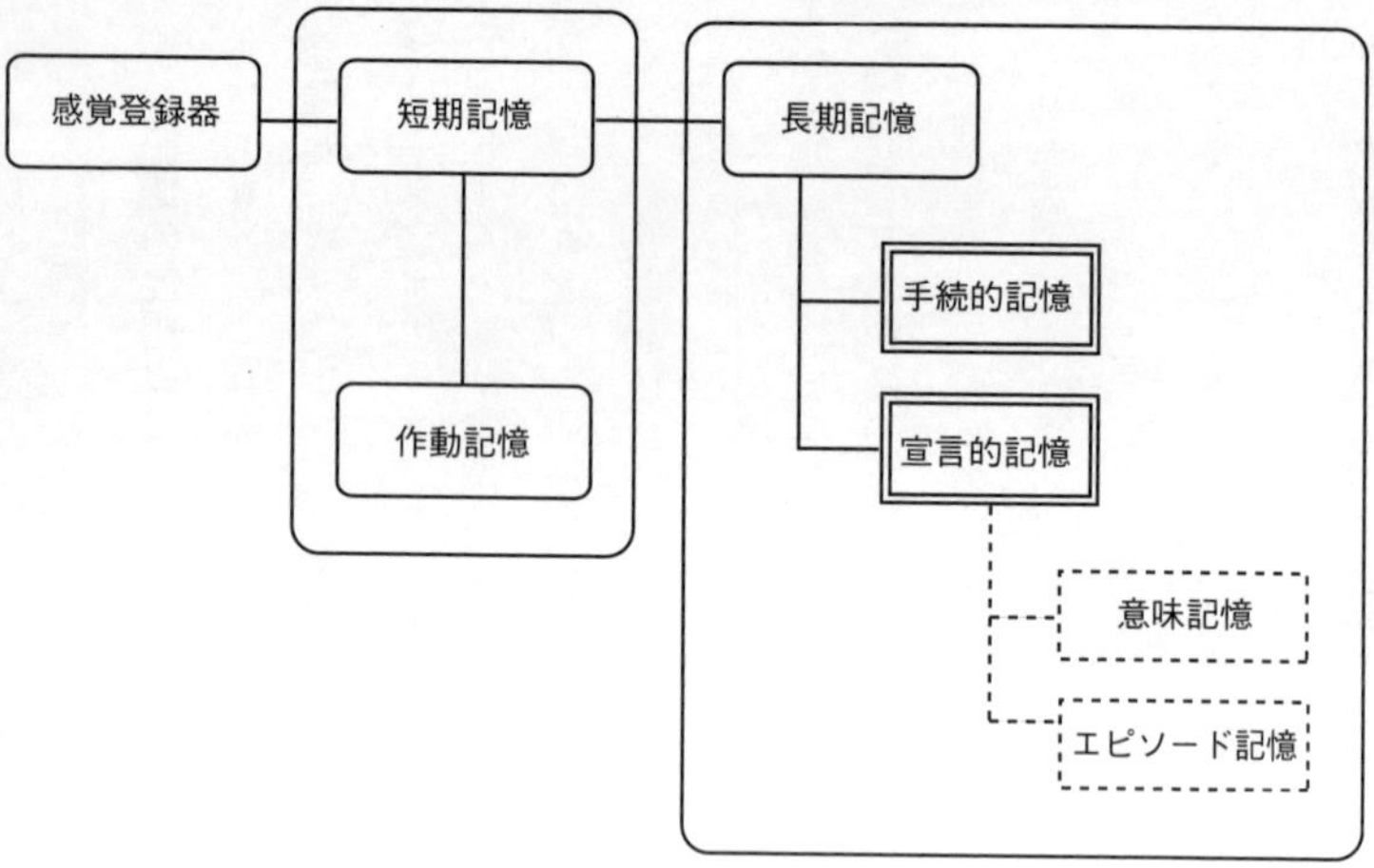

図20－2　人間の記憶モデル

ムはいくつかの下位構造をもっており、実際にはそれら下位構造間で能力の変化は異なっている。

　短期記憶は情報を一時的に蓄える機能を担っているが、その保持量を数で示すならば成人でおおむね七程度といわれている。古橋啓介によれば、この保持量に関して老年期は若干の低下で留まることが知られている。一方、情報処理の作業の場として、記憶情報の操作を含めたシステムとしての作動記憶はどうであろうか。たとえば、憶えた数を逆の順番で再生したり、小さい順もしくは大きい順に並び替えながら再生すると、高齢者の記憶成績は顕著に低下することがクレイクの研究で示されている。

　長期記憶は大きく手続的記憶と宣言的記憶とに分けられるが、石原治によれば手続的記憶では加齢の影響がなく、それまでに身に付いた動作・行動技能は老年

題を処理している最中に情報がどのように操作・変換されるのかという、情報の処理機能に重点を置いた概念。音声ループと呼ばれる言語的リハーサルを行うブロックと、視・空間スケッチパッドと呼ばれる視覚イメージを展開するブロック、そしてそれらを制御する中枢制御部と呼ばれる部分からなる記憶システムとして想定されている。

期にも維持されることが確認されている。宣言的記憶では、その下位構造で状況が異なり、事柄の知識などに関連する意味記憶は加齢の影響がほとんど見られないが、出来事に関連した記憶であるエピソード記憶は、成人期の比較的早い段階から徐々に衰退し、加齢の影響を受けやすい部分となっている。

情報を短期記憶から長期記憶に送る際、われわれはスムーズな定着のために繰り返し復唱したり、情報に意味を付与するなどの工夫をする。また逆に、長期記憶に貯めておいた情報を取り出す際にも、それがすぐに思い出せない場合でも何とか思い出そうと努力することがあろう。このような「憶えるための方略」の使用や、「憶えている事柄を意識的に取り出す」ことを記憶の機能面から**符号化**や**検索**と呼ぶが、これを日常的に用いているかどうかも記憶能力の維持に大きく影響する。たとえば、青年期や成人・壮年期では、程度の差こそあれ日々のスケジュールを管理するために、つねにそれを頭のなかに蓄えようとし、また必要に応じて手帳やカレンダーにメモをとることが普通である。一方、子どもが巣立ち、職務からも解放された老年期では、密度の濃いスケジュール管理をする場面が少なくなり、憶えるという行為や頑張って思い出すという行為が減りやすい。使っていない機能が低下する現象を廃用性機能低下というが、記憶の場合も能動的に使用する機会が減ることで、記憶が働き難くなることも考えられる。

老年期では、新奇な事柄を記憶したり、記憶情報を操作するような能力は低下しやすいが、一方で、過去の情報やこれまで長い年月のなかで積み上げてきたような記憶に関しては保持できている部分も多く、いちがいに記憶力が低下すると言い切ることはできない。また記憶は、その使用頻度や疾患の有無（後述）によっても影響を受けることがあり、単純に「歳を

符号化（encoding）外界から取り込んだ刺激のなかで重要な情報を選び出し、それを意味のある情報に変換したり（例えば耳から聞いた音を言語として認識するなど）、扱いやすい形（心的表象）に変換する（たとえば語呂合わせで年代を覚えるなど）過程のこと。

検索（retrieval）貯蔵してある記憶情報のなかから、特定の情報を探し当て取り出す過程のこと。検索の際に、事前に手掛かりとなる情報がない場合を「再生」、手かがり情報がある場合を「再認」と呼ぶ。一般的に再生よりも再認の方が情報処理の負荷が低い。

とったから物忘れがあっても当たり前」と考えたり、逆に少しの記憶違いを過度に疾患と結びつけて考えることには注意する必要がある。

3節　老年期における知能の特徴

1　知能とは何か

ウェクスラーは、**知能**を「目的的に行動し、合理的に思考し、効率的に環境を処理する個人の総体的能力」と定義している。このことは、われわれが周囲の環境から与えられるさまざまな刺激や事柄に対し、それなりにうまく対処していく力と言い換えることもできよう。これを実現するためには、われわれの脳が提供する多様な能力が有機的に関連しながら機能する必要がある。この脳が提供する機能の事を認知能力と呼ぶ。認知能力には注意・記憶・思考・学習・推論などの個々の能力が想定されており、知能をとらえるということはこれら諸機能の状態をとらえることにほかならない。

同時に、これらの機能は適応的に行動するために用いているものであるから、実生活での適応状態も考慮しなくてはならない。この適応状態に関連するもうひとつの能力が社会的能力であり、グリーンスパンらにより社会的知能とも呼ばれている。**DSM―Ⅳ―TR**においても、知的レベルの推定には検査で測定可能な能力と、現在の生活適応レベルとの両方を、ともに考慮する必要性が述べられており、これら両者の総合的な力が本来の知能と呼べるものなのであろう。

知能（Intelligence）　知能をことばで過不足なく明確に定義することは案外難しい。知能の定義は研究者の数だけ存在するといわれている、操作的定義である。

DSM―Ⅳ―TR（Diagnostic and Statistical Manual of Mental Disorders, 4th ed. Text Revision）『精神疾患の診断・統計マニュアル（第四版修正版）』アメリカ精神医学会の精神疾患の診断基準に関する手引き。同様の診断基準にＩＣＤ―一〇『国際疾病分類』（世界保健機関）がある。

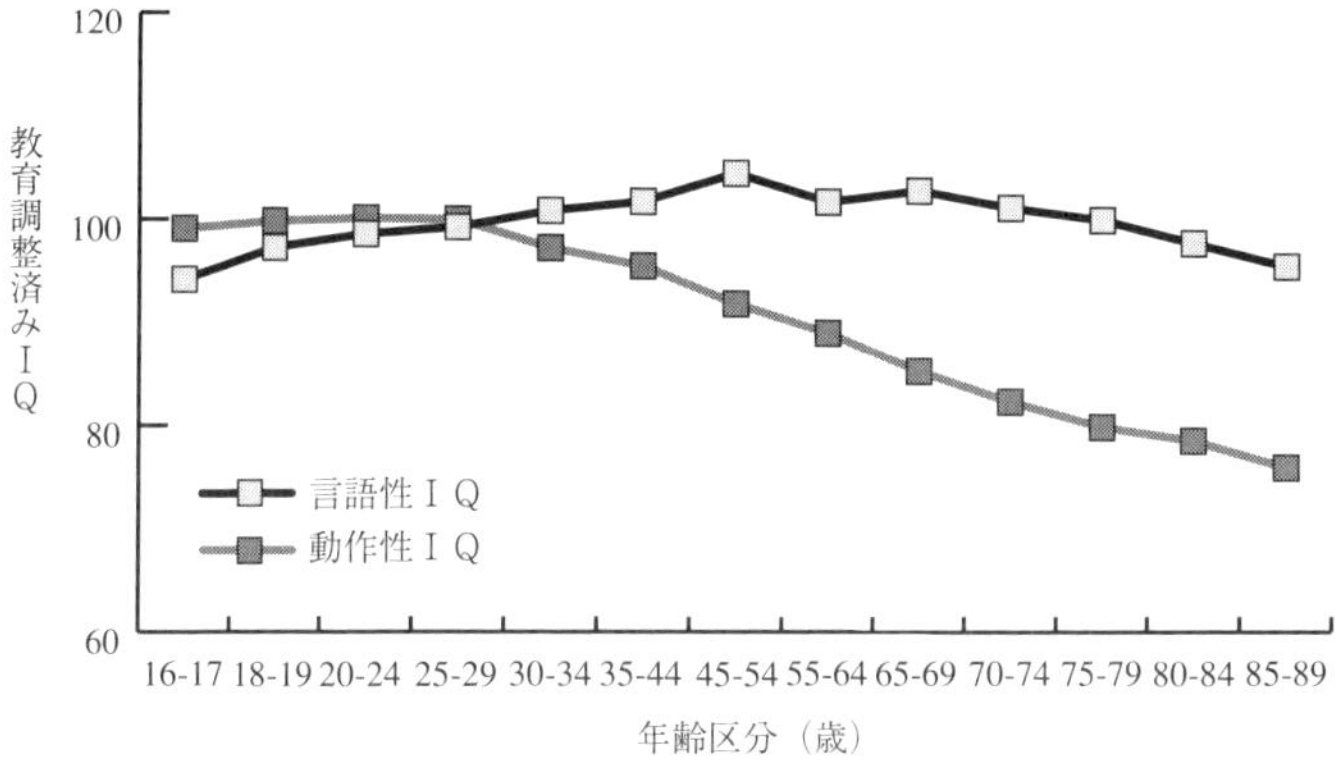

図20―3　言語性ＩＱと動作性ＩＱの教育調整済み年齢曲線（Kaufman ほか、1999）

2　老年期における知能の変化

かつて知能の成長は、三〇歳前がピークであり、それ以降は低下していくと考えられていたが、現在ではすべての知的機能が一律に低下するわけではなく、個々の認知能力ごとにそのピークや低下具合が異なっていると考えられるようになった。認知能力を推論するための道具として知能検査があるが、そのなかでもとくに主要な検査のひとつであるＷＡＩＳ―Ⅲ（後述）のデータを踏まえながら、この知能の変化を考えてみたい。

通常、知能検査では被検査者の認知能力以外に、本人の育った時代・文化背景や教育環境、検査の場に対する不安・緊張、身体的疲労度などが影響する。なかでも被検査者の教育的背景はその影響が大きく、異なる世代間の直接比較は注意を要する。そこで教育歴の側面を調整して、複数の世代間で比較を行なったカウフマンらの研究を見ると、言語処理能力を表す指標である**言語性ＩＱ**は、五〇歳台になるまで安定し

言語性ＩＱ（Verbal Intelligence Quotient:VIQ）**動作性ＩＱ**（Performance Intelligence Quotient:PIQ）
言語性ＩＱには、言葉の意味や抽象概念、数的処理能力や聴覚的な言語記憶など、言語を媒介とする処理過程が含まれる。動作性ＩＱには、絵などの視覚刺激から重要な情報を見つけ出したり、それを空間的・時間的に位置づけ、刺激と刺激の間にある関係性を見出すような、言語を媒介としない処理過程が含まれる。言語性ＩＱと動作性ＩＱは、それぞれホーンとカテルの結晶性知能・流動性知能に対応するものと考えられる。

た増加を示し、能力のピークは四五歳から五四歳の群に見られ、七〇歳以降で緩やかな下降が目立ってくる。一方、言語に依らない視知覚情報の処理能力を表す指標である**動作性IQ**では、二〇歳から二四歳の群にピークがきており、それ以降は明確な低下を示している。このように、認知能力間にアンバランスさが見られやすくなることが検査からみた老年期の特徴といえる。

それでは実生活におけるさまざまな事柄に対する遂行能力はどうであろうか。老年期に入っても、第一線で仕事をこなしている人や専門領域で重要な仕事を担っている人は多い。また、定年を迎え現役を退いた人であっても、研究結果で示されるような能力の低下が見られない場合も多い。これは、実生活における行動が高次の情報処理能力に加えて、前述の社会的知能と呼ばれる側面も含めた包括的な機能によって創り出されているからである。たしかに、老年期になると素早く正確な処理は苦手にはなるが、一方で経験に裏打ちされた判断や状況の読み取りは、別の角度からの問題解決に役立ったり、集団をまとめ上げる際に力を発揮する。老年期は生活環境や職務環境として周囲から求められている役割も変化し、いちがいに青年期や成人期と同じ次元で能力を比較することは難しい。老年期の知的側面に関する大枠の特性を理解しつつ、同時に個別的な知的能力の把握と理解が不可欠なのである。

4節　知能と記憶の障害とアセスメント

1　認知能力と健康問題

心身相関ということばがあるが、認知機能もまた精神機能の一部であり健康状態と関連する点が多い。老年期は特別な疾患がなくとも生物学的な衰えが生じ、また何らかの疾患に罹患《りかん》するリスクも増える。これらの身体的な変化は気力・活力の低下とも相まって、認知的活動全般にも影響を与えてくる。認知症のような脳機能の疾患でなくとも、健康状態の違いによって知能検査等の結果に差が生じるという報告もいくつかあり、日常的な健康維持が認知能力の維持にとって基本的要件となることは間違いない。

また、クリーメイヤーは、老年期の認知能力の低下は死の直前に生じると仮定した。これを**知能の終末低下現象**と呼ぶが、この仮説的現象もまた健康問題と認知能力との関係性に関して重要な示唆を与えるものである。

知能の終末低下現象　クリーメイヤーに続く研究では死の直前よりもむしろ数年前に機能低下が生じるという結果となった。これらの説については現在のところ明確に確認されるには至っていない。

2　認知能力の障害

老年期にみられる記憶と認知の障害は、うつ病や統合失調症の経過のなかでもみられるが、とくに脳の器質的病変により発症する老年性認知症は、老年期の大きな問題となっている。認知症の有病率は六〇歳代後半では約一パーセントほどであるが、七〇歳代後半で一〇パーセント弱、八五歳以上では三〇パーセント弱が罹患するというデータが出ており、加齢の影響が強く出ている。老年期における認知症はアルツハイマー型認知症と脳血管性認知症、そしてその混合型が大部分を占めている。

アルツハイマー型認知症は脳組織の萎縮をともなう進行性の疾患であり、健忘、失語、失行、失認、覚醒・注意・動機づけ等の問題が現れる。アルツハイマー型認知症では全般的な知能低下が見られる場合が多く、その低下は動作性知能の側面で顕著だといわれている。一方、脳血管性認知症は脳内の血管が詰まり、その付近の部位の血流量や代謝量が低下する疾

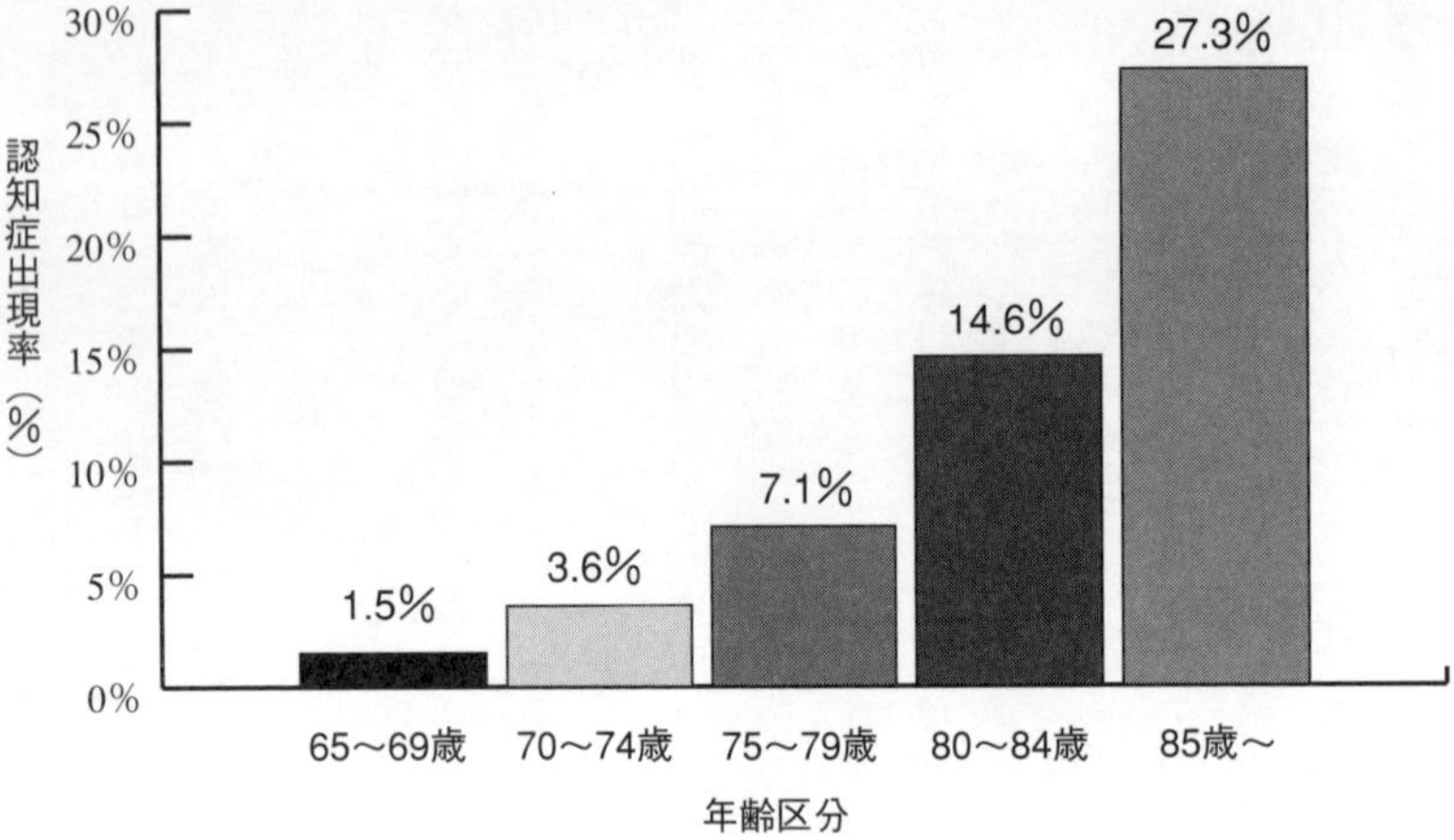

図20－4　年齢区分別認知症出現率

（「老人保健福祉計画策定に当たっての痴呆老人の把握方法等について」〈平成4年2月　老計第29号　老健14号〉）

患である。脳血管型認知症では障害が脳全体に広がるまでに時間がかかることから、障害された部位と関連の深い機能の能力低下が見られる場合が多い。したがって、残っている機能と損《そこ》なわれている機能とがまだら状に混在するのが特徴といえる。

3　アセスメントの重要性

記憶や知能の状態を正確にとらえることは、関わり方を見つける際に重要な情報となる。老年期に入り日常生活でこれまで見られなかったような躓《つまず》きが起こってきたような場合はとくに、その機能の状態を早期にとらえることで早い段階での介入プランを立てることが可能となる。くわえて、介入後の状態変化や法的責任能力の鑑定場面においても重要となる。

アセスメントには対象者の正確な観察と、今に至るまでの情報収集がまずもって必要である。くわえて心理検査、とくに知能や記憶に関する検査等の客観情報も重要になる。検査はたんなるレッテル貼りの行為ではなく、検査を受ける側（被検査者）にとってプラスになる情報を見つけ出す行為である。知能検査ということばには、まだまだ誤解がつきまといやすく敬遠される場合もあるが、その活用の意義を正しく理解しておく必要がある。一方で、検査は被検査者に負担を与える作業でもある。また、被検査者の検査に対する動機づけや不安、体調などにより結果は変動する。このようなこともまた、検査を施行する者は熟知しておく必要があろう。

4　記憶と知能のアセスメント・ツール

成人に適用できる知能検査としてもっとも広く用いられているものに**WAIS—Ⅲ**がある。WAIS—Ⅲでは、全体的な知的レベルを表す指標である全検査IQ、その下位構造として言語性IQと動作性IQが算出できる。また、認知機能を細かく統計的に分類した指標として、言語理解、知覚統合、作動記憶、処理速度という四つの群指数を得ることができる。一四種類の下位検査群からなるWAIS—Ⅲでは、IQを知ることができる以上に、個々の下位検査間のプロフィールを知ることができ、細かな認知能力の特徴（個人内差）を描き出せる利点をもっている。

認知症のスクリーニング・ツールとしては、長谷川式簡易知能評価スケール改訂版（HDS—R）がよく用いられている。これは記憶や**見当識**に関する九種類の問いからなる三〇点

アセスメント　これまでの状況に関する情報を集め、現在の能力を上手く機能している部分と十分には機能していない部分の両面から捉え、その後の関わり方の方針を決定する行為。アセスメントは支援過程で繰り返し行われ、その時点でのより良い関わり方を模索していく。

WAIS—Ⅲ（Wechsler Adult Intelligence Scale 3-rd ed.）　ウェクスラー系知能検査のひとつで、長い歴史をもつ。一九九七年（日本版は二〇〇六年）に第三版として改訂された。

見当識　場所や時間、周囲の人物や状況を正しく理解する能力。意識や注意・記憶の能力が障害されると、見当識に障害が現れる（失見当）。

表20－1　長谷川式簡易知能評価スケール改訂版（HDS-R）

氏名＿＿＿＿＿＿＿＿＿　施行日＿年＿月＿日＿　施行者名＿＿＿＿＿
生年月日Ｍ・Ｔ・Ｓ＿年＿月＿日　年齢＿歳　男・女　施行場所＿＿＿＿＿
備考（教育年数：　　年）＿＿＿＿＿＿＿＿＿＿＿＿＿＿＿＿＿＿＿＿＿

	質問内容		配点
1	お歳はいくつですか？（２年までの誤差は正解）		0　1
2	今日は何年の何月何日ですか？　何曜日ですか？ （年月日，曜日が正解でそれぞれ１点ずつ）	年 月 日 曜日	0　1 0　1 0　1 0　1
3	私達が今いるところはどこですか？（自発的に出れば２点，５秒おいて，家ですか？病院ですか？施設ですか？の中から正しい選択をすれば１点）		0　1　2
4	これから言う３つの言葉を言ってみてください。 あとでまた聞きますのでよく覚えておいてください。（以下の系列のいずれか１つで，採用した系列に○印をつけておく） １：a）桜 b）猫 c）電車　２：a）梅 b）犬 c）自動車		0　1 0　1 0　1
5	100から７を順番に引いてください。（100－７は？それからまた７を引くと？と質問する。最初の答が不正解の場合，打ち切る）	(93) (86)	0　1 0　1
6	私がこれから言う数字を逆から言ってください。（６－８－２，３－５－２－９）（３桁逆唱に失敗したら打ち切る）	286 9253	0　1 0　1
7	先ほど覚えてもらった言葉をもう一度言ってみてください。 （自発的に回答があれば各２点，もし回答がない場合，以下のヒントを与え正解であれば１点）　a）植物　b）動物　c）乗り物		a：0 1 2 b：0 1 2 c：0 1 2
8	これから５つの品物を見せます。それを隠しますので何があったか言ってください。 （時計，鍵，タバコ，ペン，硬貨など必ず相互に無関係なもの）		0　1　2 3　4　5
9	知っている野菜の名前をできるだけ多く言ってください。（答えた野菜の名前を右欄に記入する。途中で詰まり，約10秒待ってもでない場合にはそこで打ち切る）５個までは０点，６個＝１点，７個＝２点，８個＝３点，９個＝４点，１０個＝５点		0　1　2 3　4　5
	満　点：３０	合計得点	

カットオフポイント：２０/２１（２０以下は認知症の疑いあり）

満点の、言語機能のみを用いた構造化面接式検査である。長谷川式では、アルツハイマー型認知症に見られる記憶問題に適応しやすいといわれている。海外ではMMSEという検査が多く用いられる。ＭＭＳＥは視空間の認識やその構成力、実行機能などを測る項目も含まれており、脳血管型認知症のスクリーニングに用いやすいといわれている。

また、認知機能を多面的かつ簡便にとらえる検査として、ＣＯＧＮＩＳＴＡＴという検査が開発されている。この検査は覚醒水準（行動観察による）、見当識、注意、言語（理解・復唱・呼称）、構成能力、記憶、計算、論理（類似・判断）、という八領域一一課題からなる検査であり、脳器質性の損傷による認知障害の特徴を把握したり、頭部外傷の臨床評価に用いることができる。さらに、ベッドサイドで短時間に施行できるよう工夫されており、軽度の認知症患者であれば一〇～一五分程度で施行可能である。

5　アセスメントから関わりにむけて

前述のように、老年期における検査の意義は、高齢者が一人で大枠自立した生活を送るためにどのような能力が必要なのかをとらえ、可能な限り自立した生活、安全な生活を送れるようになるための方略《ほうりゃく》を見つけることである。高齢者が認知機能に問題を抱えた場合、誰かが日常的行為を肩代わりすることで、たしかに高齢者自身や家族等の関わり手のリスクは減る。しかし、早期診断がされるようになってきた現在、これまでと同じように「認知症が出てきたら周りがすべて肩代わり」することは、かえって本人ができることを奪ってしまう時期が前倒しになり、また本人の効力感を低下させたり受動的態度や社会的引きこもりなどを引き起こしてしまうリスクもともなう。検査を用いることですべてがわかるわけではないが、状態の正確な判断は関わりにとって必ず役立つものであり、同時に役立つように用いることこそが専門家としての責務といえよう。

ＭＭＳＥ（Mini - Mental State Examination）　国際的に用いられている認知障害のスクリーニングテスト。日本語版を含め各国版が用意されている。

21章　老年期の行動障害

1節　認知症高齢者の行動と心理的援助

現在の日本の高齢化率は、二〇・一パーセント、すでに超高齢社会である。世界に類をみない平均寿命の延びは、それまでにみられなかったさまざまな問題を私たちに投げかけている。

認知症高齢者の増加もそのひとつである。平均寿命の延びとともに認知症高齢者も増加してきている。

認知症の代表的な原因疾患として、**アルツハイマー型認知症**と**脳血管性認知症**がある（表21―1）。

認知症とは、脳疾患による症候群であり、通常は慢性あるいは進行性で、記憶、思考、見当識、理解、計算、学習能力、言語、判断を含む多数の**高次大脳機能障害**を示す。意識の混濁はない（WHO国際疾病分類第一〇版　ICD―10）。

症状としては**中核症状**と**周辺症状**とに大別される（図21―1）。

私たちはこれまでに、認知症になると何もわからなくなる、あるいは認知症の人は自分の思いを自分のことばで表すことはできないと思ってきた。しかし、二〇〇四年、京都において国際アルツハイマー会議が開催され、そこで越智俊二が、本人の立場から「物忘れになっ

アルツハイマー型認知症　大脳皮質に神経細胞が変性・死亡・脱落し、脳が萎縮していく病気である。二〇世紀はじめドイツの精神医学者 Alois Alzheimer 博士により、報告された。

脳血管性認知症　脳梗塞や脳出血などにより、神経細胞が壊死を起こすことが原因となる。

高次大脳機能障害　脳血管障害・脳外傷・脳腫瘍などによって起こる記憶、学習、言語、行為、認知、注意、遂行機能にわたるさまざまな障害である。

表21－1　アルツハイマー型認知症と脳血管性認知症の違い

	アルツハイマー	脳血管性認知症
好発年齢	70歳前後	初老期50歳代
頻度 性差	25～30％ 女性に多い	50％ 男性に多い
発症と経過	緩徐に発症し、進行性 症状は、固定傾向	急性の発症で段階状に憎悪 症状は、動揺性
症状	全般性の認知度で高度 初期に記銘・記憶障害が目立ち、 外界に対する注意力が低下する 多幸・抑うつ・妄想・急性錯乱、 徘徊、独語、無意味な多動・濫 集などが認められる	まだら認知症で、度合は軽度である 初期に頭痛・めまい・しびれ 外界に対する注意力は保たれる 感情失禁・せん妄が認められる
人格障害	初期に著明に障害される	末期まで保たれる
病歴	早期に障害される	末期まで保たれる
脳神経学的 所見	巣症状は少ない	運動・知覚障害・痙攣・片麻痺 言語障害など巣症状が多い
ＣＴ	脳回萎縮	低吸収域 ＰＶＬ (periventricular lucency) 側脳室拡大

（笠原洋勇「痴呆の診断の進め方」長谷川和夫監・上田慶二他編『老年期痴呆診療マニュアル第２版』日本医師会、1999年、88頁を一部改変）

中核症状と周辺症状　認知症の症状は記憶障害、いわゆる物忘れが中心となるが、それ以外にも多くの症状が発生する。認知症の進行にともない、日時、空間、人物、地誌などの見当がつかなくなる見当識障害、家事や仕事の段取り、遂行が困難になる実行機能の障害、金銭の計算などの知的機能の障害と、広い領域にわたる障害が起こる。この際に中心となる症状を中核症状といい、認知症に随伴しておこる精神症状や中核症状により引き起こされる行動上の障害を周辺症状と呼ぶ。

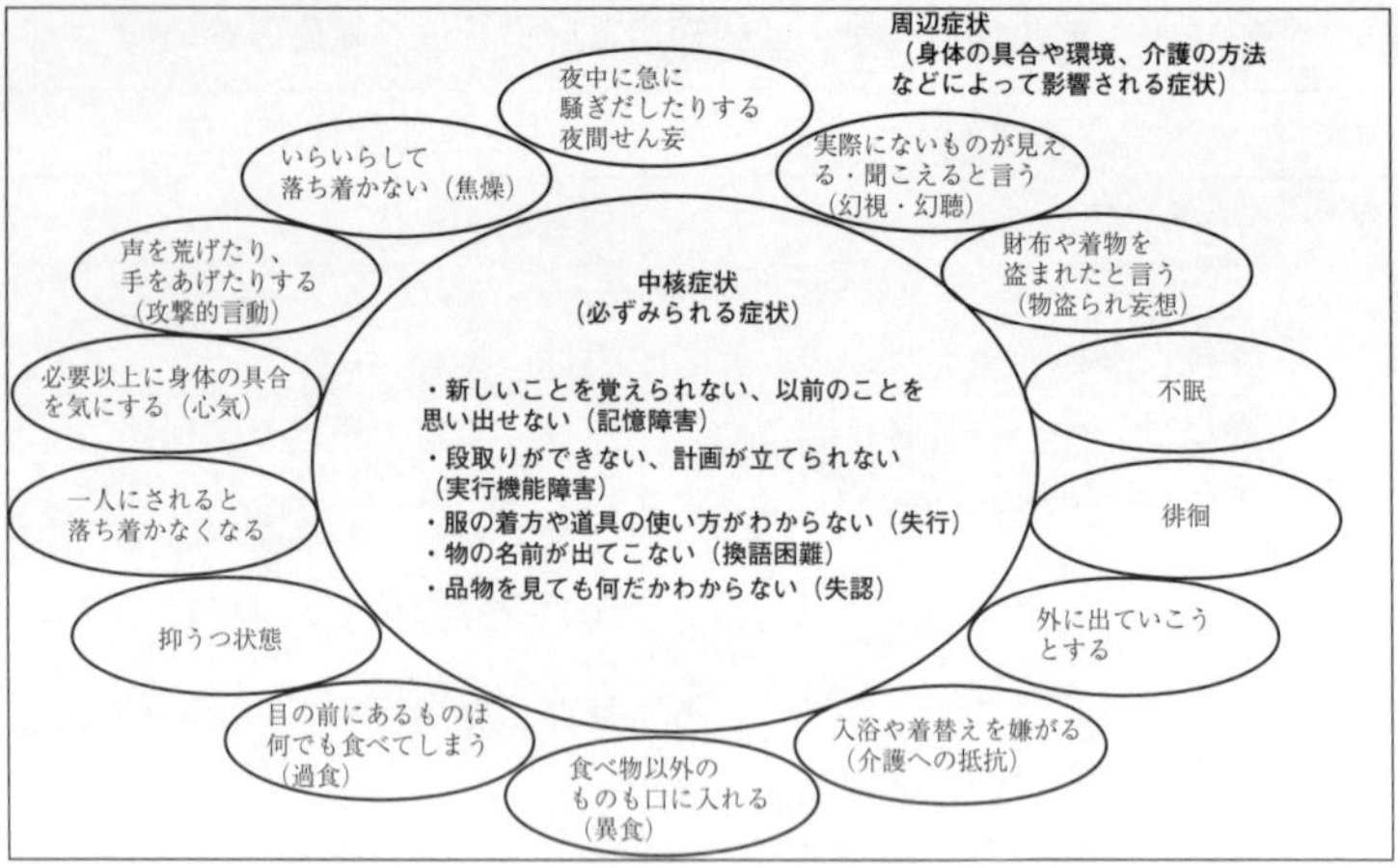

図21－1　認知症の中核症状と周辺症状
（本間昭「痴呆の精神症状・行動障害」武田雅俊編・日野原重明他監『看護のための最新医学講座⑬痴呆』中山書店、2000年、30頁）

ても、考えることもできる。笑うこともできる。人間らしく生きていかれるよう支えてください」と訴え、大きな反響を呼んだ。それまでの介護のあり方・考え方を変えさせた。認知症の人の起こす行動を不可解な行動としてとらえ、ある意味では画一的でマニュアルどおりの介護を行ってきた私たちに、認知症の人はさまざまなメッセージを送り続けている。

まず認知症の人の気持ちを考えてみる。記憶ができないで、物の名前が出てこないとき、〝あれ〟、〝それ〟といった代名詞が増えるようになる。その状態が続くと、それはすっきりしない「不快」な気持ちである。また、置いていた物が見当たらない、見つからないとき、何度も同じ所を探したりする。それでも見つからないときは「焦り」、どうして見つからないのだろう

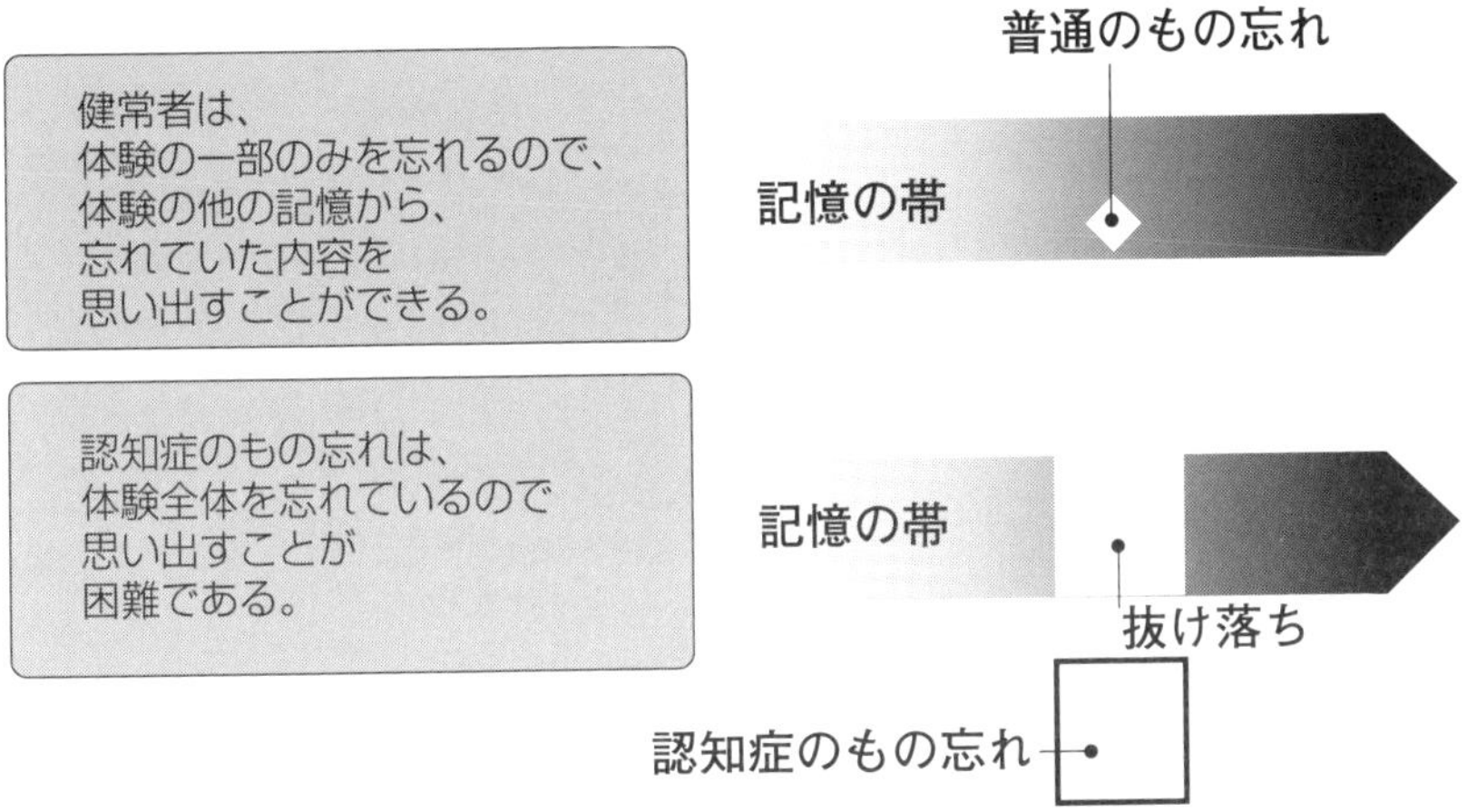
普通のもの忘れ
健常者は、
体験の一部のみを忘れるので、
体験の他の記憶から、
忘れていた内容を
思い出すことができる。
記憶の帯
認知症のもの忘れは、
体験全体を忘れているので
思い出すことが
困難である。
記憶の帯
抜け落ち
認知症のもの忘れ

図21－2　普通のもの忘れと認知症の違い
（長谷川和夫『認知症の知りたいことガイドブック』中央法規出版、2006年、85頁）

と「怒り」の感情を抱いたりする。認知症の人は**見当識障害**のため、自分がどこにいるかわからず、どこへ行けばいいのか、自分がどうすればいいのかわからず「不安」になる。私たちでも初めての場所、初めて会う人、道がわからないとき、非常に不安になる。このことと同様の状態といえる。認知症の人たちはこの不快な状態、不安の状態を抱えながら生活をしている（図21―2）。

財布を自分がどこかに置き忘れ、探しても見つからないとき、盗られたと感じることもある。自分がしまったことや、使っていたこと、しまった場所など体験そのものを忘れてしまうためである。物忘れや見当識の障害、判断力の障害、**実行機能の障害**などが起こるため、生活全般に支障が出てくるようになる。このような症状は認知症の

見当識障害　人、場所、時間などがわからなくなる障害。

実行機能障害　段取りが立てられない、計画できない障害。

表21－2　認知機能障害

種類	内容	具体的内容
見当識障害	記憶障害、理解力と判断力の低下のために、時間、場所、人物の見当がつけられなくなること	時間の見当識障害（何時であるか、何年何月何日であるかの見当がつけられなくなる） 場所の見当識障害（自分がいる場所の見当がつけられなくなる） 人物の見当識障害（周囲の人が自分とどのような関係の人であるか見当がつけられなくなる）
失語・言語障害	失語には発話の障害が中心のものと、言葉の理解の障害が中心のものがある。認知症の場合、言葉を見つけ出す、理解することの障害が生じやすい	換語困難（言葉の言い換えが難しくなる、言葉がうまく出てこなくなる） 語想起の低下（単語を思い出すことが難しくなる） 言語理解の低下（相手の言葉の内容が理解しづらくなる） 反響言語の出現（相手の言葉をオウム返しする）
失行	運動機能が損なわれていないにもかかわらず、動作を行うことができなくなること	構成失行（立体図形や絵が模写できなくなる） 観念運動失行（単純な指示の動作ができなくなる） 観念失行（使い慣れた道具を使うことができなくなる） 着衣失行（衣服の着脱がうまくできなくなる）
失認	視知覚機能が損なわれていないにもかかわらず、対象物などを理解したり、把握することができなくなること	視空間失認（空間における物の位置や、物と物との位置関係が理解できなくなる） 触覚失認（日常使用しているものを触っても、それが何かわからなくなる） 手指失認（何指なのかがわからなくなる） 身体失認（自分の体の部分への認知ができなくなる） 鏡像認知障害（鏡に映っている人物が誰なのか認識できなくなる。鏡現象ともいう）
実行機能障害	計画を立てる、組織化する、順序立てる、抽象化するといった、物事を具体的に進めていく能力が損なわれること	

（日本老年精神医学会監『アルツハイマー型痴呆の診断・治療マニュアル』ワールドプランニング、2001年、20～27頁より作成）

人に「混乱」を与え、その行動に影響を及ぼしていく。

認知症の人の行動の特徴としては、人と会って挨拶を交わしているのに直前のことを忘れ、また同じ挨拶を繰り返してしまうことがある。さらに会話のなかで話についていけなくなったりしても、話を合わせようとしたり、取り繕ったりする。

認知症の人にみられる症状としての徘徊や**妄想**、攻撃的行動、不潔行為などの周辺症状は、介護する人を悩ませる行動である。私たちはこれらを問題行動と呼んできた。しかし、認知症の人の立場から考えると介護者を煩わせようとした行為ではない。問題行動と呼ぶのは介護する側からの視点である。私たちが行動を起こすときには、原因や理由がある。認知症の人も同じである。この問題行動という呼び方にかわって使われるようになってきたのが、行動障害という呼び方である。しかし最近、「問題行動」や「行動障害」にかわる用語として使われているのが、「認知症の行動・心理症状（Behavioral and Psychological Symptoms of Dementia）」である（図21―3）。

BPSDは認知機能障害が原因で起こる記憶障害、見当識障害、判断力の障害が背景にあり、それに加えて不安感や焦燥感、ストレスなどの心理症状が作用して起こる。馴染みのない環境、居心地の悪い環境、介護する人との関係性で誘発される。

認知機能障害で代表的なものが記憶障害である。日常生活において、体験全体を忘れて生活に支障をきたす。たとえば、朝食をとったことを忘れて、食事をとっていないということなどがそれである。私たちも朝食のおかずに何を食べたか思い出せないことがあっても、食べたことすべてを忘れるわけではない。何かの機会に思い出したりするが、認知症の人は直前の出来事を思い出すことができない。そしてこのようなことが大きなストレスとなってい

妄想　10章3節2（一四六―七頁）参照のこと。

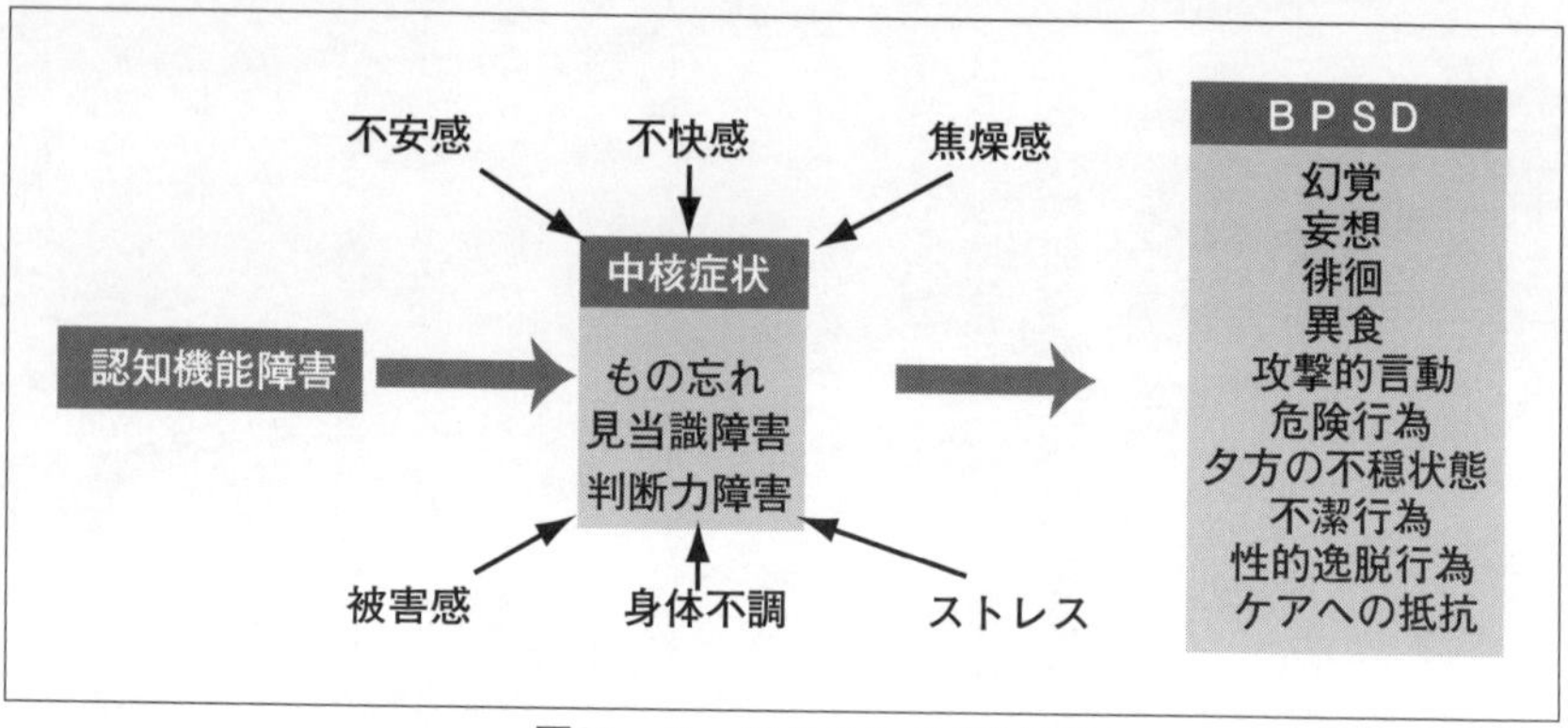

図21－3　ＢＰＳＤの出現原因
（加藤伸司「痴呆による行動障害（ＢＰＳＤ）の理解と対応」『高齢者痴呆介護実践講座Ⅱ』第一法規、2002年、151頁を一部改変）

る。認知症の人には物忘れの自覚がないといわれるが、自覚は少ないにしても自分がこれまでと違ってきているということに気づいている人は多い。今までできていた仕事ができなくなったり、思い通りの生活ができなくなったりするからである。「頭がボーッとして考えられなくなった」ということばが聞かれる所以《ゆえん》である（図21―2）。

　認知症の症状が、初期、あるいは中期まで進行していても感情機能は保たれている。認知症になって何もわからないと思い、子供に対するようなことばで話すと怒り出すというのは、プライドを傷つけてしまっているためである。認知症であっても「尊厳を支える」ことは大切なことである。

　認知症の人の生活や体験していることの意味を理解することは、適切な介護を行ううえで重要なことである。認知症の人の体験は、先に述べた、体験したことを忘れるというようなことから、時間の流れに沿った体験とはいえない。したがって、突然歩き出したり、物を盗まれたといってみたり、食事を食べさせてもらえない等、私たちからみれば、不可解と思える行動にみえる。しかし、場所や時間、人の認識ができなくなってくると、非常に不安となり、そのことに対処しようと、「家に帰ります」といって徘徊したり、暴言が出たりするのである。このような、認知症の人の世界を理解しないで介護をしていくことは、認知症の人を、ますます不安と混乱におとしいれてしまう。私たちの世界からの働きかけと、認知症の人の世界の隔たりをなくす努力が必要である。そのような意味でキットウッド（Kitwood, T.）の提唱する**パーソンセンタードケア**は、本人を中心に据えたケアで、認知症の人がさまざまな行動を示し、その解決策を考える場合に次の五つのことを介護者自身に問いかけることを勧めている。①それは本当に問題なのか、②どうしてそれが問題なのか、③誰にとっての問題なのか、④行動によって何を伝えようとしているのか、⑤生活の質を高める方法で解決できないか、の五点である。

今まで私たちが、問題行動と感じてきたことは、介護をする人が、介護が困難になるという理由で問題と感じてきたことである。認知症の人に意味もなく行動が起こっているのではなく、そこには行動を起こす理由がある。そのことを私たちはサイン、メッセージと受けとり、認知症の人のニーズを充足し、生活の質を高めていく介護が必要とされる。

認知症の人の立場にたつことは難しいが、いくつか同じような状況を考えてみてはどうだろう。見当識障害のひとつで場所がわからなくなるという状況ひとつでも、自分が知らない場所にいて、知らない人に囲まれて、何か訳のわからないことをいわれていると考えたとき、どのような行動をとるであろうか。何とかその状況から抜け出したいと思うであろう。その

パーソンセンタードケア
利用者中心のケアであり、その人らしさを大切にするケアである。英国の心理学者 **Tom Kitwood** により提唱された。

ようなことを考えたとき、不可解な行動と思えるであろうか。

認知症の人の持続する不安感、焦燥、不安定な気持ち、混乱に対しては、「安心できる場所」、「安全な環境」づくりが重要である。中核症状はすべての人にあっても、周辺症状は人的・物的環境次第で出現しない。このような施設をわれわれはよく目にする。認知症の人が利用される介護保険サービスのひとつに**グループホーム**がある。ここでは少人数で家庭的な雰囲気のなかで生活が営まれている。「安心できる環境」のなかでは、穏やかで個性を活かした自立した生活が営まれていて、お互いを気遣い、労《いた》わりあう関係も生まれる。これには介護する側の、何とか認知症の方を理解していきたいという努力の積み重ねがある。施設のなかであっても、入所者が主人公となって生活を営んでもらう観点から、さまざまな行事を計画し、実施している。そしてホームをひとつの世帯として地域のなかに位置づけ積極的に出始めている。地域の行事への参加、デパートの展示会見学などで認知症の人を理解していただけるよう、積極的に地域にはたらきかけている。

私たちは家庭や施設で、あるいは地域のなかで認知症の人の気持ちを理解できるようなやさしさの網の目を広げ、認知症になっても安心できる町づくりを進めていかなければならない。

認知症は初期、中期、後期と三つのステージに進行していく。初期は物忘れ、置き忘れなどが増え、記憶障害が現れ始め、失敗や不快感、不安感から苛立ちや混乱が目立ち始める。このようなときは必要に応じて介護者がサポートすればおおむね日常生活を送れる。中期になると直前のことも覚えられなくなり、日常生活での失敗が目立つようになる。馴れない場所に行くと迷うようになり、徘徊などがみられる。後期になると生活全般に対する介護が必

グループホーム　数名の利用者がスタッフから身の回りの世話などの援助を受けながら、戸建住宅、マンションなど家庭に近い環境で共同生活を行い、安心して地域で生活できるようにするためのものである。介護保険法において、認知症高齢者を対象としたグループホームは「認知症対応型共同生活介護」「介護予防認知症対応型共同生活介護」とよばれ、次のように定義されている「要介護者(要支援者)であって認知症であるもの(その者の認知症の原因となる疾患が急性の状態にある者を除く)について、その共同生活を営むべき住居において、入浴、排泄、食事などの介護その他の日常生活上の世話及び機能訓練を行うことをいう」。

要となり、コミュニケーションもとれなくなってくる。このような病気の進行状態も知ったうえでその人を理解し、介護していくことが大切である。

次に記載するのは講演会での若年性アルツハイマー認知症の人の訴えである。ある講演会で「認知症になって　そして今を生きる」と題して話されたことばである。

「認知症は自分には関係ないことだと思っていました。ところが定年を前にして私は、会社の人から『Eさん、近頃、何かおかしくなっているんじゃないか?』といわれるようになりました。職場の健康管理課の方から病院受診を勧められ、平成一五年一月、一人で病院に行きました。結果は『とくに何もない』でした。よかったと思いながらも、何で物忘れがあるのか不思議でした。

平成一五年四月、もう一度病院を勧められ受診、今度は「うつ病」と診断され、うつ病の治療薬を飲み始めました。すると薬の影響か何もする気になりませんでした。一日中家のなかでごろごろ寝ている日が続きました。一年以上うつ病の治療をしましたが、物忘れは治っていませんでした。会社の方からは早期退職を勧められましたが、どうしても定年まで働きたいと希望し、部署をかえて働かせてもらいました。

平成一八年八月F病院の神経内科に行き、脳のいろいろな検査を受け、『若年性アルツハイマー病』と告知されました。告知されたときは大きな衝撃を受けました。

今後がどうなるのかがわかってきて、そのことを考えたら自分の人生は終わりだなあ、と思うようになりました。迷いと混乱で気持ちが落ち込んでいるとき、主治医のY先生から『若年認知症の会』があることを教えていただきました。どんな会なのかわからないまま、早速参加してみました。久し振りに人と話すことができました。話すことが楽しく、心から笑える自分がいたのです。仲間との出会いでした、もう一度生きようと思うようになりました。一番身近にいる家族に心配かけています。子供は何もいわず私たち夫婦を見守ってくれています。家内は私にとって一番大事な人です。生きるカギを握っています。家内を大事にしながら一緒に生きていきたいと思います。

人生には道がいくつもあります。どんなことになっても必ず道はあります。私と同じような病気になっても、人の目を気にせず、家に引きこもらず、外に出て人と話せるとよいと思います。病気を理解してもらうことで生きていくことが楽しくなります。私はこれから先、どうなるのかということよりも、今、生きていることに感謝し、アルツハイマー病も、必ずいつか治るときが来る、と信じて生きていこうと思います。

支えて下さった皆さんに心から感謝申し上げます」

2節　摂食・嚥下《えんげ》障害と配慮

1　正常な摂食・嚥下について

私たちは生きていくために、それ以上に楽しみのために毎日食べている。また、ダイエットは、テレビや雑誌で目にしないことがないくらい頻繁に出てくる用語である。それは、いかに食べることが、制御しがたいことなのかを物語っている。

この食べる行為を、食物の流れにそっていくつかの段階に分けてみる。まず、私たちはみて、または匂いをかいで食物があることを**認知**する。そして、その食べ物を口まで運ぶ（先行期）。それから、食物を口に取り込み、咀嚼《そしゃく》する（準備期）。咀嚼されて飲み込める形と

認知　視覚や聴覚など感覚器から入力されたものの内容や意味が理解されること。

咀嚼　かみくだくこと。

なった食物（食塊《しょっかい》）を喉《のど》まで送り込む（口腔《こうくう》期）。続けて食塊を食道の入り口（食道入口部）まで移送する（咽頭《いんとう》期）。食道入口部が開いて、食塊を胃まで移送する（食道期）。食塊の移送時間は、口腔期から咽頭期にかけて約一秒、食道期は液体で三秒、固形物で八秒ほどかかる。

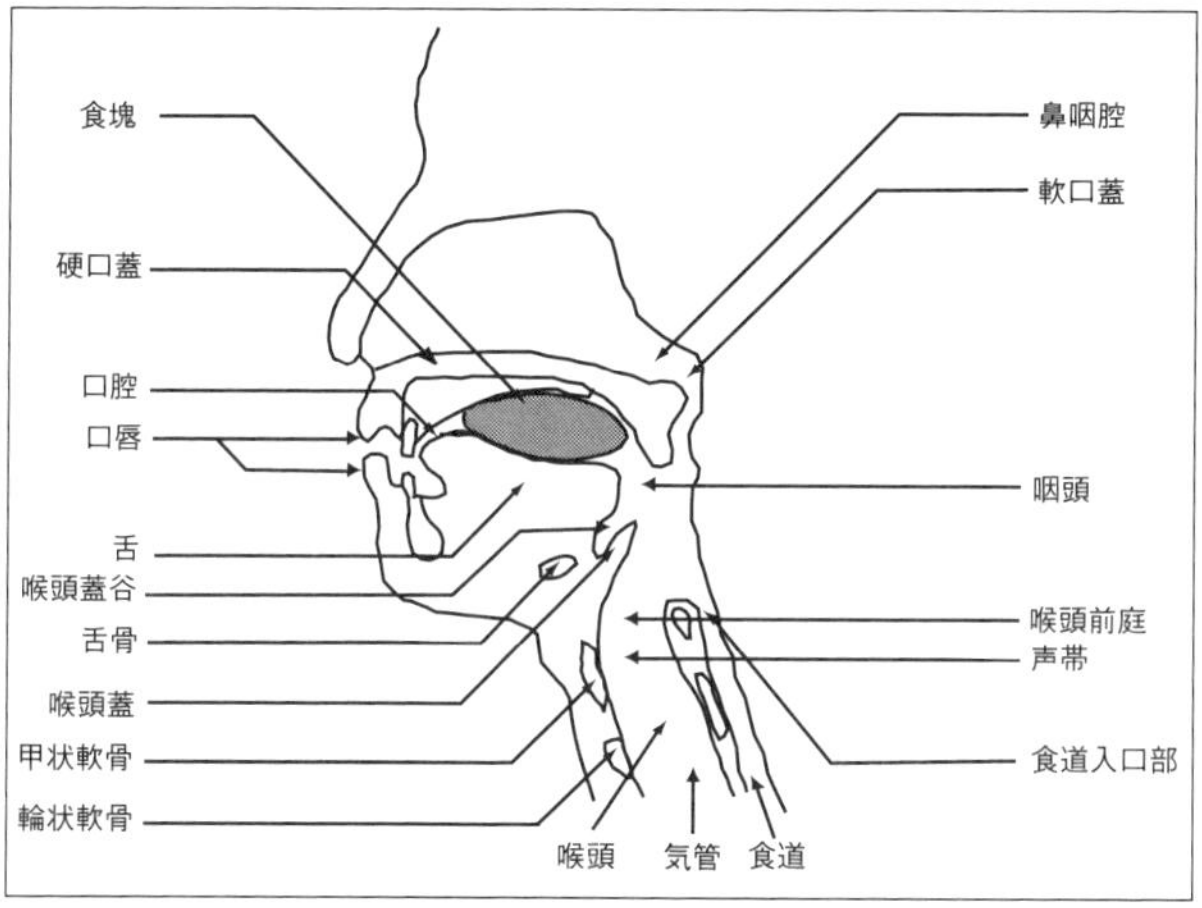

図21－4　嚥下に関係する器官

以上の段階で機能する器官は、視覚、嗅覚、味覚といった感覚器と、そこから得た情報を解釈するために、大脳皮質の働きが必要となってくる。咀嚼は、舌や咀嚼筋と呼ばれる筋群が絶妙なタイミングで動き、食物を粉砕し、唾液とこねることで食塊を形成する。口腔期では、主に舌の力によって食塊を後方に移送する。咽頭期では、咽頭の筋肉の収縮のみならず、重力も加わり食塊を胃の方向へ運んでいく。咽頭期は、気管との分岐点でもあるために、食塊が気管に入らないように、三重の防御がなされる。喉頭《こうとう》が挙上するのは、男性であれば喉仏が飲む込む際に上下することで、視覚的な確認ができる。また、喉頭のなかでは声帯が閉鎖して、それ以上の侵入を防ごうとする。喉頭蓋《こうとうがい》も倒れこんで、気管の入り口にフタをする役目をする。もし、この三重の防御を破って、食物が気管に侵入することを誤嚥《ごえん》という。私たちも時々、急いで飲んだり食べたりするとむせることがある。これは、誤嚥した異物を外へだそうとする防御反応である。食道入口部は、胃の内容物が逆流してこないように、嚥下時以外は閉じている。嚥下時は、食塊を通過させるために、通常は横から圧迫している喉頭が上方へ挙上する。そして、食道入口部を構成している筋肉が弛緩《しかん》することで、食塊は通過することができる。食道に入った食塊は、歯磨き粉をしぼりだすような蠕動《ぜんどう》運動によって、胃まで運ばれる。口腔期、咽頭期、食道期を嚥下とよび、先行期と準備期を加えた実際の食行動を摂食・嚥下とよぶ。

弛緩　ゆるむこと。

2　摂食・嚥下障害とは

正常な摂食・嚥下の過程が、病気や事故等の原因により、うまく営むことができなくなったことが摂食・嚥下障害である。つまり、食物を胃まで送ることができなくなることである。具体的に、正常な摂食・嚥下の過程と対応させてみていく。先行期では、極端な認知の問題があれば異食《いしょく》という行為がある。障害児や認知症患者が石鹸やティッシュペーパーなど食べ物ではないものを食べてしまう行為である。また、食物を口まで運ぶペースが速いと飲み込むことができる限界以上の食物を口中に溜め込み、誤嚥の要因になる。準備期では、口唇《こうしん》から食物がこぼれる。咀嚼筋がうまく働かないため、固いものがかめずにいつまでも食塊が形成できない。食塊を形成しているときに、一部の破砕《はさい》された食べ物が口腔内に残る（食物残滓《ざんし》）。口腔期では、舌の運動機能低下により、食塊を後方へ送り込めず、いつまでも口の中に残っていることがある。咽頭期の最大の問題は誤嚥である。誤嚥は窒息や肺炎の原因になる。また、誤嚥しなくても、十分な栄養量が確保できなければ病後の回復にも影響がでる。水分の摂取も不足すると、血液の濃度が上がり脳梗塞をおこしやすくなる。
また、食べることは人にとって大きな楽しみであり、その機会が失われるということはQOL（生活の質）を低下させることになる。

3　高齢者における摂食・嚥下障害

高齢者は、病気に罹患《りかん》する率が高いため、摂食・嚥下障害の原因となる脳血管障害等をおこすリスクは高くなる。また、それだけではなく老化することが摂食・嚥下器官に器質的および機能的な変化をもたらすことになる。まず、口腔内では歯の欠損や舌や咀嚼筋などの収縮力が弱まるために、固形物の咀嚼ができなくなり、丸呑《の》みするため窒息の危険性が高まる。また、唾液の分泌《ぶんぴつ》の低下も咀嚼機能に影響を与える。口腔内の感覚も低下するため、感覚情報が伝らず、次の嚥下の段階が遅れることがある。喉頭の挙上が遅れると、誤嚥の要因になる。また、喉頭は舌骨から靭帯《じんたい》や筋によってぶら下がった状態にある。加齢により靭帯や筋が伸びて喉頭の位置が下がった状態になる。このような状態であれば、喉頭の挙上距離がさらに長くなるため、結果として誤嚥しやすい状況になる。また、喉頭内の感覚も低下することから、誤嚥をしても防御反応としてむせることなく肺まで侵入してしまう「むせのない誤嚥」が高齢者では多くみられる。誤嚥をしても抵抗力があれば、必ずしも肺炎をおこすわけではない。しかし、高齢者の場合は、免疫力や全身の抵抗力が低下しているため、少量の誤嚥でも肺炎をおこしやすい。

罹患　病気にかかること。

4 摂食・嚥下障害への具体的対応

摂食・嚥下障害でまず重要なことは、口の中を清潔に保つことである。口腔内が食べかすなどで不潔な状態であれば、それが何かの拍子や就寝時に誤嚥する可能性は高い。また、たとえ絶食していても口の中は不潔になる。不潔な状態にしておけば感覚も低下し、嚥下機能がさらに悪くなる原因にもなる。食前、食後や絶食中でも、定期的な口腔ケアは嚥下障害への対応のまず第一歩になる。

摂食・嚥下障害への対応を大きく分けると、摂食・嚥下器官の機能を高める基礎的訓練と、食物の形態や姿勢の調整などを工夫し、安全を確認しながら食べていく摂食訓練がある。基礎的訓練を具体的にあげると、舌の動きが悪いことが嚥下障害の要因であると評価されたならば、介助しながら舌を動かしたり、発音の練習などを行い、舌の運動機能を向上させる。また、**嚥下反射**が起こりやすい口腔内の部位を凍らせた綿棒で刺激し、溶けた水と一緒に飲み込む訓練などもある。摂食訓練では、姿勢の調整が重要になる。私たちは座って食事するが、摂食・嚥下障害のある方は体を後傾させ、気管が上で食道が下の状態にした方が誤嚥の危険性を下げることができる。食物の形態としては、一般的にゼリーや卵どうふのような柔らかくのどごしがよいものの方が、安全に食べることができる。水様性のものは、落下するスピードが速いため喉頭の挙上が間に合わず誤嚥してしまうことが多い。クラッカーなどパサパサしたものは食塊形成がしにくく、一部が喉にはりついたりすることもあるので禁忌《きんき》である。一回に食べる量も多すぎると誤嚥の原因になるので注意を要する。食物の温度も飲み込みやすさに影響する。体温と温度差をもたせた方が、感覚として脳に伝わりやすいため、飲み込みやすくなる。しかし、体温よりあまり高くなるとやけどするため、冷たい方がより

嚥下反射　咽頭期は反射的におこなわれる。喉頭が挙上したり、咽頭が収縮するなど咽頭期の一連の動きを嚥下反射とよぶ。

安全で飲み込みやすい。食器やスプーンの選定にも注意が必要である。本人に合わない食器が姿勢の崩れを引き起こし、誤嚥する場合もある。食べるときの環境も重要である。できるだけ楽しく食事ができたほうがよいが、あまり騒がしいと食事に注意が集中できない人も多いので、配慮が必要である。認知症のある人などは、入院して環境が変わると、できていたことができなくなることが多い。脳卒中で入院した重度の認知症の人が、ベット上ではなかなか食事ができなかったため、担当の看護師が病室の一部を畳敷きにしてそこにお膳をおいて食事してもらったところ、笑顔が戻り食事も発症前と同じようにできるようになった。

まとめると、口腔ケアを基本的に行い、食べやすい状態の食物を、食べやすい食器や道具を使い、食べやすい姿勢で、食べやすい環境のなかで食べていくことが重要である。

22章　老年期の心理

1節　老年期をどうとらえるか

1　老年期はいつから始まるか

　老人福祉法では六五歳以上を対象としているところから、法律的にはこの年齢をもって「老年期」の始まりとしている。しかし、老人を理解する際のひとつのポイントとして、個人差の大きさがあげられ、さらには、「**老性自覚**」に関する研究や六〇歳以上を対象に内閣府が実施した「何歳から高齢者と思うか」という調査（二〇〇五）によると、七割以上の人が「七〇歳」と回答しているという結果などから考えても、一律に年齢を定めることは難しいということになる。つまり、個人的なものとして老年期の始まりを考えるなら、その人が「歳をとった」と自覚したときから始まるといえるのではないか。

　なお、**ニューガーテン**は、六五～七四歳を「**前期高齢期**」、七五歳以上を「**後期高齢期**」として区別しているが、七五歳を境にして、アルツハイマー病など慢性疾患に罹患する割合が増加すること、心身に障害を抱えて自立生活が困難になる人の割合が増加することなどから、この区分は妥当なものと考えられている。

老性自覚　自分が「歳をとった」と思うようになること。自らの内的要因（疲れやすくなった、老眼になったなど）および外的要因（孫の誕生、定年退職など）が考えられる。

ニューガーテン
(Neugarten, B. L. 1979 Time, age, and the life cycle. *American Journal of Psychiatry*, 136, 887-894)

前期高齢期・後期高齢期
young old、old old として示した。なお後年、平均余命の伸長にともなって、八五歳以上を oldest old（超高齢期）と呼ぶことも提案されている。

2　老年期の発達課題

ハヴィガーストは、老年期（成熟期：六〇歳以降）の発達課題として、①肉体的な強さと健康の衰退に適応すること、②隠退《いんたい》と減少した収入に適応すること、③配偶者の死に適応すること、④自分と同年配の老人たちと明るい親密な関係を確立すること、⑤社会的役割を柔軟に受け入れて、それに適応すること、⑥物質的に満足できるよう準備態勢を確立すること、の六つをあげている。また、**ニューマン**も、①老化にともなう身体的変化に対する対応、②新しい役割へのエネルギーの再方向づけ、③自分の人生の受容、④死に対する見方を確立する、の四つをあげている。さらに**エリクソン**は、心理社会的危機として「（自我の）統合対絶望」として表現している。

以上のことからわかるように、老年期においては、変化に対する対処（ハヴィガーストの①②、ニューマンの①）が第一の課題となるが、その課題をうまくこなすためには、まず、これまでの人生を受容すること（ニューマン③）を土台として、新しい課題にとり組むこと（ハヴィガーストの④⑤、ニューマンの②）が必要になってくるということになろう。これが適切にできれば、エリクソンのいう「自我の統合」が実現することになる。

ハヴィガースト（Havighurst, R. J.）

ニューマン（Newman, B. M. & Newman, P. R.）
ニューマン著、福富護訳『新版生涯発達心理学』川島書店、一九八八年。

エリクソン（Erikson, E. H.）

3　喪失と成熟

かつて老年期は「喪失の時期」としてとらえられていた。「四つの喪失」といわれ、①心身の健康の喪失、②経済的基盤の喪失、③社会的つながりの喪失、④生きる目的の喪失、があげられていた（長谷川、一九七五）。老年期を迎えると、多かれ少なかれ、遅かれ早かれ、上記の喪失を経験することは避けられない事実といえるであろう。しかし、だからといって、老年期を「喪失期」ととらえるのが正しいであろうか？

高齢者は、「喪失」をただ受け身的に受け入れる存在ではない。むしろ、その喪失を遅らせたり、それに対処するために積極的に行動したりする存在であると解釈すべきではないかと思われる。井上勝也は、このことに関して「喪失期どころか、その意味で老年期を『挑戦期』と呼ぶ方がよりふさわしいのではないだろうか」と述べている。

その意味では、ハヴィガーストが「成熟期」と命名しているように、老年期は、人生において新たな成熟を果たす時期であるととらえることができる。老年期を「**後期成熟期**」と呼ぶことがあるということも、知っておく必要があろう。

後期成熟期　英語ではlater maturity。

4　この節のまとめ

老年期は、いろいろな側面において「**適応**」が求められる時期である。いい換えれば、さまざまな変化を経験するために、それにどう対処するかという課題が多くあるということになる。しかも、生涯発達という視点からすれば、発達は積み重ねであるから、それまでどのような人生を送ってきたか（どのような経験を積み重ねてきたか）ということが、老年期への適応に大きく影響してくる。したがって、個々の高齢者をきちんと理解するためには、これまでどう生きてきたか（過去）、いまどう生きているか（現在）、これからどう生きていこうとしているか（未来）の、それぞれに対する本人の主観的認知を踏まえて考えなければならない。そういう意味で、高齢者はとくに、生活史的、主観的存在なのである。

適応　生活体が外的な環境との間に調和を保つことであるが、人の場合、社会の規範に従ったり、よい人間関係を保つ外的適応と、自分自身の内的な要求の調和や、自己満足、自己受容、自尊感情などを得る内的適応がある。

2節　老年期と障害

1　老化ということ

「エイジング」ということばは、「加齢」とも「老化」とも訳されるが、ほぼ同じ意味だと考えていいだろう。

発達心理学用語辞典によると、老化とは、「心身が加齢につれて老いていく一連の過程のことであり」と説明した後に、「しかし、老化も老年期も厳密に定義するのは難しい」としたうえで、一九五一年の国際老年学会における見解が紹介されている。それによると、①環境の変化に適応するための組織、機能の欠損、②自己の統合能力の減退、③生体の器官、組織、機能の衰退、④適応性の漸進的欠損、⑤組織および機能の貯蔵の消耗による適応の減退、⑥加齢にともなう一連の変化、とくに身体的・精神的機能の欠損の六つがあげられている。

2　いろいろな機能の加齢的変化と障害

加齢にともなって、感覚・知覚機能（視覚、聴覚、嗅覚、味覚、皮膚感覚）の衰えがみられる。知的機能のうち、**結晶性知能**はかなり高齢まで能力が維持されるが、**流動性知能**は、六〇歳を境に急激に落ち込むとされている。記憶に関しては、**短期記憶**、再生においてとくに影響が大きい。また、有病率も高まり、糖尿病、高血圧、白内障、関節リウマチなど複数の病気をもつ高齢者も少なくない。

精神障害については、「多病性」「多因性」「非定型性」ということがいわれている。多病

エイジング　英語ではaging。

結晶性知能　これまでの学習や経験と深く結びついた知識や判断力、問題解決と関わる能力（言語性知能と同じ内容と考えられている）。

流動性知能　新しいことを学習したり、新しい環境に適応したりする能力（神経系の機能の基で決定される能力で、動作性知能に近いと考えられている）。

(Horn, J. L. & Cattell, R. B. 1966 Refinement and test of the theory of fluid and crystallized general intelligence, *Journal of Educational Psychology*, 57, 253-270)

性とは、異なった精神病像が同時に現れてくることをいい、老年期においては、生物学的要因に加えて、身体的脆弱《ぜいじやく》化、社会的依存度の増大などの心因、さらには、身体因（病気）などさまざまな要因が発症に関わってくる（多因性）。また、青年期にみられるような臨床病像が定型的でなくなるという特徴（非定型性）も指摘されている。

老年期にみられる主な精神障害としては、老人性認知症（かつては老人性痴呆症と呼ばれた）、老年期のうつ病、老年期の意識障害などがあげられるが、ここでは、うつ病（うつ状態）と意識障害について説明しておく。

老年期のうつ病（うつ状態）は、精神症状としては、気分の抑うつ、不安、焦燥、自責、希死念慮、**心気妄想**、罪業妄想、貧困妄想を呈し、身体症状としては、不眠、食欲不振、便秘、けん怠、頭重、頻尿をはじめとしてさまざまな訴えがあるという。うつ病の発症の背景には、多くの場合、身体的な病気があることが知られており、それに加えて、精神的・経済的自立の危機、離別体験、自己評価の低下などの社会的要因が関わってくるとされている。

意識障害は、「せん妄」という形で表れることが多い。せん妄とは「広範な脳機能低下に基づく、一過性の認知障害によって特徴づけられる精神医学的症候群」と説明されるが、具体的には、幻覚や妄想、精神運動興奮を主症状とする。被害妄想が主であるが、老化にともなって誇大妄想に進行する場合もあるという。高齢者にかぎらないが、せん妄の成因は、①脳器質的病変（脳萎縮や脳梗塞など）を背景にしたもの、②身体疾患による二次的なもの、③薬物の過剰反応によるもの、④嗜癖性物質（アルコールなど）の離脱によるものに分けられている。

短期記憶　手帳を見て電話番号を確認して、電話をかけるときのように秒単位でしかとどまることのない記憶。

心気妄想　自分は病気ではないかという妄想。さまざまな症状を訴えて診察を受けたりするが、身体的な原因は発見されない。

うつ病　10章参照のこと。

3　失語症

（1）失語症とは

脳血管性出血と脳梗塞を合わせて「脳卒中」と呼ぶが、脳卒中は脳血管性認知症を引き起こすとともに、「失語症」の病因でもある。言語は高次大脳機能の重要な一部であるから、言語に関係する脳内の領域（言語野）が何らかの理由で破壊されると、言語活動が破綻する。これを、失語症と呼ぶ。つまり、失語症とは、①大脳の特定部位（通常は左半球の言語野と呼ばれる部位）の器質的損傷による、②言語の表出と理解の障害である、③「失語症候群」を形成する（福沢、一九九一）。

失語症を引き起こす脳血管障害では、損傷部位として、左半球第三前頭回（ブローカ中枢）、第一側頭回後部（ウェルニッケ中枢）、角回、縁上回、島などが知られているが、これらのどの部位がどの程度損傷されるかによって、失語症の臨床タイプおよび重症度が決まってくる。また、言語にみられる障害は、音声言語（話す・聞く）のみならず、文字言語（読む・書く）にも認められる。さらに、失語症患者の言語症状は、いくつかの症状の集合としてみられることが多いため「症候群」としてとらえられているのである。

（2）失語症のタイプ

(a)ブローカ失語（運動性失語症・表出性失語）

非流暢タイプで、聴覚的理解は比較的良好であるが、音声言語の表出面の障害が特徴的である。話そうとするときに、構音器官がう

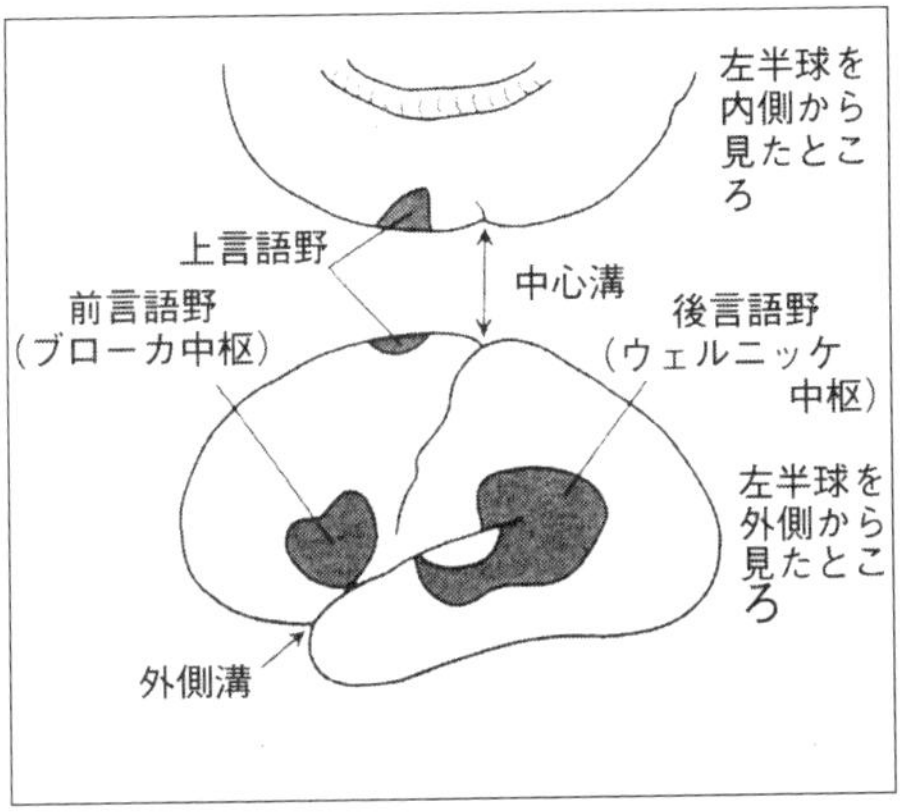

図22－1　左大脳半球にある言語野
（高木貞敬『脳を育てる』岩波書店、1996年）

まく働かず、構音のぎこちなさが発話全体にみられ、プロソディーの障害が出現し、とぎれとぎれの話し方になる。文字言語にも同じような特徴がみられ、読めるが書けないという症状を示す。

(b)ウェルニッケ失語（感覚性失語症・受容性失語）

流暢タイプの失語で、聴覚的理解に障害があり、聴覚的理解力の低下による復唱の障害もみられる。ブローカ失語にみられる構音の障害はなく、プロソディーも正常であるが、錯語や錯文法が発話中に多く出現し、文脈も乱れるため、発話全体の理解は不可能という場合もある。

(c)健忘失語（失名詞失語）

流暢タイプの失語で、聴覚的理解も復唱も良好であり、文法的に正しいことばづかいをするが、喚語《かんご》困難《こんなん》が前面に出るのが特徴である。錯語がない点、聴覚的理解が良好な点が、ウェルニッケ失語とは異なる。

(d)伝導失語

ウェルニッケ領域とブローカ領域を結合する弓状束の損傷で生じるとされている失語である。流暢タイプで、聴覚的理解が良好だが、復唱が障害される。音韻性の錯語が出現するが、自分の錯語をモニターでき、その誤りを訂正しようとする傾向がみられる。

(e)超皮質性失語

ウェルニッケ・ブローカ領域が他の領域と離断するために生じる失語とされている。言語野孤立症候群とも呼ばれている。復唱だけが良好に保たれているのが特徴である。

非流暢タイプ・流暢タイプ
言語表出に障害がある場合は「非流暢」、ない場合は「流暢」と呼ぶ。

プロソディー 発話の抑揚、発話の速さなどをまとめてプロソディーと呼ぶ。

(f)全失語

左半球が広範囲に障害される場合に起こる失語症であり、不可逆性失語と呼ばれる場合もある。一般に言語機能の回復が悪いか、ほとんど認められないケースが多い。

なお、失語症状に加えて、片麻痺、**失行**、**失認**、精神活動の低下などさまざまな合併症をともなうことが多いため、臨床像が複雑になる場合が少なくない。

（3）失語症の主な症状

言語によるコミュニケーションの障害が失語症における最大の障害であることはいうまでもないが、一般に、自動的言語（決まり文句や挨拶、感情を表すことばなど）や具体的なことばは比較的良好に保たれるが、言語の抽象性、複雑さが増すにつれて障害度が増すといわれており、また、失語症発症前の言語能力、言語習慣、その他の心理・社会的要因が関与するため、個々の失語症患者が示す症状は複雑多岐にわたることになる。主な症状をあげてみると、以下のようになる。

(1)喚語障害（喚語困難）：表現したい意味内容のことば（語）を適切に選択し、その語を正しく想い起こすことが困難な状態または症状。

(2)錯語：喚語困難を生じると、いいたい内容が正しく表現できず、「電話」を「時計」というなど別のことばでいう（語性錯語）、「手袋」を「てづつろ」や「てくろ」というなど、語音の置換や省略等を示したり（音韻性錯語・字性錯語）する。この症状を錯語という。文法的な誤りは「錯文法」という。

(3)迂回反応・遅延反応：「タオル」に対して、「こうやって手を拭くもの」など、いおうとすることばの用途や形状等をいうのが迂回反応、時間がかかってやっと目指すことばを

失行・失認　認知障害の症状で、日常的によく行っていることのやり方がわからなくなったり（失行）、目はみえているのにものがわからない、よく知っている道で迷子になるなど（失認）を指す。

思い出すのが遅延反応。

（4）言語治療士（スピーチセラピスト）について

本来ならここで、失語症の治療について説明しなければならないのだが、そのためには、障害の正しい評価・診断と治療方針の設定を含めて、内容が多岐にわたるので、紙数の関係上、ここでは、言語治療にあたるスタッフの一人である「言語治療士」について説明しておく。

正式名称は、言語聴覚士であるが、「厚生大臣の免許を受けて、言語聴覚士の名称を用いて、音声機能、言語機能または聴覚に障害のある者について、その機能の維持向上を図るため、言語訓練その他の訓練、これに必要な検査、指導その他の援助を行うことを業とする者を言う」と定義されている（言語聴覚士法、一九九七）。国家資格であり、免許をもっている人以外は「言語聴覚士」と名乗ることができない（名称独占）ことになっている。言語聴覚士養成の専門学校等も各地に存在している。

4　老年期の理解にむけて

ライチャードは、老年期への適応の型を、以下の五つのタイプとして説明している。すなわち、①円熟型（過去の自分を後悔することなく受け入れ、未来に対しても現実的な展望をもっている）、②安楽椅子型（受身的消極的な態度で現実を受け入れている。隠退したという事実に甘んじて安楽に暮らそうとする）、③装甲型（老化への不安に対して強い防衛的態度で臨み、若いときの活動水準を維持し続けようとする）、④憤慨型（自分の過去や老化の事実を受け入れることができず、その態度が他者への非難や攻撃という形で表れる）、⑤自責型（過去の人生を失敗とみな

ライチャード（Reichard, S., Livson, F. and Petersen, P. G. 1962 Aging and Personality, John Wiley & Sons）

し自分を責める）である。

「老いの受容」とか「老年期への適応」とかいわれるが、老いは誰もが迎えるものでありながら、変化の大きさの故に、それをどのように受け入れるか、ということは老年期の大きな課題である。また、平均余命が延びるにつれて、老年期が長くなってきている。老年期をどのように迎え、どのように過ごすかについては、ライチャードの類型にみられるように、これまで過ごしてきた過去を、どのように評価するかという個人的な要因が大きく関連していることは事実だが、同時に、社会のなかで高齢者がどのように位置づけられているかという社会的な要因も関わってくる。「**エイジズム**」（年齢差別）や「若さ好きの老い嫌い」という傾向のある社会においては、老いることは否定的な評価につながり、適応が難しくなる要因となる可能性がある。

ＱＯＬは、一般には「生活の質」と訳されているが、「生命の質」ととらえることもできる。高齢者をとり巻く環境がどのような状態にあるかだけでなく、高齢者自身が主体的にどのように生きようとしているか、ということも含めて「生命の質」と考えることができるのではないだろうか。このことに関連して、エリクソンが老年期の危機課題を「自我の統合対絶望」とし、その危機が克服されたときの成果として「知恵」という徳の獲得がもたらされる、としていることが注目される。**バルテス**は、この知恵を「人生において、重要であるが不確かな出来事に対する優れた判断能力」と定義しているが、知能はだんだん低下していくが、知恵においては、エイジングによる低下はみられないということが、一般的な研究結果として示されている。高齢者の「知恵」が十分に活用されるような社会づくりが課題であろう。

エイジズム（ageism）　一種の年齢差別で、老いや高齢者に対する誤解や偏見、ステレオタイプのことである。すなわち、高齢者は皆、病気がち、老衰している、性感情・性的能力がない、いつもじっと座っている、疲れ切っているなどの思いこみで、これを英語の表記から「5S」と呼ぶ。

バルテス（Baltes, P. B. and Lindenberger, U.　1997　Emergence of a powerful connection between sensory and cognitive functions across the adult life span: A new window to the study of cognitive aging? *Psychology and Aging*, 12, 12-21）

◇支援知識シリーズ7◇

介護・福祉業務に携わる国家資格とその養成課程

――福祉系専門学校・大学とカリキュラム（心理学関係も含む）

ホームヘルパー

介護業務に従事する主な人材として、ホームヘルパー（訪問介護員）と介護福祉士がある。ホームヘルパーは、高齢者や心身に障害をもつなど、日常生活で困難の多い人の家庭を訪問し、身体介護や家事援助、相談・助言を行い、介護が必要な人が、より充実した日常生活を送れるようにサポートする。ホームヘルパー資格には一級から三級まであるが、介護サービスに携わるためには基本的に二級以上の資格が求められる。各資格は、定められた時間の研修課程を受講すれば取得でき、一級は二三〇時間、二級は一三〇時間となっている。実施される講座によっては、一定時間の実技スクーリングと現場実習以外の講義の部分を、通信教育により取得できるものもある。一級課程は、二級課程を修了した者を対象に、居宅介護サービスを提供する責任者が行う業務に関する知識および技術を修得し、二級課程は、実際に居宅で介護するための知識・技術を修得する。

国の福祉人材確保政策としては、介護業務に従事するための資格を介護福祉士に一本化する方向で考えられている。そこで、ホームヘルパー資格取得者も、介護サービスの質向上のためにも、介護福祉士の資格を取得することが望まれる。ホームヘルパー資格取得者が介護福祉士国家試験を受験するためには、図1の「実務経験ルート」のとおり、実務経験三年以上でかつ養成施設での六カ月以上の学習、あるいは、介護職員基礎研修受講後、実務経験二年以上が必要となる。

介護福祉士・社会福祉士

福祉業務に携わる国家資格として、介護福祉士、社会福祉士がある。介護福祉士は、高齢者や心身に障害があることにより日常生活を営むのに支障がある人に、心身の状況に応じた介護を行い、その人および介護者に対して指導を行う。一方、社会福祉士は、高齢者や心身に障害があることにより日常生活を営むのに支障がある人の福祉に関する相談に応じ、助言や指導を主に行う。ともに国家試験を受験して取得する。各試験の合格率は、介護福祉士が約五〇パーセント、社会福祉士が約三〇パーセント弱である。これらの国家試験を受験するための資格が規定されている。

介護福祉士国家試験受験資格は図1のように、前述の実務経験ルートの他に、介護福祉士養成施設ルートと福祉系高校ルートがある。介護福祉士養成施設（二年以上）は、厚生労働大臣が指定する高等教育機関で、専門学校、短期大学、大学であり、このなかでも、専門学校数の割合が大きい（二〇〇七年度六割強）。介護福祉士養成の専門学校では、各学校

図１　介護福祉士資格取得ルート図

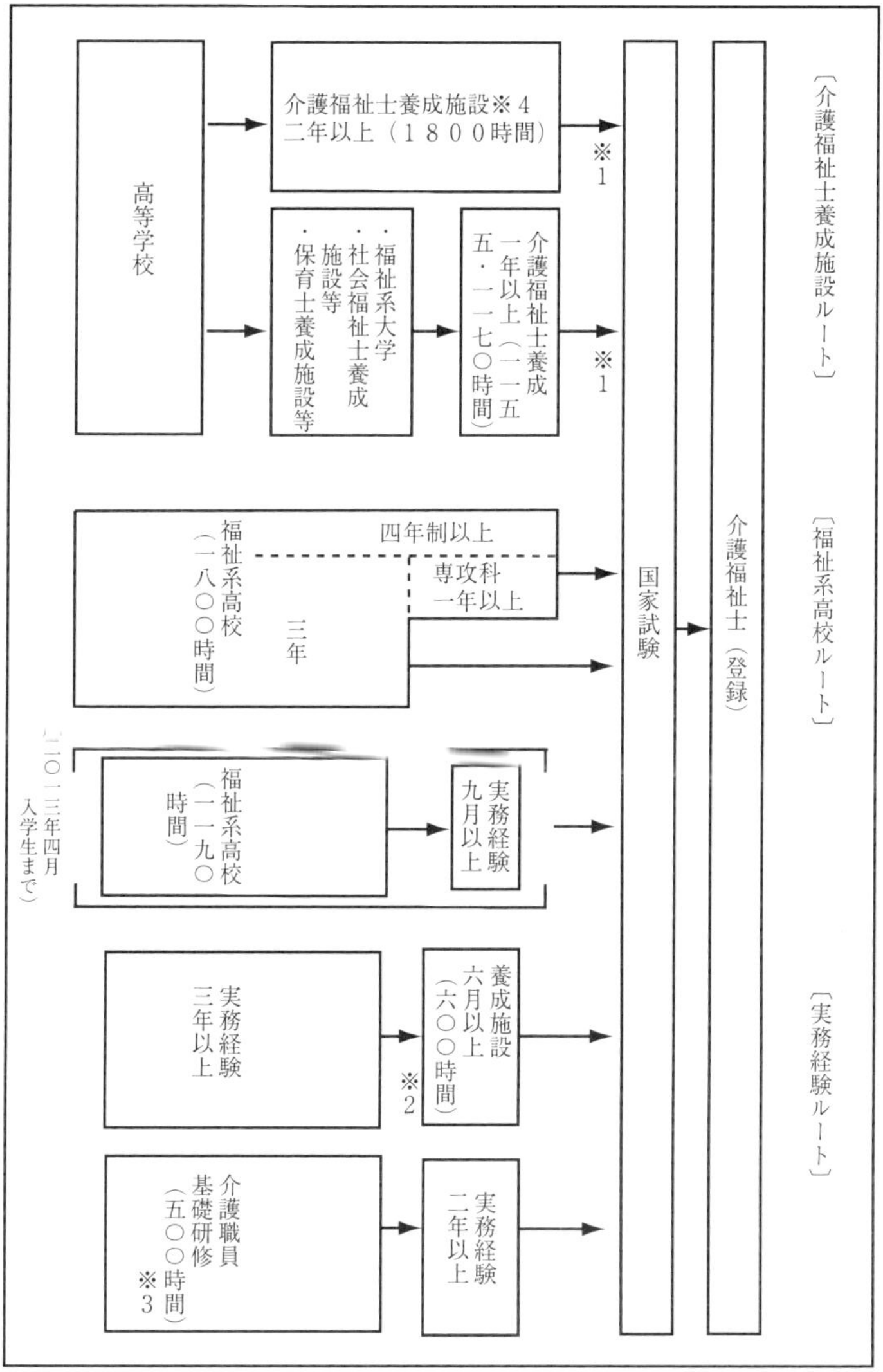

※１　2013年３月卒業生から受験。
※２　2013年１月以降国家試験受験者から600時間の学習が必要。
※３　ホームヘルパー１・２級取得者は一部研修科目受講免除。
※４　介護福祉士養成施設：厚生労働省から指定を受けた、大学、短期大学、専門学校等。

図２　社会福祉士資格取得ルート図

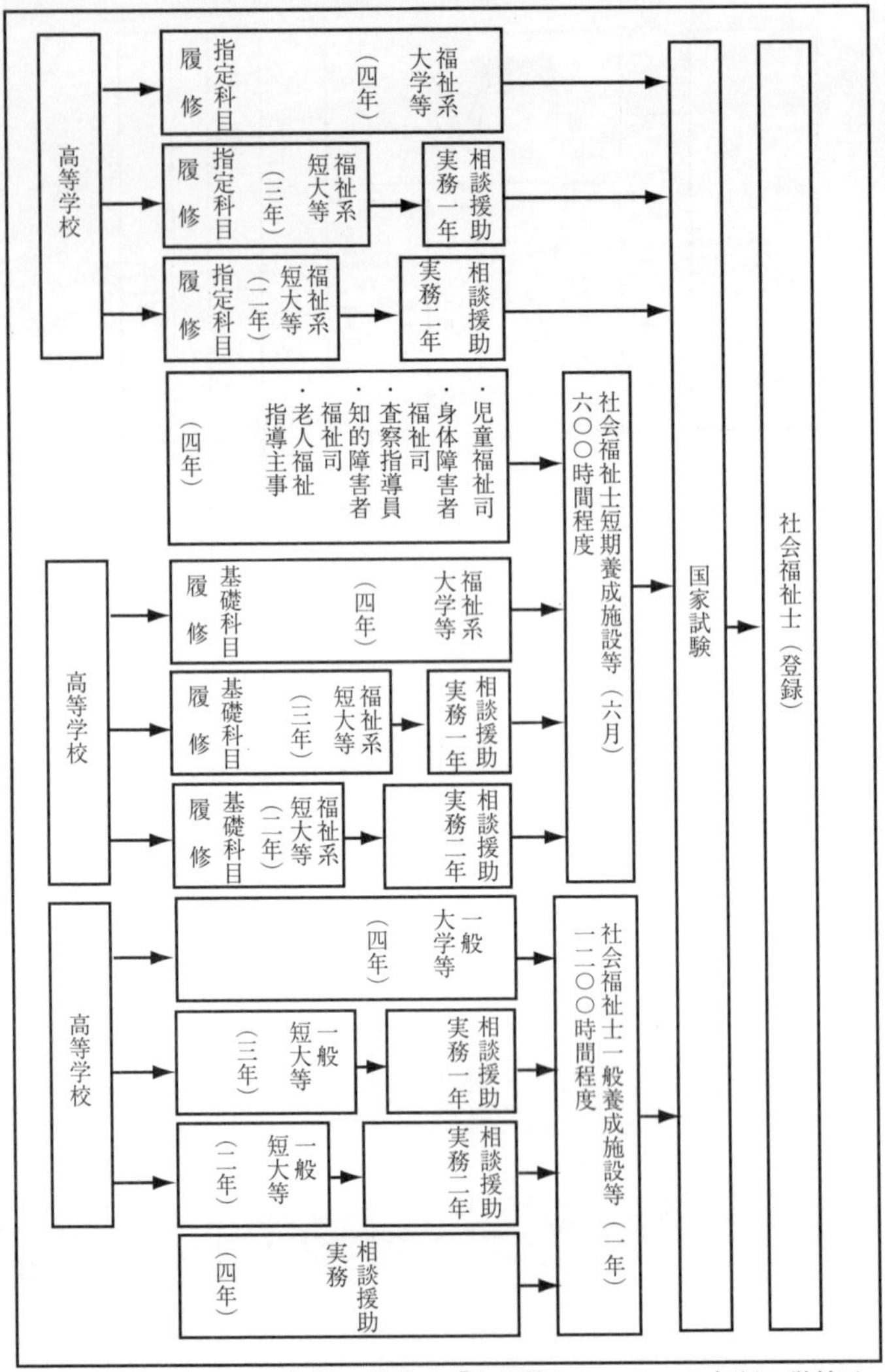

※専門学校のうち、４年制の学校は「大学等」に、２・３年制の学校は「短大等」に含まれる。

の特長を活かし介護福祉士を養成している。最短二年間で介護福祉士受験資格が取得でき、また、介護福祉士受験資格だけでなく、関連するいろいろな資格（レクリエーションインストラクターや福祉環境コーディネーター、家庭料理検定など）を取得できる学校も多い。

介護福祉士・社会福祉士制度は、時代とともに介護・福祉ニーズの多様化・高度化に対応し、人材の確保・資質の向上を図ることが求められ、制度の見直し等が行われた。とくに介護福祉士養成制度の大きな見直しがあり、介護福祉士国家資格取得方法を一元化（すべての者は一定の教育プロセスを経た後に国家試験を受験することに）した。それにより、国家試験受験が免除されていた養成施設ルートも、二〇一三年三月卒業生（二年制の学校は二〇一一年四月、四年制の学校は二〇〇九年四月入学生）から受験が必要となった。

また、社会福祉士国家試験受験資格は、図2のように多様なルートがある。このなかで専門学校は、四年制の学校は大学等に、二・三年制の学校は短大等に含まれる。

介護福祉士および社会福祉士資格は、国家資格であるが医師や弁護士のように「業務独占資格」（資格をもっていないとその業務ができない）ではなく、「名称独占資格」である。「名称独占資格」とは、資格をもっていないとその業務ができないということはないが、資格をもたないものが介護福祉士や社会福祉士という名称を勝手に使用してはならないという資格であり、専門職としての水準の高さを表すものである。

ケアマネージャー

介護福祉士のキャリアアップとして、ケアマネージャー（介護支援専門員）がある。これは、高齢者のニーズを十分に把握したうえで、介護保険のサービスの種類や内容、利用できる事業所の情報を提供して、高齢者およびその家族が選択できるようにする専門職である。介護福祉士や社会福祉士など特定の国家資格取得者は、五年以上の実務経験で受験することができる。

介護福祉士養成施設のカリキュラム

介護福祉士制度の見直しにともない、新しい介護福祉士養成カリキュラムも改正された。個々の科目を指定する縦割りの科目構造から、その人らしい生活を支えるために必要な介護福祉士としての専門的知識を学ぶ「介護」と、「介護」に必要な周辺知識を学ぶ「人間と社会」「こころとからだのしくみ」の三領域に再構成された。全体の時間数も、養成施設は一六五〇時間から、福祉系高校は一〇九〇時間からともに一八〇〇時間へと増加となった。

従来の介護現場では、入浴・排泄・食事のいわゆる「三大介護」が重視され、ともすれば身体介護に関心がむけられる傾向があったが、増大している認知証や知的障害、精神障害、発達障害等の分野に対応していくために、心理学的社会的なケアも重視していく必要性がある。そこで、心理学関係の講義の割合も増し、「こころとからだのしくみ」の領域のなかで、「発達と老化の理解」、「認知症の理解」、「障害の理解」、「こころとからだのしくみ」という教育内容で心理的な側面や身体的な事柄について学ぶ。

あとがき

田中農夫男先生の監修による障害児心理のテキストは、福村出版からのものだけで、この本で四冊目となります。一冊目は、一九八〇年に出版された『心身障害児の心理』で、全一一章からなり、田中先生を含めて東北大学教育学部で心理学や障害学を学んだ研究者が中心的な執筆者になっていました。二冊目は、一九九四年の『心身障害児の心理と指導』で、内容が一二章と増え、「学習障害児」「障害幼児」などが新しくとりあげられています。三冊目は、『障害者の心理と支援――教育・福祉・生活』で二〇〇一年に出版されました。編者として、田中先生のほかに、池田勝昭、後藤守、木村進の三人が参加しています。全二六章と内容が大幅に増え、副題にあるように、生活と福祉の視点が大きくとりあげられ、タイトルが「障害者」に変更になったことから、生涯発達としての視点が加えられました。

本書は、このような積み重ねのうえに、その集大成として編集されたものです。大学や専門学校で使用される教科書としての使いやすさを意識した編集を心がけましたが、同時に「生活者」である（子どもを含む）障害者を理解するための概論書としても位置づけられるものです。

出版にあたり、企画の段階、執筆者の選定と依頼、編集と丁寧にご助言等をいただいた福村出版をはじめ、関係者の皆様に心から感謝申しあげます。

二〇〇九年一月二三日

木村　進

日本老年精神医学会（監訳） 2005 痴呆の行動と心理症状——BPSD アルタ出版
小野寺敦志 2008 事例で学ぶ新しい認知症介護 中央法規出版
認知症介護研究・研修東京センター・同仙台センター・同大阪センター（監修） 2008 認知症の基礎知識 中央法規出版 62, 92, 94, 96, 98, 124, 148.
栗山勝 2008 アルツハイマー病“正しい治療がわかる本” 法研

21章2節

藤島一郎 2007 脳卒中の摂食・嚥下障害 第2版 医歯薬出版
山田好秋 1999 よくわかる摂食・嚥下のしくみ 医歯薬出版

22章

井上勝也・木村周（編） 1993 老年心理学 朝倉書店
井上勝也（責任編集） 1997 老人の心理と援助 メヂカルフレンド社
長谷川和夫・賀集竹子（編） 1975 老人の心理 医学書院
Belsky, J. 1999 The Psychology of Aging (3rd ed.) Brooks/ Cole Publishing Company
谷口幸一ほか（編） 2007 エイジング心理学 北大路書房
松田 修ほか（著） 2005 老年臨床心理学 有斐閣
二宮克美ほか（編） 2006 ガイドライン生涯発達心理学 ナカニシヤ出版
前原武子（編） 2008 発達支援のための生涯発達心理学 ナカニシヤ出版
山本多喜司（監修） 1991 発達心理学用語辞典 北大路書房

本郷一夫他　2007　保育の場における「気になる」子どもの理解と対応に関するコンサルテーションの効果　LD研究，16（3），254―264．
本郷一夫（編著）　2008　障害児保育　建帛社
本郷一夫（編著）　2008　子どもの理解と支援のための発達アセスメント　有斐閣
小枝達也他（編著）　ADHD，LD，HFPDD，軽度MR児　保健指導マニュアル　ちょっと気になる子どもたちへの贈りもの　診断と治療社
ウイング，L.（久保紘章・佐々木正美・清水康夫監訳）　1998　自閉症スペクトル――親と専門家のためのガイドブック　東京書籍

19章
阿部芳久　2006　知的障害児の特別支援教育入門　日本文化科学社
文部科学省　2007　改訂版　通級による指導の手引き　解説とQ&A　第一法規
文部科学省　2007　特別支援教育の推進について（通知）
文部科学省　2008　ホームページ　http://www.mext.go.jp/
文部科学省　2003　今後の特別支援教育の在り方について（最終報告）
文部科学省　2005　特別支援教育を推進するための制度の在り方について（答申）

20章
APA　2000　高橋三郎・大野裕・染矢俊幸訳　2002　DSM－IV－TR　精神疾患の分類と診断の手引　医学書院
Atkinson, R. C., & Shiffrin, R. M.　1971　The control of short-term memory　*Scientific American*, 225, 82-90.
Baddeley, A. D.　1990　*Human memory: Theory and practice*. Boston: Allyn and Bacon.
Craik, F. I. M.　1986　A functional account of age difference in memory. *Human memory and cognitive capabilities, mechanism, and performance*. 409-422.
古橋啓介　2003　記憶の加齢変化　心理学評論，45，466－479．
石原治　2008　エピソード記憶・意味記憶　太田信夫・多鹿秀継（編）　記憶の生涯発達心理学　北大路書房
加藤伸司・長谷川和夫他　1991　改訂長谷川式簡易知能評価スケール（HDS－R）の作成，老年精神医学雑誌，2，1339－1347．
Kaufman, A. S., & Lichtenberger, E. O.　1999　Essentials of WAIS-Ⅲ Assessment. NewYork: John Wiley & Sons.
厚生労働省　2008　人口動態調査　厚生労働統計
Wechsler, D.　1944　The measurement of adult intelligence (3rd ed.). Baltimore: Williams & Wilkins.

21章1節
寺沢宏次　2007　脳のしくみがわかる本　成美堂　164－167．
遠藤英俊　2008　認知症・アルツハイマー病がよくわかる本　主婦の友社
南山堂医学大辞典編集委員会（編）　1990　南山堂医学大辞典（第17版）　南山堂，1270
長谷川和夫　2008　認知症のケア　永井書店，83－93．
山敷祐亮（監修）　2007　認知症ケアの本質　医歯薬出版株式会社，29－45．
長谷川和夫　2006　認知症診療のこれまでとこれから　永井書店

15章
今野義孝　1990　障害児の発達を促す動作法　学苑社
今野義孝　1997「癒し」のボディ・ワーク　学苑社
今野義孝　2005　とけあい動作法　学苑社
成瀬悟策　1973　心理学的リハビリテイション　誠信書房
成瀬悟策編　1984　障害児のための動作法　東京書籍
成瀬悟策　2000　臨床動作法の理論（日本臨床動作学会編　臨床動作法の基礎と展開）コレール社
杉山登志郎　2006　子どもの虐待と発達障害――第４の発達障害としての子ども虐待　小児の精神と神経，46（１），7－17.
鶴光代　2007　臨床動作法への招待　金剛出版
大野博之　2005　SART 主動型リラクセーション療法　九州大学出版会

16章
シャーロック，R.（編）　三谷嘉明・岩崎正子（訳）　1994　知的障害・発達障害を持つ人のＱＯＬ――ノーマライゼーションを超えて　医歯薬出版
手嶋登志子　2006　食介護論　日本医療企画
萬代隆・藤田晴康・神田清子　2003　看護に活かす QOL 評価　中山書店
田崎美弥子・中根允文　2007　WHOQOL26 手引改訂版　金子書房
和田実・柏尾眞津子・伊藤君男・増田匡裕　2008　心理学入門――こころと行動の科学　川島書店

17章
小林重雄（監修）　山本淳一・加藤哲文（編）　1997　応用行動分析学入門――障害児・者のコミュニケーション行動の実現を目指す　学苑社
松為信雄・菊池恵美子（編）　2006　職業リハビリテーション学（改訂第２版）　協同医書出版社
望月昭（編）　2007　対人援助の心理学　朝倉心理学講座17　朝倉書店
小川浩　2001　重度障害者の就労支援のためのジョブコーチ入門　エンパワメント研究所
大南英明（監修）　NPO テクノシップ／職業教育研究会（編）　2006　知的障害者の企業就労支援 Q&A　日本文化科学社
世田谷区立知的障害者就労支援センターすきっぷ（編）　2005　こうすれば働ける！　新しい就労システムへの挑戦　エンパワメント研究所
特定非営利活動法人大阪障害者雇用支援ネットワーク（編）　2004　障害のある人の雇用・就労支援 Q&A　中央法規出版
梅永雄二（編）　2004　こんなサポートがあれば！　LD、ADHD、アスペルガー症候群、高機能自閉症の人たち自身の声　エンパワメント研究所
山本淳一・池田聡子　2007　できる！をのばす行動と学習の支援　応用行動分析によるポジティブ思考の特別支援教育　日本標準

18章
本郷一夫（編著）　2006　保育の場における「気になる」子どもの理解と対応――特別支援教育への接続　ブレーン出版

植村勝彦・高畠克子他（編） 2006 よくわかるコミュニティ心理学 ミネルヴァ書房
大塚義孝・岡堂哲雄他（編） 2004 臨床心理学的コミュニティ援助論 誠心書房
小澤温（編） 2003 よくわかる障害者福祉 ミネルヴァ書房
芝田裕一（著） 2007 視覚障害児の理解と支援 北大路書房
志村健一・岩田直子（編著） 2008 障害のある人の支援と社会福祉 ミネルヴァ書房
中村義行・大石史博（編） 2005 障害臨床学 ナカニシヤ出版
日本知的障害福祉連盟（編） 2004 発達障害白書2004 日本文化科学社
早樫一男・団士郎他（編） 2002 知的発達障害の家族援助 金剛出版

12章

クラウス，M. H.，ケネル，J. H. 1982 竹内徹・柏木哲夫・横尾京子（訳） 1985 親と子のきずな 医学書院
クラウス，M. H.，ケネル，J. H.，ケネル，M. H. 1995 竹内徹（訳） 2001 親と子のきずなはどうつくられるか 医学書院
文部科学省 2004 児童生徒への教育支援体制の整備のためのガイドライン（試案）
福永博文 2007 乱暴な言動のある児童をクラスでどううけいれるか 児童心理，61（11），1151－1155.

13章

久田則夫 1996 施設職員実践マニュアル――インフォームド・コンセントにもとづいた利用者主体の援助プログラムの勧め 学苑社
障害者福祉研究会（編） 厚生労働省（訳） 2002 ICF国際生活機能分類――国際障害分類改訂版 中央法規出版
財団法人日本精神薄弱者愛護協会 1992 はじめて施設に働くあなたへ［改訂版］
久保田美也子 2002 くっつかない人生を描かせて さぽーと，49巻7号，35－38.
ミラー，E. J.，グィン，G. V. 1972 高瀬安貞（監修）田中豊ほか（訳） 1985 施設と生活――重度障害者の依存と自立を支えるシステム 千書房
笹渕悟 2002 福祉の法制度を変えていく実践をしよう さぽーと，49巻7号，27－30.
小倉啓子 2002 特別養護老人ホーム新入居者の生活適応の研究――「つながり」の形成プロセス 老年社会科学，Vol.24 No.1，61－69.
小山内美智子 1988 車椅子からウィンク――脳性マヒのママがつづる愛と性 NESCO
中里克治・下仲順子・権藤恭之・豊島せつ子・水野秀夫 1994 特別養護老人ホーム入所と心理的適応 社会老年学，39，35－41.
村井公道 2008 入所授産施設の機能と役割――自立支援法の見直しにどう対峙するのか さぽーと，55巻7号，24－25.
小林繁市 2006 わかる！障害者自立支援法 施設入所支援・グループホーム・ケアホーム さぽーと，53巻5号，10－11.

14章

氏原寛ほか（編） 1999 カウンセリング辞典 ミネルヴァ書房
ウォルロンド＝スキナー，S. 森岡正芳ほか（訳） 1999 心理療法辞典 青土社
World Health Organization 2001 International Classification of Functioning, Disability and Health http: //www. who. int/classifications/icf/e（2008.9.30. 取得）

アスペルガー，H.　平井信義（訳）　1969　治療教育学　黎明書房
石井正春　1994　情緒障害児の心理　田中農夫男（編著）　心身障害児の心理と指導　福村出版
石井正春　2003　発達障害児のアセスメントと治療教育――自閉性障害・知的障害・未発達（重度）・重複障害児への発達神経心理学的照射　日本図書センター
石井正春　2004　情緒障害児のアセスメントと臨床・教育心理学的研究　日本図書センター
神尾陽子　2000　（展望）アスペルガー症候群：その概念の過去と現状　自閉症と発達障害研究の進歩，vol.4　3－29.
中根晃　1984　小児自閉症の概念の変遷と治療をめぐって　精神神経学雑誌，86巻4号，246－253.
ラター，M.　2004　Incidence of autism specturum disorders；changes over time and their meaning. Acta Paediatrica　93, 1-13.
（門眞一郎訳　2006　自閉症スペクトラムの発生率：経年変化とその意味　自閉症と発達障害研究の進歩 , 10, 3－23.）
ウィング，L.　1981　門眞一郎　2000　アスペルガー症候群――臨床知見　自閉症と発達障害研究 , vol.4　102－120.
World Health Organization　1993　中根允文、岡崎祐士、藤原妙子訳　1994　ICD－10　精神および行動の障害――DCR　研究用診断基準　医学書院

10章

宮本忠雄　1977　精神分裂病の世界　紀伊国屋書店
佐藤光源・井上新平（編集）　2004　統合失調症治療ガイドライン　医学書院
融道男・中根允文・小見山実（訳）　1997　ICD－10　臨床記述と診断ガイドライン　医学書院
シュビング，G.　小川信男・船渡川佐知子（訳）　1966　精神病者の魂への道　みすず書房
セシュエイ，M.　村上仁・平野恵（訳）　1957　分裂病の少女の手記――心理療法による分裂病の回復過程　みすず書房
テレンバッハ，H.　木村敏（訳）　1985　メランコリー　みすず書房

11章（1、2節）

依田明　1985　家族関係の心理　有斐閣
山根常男　1972　家族の論理　垣内出版
厚生統計協会　2008　2007年「国民の衛生の動向」
厚生統計協会　2008　2007年「国民の福祉の動向」
厚生統計協会　2007　児童統計白書
ゲゼル，A.　生月雅子訳　1969　狼に育てられた子　家政教育社
イタール，J.　古武彌正訳　1975　アヴェロンの野生児　福村出版
上野千鶴子他（編著）　1996　<家族>の社会学　岩波講座現代社会学19　岩波書店
目黒依子他（編著）　1999　家族　講座社会学2　東京大学出版会

11章（3、4節）

磯貝希久子（監訳）　1997　家族支援ハンドブック　金剛出版
一番ヶ瀬康子（監修）　2002　障害児福祉・家族支援のあり方　一橋出版

中村善行・大石史博（編） 2003 障害臨床学 ナカニシヤ出版
日本発達障害福祉連盟（編） 2008 発達障害白書2009年版 日本文化科学社

7章

Bernice, W. 1998 *Learning about Learning Disabilities*, 2nd ed. Academic Press.
上野一彦ほか 1984 教室の中の学習障害 有斐閣
上野一彦 1987 学習障害児の相談室 有斐閣
上野一彦ほか 1992 学習障害児の教育 日本文化科学社
上野一彦 2007 LD（学習障害）のすべてがわかる本 講談社
川村秀忠 1993 新版学習障害 慶応通信
下司昌一 1992 学習障害児教育の課題 こころの科学，42号
齋藤久子ほか 2000 学習障害 ブレーン出版
マイクルバスト，H. R. 1989 森永良子・隠岐忠彦（訳） 1992 PRS〈LDのためのスクリーニング・テスト〉 文教資料協会
伊藤隆二 1990 学習障害の診断と指導 岩崎学術出版社

8章

アメリカ精神医学会 1994 高橋三郎・大野裕・染矢俊幸（訳）1995 DSM－IV 精神疾患の分類と診断の手引き 医学書院
アメリカ精神医学会 2000 高橋三郎・大野裕・染矢俊幸（訳） 2000 DSM－IV－TR 精神疾患の分類と診断の手引き 医学書院
上林靖子・齋藤万比古・北道子 2003 注意欠陥／多動性障害――AD／HDの診断・治療ガイドライン じほう
松崎博文・昼田源四郎・鶴巻正子 2005 高機能自閉症幼児のソーシャルスキル向上をめざした支援――福島大学「つばさ教室」での取組 第25回日本教育大学協会全国特殊教育部門合同研究集会鳥取大会発表論文集，83－86.
文部科学省 2004 小・中学校におけるLD（学習障害）ADHD（注意欠陥／多動性障害）高機能自閉症の児童生徒への教育支援体制の整備のためのガイドライン（試案） 平成16年1月
村田朱音 2008 特別支援児が在籍する通常学級における包括的な学級支援――アンケート調査から見る学級経営のあり方 日本特殊教育学会第46回大会発表論文集，391.
榊原洋一 2008 図解よくわかるADHD ナツメ社
Tsurumaki, M 2007 Self-esteem enhancement in children with attention-deficit/hyperactivity disorder, Tohoku Psychological Folia, 66, 105-111.
鶴巻正子・仁平義明 2008 否定的記述を含む自尊心測定が児童に及ぼす影響 日本特殊教育学会第46回大会発表論文集，399
山本淳一・池田聡子 2005 応用行動分析で特別支援教育が変わる 図書文化
WHO 1992 融道男・中根允文・小見山実・岡崎祐士・大久保善朗（監訳） 2007 ICD－10 精神および行動の障害 臨床記述と診断ガイドライン 新訂版

9章

アスペルガー，H. 1944 詫間武元・高木隆郎（共訳） 2000 小児期の自閉的精神病質 自閉症と発達障害研究，4. 30－68.

村上由則　1993　慢性疾患の治療・管理と障害としての病弱――病弱児のおかれた課題状況の分析　特殊教育学研究，31（2），47－55.
武田鉄郎　2002　健康障害児の自立活動――病気の多様化への対応　2002年8月21日院内研配布資料（未公刊）
武田鉄郎　2006　慢性疾患児の自己管理支援のための教育的対応に関する研究　大月書店
上野矗　1976　病弱児の現象学的理解1　病気像（Disease Image）の発達的様相――病気像を構成する意味体験カテゴリーの年齢的推移からの検討　特殊教育学研究，14（2），28－36.
山口洋史　2004　これからの障害児教育――障害児教育から「特別支援教育」へ　ミネルヴァ書房

5章

村田茂　1998　シリーズ福祉に生きる8高木憲次　大空社
厚生労働省　2008　平成18年度身体障害児・者実態調査結果
(http: //www. mhlw. go. jp/toukei/saikin/hw/shintai/06/dl/01. pdf)
Beukelman, D. R. and Mirenda, P.　1992　Augmentative and Alternative Communication-management of severe communication disorders in children and adults-. Paul H. Brookes Publishing Co. Inc.
American Speech-Language-Hearing Association 1989　Competencies for speech-language pathologists providing services in augmentative communication. ASHA, 31, 107-110.
American Speech-Language-Hearing Association　1991　Report: Augmentative and Alternative Communication. ASHA, 33(Suppl. 5), 9-12.
成瀬悟策　1973　心理リハビリテーション　誠信書房
大野清志・村田茂　1976　脳性まひ児の養護・訓練――動作訓練の実際　慶応通信
藤田和弘　1986　第1章　ポジショニングとその発達的意味　高橋純・藤田和弘（編著）障害児の発達とポジショニング指導　ぶどう社　10－27.
芳賀定　2001　摂食指導の基本的な知識と指導法　肢体不自由教育，151．4－33.
芳賀定　2007　摂食・嚥下機能の発達と段階に応じた支援方法　肢体不自由教育，182．4－15.
昇地勝人　1981　第5章　脳性マヒ児の知覚障害と知覚訓練　昇地勝人・池田勝昭（編著）肢体不自由児の心理と指導　福村出版　68－89.
宮田敬一　1981　第4章　パーソナリティと行動特性　昇地勝人・池田勝昭（編著）肢体不自由児の心理と指導　福村出版　50－67.
Assistive Technology Act of 1998. (http: //www. section508. gov/docs/AT1998. html)

6章

Valentine Dmitriev, Patricia L. Oelwein　1992　竹井和子（訳）　ダウン症候群と療育の発展　協同医書出版
小宮三弥・山内光哉（編）　1993　精神遅滞児の心理学　川島書店
松野豊・茂木俊彦（編）　1998　障害児の心理学　全障研出版部
笹沼澄子（監修）大石敬子（編）　1998　子どものコミュニケーション障害　大修館書店
菅野敦・池田由紀江（編著）　1998　ダウン症者の豊かな生活　福村出版
小池敏英・北島善夫（著）　2001　知的障害の心理学　北大路書房
梅谷忠勇・堅田明義（編著）　2002　知的障害児の心理学　田研出版

2章

Keller, H.　1902　*The story of my life.* Deil.

Lamson, M. S.　1895　*Life and education of Laura Dewey Bridman.*

Umezu Hachizo　1972　Formulation of verval behavior of deaf-blind children. XX *International Congress of Psychology*.（その他、梅津八三たちの一連の研究）

Jones, H.　1968　*Sign language*. The English University Press.

Nobuo Tanaka et al.　1975　Study on Teaching Method for Deaf Students with Poor Eyesight Who have Difficulty in Acquring Oral Language(Case Report of a Hearing Impaired Student with Amblyopia and Learning Disability). *The International Congress on Education of the Deaf*, pp. 531-535.（田中農夫男ほか　1978　弱視聾唖児に対する教育の試み　宮城教育大学紀要，18巻）

丸山良二　1932　聾児の心理　岩波講座教育科学　第５冊　岩波書店

住宏平・松本金寿　1966　聴覚欠陥児　明治図書

カーク，S. A.　1969　伊藤隆二ほか（訳）　特殊教育入門　日本科学社

東北大学聴覚言語欠陥学教室　1981　堀江貞尚先生遺作集

矢田部達郎　1956　児童の言語　創元社

山梨県立盲学校　1968　指文字について（プリント資料）

田中農夫男ほか（編著）　2001　障害者の心理と支援　福村出版

田中農夫男（編著）　1994　心身障害児の心理と指導　福村出版

田中農夫男（編著）　1980　心身障害児の心理　福村出版

田中農夫男（編）　1980　心身障害児の教育　福村出版

3章

笹沼澄子（編）　1979　失語症とその治療　大修館書店

Denes, P. and Pinson, E. N.　1963　The speech chain. Anchor Press.（切替一郎・藤村靖（監修）　神山五郎・戸塚元吉（共訳）　1966　話しことばの科学　東京大学出版会）

Johnson, W. et al　1967　Speech handicapped school children, Third edition Harper & Row.（田口恒夫（訳）　1974　教室の言語障害児　日本文化科学社）

内山喜久雄（監修）　1979　言語障害事典　岩崎学術出版社

西村辨作（編）　2001　ことばの障害入門　大修館書店

医療研修推進財団（監修）　1998　言語聴覚士指定講習会テキスト　医歯薬出版

倉内紀子（編著）　2001　言語聴覚障害総論Ｉ　建帛社

中野善達・守屋國光（編著）　1998　老人・障害者の心理　福村出版

井原栄二・菅原廣一・大石益男・肥後功一（編著）　1991　コミュニケーション障害とその援助　明治図書

水町俊郎・伊藤伸二（編著）　2005　治すことにこだわらない、吃音とのつき合い方　ナカニシヤ出版

4章

福井郁子　2007　小児がん経験者が仕事を続けるための対処行動　東京大学大学院医学系研究科健康科学・看護学専攻地域看護学分野修士論文（未公刊）

文部省　1985　病弱教育の手引——指導編　慶應通信

文部省　1993　病弱教育における養護・訓練の手引　慶応通信

引用・参考文献

序章1

カーク，A．S． 1969 伊藤隆二ほか（訳） 特殊教育入門 日本文化科学社
田中農夫男 1972 視覚障害児教育の原理 伊藤隆二（編） 心身障害児教育の原理 福村出版
佐藤泰正 1959 全国盲学校学力水準調査を終わって 盲心理研究，2巻
永淵正昭 1991 聴覚障害と言語発達 田中農夫男（企画・シンポジウム）「障害」についての研究と今後の心理学的研究に期待するもの 日本心理学会第五五回大会発表論文集
田中農夫男 1989 障害児の研究・教育の方法と課題 寺田晃（編） 障害児の心理と教育 日本放送出版協会
田中農夫男（編著） 1988 特殊教育入門 福村出版
田中農夫男（編著） 1994 心身障害児の心理と指導 福村出版
田中農夫男（編著） 2001 障害者の心理と支援 福村出版

序章2

斎藤佐和（編） 2006 特別支援教育の基礎理論 教育出版
昇地勝人ほか（編） 2005 障害幼児の理解と支援 ナカニシヤ出版
中司利一 1988 障害者心理 ミネルヴァ書房

1章

梅津八三 1932 盲人の心理 岩波講座 教育科学 第七冊 岩波書店
草島時介 1932 盲人の読方に就いて 教育 岩波書店
大河原欽吾 1937 点字発達史 培風館
本間一夫・岩橋英行・田中農夫男 1983 点字と朗読への招待 福村出版
本間一夫・岩橋明子・田中農夫男 1991 点字と朗読を学ぼう 福村出版
草島時介 1983 点字読書と普通読書 秀英出版
佐藤泰正 1974 視覚障害児の心理 学芸図書
田中農夫男 1972 視覚障害者の日常作業に関する研究 宮城教育大学紀要，12巻
田中農夫男 1985 盲人の朗読テープ倍速聴取に関する研究 宮城教育大学紀要，20巻
田中農夫男・原田政美 1966 視覚欠陥児 明治図書
田中農夫男 1972 視覚障害児教育の心理 伊藤隆二（編） 心身障害児教育の心理 福村出版
田中農夫男（編著） 1980 心身障害児の心理 福村出版
中山太郎 1934 日本盲人史 八木書店
加藤康昭 1974 日本盲人社会史研究 未来社
大條和雄 1995 津軽三味線の誕生 新曜社
Supar, M. et al 1944 Facial Vision-the Perception of Obstacles by the blind. *American J. of Psychology*. Vol. 57.

■ マ　行 ■

■ ヤ　行 ■

■ ラ・ワ　行 ■

■ タ 行 ■

■ サ 行 ■

索　引

渡《わた》邊《なべ》康《やす》男《お》（ケースシリーズ7）　前仙台大学体育学部
今《こん》野《の》和《かず》則《のり》（ケースシリーズ8）　認定 NPO 法人　さわおとの森
橋《はし》本《もと》淳《じゅん》一《いち》（ケースシリーズ9）　福島県教育委員会
青《あお》柳《やぎ》　優《まさる》（支援知識シリーズ1）　山形県立保健医療大学名誉教授
湯《ゆ》浅《あさ》　涼《りょう》（支援知識シリーズ2）　医療法人　仙台・中耳サージセンター
大《おお》山《やま》健《けん》二《じ》（支援知識シリーズ3）　東北労災病院
濱《はま》井《い》保《やす》名《な》（支援知識シリーズ4）　山形県眼科医会
佐《さ》藤《とう》一《かず》望《み》（支援知識シリーズ5）　宮城県立こども病院
荻《おぎ》野《の》秀《ひで》雄《お》（支援知識シリーズ7）　前帯広コア専門学校

扉イラスト　田中由佳子

執筆者〈＊は編者、（　）内は執筆担当箇所〉

＊田中《たなか》農夫男《のぶお》（まえがき・序章１・１章・２章・ケースシリーズ６・支援知識シリーズ６）　元宮城教育大学名誉教授・元帯広コア専門学校特別栄誉教授

＊木村《きむら》　進《すすむ》（序章２・７章・22章・あとがき）　前東北福祉大学教育学部

森《もり》つくり（３章）　目白大学保健医療学部

谷口《たにぐち》明子《あきこ》（４章）　東洋大学文学部

渡邉《わたなべ》　章《あきら》（５章）　植草学園大学発達教育学部

木村《きむら》敦子《あつこ》（６章）　広島文教大学名誉教授

鶴巻《つるまき》正子《まさこ》（８章）　福島大学人間発達文化学類

石井《いしい》正春《まさはる》（９章）　静岡大学名誉教授

阿部《あべ》　裕《ゆう》（10章）　四谷ゆいクリニック院長

市川《いちかわ》隆一郎《りゅういちろう》（11章１・２節）　元関東歯科衛生士専門学校

井上《いのうえ》僖久和《きくかず》（11章３・４節）　前聖徳大学心理・福祉学部

福永《ふくなが》博文《ひろふみ》（12章）　浜松学院大学短期大学部名誉教授

進藤《しんどう》貴子《たかこ》（13章）　川崎医療福祉大学医療福祉学部

西出《にしで》弓枝《ゆみえ》（14章）　椙山女学園大学人間関係学部

今野《こんの》義孝《よしたか》（15章）　文教大学名誉教授

庭野《にわの》賀津子《かつこ》（16章）　東北福祉大学大学院教育学研究科

中鹿《なかしか》直樹《なおき》（17章）　立命館大学総合心理学部

望月《もちづき》　昭《あきら》（17章）　元立命館大学文学部

本郷《ほんごう》一夫《かずお》（18章）　東北大学名誉教授

阿部《あべ》芳久《よしひさ》（19章）　東北福祉大学名誉教授

大関《おおぜき》信隆《のぶたか》（20章）　東北福祉大学教育学部

木村《きむら》孝子《たかこ》（21章１節）　鹿児島純心女子大学名誉教授

爲数《ためかず》哲司《てつし》（21章２節）　福岡国際医療福祉大学医療学部

横山《よこやま》莞二《かんじ》（ケースシリーズ１）　前山形県立山形聾学校

鈴木《すずき》　亘《わたる》（ケースシリーズ２）　前北海道小樽聾学校

菊池《きくち》　健《たけし》（ケースシリーズ３）　前仙台市立市名坂小学校

花輪《はなわ》敏男《としお》（ケースシリーズ４）　FR 教育臨床研究所

工藤《くどう》伸一《しんいち》（ケースシリーズ５）　前神奈川県立平塚盲学校

ライフサイクルからよむ障害者の心理と支援

2009年３月20日　初 版 発 行
2025年１月20日　第11刷発行

編著者　田中農夫男・木 村　進
発行者　宮 下 基 幸
発行所　福村出版株式会社
〒104－0045　東京都中央区築地４丁目12番２号
電 話　03－6278－8508
FAX　03－6278－8323

印　刷：モリモト印刷株式会社
製　本：協 栄 製 本 株 式 会 社

ISBN978-4-571-12103-6　C3037